U0578773

中国社会科学院 学者文选

张宝宇集

中国社会科学院科研局组织编选

中国社会科学出版社

图书在版编目（CIP）数据

张宝宇集／中国社会科学院科研局组织编选. —北京：中国社会
科学出版社，2013.5（2018.8 重印）
（中国社会科学院学者文选）
ISBN 978-7-5161-2582-3

Ⅰ.①张…　Ⅱ.①中…　Ⅲ.①巴西-研究-文集　Ⅳ.①D777.7-53

中国版本图书馆 CIP 数据核字（2013）第 097129 号

出 版 人	赵剑英	
责任编辑	赵　丽	
责任校对	李　莉	
责任印制	郝美娜	

出　　　版	中国社会科学出版社	
社　　　址	北京鼓楼西大街甲 158 号	
邮　　　编	100720	
网　　　址	http：//www.csspw.cn	
发 行 部	010 - 84083685	
门 市 部	010 - 84029450	
经　　　销	新华书店及其他书店	

印刷装订	北京市十月印刷有限公司
版　　次	2013 年 5 月第 1 版
印　　次	2018 年 8 月第 2 次印刷

开　　本	880×1230　1/32
印　　张	16.125
字　　数	400 千字
定　　价	99.00 元

凡购买中国社会科学出版社图书,如有质量问题请与本社营销中心联系调换
电话:010 - 84083683

出 版 说 明

一、《中国社会科学院学者文选》是根据李铁映院长的倡议和院务会议的决定，由科研局组织编选的大型学术性丛书。它的出版，旨在积累本院学者的重要学术成果，展示他们具有代表性的学术成就。

二、《文选》的作者都是中国社会科学院具有正高级专业技术职称的资深专家、学者。他们在长期的学术生涯中，对于人文社会科学的发展作出了贡献。

三、《文选》中所收学术论文，以作者在社科院工作期间的作品为主，同时也兼顾了作者在院外工作期间的代表作；对少数在建国前成名的学者，文章选收的时间范围更宽。

中国社会科学院

科研局

1999 年 11 月 14 日

目　录

俟事诸多

（代序）

　　中国社会科学出版社将我多年撰写的文章结集出版，令我十分高兴并表示由衷的谢意。本文集是我的巴西研究之作的汇集。我将收录在此的 36 篇文章大致划分为经济、对外关系、社会和文化、历史与政治四类编排，每类文章以写作时间为序排列。其中最早一篇是 1979 年撰写、1980 年发表在央行金融研究所《金融研究动态》杂志上的《巴西的通货膨胀与货币纠正法》。这篇文章无论从对通货膨胀的认识，还是对巴西的认识而言，都很浅薄，但我还是把它纳入其中，因为它是我的第一篇真正意义上的学术文章。在此之前在中共中央对外联络部工作期间所写的有关巴西的文章，那是为接待外宾而为之。最晚一篇文章是于 2012 年发表在《中国社会科学院研究生院学报》上的《巴西生物燃料开发战略构想与实践》。首尾两篇文章的写作时间相隔 33 年。33 年的文字记录了我的巴西研究之路。年青时工作热情很高，曾有巴西研究计划见诸文字或暗藏心中，但最终则是百不一酬。"人生天地间，若白驹过隙，忽然而已。"倏忽间我已到了"七十而从心所欲，不逾矩"的年纪。老年怀旧。借文集出版之际，追忆相关往事以作历史花絮。

一　入行

葡萄牙语有一句谚语：Cada macaco no seu galho（每只猴子都有自己的树枝）。引申之意为，每个人都有一个行当。我的行当就是巴西研究。我祖籍山东即墨，母亲是山东荣成人。我出生在辽宁省丹东市，是 20 世纪初从山东移民东北那一代人的后裔。1958 年我在丹东市第一高中毕业之后，考上东北人民大学（入学后更名为吉林大学）经济系政治经济学专业。吉大的前身是1946 年中国共产党在哈尔滨创建的东北行政学院。1952 年全国高校院系调整时，吉大的师资力量得到特别充实与加强，理科所受重视尤为突出。匡亚明、唐敖庆、朱光亚、于省吾、金景芳、张松如（公木）等社会著名人士曾先后就任该校领导或执教。我的系主任是经济学家关梦觉先生。在校 5 年学习期间，我受到马克思主义理论，特别是政治经济学理论的严格训练，但没有学过西方经济学。有关后来知道的西方经济学的观点和概念，当时一概不知。这是时代赋予我辈的欠缺，不过可以通过自学补上这一课。

1963 年大学毕业前夕，拉丁美洲研究所（当时隶属中国科学院哲学社会科学学部）委派沙丁先生（80 年代曾任该所副所长）去吉大挑选毕业生。我有幸被选中并于当年 10 月进入该所，被分配到综合组做研究工作。记得上班的第一天，组长李云生先生找我谈话。他对我表示欢迎之意而外，问我能否看懂英文《北京周报》，我说我的英语水平很低。我在大学的公共外语课是俄语，我可以借助字典阅读专业资料。我接触俄语的时间较早。在念初中之前，已会讲几句俄语生活语言。抗美援朝时期，丹东地区有苏联老大哥驻军。当时作为少年的我，经常在驻军营地附近玩耍。那时中国老乡常拿苏联大兵喜欢的东西去他们的兵营里换取俄国面包（中国老乡称之为"列帕"）。甚至因为我会说俄语的"有"和"没有"而充当过苏联大兵的"翻译"。当时苏联空军在朝鲜作战，时有战机在我的家乡坠落，飞行员跳伞。每有情况发生，地面上的苏联大兵便开吉普车由中国人陪同逐村寻找飞行员。凡到一地，"翻译"先下车问当地老乡是否见到跳伞的飞行员。"翻译"将老乡的主要意思以"有"或"没有"转告给大兵即可。升高中之后，我继续学俄语。教我们俄语的老师是一位跑到中国的白俄。老师讲课很风趣，我很爱上他的俄语课。他把俄语字母的大写写的很小，把小写写的很大。然后指着黑板告诉我们：小写字体写的再大，它也是小写，大写字体写的再小也是大写。这一形象地讲解我至今印象颇深。念大学时我是俄语课代表。尽管我曾努力学俄语，但我的俄语程度依然有限，距离研究工作的要求差得很远。研究国际问题，如果不懂研究对象国的官方语言，至少要熟练掌握英语。所以，我利用业余时间学习英语。我参加了当时由东南亚研究所举办的英语业余学习班，但上课学习的时间不长，所以长进不大。到所后的第二年，即1964年3月31日，巴西发生军事政变。对这件事显然需要写一份报告上报。所里南美组主管巴西的学长，一再推脱要综合组写。李组长要我执笔写这份报告。写好后经他修改上报。《1964年巴西军事政变》，这是我写的第一份有关巴西的文章，算我正式入门这一行的标志。

二 在澳门学习葡萄牙语

1964年所领导派我与另一位同志去澳门学习葡萄牙语。这是我巴西研究之路上的重要里程碑事件。当年去澳门不是一件简单的事。我们带着公安部开具的介绍信，去广东省公安厅接洽，由他们安排我们去澳门的行程。从广州乘汽车一路颠簸到拱北。过拱北海关后，已有南光贸易公司人员在澳门关闸迎接我们。他一见我们穿着蓝色的中山装，马上要我们脱下来，因为当时大陆派人去，澳葡当局还是很敏感的。记得我当时穿一件开襟的毛衣进入了葡萄牙人管辖的澳门。澳门虽然是祖国的土地，但一进入澳门便觉得其氛围与大陆截然不同，一种异种文化的影响力明显而强烈。到澳门后，我们被编在已先我们3个月、由教育部派来的学生所组成的班里学习。后来，在这批学生中出了三位驻葡语国家的大使。南光贸易公司为我们请了两位葡萄牙籍的老师。一位是 Luis Gonzaga Comes（高美士），土生葡萄牙人。其母亲是广东人，他会讲一口流利的粤语。高美士先生是知名汉学家，当今澳门有一条街道以他的名字命名，并矗立着他一尊不十分高大的塑像，足见他对当地社会有相当的影响力。他教阅读课，采用的是一位传教士为中国学生学习葡语而编写的、1954年在当地出版的教材。高美士老师授课时态度和蔼。他用葡语讲解课文，偶尔也用他自认为准确的普通话解释，然后便问学生他说的对不对，应该怎样说。每有这种情况，我们往往哑口无言，老师索然处之。学生不是不会回答，而是事前由教育部派来的辅导员多次重申：高美士问普通话怎么说不要告诉他。我至今不知这一做法的用意何在，是辅导员个人意见，还是上面的精神。现在我们国家出资在国外办孔子学院，其用意是传播汉语，传播中华文化。两相对比，其做法天壤之别。另一位老师叫 Mario Isaac（马里奥·伊萨克），他讲授语法课。所用的教材是葡萄牙国出版的小学高年级的课本和语法书。此人记者出身，思维严谨，授课有方。他非常严厉。学生在课堂上回答不上他的问题，他便竭尽所能使学生难堪。他甚至坐在讲台后将粉笔头掷向学生。所以，上他的课气氛紧张异常。他也有心情好的时候，每当这时他往往讲些笑话，使我们忍俊不禁。"文化大革命"爆发，盛行阅读毛主席语录。伊萨克老师也跟上形势，他以法文版的毛主席语录作根据将其翻译成葡萄牙文向我们讲解。1967年初，葡文班的同学未完成原规定的学习年限而提前回到北京。从此我再未见到两位老师。学习葡文的时间虽然不长，但也打下了良好的基础，因此也为我研究巴西创造了必需的语言条件。

三　在巴西考察

　　1964年去澳门学习葡萄牙语之后20年，即1984年，我第一次访问巴西。当时国家对外经济开放不久，我即有机会访问我所研究的对象国，这是一件幸运的事。这次学术考察由美国福特基金会提供资助，巴西里约热内卢天主教大学负责接待。校方为我安排了一间办公室并为我组织了两次有关巴西发展问题的座谈会。美国福特基金会驻巴西的代表为我预订的酒店位于可巴卡巴那海滩后面一条街。酒店面临的街道车水马龙，行人如织，使我有机会观察巴西芸芸众生的生活百态、建筑样式与街景。在里约热内卢天主教大学作访问学者期间，我充分利用该校丰富的馆藏图书，阅读和搜集了一些重要资料同时了解了它的图书管理情况。

　　此次访问巴西的最大收获是我在巴西作了一次环形旅行。所谓环形旅行，即我在巴西转了一小圈。这一小圈是巴西人口最密集、经济最发达的地区。除累西菲外，我走访了巴西全部大城市，也看了农村。旅行为我提供了亲身感受巴西的机会，为我此后的理性研究打下了充分的感性认识基础。美国福特基金会驻巴西的代表为我请到了里约热内卢坎迪多·门德斯大学茹阿雷斯教授（此人曾作为中国国际广播电台的专家在北京工作过）全程陪同我。

我们的出发点是里约热内卢的长途汽车站。之所以选择汽车作交通工具，是为了沿途观光。所乘坐的长途汽车，巴西人称之为 Onibus‑Leito（带床的汽车），其座椅可以放到一定的坡度作床用。车上设有厕所，并有咖啡免费饮用。这是我平生第一次看到并且乘坐这样的汽车。在巴西商店里乘坐电梯购物也是我平生第一次。这些事现在在中国极为普通，而且其发达程度已超过巴西。但当时巴西在许多方面，至少在服务业发展方面比中国先进。汽车沿海岸线向东北方向行进，日夜兼行。白天我隔窗观望沿途风光和风土人情。每当汽车停下旅客休息或餐饮时，我便利用较短的时间与巴西人搭讪，问一些我想知道的事情。我旅行到达的第一站是巴伊亚州首府萨尔瓦多。该州是巴西黑人文化中心。萨尔瓦多是巴西第一个首都，后因国家经济中心的南移，1673 年由里约热内卢接替它作首都直至 1960 年。当年巴西联邦政府迁都巴西利亚。在萨尔瓦多，我参观了闻名于世的上、下城，访问了巴伊亚州政府和巴伊亚联邦大学，参观了黑人历史博物馆。当年，萨尔瓦多是由非洲贩来的黑人奴隶的集散地，而今巴伊亚州是巴西黑人集中的居住地，这是其历史原因所致。我在街头品尝了由面孔黝黑、身着白裙、头缠白巾的胖妇人所制作的非洲风味的海鲜小吃。这种风味与南方高侨人所喜欢吃的烤肉"churrasco"截然不同，从而显示出巴西明显的地域文化差异。

此次旅行到达的第二站是巴拉州的首府贝伦。茹阿雷斯先生家住贝伦。他的哥哥到机场迎接我们。他建议我住在他家里，我欣然接受。因为我可以借机了解一个普通巴西人家庭的日常生活。茹阿雷斯先生具有印第安人血统。他母亲热情、好客，其长相更像印第安人老年妇女。贝伦地处亚马逊地区东部，距大西洋约100公里，是巴西北部地区的重要物资集散地。茹阿雷斯先生的侄子，一个大约十五六岁少年陪我逛了一次农贸市场。通过这次逛市场，我不仅看到了巴西北部城市郊区集市之面貌，而且由于我不断向少年发问，使我获得了一些葡萄牙语名称物品的具体概念。制作巴西典型饭食 Feioada 的一种重要原料叫 Feijao。Feijao 在汉语中找不到一个恰当的词汇与其相对应。它是一种豆，但它是一种什么样的豆，在相当长的时间里我不知所以。这次我在贝伦的农贸市场上得到了充分的见识。它的形状有圆的，也有猪腰子样式，颜色从白到黑，各种各样。少年指着摊位上的豆子，告诉我"Tudo Feijao"（这些都是 Feijao）。Feijao 是各种豆子的泛称。贝伦地处赤道以南1度，两天的贝伦生活使我对赤道气候稍有了解。原以为这地方炎热无比，实际上它不及现在北京夏令时节炎热难忍，因该地时有微风吹拂或小雨"光临"。贝伦是世界上雨水最多的城市之一，年降雨量超过2500毫米。

离开贝伦之后，我们径直飞往亚马逊首府玛瑙斯。玛瑙斯是西亚马逊地区的交通要冲，一个距离海岸线1500公里的国际港口。19世纪末20世纪初，亚马逊地区橡胶业异常繁荣，一度使玛瑙斯的发达在巴西全国大城市中超群出众。玛瑙斯曾被称为"热带的巴黎"。当时巴西出口的橡胶占全球橡胶市场的88%。1967年2月，巴西联邦政府颁布法令，设立玛瑙斯自由贸易区，旨在以优惠的税收政策在亚马逊内地创建一个工业、农牧业和商业中心，并使它对周围地区发挥强大的辐射力，促进地区发展。我访问了玛瑙斯自由贸易区管理局，同有关人员座谈，索取了一些资料，得知当时已有百余家工厂在区里建立。我见到商业区里市场繁荣，不少商家打出销售进口商品的招牌。在专卖电子消费品的免税区（Zona Franca）里，顾客盈门。我在访问玛瑙斯期间，乘船游览亚马逊河。亲眼见到内格罗河与索利莫埃斯河两河汇合时河水颜色泾渭分明的情景。同其他游客一起乘小船沿亚马逊河小支流深入丛林间。河岸边有卡波克鲁人（Caboclo）搭建在水上的小屋。卡波克鲁人是生活在亚马逊地区的被同化的印第人或印欧混血人的后裔。我目睹采集橡胶的情景和直径长达 2 米的大睡莲，供游人观赏的巨蟒以及作爬树表演的少年。眼观景象，耳闻声音，亲身感受亚马逊热带雨林的氛围是平生难得的机遇。玛瑙斯市内一景是亚马逊大剧院。它建成于 1881 年，初衷为供欧洲剧团来此表演而为。剧院建筑材料主要来自欧洲。历时百余年，亚马逊大剧院当今光彩依在，显示着巴西橡胶时代的繁荣与时尚。

　　从玛瑙斯往南飞行我们到达巴西利亚。从飞机上俯瞰亚马逊大地，绿色莽莽，蓝色的河流状如带子蜿蜒伸展。巴西利亚是巴西人在国土的中西部建的一座新城用作首都，目的在于带动国家的中西部发展，实现全国一体化。巴西人计划在中西部建设新首都的理想由来已久。最早可以追溯到争取巴西独立的爱国者们的设想中。经过百余年的时间推移，终于在库比契克政府执政时期实现。巴西人以"五年等于五十年"的速度，用 3 年的时间在荒原上建成巴西利亚。由它取代里约热内卢成为巴西的政治中心。而它的文化中心至今仍在里约热内卢。以巴西利亚为中心几条联邦公路的建成，加强了边缘地区与国家政治中心、经济中心和文化中心的联系。巴西利亚的建筑是奥斯卡·涅梅耶建筑大师的杰作。他是共产党员。城市设计由卢西奥·科斯塔担任。巴西利亚的城市设计和建筑样式充分显示了巴西人的想象力和超前意识。在巴西利亚我参观了巴西利亚联邦大学。在阿热米罗·普罗科皮奥教授的引见下，我会见了该校校长并与其座谈。我还抽时间逛了巴西利亚的旧书店。书籍之多琳琅满目，分类合理，摆放整齐。这些都是研究巴西的宝贵资料。因囊中羞涩购书两本而他去。

　　访问巴西利亚之后去的地方是贝洛奥里藏特。它是米纳斯吉拉斯州首府，在巴西城市排行中它仅次于圣保罗、里约热内卢，居第三位。它是1897年建成的人工城市，当年取代黑金城（Ouro Preto）成为该州首府。我在贝洛奥里藏特时访问了一个基金会。但最主要的活动是乘汽车访问距该市100公里的黑金城。它是17世纪末巴西黄金周期时的经济中心。在18世纪中叶它的人口一度达到8万人，比当时美国的纽约还要大。为争取巴西独立的先驱者若阿金·若泽·达席尔瓦·萨维尔（Joaquim Jose da Silva Xavier，绰号"拔牙者"）1792年在这里被葡萄牙殖民者处以绞刑。黑金城的博物馆和教堂记载着黄金热时期巴西遗迹和当时的辉煌。该市拥有当前巴西最纯粹的巴洛克建筑艺术与珍藏。1981年黑金城已被联合国教科文组织确定为世界文化遗产。

　　此后由贝洛奥里藏特经圣保罗转机飞往巴西最南部一个州——南里约格朗德。该州同乌拉圭、阿根廷同在一个平坦的南美大草原上。巴西的南部是欧洲移民后裔的主要居住地。当地的人种与东北部和北部地区人种存在明显差别，金发碧眼与面孔黝黑二者特征突出。巴西南部地区居民至今依然珍视和保存着他们独特的欧洲传统文化。建筑风格、烹饪特色、传统节日、音乐风情、舞蹈形式是这种文化的重要载体。阿雷格里港是南里约格朗德州首府。在那里我访问了南里约格朗德联邦大学和一个制鞋企业。巴西制鞋业很发达，在世界上与意大利的制鞋业齐名。特别是它生产的女鞋在国际市场上具有相当的竞争力。离开阿雷格里港乘长途汽车从该州东南向西北方向日夜兼行，访问该州一个叫伊如依（Ijui）的地方。在长途汽车上我看到几位男子用银吸管吮吸马黛茶（Chimarrao）。这是我从未见过的一种异乡习俗。伊如依距巴西与阿根廷边界不远，该地盛产大豆与小麦。去那里的目的是参观一个农户。巴西的土地所有制形式存在地域差别。北部、东北部至今仍然存在大庄园制，而南部地区以小农土地所有制为主。由伊如依去农户的路上正值黄昏时间。陪同我们的两位当地年轻人一定要茹阿雷斯先生陪我先去一户贫苦农民那里看看。年轻人的用意是让一个外国人了解巴西农民的情况。由于时间关系确实不能去，为此年青人还同茹阿雷斯先生发生争执。参观的农户其房舍很大，院里停放几部大型农业机械。主人向我们简单讲述了他的家庭农场情况，女主人还引领我们参观了他们的地下储藏室。自做的酒和其他食物布满各处。

为搭乘长途公共汽车去圣保罗，我们第二天老早就去了长途汽车站。五月的早晨当地的气温较低，看到一些衣衫单薄的老人和小孩在瑟瑟发抖。离开伊如依汽车朝东北方向行进，穿越圣卡塔林娜州、巴拉那州到达圣保罗州的首府圣保罗。圣保罗是世界级特大城市，在南美洲，它鹤立鸡群。圣保罗的建城时间可追溯到1554年，但直到19世纪末20世纪初由于几乎是世界各地移民的到来，它才发达起来。20世纪50年代，圣保罗已成为巴西的工商业中心。移民不但促进经济发展，而且促进了圣保罗多种文化形成。圣保罗街头有世界各种各样风格的商店和餐馆。我闲逛了具有东方风情的自由区和市中心的帕乌利斯特（Paulista）大街，访问了圣保罗州政府，去布坦姐研究所（Instituto Butanta）参观。该所成立于1901年，是世界先进的毒蛇研究中心。在访问圣保罗大学（USP）的时候，结识了孙家勤先生（孙传芳之幼子）。他执教于圣保罗大学东方语言系，教授汉语语言和文学课。

圣保罗与里约热内卢之间的交通极为方便。空中交通有称之为"空中之桥"的航班。我乘长途汽车返回里约热内卢。汽车在与海岸线平行的杜特拉总统公路（欧里科·加斯帕尔·杜特拉 1946—1951 年任巴西总统）上向北行驶。在 20 世纪 80 年代，圣保罗与里约热内卢两大城市之间的地带虽然已是巴西经济最发达的走廊，但是发达的地方作星点分布。而到 90 年代末我再次走杜特拉总统公路时，看到发达的城镇基本连成一片，成为世界发达的城市带。回到里约热内卢，我完成了对巴西所做的环形旅行。

四　在巴西工作

1995 年末至 1997 年末我在中国驻巴西里约热内卢总领事馆工作，任领事。其任务是负责巴西国情调研，撰写调研报告，定期向国内报送。如果说我在巴西作环形旅行只是大面积的走马观花，那么我长驻里约热内卢使我有机会对巴西一个典型地区做长时间的仔细观察，体验巴西民族的文化内涵。为此，我争取更多的机会参与巴西人的活动，同各类巴西人接触。

受邀访问巴西人的家庭是我的一项重要活动。我曾在巴西人家里同他们的朋友一起过圣诞节；同巴西人一起去教堂参加宗教活动。中国驻里约热内卢的领事馆位于博达福戈（Botafogo）。沿博达福戈海湾有一条弯曲的人行道。这是当地巴西人晨练的地方。他们喜欢在这条路上快走，称之为 Caminhado。在早晨，我也是这类人中的一员，因此我结识了许多巴西人。休息的时候有时我去海滩走走，遇上熟人聊聊，偶尔同拾荒者搭讪，了解底层人的生活情况。晚上下班后去街上观景，与小贩聊天。最高兴的是在周日与巴西人一起垂钓。因此，我与奥兰多先生认识并成为好朋友。他是一位小企业主，已退休在家赋闲。他多次向我讲授巴西人的家居习俗以及习惯的手势所表达的含义。某次他向我提起 feijoada 的时候同时捏捏耳垂。他见我不解其意，便解释说这一动作表示赞扬某种东西。在我的巴西朋友中间，若泽·马西埃尔先生是我的知己。他是东北部伯南布哥州人，移民到里约已多年。由东北部贫困地区向东南部发达地区移民，是巴西国民国内地域流动的重要历史现象，而今这一现象呈现逆向发展的趋势。这是巴西落后地区快速发展的结果。马西埃尔就职于里约市税务局，他向我讲解了许多有关巴西税制的知识。他是我的工作顾问和葡萄牙语老师。我把阅读中所遇到不解的问题（包括语言问题）集中起来，待我们会面时向他提出，每每他都能使我得到收获。他亲自驱车带我访问了里约热内卢州许多名胜古迹和自然风光旖旎之处。最使我难忘的是他带我参观了全国钢铁公司（CSN）。它位于沃尔塔雷东达（Volta Redonda），距里约热内卢两个小时的车程。沃尔塔雷东达钢厂建于 1941 年，它是巴西工业化进程中的里程碑事件。在去参观之前我写了数篇涉及该厂的文章，实地一见使我有了实际感受。

　　在领馆工作期间使我有机会经常访问里约热内卢许多知名单位，有的去过数次。瓦加斯基金会图书馆就是我经常光顾的地方。该基金会是世界著名的巴西智库。我利用其丰富的馆藏查找一些所研究问题的背景资料。全国经济社会开发银行、里约热内卢商业联合会、位于里约热内卢 Urca 的高等军事学院（Escola Superior de Guerra，ESG）等，我不止一次光顾。高等军事学院在巴西政治发展中具有非常重要的作用，它受总统办公室直接领导。该校有关国家安全与发展的理论与主张，往往成为政府制定政策的重要依据。里约热内卢联邦大学、弗洛米南斯联邦大学以及雅瓜里贝教授所领导社会经济政治研究所，因为工作需要我多次造访。此外，我还有机会参加有关学术研讨会和以中国领事的名义参加里约外交使团的一些活动。参加这些活动使我认识了巴西政界、商界、学术界的中上层人士，扩大了我对巴西的认识。

中国驻里约热内卢总领馆的工作范围包括巴西4个州，即里约热内卢州、米纳斯吉拉斯州、艾斯皮里图桑托州和巴伊亚州。在里约热内卢工作期间我走访了除巴伊亚州之外其余3个州的许多地方。相对而言，对里约热内卢州更为熟悉，我大约访问了十个以上的地方。我去过彼德罗波利斯（Petropolis）4次之多。这是一座山城，它曾是唐·佩德罗二世皇帝的夏宫所在地。该地的皇家博物馆（Museu Imperial）收藏与展示大量巴西皇室的历史文物，参观者因此可以感受巴西帝国时期的宫廷与社会生活。新弗里堡（Nova Friburgo），是位于里约热内卢州中部的一座山城。论及巴西的移民史不能不提及新弗里堡。巴西史学界将唐·若奥六世于1808年颁布法令允许外国人拥有土地这一事件视为外国人向巴西移民的开始。10年之后的1818年，第一批外国移民——1682名瑞士人来到这里建立了新弗里堡。当年我去该地参观时正值中午时分，周围的环境显示不出它是一个繁华的小镇。我见到一位中年男子站在路边卖呆。他一身农民形象，怀抱一个孩子，手领一个孩子，看不出他怎么富有。瑞士是富有、美丽的象征，而在这里的瑞士人后代却创造不出瑞士的价值，令人深思。

张宝宇

于北京芳古园寒舍斯莫尔书屋

2012年6月30日

巴西的通货膨胀与货币纠正法

在发展中国家里，巴西是通货膨胀情况较为严重的国家之一。1979 年通货膨胀率高达 77.2%，在拉丁美洲仅次于阿根廷（129%）。这种接近三位数字的通货膨胀率，在世界上是罕见的。从 50 年代末开始，巴西的通货膨胀急剧发展，到 1964 年，通货膨胀率创历史最高纪录，达 90.5%，而当年国内生产总值只增长 2.9%。此后，巴西政府陆续采取一系列重大经济改革措施，因此自 1967 年起，通货膨胀率出现明显的下降趋势，生产得到了迅速发展。但 1974 年以后，通货膨胀率又开始回升，生产增长速度减缓。为什么巴西在持续不断的高通货膨胀率的情况下，生产仍有较迅速的发展？在通货膨胀恶性发展时期，巴西采取了什么措施部分地抵消了它的破坏作用？当前巴西通货膨胀回升的原因及其发展趋势怎样？本文试图对上述问题作一简略介绍和粗浅分析。

尚需说明，在巴西所谓通货膨胀是指物价上涨，通货膨胀率是以物价总指数来衡量的。巴西的物价总指数是下列三者的加权平均数；（1）批发价格的指数，权数为 6；（2）里约热内卢生活费用指数，权数为 3；（3）里约热内卢建筑费用指数，权数为

1。巴西的批发价格指数是根据里约热内卢和其他9个州首府的物价计算的，因此，它比其余二者更具代表性。了解巴西的通货膨胀概念及其计算方法，有助于对问题的分析。本文所说的通货膨胀亦指物价上涨。这无碍于对问题的分析，因为不论通货膨胀的成因如何，它的最后表现总是物价的上涨。

一　生产发展与通货膨胀

1968—1974年是战后巴西经济发展的黄金时期，即所谓巴西经济奇迹时期。这段时期巴西国内生产总值由415亿美元增加到743亿美元，年平均增长率为10.1%。钢、汽车、大豆等主要工农业产品产量、对外贸易额及外汇储备都有显著增加。与生产高速发展的趋势相对应，通货膨胀率逐年明显下降。1968—1973年巴西的通货膨胀年平均增长率是19.3%。附表一是60年代以来巴西货币流通量（M_1）、通货膨胀率和国内生产总值增长率变化的情况。

由附表一我们可以清楚看出，伴随生产高速增长的不是高的通货膨胀率，恰恰相反，正是在通货膨胀的平缓期，巴西的国民生产才取得了高速增长。

巴西奇迹的形成是国内外多种因素作用的结果。其中巴西政府采取多种措施控制通货膨胀的恶性发展，降低其增长速度，为经济的迅速发展创造了良好的条件。巴西著名经济学家埃尔纳塞·加尼亚斯说："1964年以来，军政府的最大目标是恢复和提高经济增长率，为达到此目的，同时需要做到：保证最大可能性的稳定、大幅度缩小通货膨胀率和平衡国际收支。"[①]　当时，巴

---

① 巴西《视界》1976年经济年鉴，第40页。

西为缩小通货膨胀率，首先采取缩小财政赤字的办法以降低货币
流通量的增长速度。巴西 60 年代货币流通量超额增加的一个重
要原因是实行赤字财政政策的结果。1963 年财政赤字占当年国
内生产总值的 4.2％。1964 年以后，巴西通过设置附加税（商
品流通税及工业产品税）和改革个人所得税的征收办法增加税
收，同时紧缩政府开支，因而逐步缩小了财政赤字。1960—1974
年间，巴西联邦政府财政收支情况如附表二所示。

附表一

年　份	货币流通量（M_1）	通货膨胀率	国内生产总值增长率
1960	38.80	30.5	9.7
1961	52.50	47.7	10.3
1962	64.10	51.3	5.2
1963	64.60	81.3	1.6
1964	81.60	91.9	2.9
1965	79.50	34.5	2.7
1966	13.80	38.8	3.8
1967	43.70	24.3	4.8
1968	39.00	25.4	11.2
1969	32.50	20.2	10.0
1970	25.80	19.2	8.8
1971	32.30	19.8	13.3
1972	38.27	15.5	11.7
1973	47.02	15.7	14.0
1974	33.48	34.5	9.8
1975	42.76	29.4	5.6
1976	37.16	46.3	9.0
1977	37.52	38.7	4.7
1978	42.25	40.8	6.0

资料来源：《视界》1979 年经济年鉴，第 14 页。

附表二

单位：百万克鲁赛罗（时价）

年份	收入	支出	赤字	赤字占国内生产总值%
1960	220	296	76	2.8
1961	318	455	137	3.4
1962	498	779	281	4.3
1963	930	1435	505	4.2
1964	1889	2637	748	3.2
1965	3232	3825	593	1.6
1966	5910	6496	586	1.1
1967	6814	8039	1225	1.7
1968	10275	11502	1227	1.2
1969	13953	14709	756	0.6
1970	19194	19932	738	0.3
1971	26980	27652	672	0.2
1972	37738	38254	516	0.2
1973	52863	52568	+295	+0.1
1974	76810	72928	+3882	+0.5

资料来源：斯蒂芬·罗博克：《巴西发展问题讨论》，1977年葡文版，第153页。

此外，为阻止支付手段的扩大，巴西政府于1968年建立了公开市场。公开市场的建立，使巴西的货币政策拥有了最大的灵活性。它的活动是建立在政府证券买卖的基础上，政府可以根据需要增加或减少流通中的货币量。这样，当由于支持农产品的价格政策或其他原因而造成货币流通量预想不到的增加时，政府就有办法迅速吸收这部分清偿能力。通过上述各项措施，巴西货币流通量的增长速度明显减缓。1959—1964年，货币流通量的平均增长速度为57.4%，1965—1967年为46.3%，1968—1973年进而降为35.8%。同期通货膨胀平均增长率为19.3%，这在巴西被认为是可以令人接受的通货膨胀率。

　　综上可知，巴西政府是反对通货膨胀恶性发展的，而对于平缓的通货膨胀则认为不是可有可无的。巴西经济奇迹的总设计师罗贝托·坎波斯和德尔芬·内托一致申明，15%—20%的通货膨胀率对巴西是适宜的，它能使巴西得到很好的发展。此即所谓通货膨胀对生产的促进作用。这种说法，在一定的条件下是有道理的。这种作用实际上是利用了人们对货币的幻觉心理。所谓货币幻觉，是指人们对于货币职能所产生的一种错觉。通常，一般人往往不考虑货币的真实购买力，而只注意货币的表面价值。比如说，物价上涨一倍，名义工资也提高一倍，而实际工资维持不变，在这种情况下，具有货币幻觉的人便会觉得他们的生活比以前有所提高。相反，当物价降低，名义工资亦随之下降，而实际工资水平不变时，劳动者则不愿提供更多的劳务，资本家亦从形式上看到利润下降，也不愿扩大生产。资本主义国家政府正是利用资本家，特别是工人存有货币幻觉，采取适当的通货膨胀政策，物价不断提高，工资亦做相应变动（但低于物价上涨速度），来刺激生产的发展。这就是温和的通货膨胀对生产的促进作用。在一定程度上，巴西政府正是利用了通货膨胀的这种作用，使国民经济在一定时期内发展较为迅速。

　　但是，这种作用毕竟是有限的、短暂的。从根本上说，社会生产力的发展是生产力与生产关系相互作用的结果。一个国家在一定历史时期内经济的迅速发展，是与当时的国内外条件分不开的。如果能根据情况及时调整生产关系，其中包括货币关系，使其有利于利用当时国内、国际条件，生产就能得到迅速发展。1968—1974年间，巴西国民经济之所以能得到迅速发展而被称之为奇迹，首先是因为自第二次世界大战结束后，巴西实行了替代进口工业化政策，建立了一系列基础工业部门，拥有大量的设备闲置能力；另外，巴西劳动力价格低廉，国内资源丰富。加之当时国际条件优越，资本市场资金充裕，石油价格便宜，这是巴西生产得以迅速发展的物质前提。但是，由于只热衷于取得高速增长，不顾通货膨胀率上升，投资政策片面，对产业结构的协调不够注意，对增长速度快的部门和出口农业集中投资，从而加剧了地区之间、部门之间经济发展的不平衡，造成收入在地区和阶级之间分配的更大差异。因而当优越的国际条件改变，特别是国际上石油涨价之后，巴西的经济奇迹随之消亡了，通货膨胀又进入猛涨时期。

二　货币纠正法

在通货膨胀高速增长时期，巴西经济仍有较快发展。例如，在盖泽尔总统执政的 1974—1978 年期间，通货膨胀率为 409%，创巴西自杜特拉政府以来的历届政府（包括 60 年代初期的古拉特政府）的最高纪录。但是，在这段时期里，巴西经济的年平均增长率是 7.1%，在发展中国家里这自然是一个很可观的成就。在高度通货膨胀的情况下，巴西取得经济增长的一个重要原因是采取多种办法中和通货膨胀的破坏作用，其中一个常为人所提到的，就是货币纠正法（correção monetaria）。

货币纠正法实为一种指数制。它是在通货膨胀不断上涨的情况下，根据一定的指数对几乎所有的金融债券进行货币纠正，目的在于"补偿货币由于通货膨胀而受到的损失"[①]。这种方法远在 18 世纪初就有人论述过，但它的广泛使用却始于 20 世纪 50 年代初，当时在法国、芬兰和墨西哥等国颇为盛行。目前，巴西被认为是一个使用货币纠正法最为广泛，而且颇有成效的国家。

---

① 《巴西：现实与发展》，圣保罗 1978 年版，第 241 页。

　　恶性发展的通货膨胀必然造成国家经济秩序的混乱。在这种情况下，外资不愿进入，而且原有资金也纷纷外逃，国内储蓄也呈下降趋势。巴西60年代初的情形正是如此。为了多方凑集资金，恢复和发展国民经济，巴西政府在采取措施控制通货膨胀恶性发展的同时，于1964年颁布第4357号法令，实行货币纠正法，以货币部分补偿的办法减少企业和个人因通货膨胀而受到的损失。根据规定，企业的资产、利润可根据政府所公布的货币调整指数进行调整。当一家企业出售、过户或投保其资产时，则只按实际利润纳税，而不根据其表面账目。实际上，货币纠正法就是允许公司、企业纳税时扣除通货膨胀因素，使其利润不受或少受损失，因而有利于吸收外国资金。1966年外国在巴西的投资总额达到了自50年代以来的最低点，但随着巴西财政金融方面的改革（其中包括实行货币纠正法）和政治局势的稳定，自1967年始，外资又逐年增加。1968年外资总额达185700万美元。1973年为457900万美元。5年间增长将近一倍半。

　　货币纠正法的显著作用还在于在通货膨胀的情况下，能够动员储蓄，组织国民手中的闲散资金为国家建设服务。巴西银行经理卡洛斯·布兰当说："由1964年第4357号法令所批准的对财政资金实行货币纠正法（这项法令使政府可以发行可调整的国库券），对于在通货膨胀条件下组织国内储蓄发挥了巨大作用。这种储蓄是经济发展的支柱。显然，如果货币纠正法没有这方面的作用，它也无存在之必要。"① 通货膨胀使人们自然不愿意把资金存入银行而任其贬值。但是，在巴西由于实行货币纠正法，银行的存户不仅可以按规定得到预期的利息，而且银行还定期在存户账面上记一个和这段时期通货膨胀率相当的货币纠正额。时

---

　　① 巴西《视界》1978年8月7日。

间较长的商业贷款、政府证券、抵押等都照此办理即借方除向贷方按规定利率付息之外，再加上货币纠正额。巴西用这种方法，在相当程度上动员了国民储蓄的积极性。实行货币纠正法前的1962年，巴西实际上不存在国内储蓄，当年94％的金融资产是公众手中的纸币和商业银行以及储蓄银行中的短期存款。外汇的承兑和长期存款只占5.3％，公债券占0.7％。由此可见，当时巴西国民的储蓄率是很低的。实行货币纠正法后的第四年，即1967年，情况发生了显著变化。当年，货币资产（包括公众手中的纸币、银行短期存款）下降为73％，非货币资产（包括定期储蓄、外汇承兑、不动产证券、公债券等）上升到27％。1972年，货币资产继续下降到44.8％，非货币资产上升到55.2％。到1978年4月，非货币资产占整个金融资产的68.5％，与此同时，短期存款与公众手中的纸币，共占31％。此外，尚可用中期储蓄占国内生产总值的比例看储蓄额的增长速度。1976年巴西国内储蓄额达4360亿克鲁赛罗，占当年国内生产总值的28％，1977年国内储蓄上升为6780亿克鲁赛罗，占国内生产总值的29.5％。当然，巴西国内储蓄率的提高是多种因素作用的结果，比如国内政治局势的稳定、收入的提高等，但货币纠正法的实行无疑也起了相当大的作用。一位美国经济学家说："巴西把高速增长和高度通货膨胀结合起来。巴西应付物价飞涨的一些办法是：以金融价格指数化来刺激储蓄，以克鲁赛罗剧烈贬值来保持巴西产品在世界市场上的竞争能力，以严格的货币管制来防止资本外逃"。① 可见，货币纠正法对于鼓励国内储蓄的作用是为世界所公认的。

　　货币纠正法在巴西的使用，不只于此。它被应用的范围是相

---

　　① 美国《商业周刊》1979年。

当广泛的。在工资、利息，资财，保险、现金、债务、贷款、房租、汇率、养老金等方面，都根据政府公布的指数施以货币纠正。但是，对于货币纠正法在巴西经济发展中的作用，巴西国内并非存在一致的认识。1978年巴西资本市场学会就此召开了圆桌会议。会上出现了三种不同的意见：第一种意见相信货币纠正法的实行有利于与通货膨胀作斗争；第二种意见相反，认为它为反通货膨胀斗争设置了障碍，有刺激通货膨胀高涨的作用；第三种意见认为货币纠正法不影响通货膨胀。巴西瓦加斯基金会经济学会调查部负责人利昂·沙塞尔最近指出，货币纠正法有两种不同的作用。对一些部门有利，而对另外一些部门有害。他认为尽管如此。也不能轻易取消它；要想取消货币纠正法是不容易的，至少得具备两个条件：第一，物价上涨率明显下降，通货膨胀率稳定在一定的水平上；第二，政府放弃与通货膨胀作坚决斗争的政策。实际上，货币纠正法的作用是非常有限的，从普遍意义上说，从长远观点看，它是无法解决通货膨胀问题的。最近几年巴西通货膨胀的不断上涨，即是对这一方法所起作用的限度的最好检验。

三　通货膨胀回升的原因及其发展趋势

目前国内报刊在论述二次大战后资本主义国家通货膨胀上涨的原因时往往这样说：由于扩军备战和刺激经济增长，不断扩大预算支出，造成庞大的财政赤字，为了弥补这些赤字就大量发行钞票、公债和膨胀信用，结果造成通货膨胀和物价上涨。笔者认为这种提法过于笼统，对一些发展中的国家来说，未必切中问题要害。因为扩军备战不是它们国内通货膨胀急剧发展的主要原因。例如巴西，它的国防预算占国内生产总值的比重近年呈下降趋势，1970年军费支出占国内生产总值的2.5%，1976年为

1.3%，1978 年为 0.99%。根据同一指标与其他国家相比较，也可以看出巴西的军费支出是较小的。1976 年拉美国内生产总值最大的 10 个国家军费支出占国内生产总值的平均数是 2.7%，而全世界 10 个国内生产总值最大国家的军费支出占国内生产总值的平均数是 4.3%。由此可见，巴西的军费支出不是造成巴西近年来通货膨胀率回升的原因。巴西一位共产党人指出：巴西的通货膨胀"有比以快于生产增长的速度发行纸币更广泛、更深远的原因。它是由整个内部互相联系的因素以复杂的方式来决定的，许多时候原因和结果同时起作用"（路易斯·拉热：《将军们造成通货膨胀》）。从根本上说，巴西近年来通货膨胀猛涨是经济奇迹发展的一个后果。由于单纯追求增长指数，造成国民经济部门比例失调，生产增长速度减缓，一些国内消费物资供不应求。近年来，巴西政府对国家企业和公共工程投资过大，各种信贷和补贴名目繁多，因而必然形成沉重的财政负担，结果只好过量发行纸币和债券，引起通货膨胀率上升。

巴西国民经济结构不合理首先表现在农业方面。自 1964 年以来，巴西把扩大出口视为发展经济的重要杠杆，因而积极发展农业以提高出口农产品生产的增长率。农产品及其加工产品一直占巴西出口额的 60% 左右。近十年来，其平均数接近 75%，未加工农产品占 50% 以上。但是，巴西农业的发展主要是靠扩大耕地面积，利用优越的自然条件而取得的，对于土地占有制度和农业地区以及部门发展比例失调从未采取措施予以改造，因而从长远来说必然造成农业增长减缓。在巴西，占土地所有者总数 9.7% 的大庄园主拥有全部土地的 78.5%，而占 52.3% 的小农户仅占有 2.8% 的土地，全国无地、少地农民约 1000 多万。大庄园主所占土地利用率极低，大部分农产品由中、小土地所有者生产。巴西咖啡产量的 59%、小麦 49%、玉米 60% 是由中、小土地所有者生产的。巴西各地农业发展水平差别较大。东北部封建性土地所有制仍占相当的比例，生产工具极为落后，有的地方甚至仍然沿用镐头耕作的习惯。南部—东南部是农业资本主义发展水平较高的地区。该地区面积虽然只占全国的 17%，但却拥有全国拖拉机总数的 86%、施肥量的 90% 和良种使用量的 80%。巴西政府片面刺激出口农业的发展，忽视供国内消费的农业部门的发展。刺激大豆生产就是一个突出的例子。巴西大豆的种植史不长，1950 年产量只有 35000 吨，但到 1976 年就达到了 1122 万吨。26 年间增加了 357 倍，同美国、中国一起，成为世界上产大豆最多的国家。巴西大豆的发展是与靠信贷和其他方式猛烈刺激分不开的。近年来，巴西农业信贷不断扩大，1960 年给农业的贷款只占农业产值的 10%，1977 年则上升为 83%。但是主要是贷给经营出口的大农业，而小生产者只获得其中的 5%。与此同时，供国内消费的农业生产下降。比如黑豆，这是巴西普通居民的基本食粮，但由于为大豆生产让路，使这种作物的种植面积锐减，造成供应紧张，价格猛涨，结果不得不从墨西哥和智利进口。小麦是巴西种植较早的作物，主要用于国内消费，多年来，鉴于国际市场小麦价格低廉，巴西政府从未采取切实措施增加产量，致使小麦自给计划成为一纸空文，长期以来不得不以巨额外汇进口小麦以补充国内供应的不足。由于上述原因，加上自 1975 年以来气候条件不利，造成巴西农业连年收成不佳，国内食品供应紧张。据估计，1979 年巴西为进口稻米、豆、玉米、小麦和肉类等花费 12 亿美元，创历史最高纪录，仅小麦一项大约支付 64000 万美元。这是目前巴西国内物价上涨的一个重要原因。

　　巴西经济畸形发展的另一个重要表现，是动力燃料工业发展跟不上整个国民经济发展的需要。石油消费在巴西目前能源消费构成中占 41.7%，日消费量 110 万桶。但国内蕴藏量有限，开采量亦有限，80% 以上的石油依赖进口。1973 年以前，巴西基本上是利用廉价的进口石油，对于国内石油的勘探、开采以及水力资源的利用和煤的开发未予以充分的重视，因而当国际石油价格飞涨之后，巴西便陷入严重的困境之中。1975 年虽然开始与外国石油公司签订在巴西勘探石油的风险合同，但几年来未见显著效果。由于多年来形成的偏重于石油的能源消费结构，短期内难于减少石油的消费，因而用于进口石油的开支逐年递增。1973 年进口石油花费 71080 万美元，1978 年达到 42 亿美元，1979 年达到 62 亿美元。由于进口石油价格的提高，造成国内消费的汽油和其他石油产品以及与石油有关的商品价格连续提高。

巴西近年来通货膨胀恶性发展的另一个根源，在于国家用于公共工程和国营企业的开支过大，为刺激经济发展而实行的各种补贴种类繁多、资金庞大，以致造成政府沉重的财政负担。1964 年以来，巴西经济发展的一个重要特点是国营企业发展迅速。巴西政府通过联邦预算拨款和引进外资建立了大批国营企业，其中在经济奇迹期间（即梅迪西政府期间）建立了 99 家，创历届政府最高纪录；盖泽尔政府也建立了 50 余家。这些企业的建立虽然扩大了民族企业在整个国民经济中的作用，但同时也造成了联邦开支的扩大。此外，近十几年来，巴西政府还兴建了大批举世瞩目的工程，诸如横贯国土北部的全程 5000 余公里的亚马逊公路，还有里约热内卢—尼托罗伊大桥、里约热内卢超音速飞机场，里约热内卢和圣保罗的地下铁道，以及钢铁企业扩建计划，新建图巴隆钢厂、图库鲁伊水电站和伊泰普水电站等。仅伊泰普水电站一项工程预计耗资 100 亿美元。有的工程使用效果并不理想，"胡子"工程不少，资金回收缓慢。如安格拉 1 号核电站，按原计划早该在 1978 年投产。但因种种原因，至今尚未运转。经济学家、巴西全国开发银行前董事长雅伊梅·马加拉西·德萨说，"经常使投资超过国家的实际能力"是造成巴西通货膨胀的重要原因。①

巴西政府对工、农业和外贸实行种类繁多的补贴。为刺激农业生产迅速恢复和发展，1979年政府许诺，"国家资助一切作物种植，收购一切农作物收获，支付农业生产者的一切损失"。当年，巴西政府对玉米、小麦、肉类和作为燃料的酒精的补贴即达1000亿克鲁赛罗，整个信贷和补贴总额达3500多亿克鲁赛罗，占国家预算的30%，比1978年的各种信贷、补贴总额增长75%，由于上述种种原因不得不超额扩大货币发行量。1979年12月19日，巴西货币委员会召开本年度最后一次年会，批准中央银行在1979年再发行500亿克鲁赛罗，"以便填补由于无限资助农业而造成的空洞"。② 巴西中央银行有关人士说，1979年巴西额外发行纸币的数量可能到400亿克鲁赛罗，因而造成接近3位数字的通货膨胀率就不足为奇了。

鉴于如此恶性发展的通货膨胀率，1979年3月菲格雷多总统上任后，就提出与通货膨胀作斗争是本届政府在经济领域的三个优先奋斗目标之一。巴西政府在4月、12月先后通过两个经济"一揽子"计划，试图从兑换、对外贸易、补贴和税收刺激等方面，采取总体措施，以达到制止通货膨胀恶性发展和调整国际收支的目的。计划部长内托认为，这些措施实行之后，"通货膨胀率将有显著下降，贸易结算将取得平衡"。③

通货膨胀率的降低还有待从根本上改善国家的经济情况。巴西目前依靠增加农业生产、减少石油严重的对外依赖、扩大出口

---

① 巴西《标题》1979年12月22日。
② 《圣保罗州报》1979年12月20日。
③ 《标题》1979年12月22日。

和缩减公共投资项目等措施调整国民经济，以期维持年平均6%—7%的经济增长率，降低通货膨胀率，增加就业人数。但是，正如前述，这些条件在短期内都不会取得明显效果。特别是石油一项，为了维持经济的发展和一定的国内消费水平，在相当长时期内仍需大量进口。官方在1979年末已作出估计，1980年石油进口费用将突破100亿美元大关。因此，国内与石油有关的产品的价格的上涨是在所难免的。巴西政府希望1980年的通货膨胀率维持在45%—50%之间，但是，连巴西国内最乐观的企业家也表示怀疑，他们认为至少要达到60%。而悲观论者则认为至少将达到79%。根据巴西国内经济情况和国际石油供应以及整个国际经济情况来看，1980年巴西的通货膨胀形势不会有明显改善。

（原载《金融研究动态》1980年第4期）

巴西经济发展战略概论

　　巴西是拉丁美洲最大的发展中国家。在 60 年代末 70 年代初，"巴西经济奇迹"曾为世界瞩目。自从第二次世界大战结束，巴西为维护民族独立和实现现代化，就积极探索经济发展的道路。在探索过程中，美国驻巴西经济使团提出的寻找国家经济发展"瓶颈"、建设国家基础设施的思想，拉美经委会提出的国家在经济发展过程中起决定性作用和制订经济计划的思想，以及在 50 年代中期盛极一时而至今仍居重要地位的巴西发展主义思想，对制定巴西经济发展战略发生过重要的影响。通观战后巴西的经济发展，可以说它走的是一条外向发展道路，即基本上依靠外国的资金、技术和市场，同时利用本国的资源和劳动力来发展民族经济。1964 年军人执政以来，巴西所实行的虽然仍是外向发展战略，但是国内资金的积累、国内市场的扩展乃至人力资源开发等国内因素都比较充分地发挥了作用。

简要的历史回顾

　　长期以来，巴西把提高经济增长率置于发展政策的首位。一位研究巴西的美国学者说："自从1920年以来，巴西经历了一个具有稳定的、相当可观的、而又不断上升的经济增长率的发展过程；近来惊人的成就正是这种长期趋向的持续和加速发展的结果，虽然中间一度有过短暂的间歇。"[①] 发展主义，可以说是巴西的旗帜，至今亦然。"巴西经济奇迹"总设计师、现任计划部长德尔芬·内托的名言："把馅饼做大，然后分而食之"，就是这种思想的通俗解释。

　　20世纪30年代，巴西的新兴资产阶级登上了政治舞台，加速了民族经济发展的步伐。从30年代至60年代的30余年间，在巴西执政3年以上的政府共有五届。尽管它们对外资的态度宽严不一，但都遵循着依靠外国资本与技术来发展本国经济的道路。总括地说，它们所选择的发展途径是：

一　成立专门机构，推动经济发展

　　经济发展战略目标是以分期计划来体现的，而计划的制订和执行则要由有权威的职能机构来进行。因此，自30年代以来，巴西相继成立了一系列对经济进行全局或局部的指导、协调与调查研究机构，以及财政、金融机构。巴西政府通过这些机构，加强国家干预，诱导经济的发展。

---

　　① 斯蒂芬·罗博克：《巴西经济发展研究》，上海译文出版社1980年版，第25页。

二　进行国情调查，找出经济发展"瓶颈"

摸清国情，找出限制国家经济发展的主要不利条件及其克服办法，是经济发展战略的重要内容。在这方面，巴西曾得到美国和拉美经委会的援助。1948年成立的巴美技术混合委员会提出的一个重要工作目标是"研究限制和促进巴西经济发展的各种因素"[①]，即所谓"瓶颈"。这个委员会对巴西经济各部门进行了详细研究，指出巴西为保护本国工业发展而实行的过分保护主义、由于工农业发展不平衡造成城市食品供应短缺而引起的通货膨胀加剧、国内能源供应不足以及资本市场不完善等，是阻碍巴西经济发展的关键因素。1949年成立的巴美发展混合委员会的最大贡献之一是"鉴别出要求优先进行投资的'瓶颈'"[②]，并建议成立了巴西全国经济开发银行，专门负责筹集资金、选择设厂地址、进行技术方面的可行性研究，以及评价公共与私人投资项目。1953年巴西全国经济开发银行与拉美经委会成立混合小组，对巴西经济进行"会诊"，并提出了新的发展纲领。

三　优先发展基础设施部门，突破"瓶颈"

通过对国情和经济发展状况的分析，巴西政府决定优先发展运输与电力部门，以突破"瓶颈"，为经济发展疏通渠道。这是30年代以来巴西几届政府所采取的连续性策略。但是，时至50年代末，巴西全国性的交通运输网尚未形成，主要交通线路多以沿海发达城市为中心向内地扇形伸展，以便于内地的农、矿产品

[①]　佩德罗·S. 马兰等：《巴西的对外政策与工业化》（1939—1952），里约热内卢1977年版，第47页。

[②]　马里奥·西蒙森、罗伯托·坎波斯：《现代巴西经济》，里约热内卢1979年版，第53页。

通过沿海港口外运。这反映了巴西遭受殖民主义长期统治的特征，不利于形成一个完整的国内市场。50 年代的电力危机曾是巴西经济发展的最大障碍之一。此后，尽管电力生产的增长速度超过工业增长率，但是由于城市化的加速和能源利用类型转化等原因，巴西电力供应一直处于紧张状态。

进行运输、电力等基础设施建设，为国营和私营企业创造了投资机会，同时又提高了社会购买力，这就刺激了经济的发展。战后，巴西在这方面采取的第一个行动，是杜特拉政府于 1948 年向议会提出的卫生、食品、运输和电力建设投资计划，通称"萨尔特计划"[①]。1953 年，巴美混合委员会为巴西制订的 41 项发展计划中，有 38 项是运输和电力方面的发展项目。1956—1961 年库比契克政府提出的发展纲要，是一个强化国家基础工业的庞大发展计划。全部计划项目 30 个（不包括建设新首都巴西利亚），其中属于能源、运输等基础设施项目的就有 15 个；其范围之广，超过了以往。库比契克政府试图通过对这些项目的巨额投资，为巴西经济的顺利发展开辟道路。1962 年，著名的经济学家富尔塔多为古拉特政府制订的 3 年计划，同样包括公路、电力等发展项目。除联邦政府直接投资外，一些州政府也从 50 年代中期开始了基础设施方面的建设。

四 建立国家基础工业部门，突出"增长点"工业的发展

长期以来，巴西一直努力利用外国资金与技术建立本国的基础工业，以便为本国工业发展和经济解放打下基础。1931 年，瓦加斯总统曾经说："我国经济的最根本问题是钢的问题。对巴

---

① "萨尔特"（Salte）是葡文卫生、食品、运输和电力四个字的字头缩写。

西来说，钢铁时代就表明它的经济繁荣。"[1] 巴西拥有丰富的铁矿资源，具有发展本国钢铁工业的良好条件。30 年代初，巴西国内曾就钢铁企业的规模和所有制等问题展开争论，决定优先建立大型钢铁企业作为保卫国土和发展经济的有力手段。1940 年巴西成立全国钢铁计划执行委员会，筹建钢厂。1941 年成立全国钢铁公司，并建立了沃尔塔雷东达钢铁厂（该厂得到美国进出口银行 4500 万美元的贷款，用于购买美国的机器、设备）。1954 年全国钢铁公司建成第二号高炉。从 1945 年到 1954 年，巴西钢的年产量增长了 3.5 倍，即由 26 万吨增至 117.1 万吨。在此前后，巴西还建立了水泥厂、化肥厂、制碱厂和发动机制造厂等。

钢铁工业建立之后，石油工业被提到了首要地位。众所周知，石油不仅是重要的高热值燃料和化工原料，而且是重要的战略物资，对经济发展和国家安全至关重要。50 年代初，为保卫本国石油资源，巴西曾掀起广泛的群众运动，迫使议会通过了由国家垄断石油的决定，成立了国营巴西石油公司。这家公司在石油勘探和提炼方面做了大量工作，仅 1954 年就建成、投产三座炼油厂，其中库巴唐炼油厂日产量达 5 万桶。巴西的基础工业在 1956—1960 年间由于执行了库比契克政府提出的发展纲要，得到了进一步加强。机械工业、电器工业和重型机器工业由此建立起来，钢产量也有了进一步增加。

战后，促进"增长点"，（Pontos de Germinção）工业发展的问题在巴西经济发展中得到重视。巴西经济学家认为，在突破经济发展"瓶颈"之后，发展"增长点"工业部门以带动整个工业乃至整个经济的发展已成为当务之急。他们认为克服"瓶颈"是排除由于基础结构设施落后而造成的困难，而"增长点的方

---

[1]　前引《巴西经济发展研究》，第 39 页。

法在于识别具有推动力的部门"①。库比契克政府曾运用这一方法，把汽车工业作为具有推动力的工业部门加以发展，带动了其他工业的增长。这一方法，1964 年以来得到了进一步运用，近几年巴西航空工业和军工生产的发展，就对巴西整个工业和经济的发展起到了带动作用。

严格地说，在 1964 年以前，巴西并没有完整的经济发展战略。首先，缺乏一个长远的战略目标。虽有几次全国性的经济计划，但这些计划大多局限于某个经济部门，或者是在一定历史时期为完成特定的经济任务而制订的，有的并没有彻底执行。其次，经济发展的连续性由于政局动荡和政府的更迭而受到破坏。最后，没有全面地运用发展途径，依赖外向发展而忽视调动国内因素；强调工业化而对农业没有给予应有的重视。尽管如此，由于长期实行工业化，也为以后巴西经济的发展打下了一定基础。

1964 年以来的经济发展战略

1964 年 4 月巴西军人开始执政，迄今先后制订了 6 个经济计划：政府经济行动计划、发展战略计划、政府行动目标与基础计划、第一个全国发展计划（1972—1974）、第二个全国发展计划（1975—1979）和正在执行的第三个全国发展计划（1980—1985）。前两个计划旨在恢复 50 年代中期以来的高速增长率并为制订规模更宏大的全国经济发展计划奠定基础。其主要目标是：（一）控制 50 年代末开始恶性发展的通货膨胀、调整价格体制、稳定物价以及平衡国际收支；（二）进行财政、金融体制改革，创立新机构。

---

① 前引《现代巴西经济》，第 55 页。

从 1972 年起，巴西分期执行全国发展计划。第一个计划除规定 1972—1974 年各项经济发展指标外，还预计到 1980 年将使巴西按人口平均的国民收入比 1969 年增加一倍；要在"一代人的时间里使巴西进入发达国家的行列"[①]。可以说，这是巴西 20 世纪经济发展的战略目标。为此采取了以下主要措施：

一　扩大出口，外向发展

在现代各国经济发展相互依存的世界上，外贸是国民经济的重要组成部分，而出口在对外贸易中占据关键地位。早在 60 年代初，巴西就提出了"出口即出路"的口号。巴西著名经济学家马里奥·西蒙森写道："自 1964 年起，形成了这样一种信念：巴西的发展模式必须是外向的，对于扩大出口问题应给予特别的注意。这有两点原因：巴西很难缩减它的进口率；而向外销售的增加是巴西能够吸收外资的必要条件。"[②] 第二次世界大战以来，巴西的重工业虽然有了很大发展，但它装备国民经济的能力仍然较低，机器和设备在相当程度上仍需依赖进口；随着工业发展和能源消费类型的转变，巴西石油消费量不断增加，约 80% 以上的石油需以出口换取外汇来进口；巴西国内建设资金的来源也在一定程度上依靠外国直接投资与国外贷款（最近几年每年从国外筹集的资金大约在 100 亿至 150 亿美元之间），大量外债所形成的年还本付息额又必须以不断增加出口来偿付。马里奥·西蒙森说："为了不使巴西的外债像雪球那样越滚越大，必须增加出口。"[③] 不断扩大出口还促使巴西形成了多样化的经济结构。就

---

①　前引《现代巴西经济》，第 70 页。

②　前引《现代巴西经济》，第 16 页。

③　前引《现代巴西经济》，第 18 页。

农业来说，巴西不仅继续发展传统农产品（咖啡、可可、棉花等）的生产与出口，而且增加非传统农产品（如大豆等）的生产与出口。出口也带动了工业发展：1947—1951 年，在巴西出口总额中，初级产品占 80%，工业制成品占 19%（不包括钢铁）；到 1973 年，工业制成品已占出口总额的 30%，其中钢铁占 0.8%。

为了扩大出口，除采取各国通用的一些鼓励措施外，建立出口走廊体系是巴西实施的独具特点的重大措施。所谓出口走廊，即以铁路、公路和仓储等基础设施把出口产品产地与港口连成一条通道，以便于产品出口。巴西目前有 7 条出口走廊，分担着全国不同地区的物资输出任务。不定期地经常实行克鲁赛罗小幅度贬值来增强产品在国外的竞争能力，也是巴西所采取的重要措施。巴西不只注意出口产品的质量与品种，同时采取灵活的外交政策，使出口市场多样化。巴西还充分利用本国的技术特点，向发展中国家（如北非、中东和拉美）输出劳务，承建工程。到 1973 年，巴西的出口额已从 1963 年的 14 亿美元增加到 50 亿美元；1980 年则已突破了 200 亿美元大关。

二　国内外并举，筹集建设资金

发展中国家由于长期受殖民主义和帝国主义的压迫与剥削，经济基础薄弱、国内积累能力低、资金匮乏、技术落后，因此加强同国际社会的联系，争取外来资金发展本国经济是可行的重大措施。第二次世界大战后，特别是 60 年代以来，许多发展中国家和地区都积极引进外资促进国民经济的发展，巴西采取这种策略也取得了一定成果。巴西利用外资并不只是为了筹集资金，它还以此作为促使国家出口产品多样化、引进先进技术、开展科研活动、培养科技与经济管理人才、建立新兴工业部门、增加就业机会和开发落后地区的重要手段。巴西利用外资以吸收贷款为主、引进外国直接投资为辅。这两种形式各有利弊。吸收外国直接投资有利于同时引进先进技术、设备和管理经验，但如果限制措施不得力，就可能产生外资遏制民族经济的弊端。借贷资金的好处是可以避免外资直接控制本国生产，但如果出口创汇能力跟不上，就会造成沉重的外债负担（利用这种形式还需要不断完善行政管理，避免外资挪为他用）。近几年来，由于外债剧增，巴西政府重申：将继续对外开放，但是希望进入巴西的外资直接投放到新企业，而不是作为给外国公司在巴西的子公司的贷款。

巴西重视利用外资，但外资在巴西资本形成总额中所占的份额并不很大。1975—1978 年国外积累占巴西固定资本形成总额的年平均比例是 18%，各年情况如下（单位：百万克鲁赛罗）：

年份	国内积累 A	国外积累 B	资本形成总额 C	B/C
1975	201672.9	54229.7	255902.6	21%
1976	306298.6	63865.9	370164.5	17%
1977	459090.8	56787.4	515878.2	11%
1978	639737.7	126949.9	766687.6	16%
1979	957663.0	287015.0	1244678.0	23%
1980	2067090.4	677873.3	2744963.7	24%

资料来源：巴西中央银行《1980 年年报》，第 30 页。

由此可见，巴西建设资金的筹集主要依靠国内积累。近年来由于巴西外债增加和国际金融市场利率提高，它更加强调增加国内积累。自 1964 年以来，巴西主要采取以下几种方法提高国内积累率：（1）改善全国税收体制增加税收，控制政府消费减少开支；（2）创立较好的市场条件以利于企业赢利；（3）刺激个人储蓄，通过资本市场筹集资金；（4）创办社会事业性的储蓄形式，如服务年限保证基金和社会一体化计划等。

应当提及的是，巴西实行的货币纠正法（Correcão Monetária）为提高国内积累率发挥了重要作用。货币纠正法是一种指数制，即在通货膨胀情况下，根据一定的指数对几乎所有的金融债券进行货币纠正，以便"补偿货币由于通货膨胀而受到的损失"。目前，巴西被认为是一个使用货币纠正法广泛而又颇有成效的国家。巴西银行经理卡洛斯·布兰当说："由 1964 年第 4357 号法令所批准的对财政资金实行货币纠正（这项法令使政府可以发行可调整的国库券），对于在通货膨胀条件下组织国内储蓄发挥了巨大作用。这种储蓄是经济发展的支柱。"①

三　开发人力资源与发展科学技术

通过教育开发人力资源，是一个国家社会经济发展的基础。亚当·斯密曾指出，"劳动力，在技术上一般具有的熟练程度、技巧和判断力"，是"兴国致富"的必要条件之一②。但是，长久以来，人们只注意物质方面的投资，忽视了人的能力在国民经济发展中的作用。把教育作为发展国民经济的策略是在第二次世界大战之后的事。

发展中国家也是从这时才开始注意到：民族经济能否迅速发展同培养人才有着极为密切的关系。60 年代以来，巴西经济学家研究了西德与日本战后的经验，认为这两个国家之所以能从战争废墟上迅速恢复和发展经济，主要是由于它们"拥有高质量的人力"，它们的"教育在提高按人口平均收入水平方面所起的

---

① 巴西《视界》1978 年 8 月 7 日。
② 参见都留重人《现代日本经济》，北京出版社 1980 年版，第 69 页。

作用比物质资本积累还重要"①。1964 年以来，巴西历届政府把教育作为优先项目进行投资，使普通三级教育在校学生人数迅速扩大，特别是接受高等教育的学生增加最多。1960—1972 年，小学生增加了 94.7%，高中学生增加了 393.5%，大学生增加了 638.6%；同期巴西人口增加了 40.7%。此外，巴西还制订计划，设立机构，重视对职工进行职业训练和扫盲工作。巴西经济学家认为，职业训练不仅对提高技术管理水平、加速经济发展至关重要，而且可以缩小职工收入差距，改善国民收入的分配状况。据巴西中央银行行长卡洛斯·兰戈尼分析，在 1960—1970 年间，教育对巴西经济增长的贡献是 15.7%；同期在墨西哥是 6.6%，美国是 23%，法国是 10%②。

　　巴西极为重视本国科技的发展。它积极发展高等教育、向国外派遣大批留学生和科技人员来培养本国科技人才；它积极参加联合国的有关科技活动，开展国际双边、多边和区域性科技合作，掌握技术发展动态，吸取有益的经验。它密切结合时代的特点以尖端技术带动其他部门的发展，近年来在航空和航天技术方面的成就便是突出的一例，预计到 1988 年它将把本国技术制造的卫星送上太空。巴西尤其根据经济发展需要来确定重点科研课题，当前以研究能源项目为主，解决石油替代问题。巴西在发展本国科技的同时，还积极引进国外先进技术，重点解决经济发展的关键问题。最近几年，它平均每年花 30 多亿美元进口机器、设备，占国家进口总值的 30% 以上。它在引进设备时，要求供货部门提供从安装、运行到产品制造的有关技术，同时要求使用单位成立专门机构、配备科技人员，结合本国的特点对引进技术

---

① 马里奥·西蒙森：《巴西 2001 年》，里约热内卢 1979 年版，第 166 页。
② 卡洛斯·兰戈尼：《过渡经济》，里约热内卢 1975 年版，第 166 页。

予以研究发展和推广使用。

四　在发展中适时调整经济结构

经济结构类型的选择关系到能否独立自主地发展本国经济和发挥其优势。经过 60 年代中期的经济恢复和体制改革之后，巴西采取了在发展中调整经济结构的措施，旨在使国家的经济结构多样化，为经济不断增长打下坚实基础。

巴西的产业结构原以轻工业为主（1960 年在制造业产值构成中，轻工业占 58%）；工业基础薄弱；门类不齐全；大部分工业设备和原材料依靠进口。60 年代以来，巴西着重充实基础工业和机械制造业，大力促进资本密集型和技术密集型工业部门的发展。

为满足工业发展对原材料的需求，首先抓了钢铁、水泥、化工、有色金属等基础材料工业。70 年代以来巴西把发展钢铁工业置于首位，到 1980 年钢产量已从 1968 年的 445.3 万吨增至 1518.6 万吨，增长了 2.4 倍，年平均增长率为 11.8%。70 年代初，巴西的钢铁产品只能满足国内需求的 60%，而目前只有少数特种钢铁产品需要进口。1980 年巴西的钢铁产品进出口贸易第一次有了 3100 万美元盈余。70 年代以来巴西在东北部巴伊亚、东南部圣保罗和南部的南里约格朗德建立了三个化学工业中心，目前除南部化工中心还在兴建外，另外两个都已投产。近几年来巴西的化工产品，尤其是石油化工产品发展十分迅速，如塑料等石化产品 1976—1980 年年平均增长率达 20%，是制造业中发展最快的一个部门。

为增强工业自身装备能力，巴西大力促进机械制造业的发展，并以此带动制造业其他部门的发展和促进固定资本更新。目前巴西已能生产各类普通机床、万能机床和大部分精密机床，它

的机床制造业居世界第 15 位，普通机器的设备自给率可达
90%。近几年来，巴西的交通运输设备、电子电信设备也有了迅
速发展。巴西能建造 40 万吨的大型船只，造船工业已跃居世界
第二位；1980 年生产汽车 16.5 万辆，居世界第 9 位；它的汽
车、家用电器等耐用消费品除满足国内需求外，都有大量出口。

　　70 年代以来，巴西还建立了飞机制造、军工生产、原子能
工业等部门，目前正在加紧发展航天技术。这些技术密集型工业
部门的建立和发展，大大加速了巴西工业的技术革命和设备更新
过程。巴西的产业结构也日趋齐全，到 70 年代中期，重工业比
重已略高于轻工业。1974 年，在制造业产值构成中，重工业和
轻工业的比重分别为 52.8% 和 47.2%。1974 年几个主要工业部
门所占的比重是：冶金 14.4%，食品 12.4%，化学及石油化工
11.2%，纺织服装 10.8%，机器制造 9.1%，运输设备 7.1%，
电子设备 5.7%。从上述比例关系看出，巴西制造业结构较为
均衡。

　　社会基础设施是生产活动和人民生活的基础。有关这方面的
建设虽然受到巴西历届政府的重视，但仍不能满足经济发展的需
要。60 年代以来，巴西一方面为促进工、农业发展而大规模地
进行公路、铁路、港口、机场等运输设施和电信、电话等通信设
施的建设，改善供水、供电条件；另一方面扩大了住房、环境等
生活基础设施的投资。第二个全国发展计划期间，用于城市发展
的投资（不包括住房）为 1100 亿克鲁赛罗，占计划投资总额
的 6.9%。

　　1973 年第一次石油危机之后，巴西采取了新的经济调整措
施，主要是加强能源开发项目，以减轻石油来源的对外依赖程
度，从依靠碳氢化合物的时代逐步过渡到多样化能源时代。具
体措施是：（1）通过签订风险合同、允许外国石油公司在划定

的地区内勘探和开采石油，以增加石油的自给能力。（2）大力开发水力资源。巴西是一个水力资源相当丰富的国家，建设水电站的技术力量也很雄厚，并向国外出口这方面的劳务。目前，巴西在南部巴拉那河上与巴拉圭合建的伊泰普水电站，设计总装机容量为 1260 万千瓦，1987 年建成后将名列世界第一；这座水电站生产的电力将保障东南部巴西工业三角地带经济发展的需要。正在北部托坎廷斯河上修建的图库鲁伊水电站是仅次于伊泰普水电站的另一大型水电站，它将增加东北部电力系统的供应能力，适应亚马逊地区新建工矿企业的需要。（3）利用优越的自然条件，发展木薯、甘蔗等作物生产以提炼酒精，是巴西新能源政策的重要组成部分。按照全国酒精发展计划，到1985 年它的酒精年产量将达 107 亿公升。与此同时，巴西还在研制使用酒精与汽油混合燃料的汽车发动机，已有部分投入使用。（4）建设原子能发电站也是巴西开发本国能源的重要手段。巴西的核能计划始于美国威斯汀豪斯电力公司协助建造的安格拉 1 号核电站；安格拉 2 号和 3 号核电站正根据 1975 年的协定，由西德提供技术建造。这三座核电站位于里约热内卢州安格拉杜斯雷斯地区，形成了一个称之为阿尔瓦罗·阿尔贝托海军上将核中心。此外，巴西核公司还选定圣保罗州沿海的皮鲁伊比、伊瓜皮作为建设另外两座核电站的地址。这些核电站将于 80 年代初陆续建成投产，将对保证巴西东南部地区的电力供应发挥大作用。

五　重视发展农业

国民经济的两个基本物质生产部门——工业与农业的平衡发展至关重要。在战后较长时期内，巴西由于侧重工业化而相当程度上忽视了农业，因而工、农业发展不够协调。60 年代以来巴西注意了农业发展问题，前总统盖泽尔曾明确指出：巴西发展的基础在于农牧业。巴西政府认为农业对其国民经济发展的作用在于：提供内需食品和工业原料；不断扩大传统和非传统农产品的出口，为经济发展积累资金；提供产业后备军和能源资源。巴西发展农业的重要措施是：

第一，利用优越的自然条件，逐步种植多种作物，改变历史上形成的单一作物制。农产品的多样化不仅可以适应国内多种需要，而且也为出口产品的多样化创造了条件。例如，大豆是巴西近几十年才种植的作物，1950 年只生产 3.5 万吨，1970 年增至 150 万吨。鉴于国际市场的有利条件，巴西政府从政策和科学两方面采取了得力措施，使大豆生产有了迅速发展。1977 年它的大豆产量创历史最高纪录，达到 1251.3 万吨，巴西一跃成为与美国、中国并驾齐驱的"大豆三王国"。1979 年大豆及其制品出口总额为 19.5 亿美元，占当年巴西出口收入的 13%。

第二，采取以扩大耕地面积（所谓"开发农业边疆"）为主、提高集约化程度为辅的方法发展农业。巴西之所以选择这条道路，首先是因为它有广阔的土地尚未开垦。占全国领土面积 15% 的中西部稀疏草原地区，共约 130 万平方公里，虽然土壤贫瘠，但阳光、水分都较充足，只要适当改良土壤便可发展农业。其次，随着沿海和中南部地区的开发，农用土地不断缩小，那里的一些农业资本家和工商企业家也不得不去中西部地区寻找土地。再次，巴西政府开发农业边疆的政策，不仅可以扩大耕地面积发展农业生产，而且也是开发落后地区、实行全国一体化发展计划的重要途径。

第三，利用国外的资金与技术发展农业。巴西接受联合国有关部门的资金与技术指导，在东北部地区实行了几个农业专项开发计划。在圣弗朗西斯科河谷的开发项目中，利用了美国的资金与技术。而日本正在为开发中西部稀疏草原地区进行巨额投资，在这个地区种植小麦、大豆和高粱等作物。

此外，巴西还在价格、财政和金融方面采取了促进农业发展的政策。巴西对农产品一直实行最低价格政策（即保证各种农产品不低于政府规定的最低价格），近年来又提出农民种植什么、政府收购什么，使农民收入免受国际市场价格变化的影响。巴西投放的农业贷款与年俱增，特别是增加对中、小农业经营者的贷款比例，降低贷款利率，延长其偿还期。巴西还颁布法律对占据大面积土地而弃耕的农户课以税赋，通过税收杠杆提高土地利用率。

六　三种经济成分各自发挥作用

巴西经济的所有制结构基本上有三种，即国家资本、本国私人资本和外国资本。据 1978 年对 6000 家大企业的纯资产统计，国家资本占 46.7%、本国私人资本占 38.8%、外国资本占14.5%。这三种所有制成分在经济发展过程中各自发挥着不同的作用。国家资本居于主导地位，"在巴西经济增长中，政府企业一直是一股巨大的推动力量"[①]。具体地说，国家资本承担社会基础设施和国家经济基础部门的投资，以及建设新兴工业部门。这些部门，或因私人资本限于利润不高难以进行投资，或因国家经济命脉所系而必须由国家直接掌握。1964 年以来，巴西通常采取合营的方式加速建立国营企业（但近年已出现国营企业私营化的势头）。截至 1979 年，在 500 余家国营企业中，有 265 家都是 1964—1977 年建成的。巴西石油公司、多西河谷公司等国

---

① 前引《巴西经济发展研究》，第 59 页。

营企业已在世界上占有重要的地位。

随着巴西资本主义的发展，形成了一些相当规模的民族资本集团，如沃托兰廷、安图内斯、马塔拉佐、伊陶等。它们在工商业中拥有一定的实力，对发展民族经济具有一定的作用。但是，巴西同其他发展中国家一样，由于长期遭受殖民主义、帝国主义的统治和掠夺，以及资本主义发展历史较短等原因，在民族私人企业中主要是中、小企业。据 1980 年巴西商业联合会第二次大会材料称，巴西不足 100 名雇员的企业占全部企业的 99.53%。在工业部门，不足 100 名雇员的中、小企业总共拥有从业人员的 46.5% 和产值的 37%；在商业部门，不足 10 人的小企业占企业总数的 96%，占雇员总数的 67%；在服务行业，不足 20 名雇员的企业占 99%[①]。巴西为扶植中、小企业，使它们在国民经济中发挥应有的作用，制订了"增强民族工业竞争能力"计划，通过机器与设备工业基金会、中小工业联合会、科技发展基金会和中央银行的有关措施，为中、小企业使用贷款提供方便，帮助它们实现技术与设备现代化和培养劳动力。

外资不仅在巴西资本形成总额中占据重要地位，而且对于促进巴西新兴工业部门的建立、提高本国技术水平、增加就业和外汇收入也起着不可忽视的作用。为了防止对一、两个投资国的依赖、便于利用各个投资国的技术特长和有利于对外资加强管理，巴西采取了外资来源多样化的方针。截至 1980 年，外国在巴西的直接投资已达 174 亿美元。在巴西，虽然美国仍是最大的投资国，但西德、日本、瑞士的投资比例不断上升；同时还引进了石油输出国以及发展中国家和地区的资本。巴西通过同外资建立合

---

① 巴西《圣保罗州报》1980 年 11 月 20 日。

营企业和允许外资企业建立子公司等方式，使外资向巴西转让技术和管理经验；同时以法律形式对外资的投资方向和利润汇出等作出详细规定，限制其活动范围。

现在，不单在巴西宏观经济中，就是在一个经济部门或一个大型企业中，其股本往往也是由三种所有制成分构成的。业已建成的卡马萨利石油化学综合企业和尚未建成的图巴隆钢铁厂都是这方面的典型。

七 实行全国一体化计划，开发落后地区

在发展中国家经济建设过程中，区域发展问题不仅关系到经济发展的全局，而且与整个社会发展密切相关。巴西幅员辽阔，由于文化、地理、历史和自然条件的差异，长期以来被分为两个发展程度截然不同的部分：一个是先进的沿海巴西（主要是东南部地区）；另一个是落后的内地巴西（东北部、北部和中西部地区）。

在历史上，巴西对于落后地区的发展曾予重视，但成效不大。1964 年以来巴西把解决地区发展不平衡的问题列为重点目标之一，所采取的战略是缩小东北部同全国其他地区的差距和对亚马逊与中西部地区进行生产性开发[1]。其主要措施是：（1）建立专门职能机构，保持地区发展计划的连续性。现已设立了东北部、亚马逊地区、中西部、南部四个开发管理局，分别负责本地区发展计划并监督实施。（2）设立地区开发银行和特别基金，增加资金供应。依靠职能机构进行地区性和全国性的基础设施与基础工业建设，并且根据地区特点实施特别开发计划。（3）在

---

[1] 参见巴西社会与经济计划研究所《巴西：革命的十四年》，1978 年巴西利亚版，第 101 页。

国家投资的同时，利用财政刺激的办法鼓励私人资本向落后地区投资。巴西有关法律规定，凡是私人企业愿将其相应资金投放到东北部开发管理局所制定的发展项目中去，均可免缴 50% 的所得税。1966 年以来，这一规定的适用范围已扩大到亚马逊地区。此外，还通过免征设备进口关税、所得税以及在一定期限内免征州销售税和商品流通税的办法，鼓励落后地区的工、农业发展。（4）利用外国资金与技术加速开发落后地区。这不仅体现在一些重大的工、农业开发项目上，而且还专门开辟自由贸易区（如马瑙斯）来促进经济发展。

一般来说，一个国家经济发展战略的选定是同其政治制度和政治局势密切相关的。巴西前总统盖泽尔指出："1964 年的革命要支持'发展和安全'这两个目标。"[①] 巴西国旗上也明显地写着："秩序与进步。"这可以说是巴西专家治国论者的座右铭。

毋庸置疑，1964 年以来巴西经济获得了巨大发展，经济结构多样化了，经济规模也扩大了。它的国内生产总值 1960 年为 173 亿美元，1979 年已达 2080 亿美元，20 年间增长了 11 倍。同期，按人口平均国内生产总值由 247 美元增至 1738 美元，增加了 6 倍。但是发展本身需要一个过程，问题需要逐步加以解决。特别是一个国家的经济发展受到世界经济形势的制约，发展进程中所出现的问题一时难以孤立地获得解决。何况巴西是一个资本主义制度下的发展中国家，有些问题的存在决定于制度本身，并不是经济发展战略所能解决的。这些问题主要是：国民收入分配不均、贫富差别扩大、地区发展不平衡、农业发展相对落后、土地问题尖锐、能源供应紧张、国际收支状况恶化、通货膨胀加剧和外债剧增。尽管巴西经济决策者们认为，巴西具有各种有利条

[①]　前引《巴西经济发展研究》，第 233 页。

件，能在不损害发展项目的情况下对付国际经济形势恶化，同时注意避免采取"冲击性"的办法，以防止陷入长期经济衰退，导致失业增加和社会动荡。但是，从近年的实践结果来看，有些问题并不是短期之内所能解决的。

（原载《拉美丛刊》1982 年第 3 期）

巴西工业三角区区域经济的
形成与发展

巴西的经济区划与工业三角区

巴西全国面积 850 余万平方公里，划为五个自然、经济区，即：北部、东北部、东南部、南部和中西部。巴西对全国领土进行区域划分是随着国土整治的开展和根据地区特点因地制宜发展经济的要求而逐步明确和最终定型的。它的产生经历了一段历史改革。19 世纪中期以来，巴西学者就开始从地理学的角度提出全国领土区域划分问题。法比奥·马塞多·苏亚雷斯在其《巴西的区域划分》一书中提出"一个自然区应当是一个彼此之间具有相互关连现象的整体"的标准。1889 年，安德雷·雷博萨斯提出将巴西划为十个区域。尔后多数学者主张将全国划为五个自然、经济区。1941 年，国家地理委员会第一次正式将巴西划为五个地区：北部、东北部、东部、南部和中西部。但上述区划的标准主要是依照行政管理的原则，而忽略了邻近地区自然与经济发展的联系。比如，里约热内卢州、圣保罗州和米纳斯吉拉斯州是毗邻的三个州，自然条件类似，在历史上长期相互补充共同发展，已形成浑然一体的局面，经济发展水平也近似，但三者却分属于两个不同的地区。1964 年军人执政后，在提出全国一体化发展的同时，于 1970 年，采纳了巴西地理统计局的区划方案，将全国地区划分为现在这样调整。这种划分基本上符合巴西的历史，也反映了地区之间的明显差别和地区内部各州之间发展水平相近的特点。

在五个地区中，东南部是巴西自然条件优越、经济开发较早的地区，包括米纳斯吉拉斯州、圣埃斯皮里图州、里约热内卢州和圣保罗州。全区面积 92.4 万余平方公里，约占全国面积 10%，人口 5100 余万，约占全国人口 43%。

在该区东南部，以里约热内卢州首府里约热内卢、圣保罗州首府圣保罗、米纳斯吉拉斯州首府贝洛奥里藏特为支点而形成的三角地带，即是闻名的巴西工业三角区。三角区所属范围大致可分两部分：（1）分别以上述三大城市为中心，聚集其周围卫星城而形成的大里约热内卢（包括 14 个市，面积 6464 平方公里）、大圣保罗（包括 37 个市，面积 7951 平方公里）和大贝洛奥里藏特（包括 14 个市，面积 3670 平方公里）地区。（2）大里约热内卢，大圣保罗和大贝洛奥里藏特之间的工矿业基地以及圣多斯港口一带地区。工业三角区是巴西人口密度最大的地区之一，仅大里约热内卢、大圣保罗和大贝洛奥里藏特地区就有人口 2200 余万人[①]，占全国人口 18% 左右。

---

①　此系根据 1970 年人口统计数和巴西全国 2.8% 的人口增长率推算得出。

三角区区域经济形成的客观条件和历史过程

里约热内卢、圣保罗、贝洛奥里藏特工业三角区的形成首先得益于优越的自然条件。里约热内卢、圣保罗两大城市地处巴西东部沿海的中部，从全国范围看，虽偏于东南一隅，但却是巴西经济重心所在的沿海一带的中部。这样的地理位置使其在现代交通网形成之前，可以凭近海运输沟通全国南北并通过里约热内卢港和圣多斯港与世界保持紧密的联系。

三角区内地形复杂，除山地和高原外，狭长的沿海平原，从里约热内卢州一直伸展到圣保罗州。南回归线从圣保罗附近穿过。气温适宜，雨量充沛。流经三角区内的河流分属于 3 个水系。这些河流不仅滋润着大地有利于农耕和放牧，而且河流穿过的谷地在历史上是沿海与内地联系的要道。

贝洛奥里藏特所在的米纳斯吉拉斯州蕴藏着高品位铁矿，估计巴西 50% 的铁矿资源集中在这里。其中伊塔比拉露天铁矿藏量巨大，号称铁山。该矿南北介于奥罗普雷托城和贝洛奥里藏特之间，矿体宽 64 公里，长 192 公里，以东北—西南方向斜穿爱斯宾雅索山，形成著称于世的"铁四角"。此外，作为钢铁工业主要辅助原料的锰矿，其分布与铁矿密切相连。位于伊塔比拉铁矿南边的锰矿，藏量丰富，含锰量高达 49% 以上。该地区的铅、锌、镍、石灰石的藏量也很丰富，这就为工矿业发展提供了丰富的资源。

工业三角区的形成与当地的社会历史条件亦密切相关。16世纪初葡萄牙殖民者侵占巴西后，最初的殖民行动只限于沿海一带。这是因为，由沿海深入内地要受到印第安人的强烈反抗。巴西近海山脉大多沿海岸走向，成为深入内地的障碍。在沿海一带开发经济，接近港口，便于将财富运出殖民地。同时，法国和荷兰殖民者当时在巴西海岸相继建立据点，葡萄牙殖民者欲进而有后顾之忧。由于上述种种原因，沿海地区成为首先开发的地区。自 16 世纪中叶始，先后因采伐巴西木和蔗糖业的发展，沿海一带已形成了两个经济发达的地区，其中之一即是里约热内卢—圣保罗地区。初步形成的经济规模从资金、市场、劳动力和技术方面为该地区后来的发展打下了基础。

工业三角区的形成首先是从里约热内卢和圣保罗两城市的发展开始的。里约热内卢作为港口它曾是巴西奴隶贸易的最大市场。由非洲贩来的奴隶在此拍卖之后被遣送到附近的甘蔗园、矿区和咖啡园。18 世纪初米纳斯吉拉斯地区金矿的发现，使里约热内卢变成了黄金输出港。由贩卖奴隶和掠夺黄金而发财的商人和庄园主投资城市进行了早期的市政建设。1763 年，里约热内卢成为巴西首都，作为政治中心，带动了经济发展。1808 年，葡萄牙王室迁驻该城，同年巴西港口对外开放，宗主国放宽了对殖民地民族力量的控制，促进了民族工业的萌芽。19 世纪初至中叶半个多世纪的时间里，里约热内卢附近的巴拉伊巴河谷是巴西咖啡的种植中心。咖啡的发展促进了里约热内卢的繁荣，为 19 世纪末巴西近代工业的产生创造了条件。1907 年，巴西第一次全国工业普查表明，当时里约热内卢的工业产值占全国工业产值 33%，而圣保罗全州只占 16.5%。自 20 世纪 20 年代起，圣保罗的工业发展速度逐渐超过里约热内卢。到 30 年代末，圣保罗的工业产值最终超过里约热内卢，成为巴西第一大工业城市。

圣保罗城位于圣保罗高原的东部，除北部与南部有坎塔雷拉山和马尔山作天然屏障外，其地理位置便于它与沿海和内地联系。在殖民地初期，圣保罗曾是巴西历史上著名的"班德拉"（Bandeira）活动基地。这项活动在 16 世纪末先以武装白人深入内地掠获印第安人做奴隶而开始，进而转向寻找贵金属矿物，整个活动大体止于 18 世纪初。它在客观上促成了圣保罗与内地之间道路的修建和沿途村镇的建立，带动了圣保罗一带地区的经济开发。圣保罗城一带咖啡种植的发展使它成为吸收欧、亚移民最主要的地区。这些移民带来了各地的先进经验和技术，成为发展生产的主要劳动力，同时，人口的增加也扩大了消费市场。咖啡种植业的发展，也促进了资金的积累。19 世纪 60 年代之后铁路的兴建沟通了圣保罗与里约热内卢和圣多斯港。1901 年在巴拉伊巴河上修建了巴西第一座水电站。1889 年，圣保罗城已拥有五家银行，是当时巴西仅次于里约热内卢的重要金融市场。20 世纪 30 年代，咖啡地位在巴西的衰落，反过来又刺激了圣保罗的经济发展，先前用于投资咖啡的资金，转到农业其他部门，促使农业生产多样化。咖啡地位的下落，缩小了外汇收入和进口能力，从而促进了进口替代工业的建立。

贝洛奥里藏特位于米纳斯吉拉斯州两个经济发达地区——马塔（Mata）地区①和南部地区之间，地理位置大体在全州的中心。它与里约热内卢和圣保罗不同，完全是一个"人工城市"。19 世纪末叶它取代黑金城，被选为米纳斯吉拉斯州的行政中心。贝洛奥里藏特是靠棉纺工业起家，就近利用韦利亚斯河谷生产的棉花和内地消费市场发展起来。第一次世界大战期间，巴西进口受阻，促使它加强了与周围地区的经济联系。附近地区咖啡的种植与畜牧业的发展也促进了它的繁荣。到 20 世纪 20 年代，贝洛奥里藏特已发展成为该地区的经济中心，但直至 40 年代之前，它的经济并未形成特点。此后，由于联邦政府工业化政策的实施，贝洛奥里藏特才凭借其附近丰富的铁矿资源，发展成为以冶

---

① 指米纳斯吉拉斯州东南部盛产咖啡的地区。

金工业为主的重要城市。

工业三角区的形成经历了一个自发的、漫长的过程。尽管从殖民地时期起，里约热内卢、圣保罗和米纳斯吉拉斯地区就显示出共同发展的趋势，但可以说，截至 20 世纪 40 年代之前，三角区并未形成一个独具特点的经济区域。第二次世界大战期间巴西进入新的工业化时期，政府强调建立钢铁等重工业部门，认为钢铁工业是巴西民族生存的关键。1941 年在三角区内建设沃尔塔雷东达钢厂。该厂的建立，使本地区资源优势得以发挥，随之出现和发展了其他一些工业部门，确立了以钢铁生产为中心的区域内部之间的产、供、销关系。随后，由于输油管道的铺设、输电网的架设以及铁路、公路的修建，区域内的点面联系日趋密切，形成一个经济区域。

从经济区形成的角度来看，工业化起着积极的促进作用。首先，在资源、资金与技术方面促进区域内部的产销联系。其次，促进城市卫星化进程，即以大城市为中心形成若干卫星城。卫星城的出现和发展的原因与形式是不尽相同的。大城市本身容量的限制、工业布局的延伸和人口的增加，都促进了周围新城镇的产生和发展。里约热内卢与周围卫星城的关系即大体如此，该城地处山岭与海港之间的狭窄地带，平地稀少，因此后建的一些工业不得不设在周围的小镇，促进了卫星城的发展。有的卫星城的发展史，比它的中心城市还悠久，工矿业具有相当的发展水平，而大城市的形成和发展反而在其后。贝洛奥里藏特同其周围卫星城的关系大致属于这一类，这些卫星城在大城市发展的同时，在原有的基础上也得到了相应的发展和扩大。大城市及其周围卫星城之外的内地城镇，它们或是一个矿业基地，或是一个工业部门齐全的城市，其本身的建设带动了周围地区的发展，影响逐渐向外扩散。这样，在三角区域内就从两个范围，即从大城市和卫星城向外，和由内地城市向周围地区扩散其影响，促进整个地区普遍发展。这样就在区域内，特别是三大城市周围形成了连片发展的趋势。

区域层次与基础结构

里约热内卢、圣保罗、贝洛奥里藏特三角地带是一个跨越三州，以三大城市为支撑点的内向连片发展的经济区。就区域内部层次而言，除三大城市外，首先是三大城市外围的市，其次是远离大城市、坐落在区域内地的工矿业城镇。资本主义的商品生产与流通形式使区域内部层次之间的联系日益紧密。

杜克德凯希亚斯是里约热内卢北部边缘一个重要卫星城。1886 年，由里约热内卢向北伸延的铁路到达杜克德凯希亚斯，自此之后，里约热内卢的过剩人口和工商企业相继迁入该地。第二次世界大战期间，由于里约热内卢工业的大发展，杜克德凯希亚斯又取得了新的发展动力。来自东北部贫穷地区的大批失业者定居在这里去里约热内卢谋生。该城是巴西重要的石油提炼和石化工业基地。此外，还有汽车、家具、制药和纺织等工业部门。

里约热内卢的另一个卫星城是尼泰罗伊。该城是前里约热内卢州的首府，位于瓜纳巴拉湾的东岸，与里约热内卢相对，两城之间由科斯塔—席尔瓦总统大桥连接。尼泰罗伊原为一渔港，渔业的发达刺激了周围地区种植业的发展，成为里约热内卢粮食和蔬菜的供给基地。目前造船工业为其主要工业部门。尼泰罗伊商店林立，商品齐全，是瓜纳巴拉湾东岸一带地区的商业中心。

位于圣保罗城东南部的圣安德雷、圣贝尔纳尔多德坎波和圣卡埃塔诺德苏尔，是圣保罗的三个重要的卫星城。三个城市的葡文名称中分别含有 A、B、C 三个字母，因此俗称 ABC 地区。圣安德雷城工业部门繁多，其中以化学、制药、冶金、纺织和电器器材工业最为著名。圣贝尔纳尔多德坎波位于圣保罗至圣多斯港的铁路线上。该城堪称巴西的"底特律"。大众汽车公司、福特汽车公司、克莱斯勒汽车公司等巴西重要的汽车生产厂家均设在这里。圣卡埃塔诺德苏尔离圣保罗的直线距离只有 11 公里。主要工业部门有汽车、冶金、纤维、燃料油、工业陶器等。

贝廷是贝洛奥里藏特重要的卫星城，位于贝洛奥里藏特西南，直线距离 27 公里。巴西石油公司的加布里尔·帕索斯炼油厂设在这里，并有石油管直通里约热内卢。这里还是巴西菲亚特汽车公司所在地，同时也是重要的生铁产地。孔塔任是贝洛奥里藏特的工业城，距贝洛奥里藏特直线距离 10 公里。该城位于几条铁路和公路的交会点上，水、电供应亦很充足。巴西一些著名的钢铁企业，如曼内斯曼钢铁公司、贝尔戈米内拉钢铁公司等均设在这里。

在分布于三角区内地的工矿业城镇中，沃尔塔雷东达、坎皮纳斯和茹伊斯德福腊最重要。沃尔塔雷东达位于巴拉伊巴河畔，距里约热内卢 130 公里，距圣保罗 300 公里，距贝洛奥里藏特附近的铁矿区 360 公里。有铁路和公路与三市相连。此地具有发展钢铁工业的优越条件，在 40 年代初即被选为巴西第一个国营钢铁企业的厂址。沃尔塔雷东达现在仍是巴西最大的钢铁生产基地，它所拥有的一座 3390 立方米的高炉，是南美洲目前最大的高炉。除钢铁外，该地还生产苯、甲苯等一些重要化工产品。

距圣保罗直线距离 83 公里的坎皮纳斯是巴西一个非常重要的工业和文化城市。它的发展始于周围地区甘蔗与咖啡种植业的发展，随后由于铁路的修建，交通得到改善，经济进一步发展。目前主要的工业部门是机车车辆、电力设备、加工机械、缝纫机，以及啤酒、纸张、纺织品等。该城的科研机构、文化设施很多，闻名全国的坎皮纳斯农业研究院和坎皮纳斯联邦大学就设在这里。

位于里约热内卢与贝洛奥里藏特之间的茹伊斯德福腊是米纳斯吉拉斯州东南部咖啡产区——马塔地区的重要工业城市。由于它处于咖啡产地与输出港之间的交通要道上，因此随着马塔地区咖啡种植业发展，它也得到相应的发展成为三角区内一个重要的工业城市。目前主要工业部门有纺织、造纸、食品、有色金属冶炼等。

区域经济的形成与发展同地区内部的基础结构建设是互为条件、相辅相成的。工业三角区的动力工业建设首先着眼于就近利用丰富的水力资源发电。三角区附近河网密布，蕴藏着丰富的水力资源。19世纪80年代末即开始修建水电站。现在这里能用于发电的河流基本上都得到了利用。仅在格兰德河上就有发电站10余座，其中富尔纳斯水电站为世界大型水电站之一。这些水电站通过圣保罗电力公司、富尔纳斯电力公司和米纳斯吉拉斯电力公司的高压输电线，向三大城市提供工业与民用电力。为保证三角区不断增长的电力需要，巴西政府很早就注意火力发电厂的建设。自60年代起，巴西政府还在里约热内卢城附近的安格拉杜斯雷斯地区着手兴建两座核电站，同时已在圣保罗州的佩鲁伊贝和伊瓜佩地区选定新址拟建设第三座、第四座核电站。与巴拉圭合资兴建的世界最大的伊泰普水电站，主要也是为保证工业三角地区的用电需要。

里约热内卢、圣保罗、贝洛奥里藏特工业三角区的运输体系是伴随着工业化的进程而不断发展变化的。19世纪中期以前，水运和陆上运输占首要地位。19世纪50年代开始的铁路修建，使内地与港口连接起来。特别是公路的建设，使本地区内部，以及本地区与全国的联系更加密切。

巴西的东南部地区是全国铁路、公路最发达的地区。铁路与公路长度均占全国的50%左右。这些交通手段大多以三大城市为中心，向内地作扇形伸展，或沿海岸走向。为适应经济发展的需要，近年来在三角区内开始建设专线铁路。"钢铁铁路"已将圣保罗与贝洛奥里藏特直接连接起来，并有支线通向沃尔塔雷东达。

工业三角地区也是巴西空运最发达的地区。20世纪30年代初，巴西第一家航空邮政服务公司在里约热内卢建立，尔后随着工业化的进程，空运得到了进一步发展。工业三角区是国内空运的枢纽，拥有先进的国际机场设施，与世界重要城市保持密切的联系。

位于三角区海岸的里约热内卢和圣多斯是巴西目前两个最大的港口。里约热内卢港位于瓜纳巴拉湾西侧。港口入口处航道宽达200米，港湾十分宽阔，长达15公里，是世界上少有的天然良港。里约热内卢港经过几百年的建设，逐渐完善起来。目前港区面积30平方公里，码头总长5925米，有普通码头与油轮码头共12个泊位。由里约热内卢进口的商品主要有：石油、煤、化工产品、建筑材料、小麦、食品和饮料等。经该港出口的主要商品有：铁矿石、咖啡、工业产品等。

圣多斯港位于圣保罗东南海岸圣维森特岛和桑多阿马罗岛之间宽阔的河口处，是一个天然的避风港。圣多斯港同圣保罗高原的咖啡繁荣紧密相连。19世纪中叶之后，圣保罗地区变为巴西咖啡的中心产区。随后由于连接圣保罗与圣多斯港铁路的修建，圣多斯成为巴西咖啡的最大输出港。目前它是圣保罗州、南马托格罗索州、巴拉那州北部、米纳斯吉拉斯州三角地带、米纳斯吉拉斯州南部和戈亚斯州最南部地区的货物集散地和进出口港。该港码头总长8147米。主要出口产品除咖啡外，还有大豆、棉花、铁矿石、机械产品。主要进口产品有石油、小麦、煤等。

三角区在全国的地位

里约热内卢、圣保罗、贝洛奥里藏特工业三角区是巴西全国的经济重心，具有突出的地位与作用。第一，它是全国工业的心脏，钢铁、汽车、石油化工、飞机制造、造船、机器制造，以及纺织、食品加工等国民经济的重要工业部门的骨干企业几乎全部集中在这里。位于三角区内的全国钢铁公司、圣保罗钢铁公司和米纳斯吉拉斯钢铁公司是巴西最大的三家钢铁公司，钢产量约占全国钢产量70％以上。在巴西200家大企业（包括国家资本、外国资本和本国民族资本）中，有158家设在三角地带，其中83家在大圣保罗地区。ABC地区是巴西现代化大工厂最集中的地方，除上文提到的重要汽车厂家外，还有著名的国际收割机厂、通用汽车公司、巴西炼铝厂、国家金属轧制厂、通用电器厂、巴西菲利普，以及属于世界最大橡胶厂之列的菲莱斯顿和皮莱里。瓦利塞莱和道格纳托是两家全国著名的纺织工厂，生产尼龙线和尼龙布、亚麻与棉制品。大圣保罗地区的工业产值约占全国工业产值40％以上，大里约热内卢工业产值占全国工业产值12％左右。

第二，三角区的农业也很发达。巴西整个东南部地区的自然条件有利于农作物生长。里约热内卢和圣保罗一带是开发较早的地区。这里的甘蔗和咖啡的繁荣促进了该地区工业的诞生和发展。工业的发展又反过来为农业提供了发展资金、机械、化肥和其他物资以及广阔的消费市场。发达的交通为农产品的内销或出口创造了良好的运输条件，促进了农业生产的现代化。这就使整个东南部地区成为巴西农业资本主义发展水平最高的地区。该地区多种农作物产量占全国首位。在巴西地理统计局所提出的 20 种农作物中，东南部地区产量占全国同类作物产量 20% 以上者有 14 种。东南部地区也是巴西畜牧业最发达的地区之一，其中奶用畜主要集中在里约热内卢、圣保罗、贝洛奥里藏特一带的奶产区，而上述城市又是巴西最大的奶品消费中心。

　　第三，三角区也是巴西金融业最发达的地区。特别是圣保罗，是巴西目前金融业最发达的城市。在巴西现有 30 家大商业银行中，有 14 家设在圣保罗。除巴西银行之外的 4 家最大商业银行，即巴西贴现银行、圣保罗州银行、伊陶银行和里尔银行等都设在这里。里约热内卢是巴西另一个大金融中心，全国经济开发银行、全国住房银行、巴西银行对外贸易处以及里约热内卢州银行等都设在这里。设在贝洛奥里藏特的米纳斯吉拉斯州银行也是巴西重要的商业银行。这些银行通过其设在本地区和全国各地的分支机构，形成了一个以该地为中心的金融网，促进了经济发展，经济的发展又刺激了银行业扩张。

　　第四，三角区集中了全巴西著名的大学和研究机构。在巴西现有近 60 所著名大学中，有包括圣保罗大学、里约热内卢联邦大学在内的 12 所大学设在这里。巴西的大学除从事教学外，一般还附设专门研究机构，以研究某一学科见长。里约热内卢和圣保罗是巴西主要科研机构的所在地，像巴西科学院、国家医学科学院、巴西物理研究中心、巴西地理研究中心等均设在这里。这些学校和研究机构为本区和全国培养大批人才和提供大批研究成果。

　　第五，巴西是一个幅员广阔的大国。由于历史上长期形成的原因，一时难以改变经济重心偏重于沿海的局面。从地域上说全国经济的发展程度是以东南部的三角区为中心，向内地作扇形展开，发展程度逐渐降低，形成一个所谓"经济势能梯度"。工业三角区地带经济实力雄厚、劳动力质量高，因此，成为本国和外国资本的重要投资场所，也是引进和消化先进技术和管理经验的重要基地。尔后通过在内地投资设厂或其他途径使消化了的技术和经验扩散和传播。

　　在全巴西，东南部是先进地区。三角区是先进地区中的先进地带。这种形势对国民经济全局的发展虽有带头作用，但它所产生的地区不平衡性又给整个社会带来了严重的后果，其中之一是造成国内人口的盲目流动。巴西国内每年都有大批失业人口从东北部等落后地区流到里约热内卢和圣保罗找工作。这正是造成城市问题的重要原因。因此有的学者提出，解决城市问题的办法不在城市本身，而在它与全国其他地区的关系上面。减少不必要的农村人口迁徙是唯一可能奏效的办法。

　　资本主义的工业化与城市化，即农村人口变城市人口的过程是同时发生的。三角区工业发展的同时，城市人口不断增加。然而正如恩格斯指出，人口向大城市集中这件事本身已经引起了极端不利的后果。就业问题、住房问题、交通问题等，都相当严重，需要不断解决。里约热内卢、圣保罗、贝洛奥里藏特三大城市的失业率通常都在7%左右，一旦经济不景气，情况尤为严重。失业者或工资微薄者大多居住在市郊的棚户区。这里缺水、少电，垃圾成堆。里约热内卢的棚户区大约住着120万人。圣保罗的一个叫普鲁登特的棚户区有木板房5000余栋。

　　工业三角区的发展，在一定程度上也可以说是对自然资源掠夺性开发的结果，自然环境受到严重污染。据圣保罗大学一位教授调查，在圣保罗地区由于缺少土路和荒地吸收雨水，近几年湿度明显下降，气温升高。石油化工基地库巴唐的污染情况更令人吃惊。据统计，该城每天从 24 家工厂排放出 800 吨有毒气体，污染土地、水源和空气，有 74 种污染物对工人的眼睛和肺有害。严重的污染甚至造成无头婴儿的降生，据说每 250 个新生儿中就有一个。

巴西政府对于生产力的布局和区域经济的发展的指导思想是明确的，即在充分利用工业三角区优越的自然与社会经济条件，"在国家最发达的核心地区建立一个新的强大的发展基地"的同时，尽力改变地区发展不平衡状况，对"辽阔的国土从经济上加以利用"。

自 50 年代末以来，巴西历届政府以设立地区开发机构、专项开发基金和通过税收减免等措施刺激东北部、亚马逊地区和中西部地区发展。国家进行巨额投资在落后地区建立发展基地，以带动周围地区的发展，是正在采取的一项措施。如巴伊亚州卡马萨里化工基地的建立，旨在带动东北部地区工业的全面发展，解决就业问题，防止或减少该地人口向工业三角地带流动。在亚马逊地区设立马瑙斯自由贸易区，从地区发展的角度来说，也是一项重要措施。因为亚马逊地区远离国家的经济重心，同时自然条件较差，因此，采取通常的国内资金与技术转移办法有一定的困难。而采取自由贸易区的办法，可以充分利用外国资本与技术，使其成为该地区的一个发展基点，以带动周围地区的发展。

鉴于城市过大所带来的弊端，巴西政府在其第二个全国发展计划（1975—1979）中，就对城市发展作了明确规定："使东南部城市趋于分散，努力避免圣保罗和里约热内卢大城市过于集中发展"，"要整顿南方地区城市发展进程，有秩序地扩大地区性城市和加强中等城市核心"。近年来，巴西在大城市的市政建设方面，特别是在解决交通与住房问题上已取得明显成果，但城市化所带来的社会问题远未解决。

（原载《拉美丛刊》1983 年第 4 期）

巴西对落后地区的开发

——兼谈中国西部地区的开发

地区经济发展程度的差异几乎是各国经济发展中的一个共同特点。这一特点在幅员辽阔的国家表现得尤为突出。部分地区的经济特别落后关系到全国经济的发展和社会的安定，因此，目前发展中国家都程度不同地注意了对落后地区的开发。本文拟在介绍和分析巴西开发落后地区经验的基础上，对中国开发西部地区①提出一些粗浅看法。

一

巴西国土面积 851 万多平方公里，人口 1.3 亿，经济发展水平较高。1984 年国内生产总值 2778 亿美元，居资本主义世界第

---

① 本文的中国西部采用狭义的概念，指目前享受国家支援不发达地区经济发展基金的新疆、西藏、内蒙古、广西、宁夏、云南、贵州、青海、甘肃九省（区）。见刘国光主编《中国经济发展战略问题研究》，第 286 页注。

八位；钢产量 2100 万吨，谷物 5000 万吨。汽车最高年产量达
116.5 万多辆（1980）。但巴西也是一个经济发展极不平衡的国
家。全国分为五个经济区，即东南部、南部、东北部、北部和中
西部。前两个地区是发达地区，特别是东南部，是巴西经济的重
心所在，这两个地区只占全国面积的 17.6%，而生产总值却占
国内生产总值的 80% 以上；后三个地区则是经济落后地区。巴
西的不发达地区有三个特点：（1）地区连片、区域辽阔，占全
国国土面积 82.4%；（2）处于边远地带，远离国家经济中心；
（3）不发达地区包括两种类型：东北部，特别是它的沿海地区
和圣弗朗西斯科河谷地带在历史上曾是巴西的经济繁荣地区；北
部和中西部为尚待开发的落后地区。

　　20 世纪 30 年代以前，巴西对边远落后地区的政策主要是
实行所谓"疆域占领"，以防邻国的入侵或蚕食。1930 年巴西
新兴资产阶级取得国家政权后，第一次提出发展北部和西部落
后地区经济的任务。30 年代后期，巴西加速了国家工业化进
程。由于经济实力增强和扩大市场的要求，开发落后地区成为
巴西经济发展的重要目标。1940 年瓦加斯总统向全国发出"向
西挺进"的号召，指出："巴西的真正目标是向西。"[①] 在向西
部进军的同时，巴西对东北部进行了以抗旱工程为中心的建设，
并于 1959 年成立了东北部开发管理局，统一协调东北部九个州
的开发工作。1964 年巴西军人执政后，特别重视落后地区的开
发，提出了"一体化"的发展战略。一体化包括两方面的含
义：其一是社会一体化，即指通过所谓更合理的分配收入等措
施保证低收入阶层的收入，减少社会内部的对抗；其二是领土
的、物质的和地理的一体化，其目的是使"孤立的地区成为国

---

　　① 伊拉里奥·托尔洛尼：《巴西问题研究》，圣保罗 1983 年版，第 58 页。

家整体的有机组成部分"①。在这个战略思想指导下，二十多年来巴西对落后地区的开发取得了明显的进展，它所采取的主要战略措施有：

（一）巴西开发落后地区的目的一是要改变地区经济发展的落后状况，避免由此产生的社会不安定和对联邦政权可能产生的离心倾向。因此，对落后地区的开发不仅具有经济意义，而且还具有重大的国防意义；二是开发地区经济，扩大国内市场，即通过地区生产的发展，扩大对国内产品的需求能力，增加对国内外市场所需原料及制成品的供应。

但是，由于各落后地区的特点不同，所采取的开发战略的出发点也略有差异。对于东北部，巴西第三个全国发展计划（1980—1985）规定，要"以比全国平均增长速度更高的速度来增加该地区的收入，提高穷人家庭的社会福利水平和城乡的富裕程度，刺激落后地区发展"②。东北部是巴西最贫穷的地区，人均收入只相当于东南部地区的三分之一。这里十年九旱，农业生产受到严重影响，农民生活十分困苦。大批农民背井离乡，流入城市，直接增加了城市就业的压力和带来了其他社会问题。因此，当务之急是增加这一地区的就业机会和进行更加合理的分配以便提高低收入阶层的收入。从这个意义上讲，巴西对东部开发的目的就是要以发展生产来解决严重的社会问题。对北部、中西部两个尚待开发的地区，巴西政府提出了"扩大农业边疆"、"进行生产性占领"的战略，即通过逐步合理的利用该地区的农牧业、工业、矿业和林业资源来繁荣地区经济，进而促进全国经

---

① 伊拉里奥·托尔洛尼：《巴西问题研究》，圣保罗1983年版，第48页。

② 巴西《第三个全国发展计划》（1980—1985），里约热内卢1980年版，第85页。

济的发展。

（二）以首都内迁促进北部和中西部地区的开发。巴西已两次迁都。第一次是 1763 年首都由萨尔瓦多迁至里约热内卢；第二次是 1960 年由里约热内卢迁至巴西利亚。这两次迁都的性质截然不同：第一次是殖民地时期巴西单一经济周期更替、经济中心南移的结果。首都从沿海迁到沿海，这对于广阔的内地，特别是亚马逊地区和中西部的开发作用不大。巴西的民族主义者早就提出要把首都迁往内地，以此强化中央政权对边疆的影响力和促进对北部与中西部地区的开发。1822 年独立时，巴西众议院曾对首都内迁方案作过论证。1891 年宪法还对新首都的地理位置和面积作了规定。但首都内迁长期未能付诸实践。1956 年，库比契克总统毅然提出要在任期内完成这一历史使命。结果仅用三年多的时间就在中央高原上建成了新首都巴西利亚。这是巴西人开发辽阔内地的重大行动，与第一次迁都的性质是不同的。

首都内迁对于实现"向西挺进"的目标是一个巨大的推动和促进，具有深远意义。首先，它振奋了巴西人民开发内地的精神，显示了巴西民族的信心和力量。其次，新首都的建成使国家政治中心向内地转移，与边远地区接近，在政治、经济和文化方面强化了中央政权对内地的影响力。最后，以巴西利亚为中心的公路干线的建设和航空线的开辟，方便了北部、中西部同全国各地的联系，为地区经济的开发和全国一体化发展创造了条件。

（三）通过制订和实施各种计划实现对落后地区的开发。巴西有关区域性开发计划甚多，就其所包含的内容和所涉及项目的范围而言，大致可分为五类：第一类是全国性社会经济发展计划涉及的有关地区开发的方针和任务。如在第三个全国发展计划中，对东北部、北部和中西部的经济发展目标与手段作了明文规定。第二类是同时涉及几个落后地区的开发计划。如 1970 年提出的全国一体化发展计划，实际上是有关北部和东北部的开发计划。这项计划提出的主要目标是将经济边疆，特别是农业边疆推向亚马逊河沿岸地区，为东北部地区经济的有效转变建立基础，创造条件使农民不离开农业，提高劳动生产率，扩大劳动力市场和建立在国外有竞争力的农业部门。第三类是有关一个地区的综合性开发计划，如中西部开发计划。这项计划试图通过对该地区公路、仓储、冷库、食品加工厂等的建设以及对马托格罗索州沼泽地的治理，加速地区经济发展。第四类是有关一个地区的单项开发计划，如亚马逊朗多计划。该计划的目的是在亚马逊地区进行资源普查，寻找矿产区和适宜发展农业的地区。第五类是某一个具体工程项目的开发计划，如巴拉州的卡拉雅斯计划就是一个以铁矿开采为中心，包括农、林、牧业的综合发展项目。其目的在于"加速国家各地区之间的协调和均衡发展，促进工业分散化，增加就业，并通过铁矿以及其他矿产品、钢铁制品、农牧业产品和木材的出口提高国家的对外支付能力"[①]。上述各类计划的执行情况和结果虽不尽相同，但都程度不同地对有关落后地区的开发起到了积极的作用。

（四）以内政部作为联邦政府主管地区开发的机构，其具体任务由下属的四类机构执行。

第一类机构是管理局（Superintendencia）。巴西现有四个开发管理局，其中东北部开发管理局、亚马逊地区开发管理局和中西部开发管理局分别负责三个不发达地区的开发工作。各管理局的具体任务虽因管辖的地区不同而有所差别，但它们的共同职责不外以下几点：（1）研究和提出地区的发展方针；（2）作为联

---

① 巴西计划部：《大卡拉雅斯计划》，第 4 页。

邦政府在地区的代理机构，制订具体开发计划；（3）直接或通过协议间接执行地区开发计划。

各管理局管辖的地域是以地理和经济条件为主要依据划分的，不受行政区划的限制。例如，亚马逊地区开发管理局的管辖区实际上已超出了作为经济区域的北部地区的范围，它还包括属于东北部地区的马拉尼翁州西部、属于中西部地区的马托格罗索州和戈亚斯州的北部地区。上述地区统称"法定亚马逊地区"（Amayohie legal），管理局对该地区实行统一的开发政策。

第二类机构是处（Departamento），主要负责专项开发工程。如国家抗旱工程处、国家排水工程处等，均为领导东北部水利工程建设的机构。

第三类机构是开发公司，这是内政部所属的国营企业，例如，圣弗朗西斯科河谷开发公司。该公司的业务范围也超出了行政界限，它以开发整个流域的农牧业和水利资源为目的。

第四类机构是经济特区管理局，如马瑙斯自由贸易区管理局即直属联邦政府内政部。

此外，为协调一项大规模开发工程计划，巴西政府还往往成立有关的部际委员会，如大卡拉雅斯工程部际委员会。该委员会由计划部长任主席，其成员包括财政、工商、交通、农业、矿业动力和内政各部的部长。由于委员会组成人员的广泛性和权威性，凡属工程涉及的基础设施、资金供应以及劳工人事诸问题均可在委员会内解决，一般不会出现扯皮现象。

（五）用于开发落后地区的资金主要来自三个方面，即联邦政府预算拨款、以特殊政策吸收的本国私人资金和国外资金。

联邦预算拨款是由宪法明文规定的。1946年宪法曾对当时实行的亚马逊地区经济振兴计划作出连续拨款20年，每年不得少于联邦税收3%的规定。巴西现行宪法第十三条规定："长期投资预算将为国家执行不发达地区振兴计划提供资金。"①

以财政刺激（即一种优惠的税收政策）引导私人资本的投资方向，是近 20 年来巴西广为采用的办法。这种财政刺激办法的目标之一是促使落后地区或某些部门的发展。1963 年巴西联邦政府颁布的第 4239 号法令规定，企业可免缴 50% 的所得税，其免缴部分必须用于东北部开发管理局所制定的发展项目。例如，一个企业应缴纳 10000 美元的所得税，但按新法规定，它可只交 5000 美元，其余用于向东北部投资。这项财政刺激办法还具体规定，拟向东北部投资的企业须将其所得税的免缴部分存入巴西东北部银行。这笔资金在三年之内以固定收入的债券形式被使用，企业主因而成为东北部受益企业的股东。自 1966 年起，这项规定的适用范围扩大到亚马逊地区。联邦政府以放弃一部分税收为代价，将私人资金诱导到国家需要投资的地区或部门。实践证明，这是一项调动资金的有效办法。

在开发落后地区的过程中，巴西还积极利用国外资金。如利用世界银行的贷款开发圣弗朗西斯科河流域的一些项目；与日本合作，在中西部稀疏草原地带实行"巴西稀疏草原地区农业开发计划"，开垦土地，改良土壤，种植大豆、高粱和玉米等，现已取得丰硕成果。

（六）以"发展极理论"（A teoria dos polos de desenvolvimento）指导落后地区的开发。所谓极（POLO）就是指一个经济空间，它应包含着一个能在此空间或地理区域内发生影响的原动力单位的群体②。发展极存在的客观必然性在于"经济的增长不

---

① 《巴西联邦共和国宪法》，巴西利亚 1983 年版，第 58 页。
② 佩德罗·西斯南多·莱特：《经济发展的新研究及其常规理论》，福特莱萨 1983 年版，第 168 页。

是在所有的地方同时出现的，它不同程度地发生在某些地区或增长中心，又通过各种渠道以不同的效力向经济的总体扩散"①。

巴西对这一理论的运用始于 20 世纪 50 年代中期。当时几位法国经济学家、传教士和巴西本土的经济学家以及巴西东北部银行等地区开发机构人员，对东北部地区进行了研究，试图在伯南布哥州首府累西腓地区建立该州的经济发展极。尔后，东北部开发管理局在其第三个指导计划（1966—1968）中又明文规定："努力鉴别整个地区和东北部各州的增长极。对这些地方优先给予投资，利用当地优越条件，特别是自然条件，建设大的工程项目，创建地区经济新的起动中心。"②

巴西在落后地区建立的增长极有两种：一种是以原有的城市为基础，使其定向发展，并把它建成为国家某种工业的基地和地区经济的起动中心。如将巴伊亚州首府萨尔瓦多的卫星城卡马萨利建成为巴西三大石油化工中心之一，它对巴伊亚州，甚至整个东北部地区经济的发展是一个很大的推动。另一种是在东北部、北部和中西部地区建立的农工业、农牧业、矿业和林业中心。建立这些中心的目的，一方面是发挥当地自然资源的优势，另一方面是以此带动和影响周围地区经济发展。建立这样的中心是自 20 世纪 70 年代以来巴西为开发落后地区所采取的重要方式。自 1974 年以来，仅在法定亚马逊地区就建立了 17 个发展极，其中，有的发展极甚至囊括农、林、牧、工矿以及水电工程多种项目。例如朗多尼亚发展极，即是一个包括木材加工、牧场、可可和甘蔗种植、锡矿、黄金、锰矿开采的多种项目的发展极。

---

① 佩德罗·西斯南多·莱特：《经济发展的新研究及其常规理论》，福特莱萨 1983 年版，第 168 页。

② 同上书，第 165 页。

（七）在边远落后地区建立经济特区，加速开发进程。1967年巴西联邦政府在马瑙斯设立了自由贸易区，其目的是"在亚马逊腹地建立一个商业、工业和农牧业中心，为该地区获得发展创造经济条件"①。也就是说，要把马瑙斯建成一个发展极，并以此带动周围地区，甚至整个亚马逊地区的发展。马瑙斯是亚马逊州的首府。19世纪末和20世纪初，它曾因该地区的"橡胶繁荣"而发达起来，市政设施较为完善，拥有一定的工业基础。马瑙斯虽位于亚马逊腹地，但与外界联系十分方便，经终年通航的亚马逊河及其支流逆流而上直抵秘鲁，顺流而下进入大西洋；它是地区公路干线的枢纽，公路可与首都及其他地区沟通；空中交通也十分方便，与圣保罗、里约热内卢等国内大城市，以及美国的迈阿密、纽约和巴西邻国的首都之间均有定期航班。这里的热带雨林风光吸引着国内外游人，旅游业的发展不仅扩大了地方市场，而且也扩大了马瑙斯甚至亚马逊地区在全国和世界的影响。

马瑙斯自由贸易区面积10000平方公里，由设在此地的联邦政府内政部管辖的自由贸易区管理委员会直接领导。联邦政府在这里实行的特殊政策可归纳为两方面内容：一是实行进出口自由贸易。有关条款规定，凡进口自由区内消费的商品，以加工为目的的商品，用于发展农牧、渔业所用物资，建立工业和服务业所需设备，以及以再出口为目的的物资均可免除工业产品进口税。二是实行财政刺激政策。凡在自由贸易区投资设厂的企业可以享受下列优惠：（1）制订企业计划时可以得到"亚马逊开发私人投资基金"的资助；（2）可以用所得税的减免部分进行投资；（3）享受减免所得税的比率可达100%；（4）免除用于自由贸

---

① 巴西《亚马逊州年鉴》，1970年，第277页。

易区内部或销往国内其他地区商品的工业产品流通税；(5) 向缴纳商品流通税的商品提供信贷资助； (6) 为工厂选址提供方便等。

　　由于实行特殊的优惠政策，马瑙斯地区的经济发展很快，目前该区已成为巴西彩色电视机、光学仪器、电子计算机、钟表以及摩托车等的重要生产中心。然而，马瑙斯地区经济发展的意义还在于它增强了边疆地区对中央政府的向心力。关于这一点，科斯塔—席尔瓦总统在 1968 年向国会提出的咨文中已指出：马瑙斯自由贸易区管理委员会的建立，给该地区的发展带来了新的动力。短期内已显示出其抗衡邻国经济吸引的能力。

　　(八) 以修建公路干线作为地区发展的先行，把边远地区同发达地区连成一体。20 世纪 70 年代前期，巴西在东北部、北部和中西部地区掀起了筑路高潮，修建了三条贯穿上述三个地区的公路干线。一条是亚马逊公路，东起海滨城市若昂佩索阿和累西腓，西至与玻利维亚、秘鲁接壤的边境，全长 5404 公里。另外两条是南北走向的公路，即巴西利亚—贝伦公路和库亚巴—桑塔伦公路。此外，还有一条沿西北边界而行的北周公路，亦称第二亚马逊公路。这条公路起自阿马帕地区首府马卡帕，到阿克雷州的南克鲁赛罗，全长 4000 公里。上述公路干线的建成和通车将北部和中西部纳入全国交通体系之中，为地区经济发展创造了有利条件。盖泽尔政府项目繁多的地区开发计划正是在这些公路建成通车的基础上提出来的。

　　(九) 引导国内人口向落后地区迁移，实现对不发达地区的"生产性占领"和解决部分地区的社会问题。亚马逊地区新建的农牧业、工矿业发展中心对于外地，特别是东北部地区人口具有很大的吸引力。沟通地区之间的公路干线的修建和通车，也增加了人口迁移的可能性。巴西北部地区实施的垦殖计划就是一种有组织的移民行动。政府规定，亚马逊公路和库亚巴—桑塔伦公路两侧各 100 公里地带未开垦土地为全国土改与垦殖委员会所有，在总计 200 万平方公里的土地上，计划迁入 10 万户居民，由政府协助建立农业村。村里设立小学、卫生所、教堂、巴西银行办事处、邮局以及农业部的办事处等。虽然，到目前为止，这种由联邦政府实施的移民垦殖计划效果有限，但其意图是明确的，即垦殖土地、扩大农业边疆，解决部分农民土地问题以减少社会冲突，同时也使具有战略意义的公路干线不致因沿线荒芜而前功尽弃。

以移民进行地区开发，在巴西，乃至整个拉美一直受到决策当局的重视。有的政治家甚至提出："统治之道在于移民"的主张①。19 世纪末 20 世纪初，大量外国移民迁入曾对开发巴西发挥过重要作用。今天，把国内劳动力向边远内地转移，则是地区开发的重要措施。

巴西开发落后地区的措施是依据本国的国情和社会制度而提出的，并且具有时代特点。然而，上述措施也反映了经济发展的一般规律。因此，巴西的经验对中国，乃至其他发展中国家制定的开发落后地区战略对中国，均有借鉴意义。

二

目前在中国开展的关于西部地区开发战略的讨论，既是下 21 世纪大规模开发的舆论准备，也是目前正在进行的开发工作的实际行动。关于这一讨论，笔者认为有几个问题尚待进一步深

---

① 转引自爱德华·J. 威廉斯《从发展角度看拉丁美洲的政治思潮》，商务印书馆 1979 年版，第 54 页。

化研讨。一是关于地区开发先导部门的选择问题，即选择哪一部门进行优先开发以作为整个地区（这里指省或省内的一个地区）开发的起动力，诸如开采煤炭、建设草原发展畜牧业等。总之，这一选择应符合下列原则：（1）充分利用当地的资源优势；（2）部门的发展要符合全国生产力布局的总体规划。二是先导部门选准以后，应采取哪些战略措施，实现地区的经济发展。就上述问题，笔者提出以下浅见。

第一，在西部适当的地方建立经济特区不失为一种可行的办法。建立经济特区的目的除吸收国外资金、技术、管理经验及出口创汇外，还应把它同本国的地区经济开发联系起来。我国在沿海开设经济特区其意义自不待言，但由于上述地区均偏居东部沿海而且刚刚开放，对于带动广大西部地区的发展，其作用和影响有限。因此，为了加速西部地区的开发，在西部选点设特区是一种更为直接有效的办法。

在以促进落后地区开发为主要目标的经济特区里，似可实行更加灵活的特殊政策。如适当放宽条件，允许部分产品内销，以此吸引外商投资设厂。这样做，虽然会减少国家外汇收入和对国内部分产品的生产造成一定影响。但因此却达到了吸引外资和本国发达地区的先进技术和管理经验，促进落后地区的开发。巴西马瑙斯自由贸易区建立初期产品就是以内销为主，以此换取某些先进工业部门的建立和满足国内市场对某些耐用消费品的需求，实现进口替代政策的。后来随着该自由贸易区工业的发展和巴西外债负担的加重，逐步从以内销为主改变为内销与出口兼顾的方针。

经济特区的选址，应具备下述条件：（1）位于西部腹地，能对周围地区，特别是边疆地区具有吸引力和影响力；（2）附近拥有丰富的自然资源；（3）有一定的工业基础和城市公共设施；

（4）劳动力较为充足，并有一定的技术力量；（5）与发达地区
有方便的交通联系。

　　第二，为实现西部地区的开发和经济发展，要十分重视人力
资源，特别是人才资源的开发。中国是一个人力资源十分丰富而
其地理分布又极不平衡的国家。西部落后地区人才奇缺。这一问
题的解决不外两种办法：一是依靠本地大力发展教育事业。培养
人才和依靠适当的政策稳定现有人才；二是从经济发达、人口稠
密的地区向经济落后区移民，特别要鼓励各种人才内迁。

　　一般可以认为，落后地区的开发过程是伴随着移民的进入
而进行的。移民的进入能扩大地区的社会交往，有助于打开落
后地区的封闭状态，是一种由外部向落后地区注入活力的方法。
移民的增加不只是劳动力的增加，同时也促进落后地区与人的
活动相关的一切活动领域的扩大，为地区的发展带来生机。在
世界上，以移民开发落后地区而取得成功的例子是很多的，美
国与拉美国家的例子尤为突出。马克思与恩格斯在《共产党宣
言》的序言中写道："正是欧洲移民，使北美能够进行大规模
的农业生产……此外，这种移民还使美国能够以巨大的力量和
规模开发其丰富的工业资源。"[①] 这里所指虽是外国移民，但移
民的作用是显而易见的。

　　一般地讲，经济发展地区人口稠密，人才济济；经济落后地
区人口稀少，人才寥寥，因此，经济发展与人口和人才关系极
大。国家有必要制订移民政策，使人口有计划地从稠密地区向人
口稀少地区迁移。为促进移民工作的进行，除宣传开发西部地区
的重大意义、提倡艰苦创业精神外，更要制订具有吸引力的政
策，使移民的收入比在原地区能有所提高。国家要在移民区先期

　　① 《马克思恩格斯选集》第 1 卷，人民出版社 1972 年版，第 230 页。

进行必要的生活设施建设，创造一定的生活条件，如住房，交通、服务设施等，否则，也不可能大量吸引移民。

第三，在经济落后地区适当选点，建立经济发展中心，以此影响和带动周围地区的发展，这种办法是可行的。尤其是在国家的人力、物力、财力有限的情况下，为取得宏观经济效益，不可能平均使用力量，必须有重点地进行建设。

根据拉美，尤其是巴西的经验，经济发展中心一般都是工、矿、农、牧、林业的发展基地。它的建立，首先要根据资源分布的原则。从这个意义上说，一种丰富资源的产地即可建成一个发展中心。但是从带动和影响周围地区经济发展的角度来说，发展中心要适当的分散，当然，这一条也要受到资源以及交通和其他条件的制约。发展中心或基地的建设一般不应只注重于资源的开发和利用，而忽视城市总体发展对周围地区产生的影响。

第四，一般地说，能源与交通是发展中国家，尤其是领土面积广阔的发展中国家当前经济发展的"瓶颈"。落后地区之所以落后，与交通不发达有很大关系。交通不发达，使地区处于一种孤立与封闭状态。人员交往与商品流通困难，资源亦得不到适当地开发。因此，在这个意义上来说，交通运输的建设应先行一步。巴西就是在四条纵横穿越西、北部地区的公路建成通车之后，才提出大规模开发落后地区计划的。这一成功经验值得借鉴。

（原载《拉丁美洲研究》1985 年第 5 期）

巴西经济发展周期观点述评

一

关于第二次世界大战后巴西经济发展进程的分期，巴西经济学家的意见基本上一致，即依据国内生产总值和工业生产增长水平，分为五个周期：第一个周期（1947—1961），以国内生产总值高增长为特征。其中，1947—1955 年期间，国内生产总值年平均增长率为 6.8%，1955—1961 年期间为 7.1%。第二个周期（1962—1967），国民经济增长速度下降，国内生产总值年平均增长率为 3.2%。第三个周期（1968—1973），经济奇迹时期，国内生产总值年平均增长率为 11.2%。第四个周期（1974—1980），国民经济增长速度下降。其中，1974—1976 年期间国内生产总值年平均增长率为 8.3%，1976—1980 年为 6.2%。第五个周期（1981— 1983），经济衰退，国内生产总值增长率为负数。这个周期被公认为经济危机时期。也有不少经济学家称第二个周期为经济危机时期。

二

一般说来，巴西经济学家对于巴西经济发展周期的划分，是以结构因素为依据的。已故波兰经济学家米哈尔·卡莱茨基关于经济危机的理论，在巴西学术界有相当大的影响。依据他的理论，经济周期的形成是收入、生产和就业水平定期浮动的结果。而上述因素的变动又取决于投资需求的内在变化、总积累和资本设备规模的变化。因此，经济周期的形成同私人和公共投资的扩张和收缩有直接关系①。

巴西经济学家对经济周期形成的具体解释，大致可分为两派。一派认为，内部因素是周期浮动的主要原因。其主要论点是，巴西经济周期是巴西资本主义制度所固有的增长动力内在变化的结果。资本积累的过度或不足可导致经济增长加速或下降。投资率是变化的决定性因素，它直接影响积累的变动。投资率同预期的投资收益相关。进行新投资不仅取决于企业自有资金的状况，而且也取决于企业可能获得的贷款。后者又是以市场的利润率同利息率的关系为转移的。巴西经济学家若泽·塞拉认为，一个时期一揽子投资计划的完成，将使下一个时期的资本形成增长率下降。这种情况在一个较短时期进行集中大规模的投资之后表现得尤为明显。如 1956—1960 年期间，由于库比契克政府实行大规模的发展计划，战后巴西经济出现了第一个快速发展时期，紧接着出现了 1962—1967 年的经济衰退时期。具体地说，生产能力结构、需求结构——需求的规模及国内市场的构成、生产要素拥有状况和投资规模等都是影响经济发展进程浮动的重要内在

---

① 巴西《政治经济学》1986 年第 4 期。

因素。弗朗西斯科·德奥里维拉指出，巴西的经济浮动同政府力图扩大第三部门（耐用消费品部门）的积累模式有密切关系。第三部门的积累不断扩大，而第一部门（生产资料部门）的基础薄弱。二者之间的失衡是经济危机的成因。保尔·辛格尔认为，危机是第一部门和第二部门（消费资料部门）比例失调的结果。这一派在强调内在因素起主导作用的同时，也注意外部因素的影响，但不视其为主要因素。对于1981—1983年的危机，它认为主要是外来因素造成的，因为当时巴西国内并未出现增长源耗尽的任何迹象。原因在于外债的沉重负担和国际私人银行拒绝继续向巴西提供贷款。这次危机是由于国际货币基金组织要求巴西采取旨在调整经济的紧缩政策所引起的。

另一派虽然也注意内在因素变化对经济周期形成的影响，但分析的出发点主要着眼于巴西经济发展的世界经济环境。伊格纳西奥·兰热尔认为，世界经济周期对巴西经济发展一直有着强烈的影响，因为它制约着巴西对外贸易的规模。所谓世界经济周期即康德拉季耶夫长周期，大约半个世纪为一个周期，其中1/4世纪为上升时期，另1/4世纪为下降时期。1790—1848年是第一个长周期；1848—1896年是第二个长周期；1896—1948年是第三个长周期；第四个长周期始于第二次世界大战后1948年开始的上升时期，下降时期始于1973年，这个周期应在20世纪末结束。兰热尔认为，巴西经济除受长周期影响外，还受内部危机，即所谓尤格拉中期经济周期的影响。尤格拉周期的跨度大约为10年，其特点是危机往往以体制变化而结束。一些尚未实现现代化的经济部门因敏感到这种变化而进行大量投资，并传递到经济体系的其他部门，于是出现了经济高涨时期。经济奇迹时期恰是康德拉季耶夫长周期第一阶段的末期同巴西本国的尤格拉周期第一阶段相吻合的时期。在这个时期，重工业和资本主义农业部门的投资是经济发展的动力。1980 年，尤格拉周期进入衰退阶段。因此，尤格拉周期与康德拉季耶夫周期的衰退时期相结合，相互影响，结果使巴西经济在 1981—1983 年期间陷入了严重的衰退之中。

<h2 style="text-align:center">三</h2>

　　巴西经济学家普遍认为，国家（或国家的经济政策）对经济周期的形成起着根本性的作用。若泽·塞拉认为，战后1947—1961 年巴西的经济增长主要是国家在能源、交通等基础设施和基础资料生产部门投资的结果，同时也与国家实行的工业保护主义政策、替代进口政策、财政刺激政策、税收补贴政策、汇率政策以及鼓励私人投资等政策密切相关。他认为，对于1963 年开始的衰退，不能简单地归结为周期下降的结构倾向，应该说，它也与政府所实行的削减财政支出、紧缩银根以及压缩工资的政策相关。1968 年以后，经济的发展是在宽松的财政与货币政策条件下，政府进行了大规模投资实现的。玛丽亚·德康塞桑·塔瓦雷斯认为，资本市场的建立和金融部门的发展，使投资资金和消费资金来源充裕。这是 1968—1973 年巴西经济高速发展的重要因素。弗朗西斯科·德奥里维拉认为，国家所采取的积累模式，对经济进程的变化有很大影响。他指出，1950—1955年经济发展时期的积累模式是以下列三点为支撑的：（1）外汇充公政策，即把农业出口部门的多余资金转为工业部门的发展资金；（2）对第一部门中的基础部门实行国有化；（3）遏制实际工资的增长。1955—1960 年期间，巴西的积累模式发生了根本改变，通过引进外资使第三部门扩大生产。保尔·辛格尔认为，1962— 1967 年的经济政策是反通货膨胀政策，政府不鼓励投资，

因而经济出现衰退局面。

总之，在经济周期形成中国家的作用，主要表现在两方面：
（1）国家作为投资者的作用；（2）国家作为旨在刺激或抑制国
内外私人投资政策制定者的作用。

四

巴西经济学家对巴西经济危机的分析，显然不是着眼于社会
制度的分析。巴西作为资本主义经济有相当程度发展的国家，不
仅具有发生经济危机的前提条件，即商品生产的无计划性和无政
府状态，而且也存在着发生危机的基本原因，即社会性的生产同
资本主义占有制之间的矛盾。巴西经济学家不从这方面作解释，
而从经济发展道路方面来寻找经济危机的原因和特点，是符合巴
西和其他拉美国家实际情况的。巴西是一个发展中国家。发展进
程的扭曲或阻塞也会导致危机。所以，笔者认为，巴西经济学家
关于巴西经济危机的观点基本上是正确的。他们尤其强调的政府
经济政策的作用，是值得我们重视的。关于这一点除巴西的情况
可作说明外，笔者提出以下的例子作为补充。

众所周知，在80年代初的拉美经济危机中，经济形势恶化
最严重的三个国家是阿根廷、智利和乌拉圭。以工业生产水平而
言，1983年这三国的指标均大约相当于本国10年前的水平。以
工业化程度，即工业产值占国内生产总值的比重而言，阿根廷相
当于20年前的水平，智利和乌拉圭大约相当于30年前的水平。
它们倒退的程度远比巴西和整个拉美的平均水平要高。就工业生
产水平而言，1983年巴西相当于5年前的水平，整个拉美相当
于4年前的水平。阿、智、乌三国的情况之所以尤为严重，这同
70年代中期以来三国政府所实行的新自由主义经济政策有关。

这种政策的特点是对外急剧开放，以充裕的国外贷款无节制地增加进口，结果造成耐用消费品消费猛烈增加和投资率下降。在这方面，智利的情况特别突出。1975—1979 年，智利的投资率为 9%，同期阿根廷为 20.6%，乌拉圭为 14.8%，巴西为 29.8%。所以，笔者认为，就发展中国家来说，制定切实可行的经济政策，对预防、避免或延缓经济危机的发生是至关重要的。

（原载《拉丁美洲研究》1987 年第 4 期）

巴西的产业政策

一　概论

在当代，巴西之所以引起国际舆论的关注，一方面是由于巴西的经济自60年代末以来取得了巨大发展（就国内生产总值而论，巴西已跻身西方八大经济强国之列）；另一方面，也是由于伴随着发展而出现债台高筑的严重问题。简言之，可以以20世纪30年代为界，将巴西的经济发展历程分为前后两个不同的时期。30年代之前，经济的发展主要以单一作物的种植或矿业的开采为其特点。从殖民地时期起，先后经过巴西木采伐、蔗糖业发展、黄金开采和咖啡繁荣。咖啡在巴西经济发展史上，直至今日仍居重要地位。咖啡自1727年被引进巴西，19世纪后半叶在圣保罗高原进行大规模种植以后，获得了巨大的发展。在一定的意义上可以说，是咖啡业发展导致了19世纪末20世纪初巴西近代工业的出现和发展。

巴西的工业革命开始于20世纪30年代。"自30年代起，在巴西因打破了传统的、基本是殖民地性的农业基础，解决了继续

发展的问题。"[①] 1930 年的革命导致了以瓦加斯为代表的新兴资产
阶级上台执政，从而首先在政治上结束了农业—贸易寡头对巴西
的长期统治。与此同时，巴西政府采取了一系列有利于民族工业
发展的措施：提高了商品进口税，取消联邦州际之间关税壁垒，
从而保护和扩大了民族工业的国内市场；发展交通运输业，为工
业发展创造必要的基础设施条件，并着手建立大型钢铁工业，发
展重工业；颁布劳动法，实行 8 小时工作制和最低工资制，在一
定程度上唤起了劳工工作的积极性；建立相关机构，加强对工商
业、财政金融和贸易的管理；颁布法令，将矿藏、河流和森林资
源收归国有，强化国家对经济发展的干预。此外，1929—1933 年
的世界经济危机对巴西咖啡出口的严重打击，客观上促成了用于
发展咖啡业的资金转向工业和其他部门，有利于经济的全面发展。

第二次世界大战期间和战后所谓进口替代工业化的实行，又
使巴西的经济，特别是工业的发展进入了一个新的历史阶段。这
里我们必须提起 1956—1961 年库比契克总统执政期间所制定和
实行的"发展纲要"及其成就。这是一个包括 30 个项目的五年
经济发展计划，其重点除在巴西高原建设新首都巴西利亚外，主
要项目包括：（1）进行基础设施建设，如增加电力、煤炭和石
油生产能力，改善港口条件，发展海运和内河航运，修建公路，
建设仓储和冷藏设施。（2）强化基础工业，主要是提高钢铁、
石油化工与非金属矿部门的生产能力。（3）建立汽车、造船工
业部门，使其成为带动其他部门发展的带头产业。此外"纲要"
对农业的发展，特别是对农用物资和小麦生产，给予了一定的重
视。为保证计划的实施，库比契克政府成立了全国发展委员会和

---

① 路易斯·佩雷拉：《巴西的发展和危机》，武汉师范学院《巴西史料丛刊》第
15 期。

部门执行小组，责成全国经济开发银行资助计划项目，并大量引进外资，以补充国内资金之不足。计划执行结果，有 1/3 项目完成预定指标，其余项目也大都完成 70% 左右。这极大地增强了国力，为经济的进一步发展打下基础。然而，在这 5 年期间所产生的问题，如通货膨胀、农业发展相对缓慢以及地区发展不平衡的加剧等，也成为巴西现有经济问题的历史根源。

随后，巴西经济经过 60 年代初短暂的停滞和调整，便进入了60 年代末至 70 年代初的发展奇迹时期和随后的调整阶段。关于巴西产业政策的研究，我们主要以这一时期的经济发展为背景。

在所谓市场经济国家里，巴西被认为是一个对国民经济实行严厉宏观管理的国家。国家在经济发展中扮演着极为重要的角色。然而，巴西并未明确提出产业政策，但这并不等于说巴西没有产业政策。巴西政府干预经济的行为，可以说自 30 年代以来就普遍地存在着。这样的政策明显地体现在政府的各种经济法规、文件、官员和学者的讲话和著述中，尤为明显地体现在全国性的经济发展计划中。我们将以这方面的资料及巴西官方统计机构公布的统计数字为据，论述其产业结构政策，产业政策的主要手段，以及经济发展中的调整政策。

二　产业结构政策

（一）巴西的产业结构

1. 从把全部经济活动划分为三次产业的视角考察巴西的产业结构。

巴西统计当局有时直接将三次产业分别命名为：农牧业、工业、服务业。工业项目包括采矿、制造业、民用建筑、为工业服务的公用事业等。服务业包括商业、政府机关、金融中介（银行、保险)、不动产、交通与通信及其他。

第二次世界大战结束以来,三次产业结构变化情况如表1所示。

巴西的三次产业结构变化情况表明:

第一,随着工业化的进行,第一产业在国内生产总值中所占的比重呈下降趋势,第二产业比重呈上升趋势。

第二,在战后较长时间里,第三产业产值所占比重变化不明显,这说明巴西经济发展速度虽然较快,但发展的程度仍然不够高,因此还不能抽出较多的人力、物力和财力去进行范围更大的非直接性生产活动。自70年代末以来,第三产业所占比重有了明显提高,1982年达到了历史最高水平,这表明巴西的科学、技术和生产力水平有了新的提高。

表1　　　　　　　巴西国内生产总值构成变化

单位:%

年份	农牧业	工业	服务业
1950	26.7	23.5	49.8
1955	25.1	24.4	50.5
1960	19.9	30.3	50.8
1965	16.7	31.8	51.5
1970	11.7	35.4	52.9
1975	11.3	36.8	51.9
1980	13.0	34.2	52.8
1981	12.6	32.6	54.8
1982	10.9	33.0	56.1

资料来源:威廉·G.泰勒:《巴西工业经济》,美国D.C.赫斯出版公司1981年版,第10页。1970年以后数字据《巴西统计年鉴》(1983年)第952页计算。

第三,我们将1951—1980年分为三个十年,即1951—1960

年为第一个十年，1961—1970 年为第二个十年，1971—1980 年
为第三个十年，进一步观察经济结构的变化。在头两个十年里，
农牧业的产值比重下降势头猛烈，而在第三个十年里，变化相对
缓慢，而且往往出现反方向变化。这一特点恰好反映了巴西工业
化的历史进程。第一个十年是巴西进口替代工业化的初期，工业
生产发展迅速，工业产值的增加，造成农业产值比重急剧下降。
在第二个十年中，虽然 60 年代初期工业停滞，但在 60 年代后期
开始，巴西经济进入了所谓"经济奇迹"发展时期。在第三个
十年里，特别是自 70 年代中期以后，巴西经济由于调整而放慢
了发展速度，特别是工业发展速度，因此，工、农业产值变化都
比较平稳，而且农业产值比重时有上升。

三次产业所吸收的就业人数趋势明显不同。第二产业和第三
产业是上升的，但第二产业上升的趋势缓慢，而且所占比重不大。
第三产业上升迅猛，而且在 1980 年该部门所吸收的劳动力已超过
全国经济活动人口的半数。第一产业所吸收的劳动力虽然呈下降
趋势，但所占比例依然很大（见表 2）。因此，在相当长的时间
里，第一产业依然是解决巴西就业问题的重要部门。

表 2　　　　　　　　　　巴西就业结构的变化

单位：%

年份	农牧业	工业	服务业
1940	67.3	10.5	22.2
1950	56.6	12.4	30.5
1960	50.3	12.1	37.6
1970	40.0	16.1	43.9
1980	25.0	20.0	55.0

资料来源：若泽·克劳迪奥·德奥里维拉：《巴西问题研究》，巴西里约热内卢
科学与技术出版社 1978 年版，第 163—165 页；巴西地理统计局：《巴西统计年鉴》
（1983 年），第 147 页。

2. 从农业与工业两大物质生产部门的关系视角考察巴西的产业结构。

部门增长速度差异的扩大以及经营范围的变化，是导致部门间关系变化的主要因素。以增长速度而论，战后以来，巴西农业部门的特点是中速而平稳；工业部门增长迅速，但表现出明显的波动（见表3）。

表3　　　　　　　　巴西工农业增长速度比较

单位:%

年份	国内生产总值	工业	农业		
			全部农业	种植业	牧业
1947—1950	6.8	11.0	4.3	4.4	6.2
1951—1954	6.8	7.2	4.5	3.0	9.4
1955—1958	6.5	9.9	4.2	5.6	1.5
1959—1962	7.7	10.0	5.8	5.7	4.9
1963—1966	3.1	3.1	3.2	3.0	4.7
1967—1970	8.2	10.1	4.7	5.1	2.3
1971—1976	12.2	14.0	5.9	5.5	6.3
1977—1981	5.4	5.5	5.0	4.8	5.1
1982	0.9	0.6	-2.5		
1983	-3.2	-6.8	-3.2		
1984	4.5	5.9	4.5		
1985	8.3	9.0	8.8		

资料来源：沃纳·贝尔：《巴西经济：增长和发展》，美国普雷格出版公司1983年版，第316页；巴西瓦加斯基金会编《经济趋势》有关各期。

战后巴西的工农业产值对比发生了明显的变化。若以工业为1，1950年工、农业之此为1：1.4，1960年为1：0.66，1970年为 1:0.31，1980 年为 1:0.38。分析这一变化趋势可以看出，农业比重逐渐在下降。这一趋势是合乎经济发展规律的。而在 70 年代之后农业比重下降缓慢且略有回升。这一方面说明在此期间巴西工业化速度放慢，另一方面也是由于自 60 年代开始强调了农业的发展，不论是种植业，还是畜牧业都取得了令人瞩目的成绩。

1964 年巴西谷物产量为 1900 万吨，1984 年增至 5000 万吨。同期牛的存栏数由 8400 万头增至 1.23 亿头。农产品（不含由农产品原料加工的制成品和半制成品）出口年平均增长率为 10%，出口值由 1964 年的 13 亿美元增至 100 亿美元。农业在替代能源进口方面也是成绩显著的。1964 年，巴西的酒精年产量不足 4 亿升。1975 年开始执行全国酒精计划，由于农业提供了大量的木薯、甘蔗等原料，1984 年全国酒精产量已超过 93 亿升，部分替代了进口石油。农业的发展基本保证了国内市场对粮食和原料商品的需要，同时也为赚取外汇提供了重要货源。

对农业生产进行国际比较可以发现，巴西的农业生产力水平仍然是低下的。就每公顷耕地化肥施用量而言，1982 年世界的平均数为 77.9 公斤，联邦德国为 435 公斤，而巴西只有 36.5 公斤。就农业机械化水平而言，在总种植面积中，1984 年稻谷只有 30%、杂豆只有 20%、棉花只有 10%、玉米只有 5% 使用机械。因此，巴西谷物的单位面积产量也是低下的。1984 年，小麦世界平均每公顷产量 2257 公斤，荷兰为 7815 公斤，而巴西只有 1054 公斤。同年，巴西稻谷单位面积产量为 1694 公斤，世界平均为 3159 公斤，日本为 6352 公斤。巴西玉米的单位面积产量为 1735 公斤，世界平均为 3413 公斤，而意大利为 7054 公斤。由此可见，巴西的工、农业发展并不协调。今后，加强工业对农业的支持，应该是提高巴西农业发展水平的重要手段。

3. 农业经济结构。

巴西的农业种植面积为 5100 万公顷，牧场面积为 1.71 亿公顷。种植业的产值占整个农业产值的 70% 以上，是巴西最主要的农业部门。看一个国家的种植业结构是否合理，最重要的标准是看其是否充分地利用了农业资源条件和先进的科学技术，创造出品质最优、数量最大的产出。战后巴西种植业结构的变化，使其有利于实现上述目标。

从单一作物种植向多样化作物种植的转变，是战后以来巴西种植业结构最重要的变化。从殖民时代直至 30 年代初，甘蔗、咖啡的单一种植先后支配着巴西的农业、整个国民经济乃至政治局势。在 1938 年，咖啡、棉花、甘蔗和可可的种植仍占全国耕地面积的 46.2%，占种植业产值的 52.3%。战后以来，上述四种作物虽然得到继续发展，但相对比例在下降。1962 年所占耕地面积和所占种植业产值的比重、分别降至 34.6% 和 33.3%。1975 年，这四种作物所占耕地面积进一步下降到 19.6%。而玉米、大豆、稻谷、杂豆、小麦和木薯等六种粮食作物，种植面积 1975 年增加到 71.7%。1982 年更上升为 75.09%。由单一作物制向种植多样化体制的转变，这是种植业结构的层次提升，它能更充分地发挥农业资源的效率，适应国家建设和人民生活的需要，增强在国际社会中的独立性。

60 年代以来，为适应国内需要和扩大出口创汇，巴西加强了粮食作物及出口作物的生产。小麦生产一直是巴西种植业的薄弱环节，为满足国内需要，每年需进口大量小麦，使其成为仅次于石油的第二大宗进口商品。现在，小麦的生产状况虽未根本改观，但巴西政府在这方面的努力是明显的。在增加小麦播种面积的同时，提高生产集约化程度，使小麦的单位面积产量有所提高。1981 年突破每公顷 1000 公斤大关，1985 年创历史最高纪录，每公顷产量达 1598 公斤。大豆种植面积的迅速扩大是促使巴西种植业结构改变的重要因素。1962 年，大豆的种植面积仅为 31.36 万公顷，1972 年为 174.2 万公顷，1982 年为 820.2 万公顷，1985 年达到 1015.3 万公顷，约占当年全国耕地面积的 20%。1970—1976 年，大豆的年产量增长 41%。总之，巴西的种植业体制一方面向多样性方面发展，另一方面，突出内需粮食作物和出口农产品的生产。

4. 工业结构。

巴西把工业部门分为四类，即采矿业、制造业、民用建筑业和工业生产服务部门（电力、煤气、供水等）。其中制造业产值占工业产值 75%以上，民用建筑业占 15%左右。现在我们以制造业为例，分析巴西的工业结构的变化趋势。

按巴西统计分类，制造业一般分为 19 项，即非金属矿制品、冶金、机器制造、电子电信设备、运输设备、化学及石油化工、木材木制品、纸和纸浆、橡胶、制革、制药、香料及化妆品、塑料制品、纺织服装制鞋、食品、饮料、烟草、印刷出版及其他。如果以轻重工业分类的角度来分析巴西的工业部门构成，那么前 6 项大致可以划归重工业，其余 13 项划归为轻工业。战后以来，巴西轻重工业之间的关系发生了很大的变化。50 年代进口替代工业化的实行，使巴西极大地增强了轻工业产品的生产能力，直至 1970 年，轻工业的附加价值仍占制造业附加价值的 52%。但是，随着重工业部门，特别是其中冶金、机械、电器、运输工具及石化产品的迅速增长，70 年代以后，重工业的附加价值在整个制造业附加价值中的份额逐渐超过了轻工业。重工业比重 1974 年为 52.89%，1978 年为 54.9%，1979 年为 54%。60 年代末至 70 年代中期，是巴西重工业飞速增长的时期。此后，重工业的增长速度一般说来虽仍然超过轻工业的增长速度，但二者之间的差距在缩小。

现在我们从原材料工业与加工工业之间的关系考察巴西的工业结构。在巴西统计分类中，中间产品包括非金属矿产品、纸与纸板、橡胶及化工产品以及钢、钢材等，因此，我们分析中间产品同资本货物、耐用消费品及非耐用消费品之间的关系，大致可以视为原材料工业与加工工业的关系。

中间产品是巴西进口替代工业化过程中重点发展的部门，特别是自 60 年代初至 70 年代后期，该部门取得了惊人的发展。在 1978 年巴西计划部社会经济计划研究所向国家经济发展委员会提出的报告《巴西革命 14 年》中，从所列 19 种中间产品增长变化情况看，只有一种产品（碳酸钠）1977 年的产量比 1963 年增长低于 3.5 倍。另外有四种产品（铜、聚乙烯、合成纤维和氮肥）增长达 14 倍以上。70 年代末以来，在国内经济不景气的情况下，中间产品的增长速度一般仍高于资本货物部门、耐用消费品部门和非耐用消费品部门。其增长指数如表 4 所示。

表 4 巴西工业部门生产指数

（1981 年 = 100）

年份	中间产品	资本货物	耐用消费品	非耐用消费品
1979	141.23	126.64	141.78	124.23
1980	151.75	136.06	157.22	130.13
1981	100.00	100.00	100.00	100.00
1982	100.54	88.58	109.69	102.28
1983	99.34	68.71	104.00	96.45
1984	109.09	78.73	99.36	97.56

资料来源：《经济趋势》1986 年第 1 期。

但是在 70 年代后期，巴西中间产品的自给率仍然有限。在上述提及的 19 种产品中，只有 3 种产品（聚酯、氯、纸浆）自给或自给有余。自给率在 80% 以上者有 8 种。进入 80 年代之后，巴西的重要中间产品自给率又得到进一步提高。由于工业化和城市化的进行，刺激了一些中间产品部门的发展。建筑用钢和水泥等建筑材料自给有余。1980 年，钢板产量 1229.4 万吨，同年消费量 1173.3 万吨，自给率 104.8%，1981 年升为 109.5%，1982 年再升为 120.8%。由于巴西工业发展委员会采取措施，使水泥生产向大中型企业集中，提高了生产效率，现在巴西是世界十大水泥生产国之一。普通水泥的自给率，1981 年为 113.8%，1982 年为 115.9%。1984 年，在 6 种重要有色金属中，只有 2 种自给不足（见表 5）。

再从传统产业与新兴产业的角度简单地考察巴西的工业结构。随着 60 年代以来产业结构的升级，传统工业在制造业中的产值比例在缩小，但仍居重要地位。就食品加工业与纺织业而言，其重要性不仅表现在其产值在制造业产值中仍具重要地位（二者共占 28% 左右），是供应国民生活需要的重要物质生产部门，而且仍是巴西生产出口换汇的大宗物资的生产部门。1982 年，巴西出口总计 2017507.1 万美元，其中食品加工工业产品（包括饮料、酒类、醋、香烟）出口 458007.3 万美元，占出口总值 22.7%。不仅如此，传统工业部门至今仍是巴西吸收就业者的重要部门。食品与纺织两种传统工业部门所使用的劳动力约占巴西就业人数的 30%。因此，巴西依然很重视传统工业的发展。对于食品工业，不仅鼓励投资开发新技术，减少冷冻和烘干食品的生产，增加罐头产品生产，同时国家对农产品生产进行价格补贴，以降低食品工业的生产成本。对纺织工业，除进行技术改造外，还通过本国石化工业提供新的人工合成材料，促使其发展。

表 5　　　　　　　巴西有色金属生产量与消费量

单位：万吨

		1981 年	1982 年	1983 年	1984 年
铝	生产	29. 31	34. 62	44. 40	48. 48
	消费	31. 10	34. 45	27. 60	31. 73
铅	生产	6. 58	5. 49	6. 30	6. 70
	消费	6. 72	5. 55	6. 65	7. 40
铜	生产	4. 50	6. 18	10. 30	10. 41
	消费	13. 09	25. 94	14. 57	15. 75
锡	生产	0. 78	0. 93	1. 26	1. 68
	消费	0. 29	0. 49	0. 38	0. 47
镍	生产	0. 23	0. 48	1. 07	1. 23
	消费	0. 78	0. 70	0. 73	0. 80
锌	生产	11. 09	10. 99	11. 09	11. 43
	消费	12. 69	11. 49	11. 25	11. 18

资料来源：《世界经济译丛》1986 年第 4 期。

　　巴西的新兴工业主要是在 60 年代后期建立和发展起来的，其目的或出于扩大出口，或出于带动、装备其他产业部门。所谓新兴产业，就巴西而言，包括两种类型工业。其一，产业本身就世界范围来说并不是新兴的，但在巴西实属新建，或是虽然早已建立，但并未得到发展，如飞机制造业、造船业和军火工业等即属此列。以飞机制造业为例，1969 年组建的，政府控股 51% 的巴西航空工业公司，以引进外国先进技术或与外资合作生产为出发点，现在已能独立生产十余种型号飞机，使巴西成为世界上重要的轻型飞机生产国。其二，就世界的科技与工业发展进程而言，是真正意义上的新兴产业部门，如电子工业、信息工业等。在这方面，巴西也在紧跟时代步伐。上述工业早已建立并有初步发展。

（二）高速增长时期的产业结构政策

从一定意义上说，巴西的产业结构是产业结构政策实施的结果。特别是 60 年代末以来所实行的高速增长的产业结构政策和产业结构调整政策，直接影响着产业结构的现状。

战后实行的进口替代工业化的政策，在 60 年代初遇到了国内市场狭小的障碍。相对地说，新建的进口替代工业技术较高，多数为资本密集型工业，所吸收的劳动力有限，促使国民收入向少数部门集中，从而阻止了对工业品普遍需求的增长。市场的狭小，导致工业严重开工不足。1965 年，消费品工业设备利用率为 65%，资本货物工业设备利用率为 53%。另一方面，进口替代工业化的进行造成了机器设备与原材料进口的增加，使国际收支恶化。再加上 60 年代初巴西政局的动荡，在 1964 年军人执政之前，巴西经济已临近崩溃边缘。军人执政之后，首先用了 3 年左右时间进行经济体制（主要是财政、金融领域）改革和行政改革，为此后的经济发展创造了良好的经济与社会环境。

在随后开始的经济奇迹期间（1968—1974），从产业结构政策的角度考察，可以说巴西所实行的是一种高速增长的产业结构政策。下面我们以巴西三个全国性的经济计划的投资结构分析这一政策的主要特点（见表6）。

表6　　　　　　　　　　　巴西投资结构　　　　　　　单位:%

	政府经济行动计划 （1965 年）	第一个全国发展计划 （1968—1970 年）	第二个全国发展计划 （1972—1974 年）
住房	6.1	23.7	9.8
能源	31.1	26.9	13.6
运输	25.1	16.7	11.2
通信	2.2	3.7	17
农业	8.1	4.2	8.7
工业	17.0	14.0	19.0
卫生保健	1.5	3.9	8.5
地区发展	2.4	—	5.9
社会一体化	—	—	3.2
教育	6.5	6.9	18.4

资料来源：马里奥·西蒙森、罗贝托·坎波斯合著《现代巴西经济》，若泽·奥林皮奥出版社里约热内卢 1979 年版，第 71 页。

　　这一政策的第一个特点是突出基础设施的超前发展，强调能源和交通运输业的建设。在政府经济行动计划中，二者占全部计划投资 56.2%，在第一个全国发展计划中占 43.6%。以交通运输业的建设为例，1964 年军人执政伊始即提出"扩大和巩固运输基础设施，避免交通堵塞，以免影响生产活动"的目标[1]。为此，在下述两方面作了巨大的努力。其一是进行"出口走廊"的建设。所谓"出口走廊"，即以铁路、公路、乡间公路的建设将出口物资产地与港口连接起来，并在港口建立完善的仓储设施，以消除运输体系中的瓶颈现象，增强产品出口能力。现在巴

——————————

[1]　巴西计划部社会经济计划研究所 1978 年提交国家经济发展委员会的报告。

西较为重要的"出口走廊"有五条，因出口产品不同而分工。比如，以圣多斯港口为出海口的圣多斯走廊主要出口咖啡和工业制成品，而以维多利亚和图巴隆为出海口的图巴隆走廊则以出口铁矿砂为主。其二是在北部和中西部修建公路干线，完善以首都巴西利亚为中心的全国公路运输网。世界著名的跨亚马逊河公路就是在此间开工与完成的。这些所谓全国一体化大公路的建设，加强了各州府之间、各州与全国经济中心之间以及边境与内地之间的联系，使全国形成一个完善的、统一的市场。此外，在运输组织管理方面也进行了相应的努力，如建立巴西运输计划公司、巴西城市运输公司和巴西港口公司等。巴西的基础设施的超前发展表现为一定的时间特点。从表6可以看出，随着时间的推移，其投资比例逐渐降低。这一方面由于在此期间基础设施建设已初具规模，另一方面也是增加了工业、教育（包括科技）投资的结果。

第二个特点是强化对工业，特别是原动力工业的投资。在巴西，原动力工业是指那些能带动其他部门发展的工业，诸如机器制造、运输设备、冶金、石油化工等部门。这被称之为工业结构垂直一体化思想，即不仅要建立消费品工业，而且要建立资本货物工业。从投资的比例来看，与基础设施项目相比虽然不大，但变化平稳，而且有增长的趋势，在第二个全国发展计划中成为最大的投资项目。这说明，巴西始终把工业的发展，作为经济发展的带头部门，从而使产业结构得以向更高层次升级。应当指出，这种产业结构的升级，在一定的意义上是由市场的扩大来带动的。在60年代初，巴西创立了所谓"合伙"购物体制。这是消费者信贷的一种，主要用于扩大耐用消费品市场。以购买汽车为例，一个以24人组成的小组如要每人购买一辆大众牌小汽车，那么每人每月就要支付一辆汽车价格的1/24，两年之内每人都可以买到一辆小汽车。[①] 巴西汽车工业的发展，与这种消费体制有很大的关系。此外，为扩大出口而使产品多样化，对于产业结构的升级也起了一定的促进作用。

另外，在此期间，巴西为使工业发展建立在本国资源的基础上，特别注意了矿产的普查和开采。作为工业发展的主要矿物资源，除石油外，巴西的矿藏是极为丰富的，尤其是铁矿，不仅蕴藏量大，而且品位高。在 50 年代，巴西主要以进口原材料解决工业发展的供应问题，对本国的矿业发展重视不够，从而形成了从 140 个国家进口 250 余种不同矿产品的局面[②]。此外，工业发展的前提之一，是要探明国内的资源情况，因为矿产资源的种类、数量、性能以及分布情况直接影响工业的发展方向和地理配置。1965 年，在第一届军政府布朗库总统执政期间，即制定了巴西矿产资源开发十年计划。随后，在 1967 年制定了矿物法典。同年制定的新宪法取消了土地所有者拥有开采其地下资源优先权的规定，以激励全民对国家矿物资源的勘查和开采。1969 年建立了矿业资源勘查公司，实施拉丹工程计划和雷马科工程计划，以先进手段进行矿产普查，绘制基础地质图。同时，扩大国营淡水河谷公司的铁矿生产能力，并对这一时期新发现的卡拉雅斯铁矿进行规划，以便早日建成投产。在此期间，矿业大约以 2 倍于工业的增长速度发展。

（三）经济调整中的产业结构政策

以 1973 年世界石油危机为契机，巴西经济进入了一个缓慢

---

① 维内尔·贝尔：《工业化与巴西经济发展》，巴西瓦加斯基金出版社里约热内卢 1983 年葡文版，第 219 页。

② 伊拉里奥·托尔洛尼：《巴西问题研究》，巴西圣保罗拓荒者出版社 1983 年版，第 285 页。

增长的经济调整时期。国际经济条件的骤然变化使一度曾是巴西经济发展的主要推动因素，变成为经济增长的限制条件。工业化国家对石油价格上涨进行报复而导致初级产品交换条件的恶化，以及因对世界经济前景难以预测而引起的投机性进口，使巴西国际收支恶化，经常性项目赤字在 1974 年达到 72 亿美元。面对这种情况，在 1974—1978 年间，巴西政府采取了适应新的国际经济环境的经济战略。其主要措施如下：（1）严格控制进口；（2）制定进口替代政策，主要是替代资本货物工业和基础工业产品（如钢、石油化工产品、化肥等）进口的政策；（3）允许外国公司在巴西勘探石油；（4）暂时降低生产增长率。[①] 上述四项措施的重点是加强资本货物工业、基础工业的建设和能源的开发，以增强本国自主能力。资本货物工业和基础工业部门一直是巴西重点发展的部门，在当时的经济形势下则更加强了紧迫感。70 年代初制定的全国钢铁计划（1971—1980）决定继续执行。此项计划的目的不仅在于满足本国的钢铁需要，而且还要"使巴西，由铁矿出口国变为钢产品出口国"。[②] 具体规定 1980 年钢产量达到 2000 万吨，1985 年达到 4500 万吨。为此，对当时的钢铁生产设备能力分三期进行扩大。1980 年钢产量达到 1533.7 万吨，虽未完成计划目标，但比 1975 年增产了 84.6%。图巴隆钢厂等新建的大型钢铁工程项目，也相继投产。石化工业自 60 年代以来也一贯受到巴西政府的重视。1967 年成立了巴西石油公司分公司——巴西石油公司化学公司。该公司的成立促进了石化工业的新发展。在 1974 年开始的产业结构调整中，提供中间产品的石

---

① 若泽·弗拉维奥·佩科拉：《巴西经济形势与政府战略（1980—1985）》（1980 年 9 月 25 日在美国霍普金斯大学的报告），巴西计划部巴西利亚 1981 年版。
② 伊拉里奥·托尔洛尼：《巴西问题研究》，巴西圣保罗拓荒者出版社 1963 年版，第 290 页。

化工业成为产业发展的重点而得到进一步加强。除加速建设巴伊亚化工基地，又于 1976 年动工兴建南里约格朗德州石化基地。该基地由 30 家工厂组成，主要生产乙烯、聚乙烯、合成橡胶和聚氯乙烯等。

在这次产业结构调整中，能源是一个急迫而重要的发展项目。70 年代前半期，巴西的能源形势相当严峻。1970—1975 年间，能源的生产增长速度比能源消费增长速度低 27%。长期形成的偏重于石油的能源消费结构一时难以扭转，1977 年石油消费占能源消费构成的 43.8%，而当时巴西所需石油的 80% 来自进口。石油价格的上涨促使巴西不能不采取新的能源政策，在加强本国石油勘探、开采的同时，努力发展替代石油的能源生产。大型水电站伊泰普和图库鲁伊的建设，以及全国酒精计划的制定和实行，是巴西在此期间所实行的具有重大影响的工程项目。

1979 年国际石油价格的第二次上涨推动了巴西产业结构的进一步调整，除继续执行前期的调整方针外，特别把农业作为优先发展的产业项目，其原因是：（1）在经济不景气的情况下，农业的发展可以吸收大批劳动力，以解决就业紧迫问题；（2）发展农业可以增加出口产品的种类，提高国家换汇能力；（3）农业的发展可以增加国内粮食供给，有利于控制通货膨胀；（4）农业发展而导致的就业增加可以改善收入分配状况，使严重的社会问题得以缓和。为此，在 1980 年开始执行的第三个全国发展计划中规定了一系列的具体保证措施。

在产业结构的调整过程中，国民经济的发展速度究竟应该如何？这在巴西的经济决策者中间曾发生过激烈的争论。以经济学家、前计划部长西蒙森为代表的一派主张缓慢增长，认为在存在通货膨胀和国际收支恶化的经济中，发展应适应所拥有的资金条件，而不应该使资金适应发展计划。而以经济学家、前财政部

长、计划部长内托为首的一派，则主张加速增长。其理由是：巴
西首要的严重问题是维持发展水平。巴西是一个人口非常年轻的
国家，劳动力增长非常迅速，每年将有 150 万人进入劳动力市
场，因此，维持一定的经济发展速度是绝对必要的。两派争论的
结果，"加速增长"一派占了上风，内托取代了西蒙森，在军政
府的后期一直担当计划部长职务，执掌经济政策大权。1980 年
经济增长速度为 8%，而通货膨胀率高过 11.02%，外债总额增
加到 538.5 亿美元。内托不得不实行"冷却"政策，提出以后
几年保持在 5% 的增长速度。

三　实现产业政策的措施

（一）确定带头产业和带头地域

巴西在改变经济结构，加速工业发展的过程中，强调把
"舟车工业"（包括汽车工业、造船工业、航空工业）这一最具
有推动力的工业部门作为带头产业部门重点发展。巴西著名经济
学家、前计划部长罗贝托·坎波斯认为："瓶颈的研究在于消除
由于公共服务的基础不适应带来的障碍，而增长点的方法在于鉴
别具有推动力的部门。"[①] 所谓"具有推动力的部门"即是带头
产业部门。在 50 年代后期以及 60 年代末和 70 年代初，巴西都
确定汽车工业作为带头产业，这主要是由于汽车工业本身的性质
所决定的。汽车生产需要大量投资，要求技术高、工艺水平高，
进行大规模生产。它需要许多种类的物资投入，诸如钢材、电气
设备、橡胶、纺织以及多种化工产品和电力等，是一个综合性很

---

① 马里奥·西蒙森、罗贝托·坎波斯：《现代巴西经济》，巴西若泽·奥林皮
克出版社 1979 年版，第 55 页。

强的工业部门。它的发展可以带动相关部门的发展，而且创造相应的劳动就业机会。因此，汽车工业被称之为"具有刺激重要附属工业多样化发展潜力的关键工业"①。为刺激本国汽车工业的发展，巴西政府采取优惠关税及其他财政措施促进机器、设备进口，同时严格限制汽车进口；还允许外资在巴西直接设厂。在政府支持下，巴西汽车工业发展相当迅速，1968—1974 年的巴西经济奇迹时期，汽车工业曾以年平均 20% 的速度增长。即使在世界石油危机之后，汽车工业的年增长速度仍在 7% 左右。

航空工业与汽车工业相比是一种更高层次的综合性工业，巴西在 60 年代末组建航空工业公司，执行飞机生产计划，航空工业发展很快。现在巴西已是世界上著名的生产轻型飞机的国家，其产品不仅供应本国市场，而且已打入飞机制造业先进国家的市场。飞机制造业的发展，带动了相关工业部门，特别是电子、仪表等新兴产业部门的发展。

产业的发展除需要带头的产业部门外，还需要带头的地域。带头的地域是工业最发达、技术力量最强的地区，同时也往往是带头产业集中的地方。在巴西，经济最发达的地区是东南部，其中的圣保罗、里约热内卢、贝洛奥里藏特三角地带是著名的工业三角地带。以圣保罗城为中心的大圣保罗是巴西工业最发达的地区，被誉为"带动巴西其余部分前进的火车头"②。这个地区不仅是巴西传统工业的集中地，而且，由于其技术力量雄厚和基础设施优越，已成为巴西国内外资金投放的集中场所。比如，圣保罗城集中了大量的联邦德国企业，圣保罗城的卫星城圣贝尔纳尔

---

① 菲力普·沃恩—威廉斯：《巴西：简要地理要素》，英国"大学导师"出版社 1981 年版，第 112 页。

② 同上书，第 143 页。

多德坎波是巴西汽车制造中心。位于圣保罗州东部的圣若泽德斯坎波斯城是航空工业中心。带头地域以其优越的条件吸收或试验新技术、新的管理经验，尔后向全国扩散。同时，带头地域也是国家重要的物质生产场所和容量庞大的市场，是生产出口产品的重要基地。因此，对发展中国家来说，在发展进程中充分利用带头地域的作用是很重要的。

（二）实施经济发展计划

巴西以制定和实施计划作为诱导产业发展和国家干预经济的手段。从 1939 年瓦加斯政府制定的第一个计划——"特别计划"算起，至 1979 年最后一届军政府所制定的第 3 个全国发展计划止，巴西共制定了 11 个全国性计划，其中最重要的是发展纲要和 3 个全国发展计划。计划的种类不限于全国性社会经济发展计划，还包括：地区开发计划（如中西部开发计划），单项产业发展计划（如钢铁计划、造船计划等），大工程建设计划（如大卡拉雅斯开发计划）等。

全国性的经济发展计划是以国情调查、研究为基础的，其中有两次是美国派遣专家帮助进行。第一次，是 1942—1943 年库克使团所进行的工作。该使团在巴西历史上第一次以区域经济的观点分析巴西经济。它将巴西全国分为东北部—东部、北部—中部和南部三个地区。认为这三个地区发展程度和经济特点迥然不同，这是制定全国发展计划的重要根据。库克使团认为"要尽最大的努力发展南部地区，因为该地区拥有经济迅速增长的条件。南部中心的发展必将扩散到其他地区"[①]。同时，提出了巴

---

① 沃内·贝尔：《巴西经济：增长与发展》，美国普雷格出版公司 1983 年版，第 53 页。

西经济发展的各种限制因素：不适宜的交通体系、落后的燃料分配体制、工业投资资金缺乏、对外资的限制、对移民的限制、不充足的技术训练设施以及不发达的发电能力等。建议巴西发展钢铁生产以奠定资本货物工业发展的基础，发展木材和造纸工业、纺织工业以供应国内市场和扩大出口。至于巴西工业化的任务，使团认为应交给私人部门去完成，政府的工作是制定工业计划，提供工业贷款和技术教育。上述见解一定程度上反映了巴西发展的实际，虽因当时历史条件限制而未形成具体计划，但对此后巴西经济计划的制定无疑是有影响的。

第二次，是50年代初（1951—1953）巴美经济联合委员会对巴西经济发展状况所作的考察。据此提出了一个规模可观的基础设施发展计划，其中尤为强调公路与电力的建设。公路建设占计划全部外汇投资的38%、本国货币投资的55%；电力建设分别占上述项目的34%和33%。联合委员会还提出了出口多样化、克服地区发展不平衡的措施以及取得货币稳定的途径等。

1953—1955年期间，巴西全国经济开发银行与联合国拉美经委会的专家合作，详细研究了巴西1939—1953年的经济发展情况，指出如储蓄率、资本产出率和外资流入等变化着的关键因素，应引起巴西经济政策制定者的注意。因为这些因素能够决定经济增长率，而其本身又受政策行为变化的影响，因而对经济的发展是至关重要的

（三）财政刺激政策

作为鼓励产业发展的手段，财政刺激在巴西得到了较为广泛的应用。在50年代的进口替代工业化过程中，为刺激汽车、造船和重型机器工业的发展，就曾给予这些工业在一定时期进口机

器设备、原材料和零部件的特殊优待。60 年代以后，这一政策手段在巴西得到了更广泛的应用。按这一手段使用的目的，我们可以将其区分为三种不同的类型：

第一种是用于刺激产品出口，特别是工业品出口的财政刺激手段，我们将在后文作介绍。

第二种类型用于支持产业部门和地区产业的发展。例如，为加强资本货物工业的发展。1964 年在全国经济开发银行内设立了资助工业特别机构，由其执行资助本国资本货物产品的行销计划。巴西银行对外贸易部设有出口资助资金，用于资助制成品，特别是资本货物的出口。在资助地区产业发展方面，根据 1963 年颁布的第 4239 号法令，规定全国所有企业均可以免缴 50% 的所得税，而用其免缴的相同数额投资于东北部开发管理局所通过的开发项目中。就是说，如果一个企业应向国库缴纳 10 万美元所得税，它只需交付 5 万美元，另外 5 万美元必须投资到东北部地区。这样，政府虽然放弃了一部分国库收入，但却换来了企业的积极性，使这部分资金直接用于国家急需发展的地区。这种方法行之有效，政府随后将其使用范围扩大到其他地区的开发和有关产业项目的发展方面。

第三种类型用于刺激扩大资本市场。1967 年 2 月 10 日所颁布的第 157 号法令规定，自然人可以免缴应付所得税的一部分而用其相应数额认购共有基金。这笔基金一般由私人金融机构按中央银行的规定进行管理。用于这种目的可以扣除的所得税份额，在低收入阶层一般占 24%，在高收入阶层一般占 12%。这种认购资金可以分三期抽回：2 年之后抽回 50%，3 年之后抽回 25%，第 4 年收回最后 25%。巴西政府创立这种机制的目的在于向股票市场注入资金，增加中小企业的流通资本。

（四）金融政策

产业发展需要资金的支持，因此，政府直接或间接控制资金流向与流量，便可影响产业的发展方向与规模。巴西政府是在健全金融体制的基础上，实行金融政策的。在 60 年代初期以前，巴西的金融体系和金融制度相当不完善，一方面货币发行量难以控制，另一方面企业长期资金供应短缺。1964 年 12 月巴西政府颁布了"银行改革法"，创建了全国货币委员会及其执行机构巴西中央银行，由此而形成了当前的金融体系，即：全国货币委员会、巴西中央银行、巴西银行、全国经济开发银行、其他公共与私人金融机构。

全国货币委员会是巴西金融体系的最高机构，其主要职能是决定和批准货币发行，管理信贷，监督黄金和外汇储备的使用，以及决定存款和投资政策等。巴西中央银行是全国货币委员会的执行机构，其主要职能是根据全国货币委员会批准的条件和界限发行货币，接受商业银行存款准备金，对金融机构贷款，管理外国资本，授权组建金融机构，以国家名义同外国或国际金融机构发生关系，监视金融市场活动等。

金融体制的健全为金融政策的执行创造了条件。根据 1964 年银行改革法，巴西货币发行权力虽属全国货币委员会，但它只有授予巴西中央银行每年增发不超过上年度末货币供应量 10% 的权力。若需要超过此限增发货币，中央银行需取得全国货币委员会的同意，而后者的决定还需通过总统咨文形式提交议会审议通过。虽然如此，但巴西对货币供应量的控制并不是强而有力的。原因是巴西中央银行的相对独立性较小，与国家财政系统并未完全"分家"。这从其人事关系即可看出。巴西中央银行行长虽是全国货币委员会成员，但该委员会的主席法定为联邦财政部长。这就难免形成"资金服从于建设计划",在出现货币"窟窿"时以增发货币来填补的状况。这是巴西长期以来通货膨胀持续发展、经济虽有发展但不稳定的一个重要原因。

巴西金融政策在动员国内储蓄,筹集建设资金方面发挥了一定作用。首先,应当提及的是货币纠正法机制。这种机制虽然在1986年2月已予取消,但在当时的历史条件下,对于动员储蓄还是发挥了作用。货币纠正法即是指数制,在通货膨胀的条件下,根据相应的指数对几乎所有的金融债券进行纠正,以补偿由于通货膨胀而受到的损失。自然,它也能调动国民储蓄的积极性,因为银行的存户不仅可以按规定得到预期的利息,而且银行还定期在存户账目上记一个与当时通货膨胀率相应的货币纠正额。其次,通过建立资本市场,为企业寻求长期资金创造条件。资本市场使投资者与企业家得以接触和结合。这样,企业要扩大资本可以不必求助于中长期贷款而成为债务人。由于通过发行股票而在资本市场上筹集资金,在新的投资者参加下,封闭的企业变为公开的企业,这也有利于企业的发展。巴西政府于1965年7月制定了《资本市场法》,指定专门机构依法对资本市场的活动进行监督和管理。

巴西在采用西方国家通用的贷款政策、存款准备金政策和公开市场政策诱导资金的流向和流量时,突出专业银行的作用。比如,为贯彻农业作为国民经济发展战略部门的方针,确定全国最大的商业银行——巴西银行(联邦政府股份占60%)的重要职能是向农业提供贷款。巴西全国60%以上的农业贷款是由该行发放的。该行发放农业贷款依据政府的政策突出三个重点,即提供兴建农业基础设施的专项贷款,注重对中小农户贷款和加强对边远落后地区的贷款。

（五）投资政策

巴西的投资率在战后至 60 年代初为 15% 左右，随后有了明显提高，1975 年曾高达 32.1%。70 年代投资率特别高，这是与这段时期巴西大搞基本建设，特别是与第一次石油危机之后加强能源建设的政策有关的。进入 80 年代之后，由于进行经济调整，停建和缓建一批工程项目，投资率有所下降，只略高于战后至 60 年代初的水平。

巴西的投资资金来源于私人和公共积累，以及流入的外国资金。战后至 50 年代末，公共部门积累占资本形成总额的 1/3 左右，另 2/3 左右来自于本国私人积累和外资。其中，私人部门的积累是主要的，外资所占的比例很小。60 年代以后，外资在巴西资本形成总额中所占比例有所提高。在 70 年代，外国储蓄占资本形成总额 20% 左右，最高年份（1982）高达 27%。这说明，巴西强化了以引进外资补充国内资本积累不足的政策，同时也是 80 年代以来国内经济不景气，本国积累下降的结果。在战后一段时间里，巴西的非政府部门积累在固定资本形成中占有重要地位。政府投资虽然有限，但投资往往超过积累。1964 年后巴西确立了新的经济发展模式。这一模式是建立在所谓"储蓄—市场二项式"基础上的。为了支持经济高速和持续增长，它首先要求一个高积累率，以便扩大投资。其次，要有一个活跃的、不断扩大的市场以便吸引投资和增加生产。在这一理论的指导下，巴西政府采取了一系列措施增加国内储蓄，如创办事业机构储蓄等，使积累率得以提高。

投资方向受经济发展和解决社会问题两个总目标的制约。近 20 年来，巴西基本上以下面几个部门为优先投资的部门：（1）投资效益回收快的部门；（2）劳动密集型的产业部门；（3）可以增加人民消费品供应的部门；（4）能源生产部门；（5）在现时国家出口项目中具有重要地位的产品生产部门以及中长期内可以具备国内生产条件并具有国际竞争能力的产品生产部门；（6）用于出口并且不受进口国数量限制的产品生产部门；（7）农工业部门（agroindustria），即本国拥有丰富原材料的部门；（8）新兴产业部门；（9）有利于增强进口替代能力的生产部门等。[①] 从产业地区配置的角度看，巴西的投资在保证重点地区发展的同时，逐渐增大对边远落后地区的投资比例。这一方面是为了开发落后地区，另一方面也是为了工业布局的分散化，以使全国平衡发展，并减轻传统工业区的环境污染。

（六）出口政策

"自 1964 年起，巴西必须使其发展模式变为外向型的信念便牢固地树立起来，因此，对出口问题给予特别的注意。"[②] 认为"出口即出路"。其理由有二：第一，巴西持续缩小进口率是困难的。进口必须以出口为前提条件；第二，出口的增长是使国家不断吸收外国资本和技术的必要条件。为此，巴西制定和不断完善其出口政策。首先，为扩大出口量，采取出口产品和出口市场多样化策略。除保持和增强传统初级产品出口优势外，开拓非传统初级产品出口门路和增加工业制成品的出口。在保持和增加对美国、西欧传统市场出口的同时，开拓亚、非、拉新的出口市场，特别以其同非洲的血缘关系和中等发达的技术，积极打进非洲市场。其次，对出口产品，特别是制造业产品实行一套广泛的

---

① 鲁本·德弗雷塔斯·诺瓦伊斯：《巴西的投资政策》，巴西对外贸易研究中心基金会里约热内卢 1978 年版，第 17 页。

② 马里奥·西蒙森：《巴西：2002 年》，巴西陆军部出版社 1973 年版，第 103页。

补贴和刺激政策，诸如免税、提供低息贷款和出口保险等。1964
年 11 月，巴西政府颁布了第 4502 号法令，免除工业产品出口
税。1965 年 6 月通过的第 4663 号法令规定，企业可以在应缴纳
所得税的利润中，扣除一个相当于企业出口值占全部销售额百分
比的数值。这实际上是一种免除出口利润所得税的形式。再次，
为维护和增强出口产品的国际竞争能力，巴西自 1968 年 8 月 21
日起开始实行克鲁赛罗①对美元汇率经常小幅度贬值的做法。起
初，克鲁赛罗每年大约贬值 7 至 10 次，贬值幅度在 11%—18%
之间，但后来贬值的次数不断增加，幅度也在增大。这种所谓小
幅度贬值的汇率制度是由中央银行负责实施的。它是根据巴西本
国和主要贸易对象国物价相对变动情况、外汇储备、出口以及国
际收支情况而决定的。巴西在促进出口发展的同时，对出口产品
以出口许可证制严格管理。对不同产品分别作出不受限制、配额
限制、待批准后才能出口和禁止出口的规定。

（七）企业构成政策

巴西经济所有制的"三只脚"具体体现在企业构成上，即
国家资本企业、本国私人资本企业和外国资本企业。1984 年，
在全国 8099 家非金融大企业中，国家资本企业有 408 家，外资
企业有 518 家，本国私人资本企业有 7173 家。国家资本企业虽
然数目只占 5%，但却占纯资产总数的 49.8%，占雇员总数的
19.7%，居主导地位。"在巴西经济增长中，政府企业一直是一
股巨大的推动力量。"② 国家资本企业大多属国民经济基础设施

---

① 巴西原货币基本单位，1986 年 2 月 28 日改革币制，以克鲁扎多取代克鲁赛
罗，比例为 1∶1000。

② 斯蒂芬·罗博克：《巴西经济发展研究》，上海译文出版社 1980 年版，第 59
页。

部门、基础工业部门和尖端技术部门。这些部门或因利润不高私人企业无意进行投资，或因系国家经济命脉必须由国家直接掌握。1964 年以来，巴西通常采取合营的方式建立国营企业，使国营企业数目有很大增加。但近年来，出现国营企业私营化势头，一些不十分重要的国营企业股份已出售给私人。

随着资本主义的发展，在巴西已形成了一些相当规模的民族资本集团，如沃托兰廷、安图内斯、马塔拉佐等。但巴西私人企业主要是中小企业。据 1980 年统计材料，雇员不足 100 名的企业占巴西企业总数的 99.53%。在工业部门中，雇员不足 100 名的中小企业总共拥有从业人员的 46.5% 和工业产值的 37%。在商业部门，不足 10 人的小企业占企业总数 96%，占雇员总数 67%。在服务行业，不足 20 名雇员的企业，占其企业总数 99%。为使中小企业发挥更大的作用，巴西政府实施"增强民族工业竞争能力"计划，从资金和技术方面给予援助。

1984 年末，外国在巴西的直接投资和再投资为 228.4 亿美元，投资的国家与地区共计 59 个，主要的投资部门是冶金、机器制造、通信及电子器材、汽车制造及基本化工产品。巴西利用外资不仅在于补充本国资本的不足，而且通过外资企业和合营企业的建立引进先进技术和管理经验。在利用外资的同时，巴西用周密的法律规定限制外资企业的活动范围，保证本国经济按政府计划的方向发展。

四 存在的问题和经验教训

（一）地区发展不平衡

当前，巴西的产业配置中心仍在东南部，特别是圣保罗、里约热内卢、贝洛奥里藏特工业三角区。这种状况是巴西经济长期

发展的结果，同时也与近代的工业布局政策有直接的关系。在北
部、中西部、东北部、东南部和南部全国五个经济区中，东北部
曾一度是全国经济的发展中心。随后，由于咖啡种植业在里约热
内卢州的巴拉伊巴河谷和圣保罗高原发展起来，经济中心随之而
南移。在第二次世界大战前后的工业化进程中，由于这里拥有相
对优越的投资环境，绝大多数的工业企业在这里建立，从而进一
步拉大了与其他地区发展水平的差距。根据瓦加斯基金会和巴西
地理统计局70年代末的资料，五个地区的面积、人口、收入以
及工农业生产情况如表7所示。近年来，虽然联邦政府和地方政
府在开发落后地区方面所作努力已取得成效，但不平衡的状况并
未得到根本好转。

表7　　　　　　　　　巴西五个经济区在全国的地位

单位:%

	北部	中西部	东北部	东南部	南部	全国
人口	4.0	6.1	29.7	42.1	18.1	100
面积	42.1	22.1	18.2	10.6	6.8	100
收入	2.2	3.6	11.6	65.5	17.1	100
工业生产	1.1	0.9	5.8	80.2	12.0	100
农业生产	3.6	7.0	20.3	33.7	35.4	100

资料来源：前引《巴西的投资政策》第44页。

　　从经济发展和社会安定的角度着眼，巴西政府很早就致力于
开发落后地区，以缩小地区之间的发展差距。30年代曾提出
"向西挺进"的口号，60年代则以首都内迁来加强开发中西部和
北部落后地区的全民意识，同时也为实际开发创造了必要的前提
条件。巴西在开发落后地区方面，对所谓发展极理论的运用是值

得注意的。所谓极，是指一个拥有原动力单位群体的经济空间，它可以在一定的区域内发生影响作用。发展极存在的客观必然性在于经济的增长不是同时在所有地方出现，它不同程度地发生在某些地区或增长中心，通过各种渠道以不同的效力向经济的总体扩散。[①] 依据上述理论，50 年代在东北部就曾作过试验，试图将累西非和萨尔瓦罗建成为该地区的发展极。60 年代以后，这一做法进一步推广。目前，巴西在落后地区建有两种类型的发展极。一种是以原有城市为基础，使其定向发展，建成为国家某种工业的基地或经济启动中心。如将东北部巴伊亚州首府萨尔瓦多的卫星城卡马萨利建成为巴西三大石油化工基地之一，其目的之一是带动巴伊亚州甚至整个东北部地区的经济发展；另一种是在东北部、北部和中西部地区建立农工业、农牧业、矿业和林业中心，其目的不仅在于充分利用当地的资源优势，还在于以此带动和影响周围地区的经济发展。1974 年至今，仅在法定亚马逊地区就建有 17 个发展中心（极）。一个中心甚至囊括农、林、牧、工、矿以及水电工程多种项目。比如，朗多尼亚发展中心，即是一个包括木材采伐、畜牧、可可和甘蔗种植、锡矿、黄金、锰矿与铁矿开采等多种项目的发展中心。从地区开发的角度来认识，60 年代末建立的马瑙斯自由贸易区也是一个发展极，其目的是在亚马逊地区内建立一个商业、工业和农牧业中心，创造经济条件使该地区得到发展。

（二）出口产业与内需产业发展关系失调

巴西在与世界经济形成的紧密联系过程中，其产业也大致

---

① 佩德罗·西斯南罗·莱特：《经济发展的新研究及其常规理论》，巴西西哈拉联邦大学出版社福塔雷萨 1983 年版，第 158 页。

形成为出口产业与内需产业，这一点在农业部门表现尤为明显。比如，稻谷、马铃薯、杂豆、木薯、玉米等，在巴西统计中被称为单纯粮食作物，基本上是供国内需求的；而棉花、咖啡、甘蔗、柑橘、大豆等被称为出口和工业化作物，是巴西大宗出口的产品，特别是其中的咖啡、大豆、柑橘（包括橘汁）。从这两类作物产量的年增长率来看，在 1947—1967 年间前者年平均增长率为 4.79%，后者为 6.52%；在 1967—1979 年间，前者年平均增长率为 9.9%，后者为 8.4%。随着巴西工业化的进展和出口产品的多样化，农产品及其加工产品在出口总额中所占的比例虽然不断缩减，但仍占据重要地位。1984 年巴西出口总值为 270 余亿美元，咖啡、大豆、柑橘（橘汁）出口值分别占 10.6%、9.5% 和 5.3%。因此，巴西政府采取多种措施，一方面扩大这些作物的种植面积，另一方面在资金和技术上给予优惠援助，使上述作物产量不断增加。与此同时，对于内需的粮食作物，则因措施不力，造成产量增长赶不上人口增加的幅度。比如，1977—1984 年间，基本粮食作物人均产量下降大约 13%。同期，出口作物人均产量增加 19%，其中甘蔗产量由于实施全国酒精计划的刺激而增加了 70%。这就形成了巴西农业发展中的一个矛盾现象：一方面是西方世界第二大食品出口国，另一方面也是世界重要的粮食进口国。巴西每年的小麦进口约占世界小麦进口总量 4% 左右，是其国内仅次于石油的第二大进口项目。这种情况的存在和持续发展不仅影响国内市场供应，造成社会问题，而且长此以往，出口作物也不能得到顺利发展。因此，巴西政府已提出要建立一个新的农业增长模型，使基本粮食、出口和进口替代（石油、小麦）部门发展更加平衡。

（三）能源战略决策失误

在战后工业化的初期，电力生产发展较快，巴西本国的能源供应是充分的。以 1949 年为基期，1947 年的工业生产指数是 80.3，电力生产指数为 88.9；1948 年相应数字分别为 90.1 和 90.4。但自 50 年代以来，电力生产速度已赶不上工业的增长速度；1953 年工业的生产指数为 137.1，电力的生产指数 101.4；1961 年相应数字分别为 301.9 和 237.9。在这种情况下，巴西政府没有根据本国的资源情况确定适宜的能源开发政策，致使能源供应形势在 70 年代更加紧张。巴西的水力资源极为丰富，而且分布也较均匀。北部的亚马逊河水系、东北部的圣弗朗西斯科河水系，以及东南部的巴拉那河水系均蕴藏着丰富的水力资源。但巴西官方并未充分注意利用水力资源，而是着眼于利用当时廉价的国际石油，提高了石油在国内能源消费构成中的比例，由 1966 年的 32.8% 提高到 1973 年的 50%，造成经济发展严重依赖石油。巴西是一个贫油国，所需石油的 80% 要依靠进口。因此，1973 年的世界石油危机一发生，巴西经济便受到了严重打击。巴西用于进口石油的费用大增。1973 年用于支付石油的费用仅占出口收入的 10%，1974 年增至 20%，1978 年达到 30%，同时由于巴西出口产品贸易条件恶化，外债负担由此而加重。鉴于这种情况，巴西政府确定了新的能源生产方针。

这一方针的基本特点是充分利用本国的能源资源优势，实行能源生产多样化：

第一，加强本国石油资源的勘探和开采。为此，一方面增加国营巴西石油公司的投资，另一方面，放开国家对石油资源的垄断，与外国石油公司签订风险合同，允许其在指定的范围内勘探和开采石油。经过数年的努力，本国的石油产量有了明显提高，平均日产量由 1978 年的 16.6 万桶增加到 1985 年的 56.3 万桶，可以满足国内石油需求量的一半。

第二，兴建大型水电站，充分利用丰富的水力资源。伊泰普水电站与图库鲁伊水电站于 70 年代中期同时动工兴建。前者位于巴拉那河上，设计装机总容量 1260 万千瓦，建成后将成为世界最大的水电站，后者位于北部的托康廷斯河，设计装机总容量为 380 万千瓦。两项工程计划于 80 年代末全部完成。伊泰普水电站的建成，将为巴西东南部工业区的发展提供充足的电力。图库鲁伊水电站的建成将为亚马逊地区的工矿业开发和东北部地区的工农业建设提供电力。

第三，建设核电站，着眼于长远的能源开发。首先成立组织机构，于 1974 年建立巴西核公司，负责协调全国的原子能工业生产和原子能利用技术。随后制定庞大的核能发展计划，并在 1975 年与联邦德国签订核合作协定。巴西还试图在利用外国技术建设核电站的同时，使本国人员掌握核利用技术。1972 年由美国设计建设的安格拉 1 号核电站已运转发电。在苏联切尔诺贝利核电站发生事故和当前国际石油价格下降的形势下，是否还应继续建设核电站的问题在巴西国内曾一度引起广泛争论。争论的结果是，巴西不应使本国的能源供应受国际石油供应形势所左右，着眼于未来的能源开发和科技的进步与发展，巴西应继续进行核电站建设。

第四，充分利用热带的农业资源条件，扩大木薯和甘蔗种植，生产酒精替代石油。1975 年巴西制定了全国酒精计划。1983 年酒精产量已达到 540.8 万吨。1977—1983 年，酒精在汽车燃料的消费中已由 10% 提高到 39%。

（四）当前产业政策的要点

1985 年 3 月萨尔内文官政府开始执政，在一年多的时间里，先后制定了"新共和国第一个全国发展计划"和"支持增长与克服贫困的目标计划"。萨尔内政府认为，本届政府要起承上启下的作用。在纠正"由于近几年盲目的增长及衰退而造成的失调"的同时，仍要维持巴西经济适宜的高速增长，计划 1986—1989 年期间平均增长速度为 7%，1989 年人均收入将达到 2000 美元，增长 20% 以上。为此，制定了一个新的产业政策，其要点是：

1. 以工业的发展带动全部产业的发展。确定 1986—1989 年期间，工业年平均增长速度为 7.5%—8%。具体策略是：第一，充分利用现有工业设备闲置能力。1981—1983 年期间，巴西经济处于衰退之中，1984 年末，加工工业的闲置能力为 23%。为此而强调利用现有工业区的设备能力。第二，通过广泛地利用技术进步，降低成本，建立一个新的工业化模式。使国家企业，特别是民族私人企业的技术能力显著提高。增加产品的国内市场供应能力。特别是在国际市场上的竞争能力。特别强调要建立和发展尖端技术部门，诸如微电子工业、生物工程、精密机械工业以及新材料工业等。认为这是在 80 年代后期将巴西建成为一个拥有先进而完善的工业结构，以便能"生产一系列广泛的产品、减少对进口的依赖"所必需的。

2. 到 80 年代末，巴西政府为农业所确立的发展目标是：优先发展基本粮食作物，大力增加国内粮食供给。计划谷物年产量由 1985 年的 5600 万吨，增加到 1989 年的 7160 万吨，增长 28%。为此而规定 1986—1989 年期间农业年平均增长率为 5%。目的在于纠正以往农业发展的失调，将其置于与国家整个经济的发展协调的轨道上。其措施除扩大耕地面积和提高农业集约化程度外，拟加速土地改革进程。按全国土改计划规定，四年之内要安置 140 万户家庭，使其得到应有的土地。决定运用农业信贷和农产品最低价格保证政策，增加对农业的投资，保证农业生产者收益稳定并不断有所提高。还要充实农业生产、运输、仓储和贸易基础设施建设，完善产前产后服务。

3. 针对地区发展不平衡问题，新共和国第一个全国发展计划对于产业的地区配置给予了特别的注意。根据各个不发达地区的不同特点确立了不同的产业发展政策。对于东北部地区，确定建立多样化的工业结构，优先发展使用本地原料、供应本地市场的工业。建立基础工业，鼓励使用本地可再生能源和有利于环境保护的农工企业发展。要使东北部地区的经济发展速度高于全国的平均发展速度，以尽快缓和当地因经济不发达而产生的严重社会问题。亚马逊地区的开发目标是："有秩序地、合理地占领这一地区，维持生态平衡，提高人的素质。"① 为此而确定的产业发展方针是：（1）支持旨在供应当地食品和燃料的农工企业的建立和发展。（2）发展内河航运和地方造船工业。（3）发展多年生作物，充分利用河边土地种植季节性谷物和其他作物。中西部地区有一定的发展基础，计划强调利用现有的条件提高粮食和原材料生产，供应国内市场和扩大出口。为此而强调改善和加强该地区工农业发展的基础设施，如建设仓储，改善和扩充农村道路，加强电力建设，并确定以资金和技术支持中小企业使其成为地区发展的重要力量。

4. 环境保护问题。在今后的产业发展政策中，还明确提出了环境保护问题。在这方面，新共和国第一个全国发展计划规定

---

① 巴西联邦共和国：《新共和国第一个全国发展计划》，第 230 页。

了一系列具体措施，其目标大致可分为两方面。一是防止和治理环境污染。规定限制和监督化肥的使用，禁止使用业已证明对人体健康和环境有害的化学产品；对已实施的核发电计划重新进行审查，以确保环境不受污染和居民的安全。二是保护自然资源以便有效地利用。规定采取得力措施防止特有动植物的灭种，尽可能多地保持动植物的种类和品种，以使其繁衍。为保证上述目的实现，规定要在全国范围内制定各级环境保护教育计划，建立工业企业控制环境污染制度，并制定相应的法律，以便强制实行。

（原载周叔莲、杨沐主编《国外产业政策研究》，

经济管理出版社 1988 年版）

负债发展战略刍论

负债发展战略的特征

（一）负债发展，西方的著述中称负债增长（Growth-Cum-Debt 或 Crescimento com endividamento）。"在经济学讨论中，'增长'和'发展'有时作同义词使用。"[①] 本文对负债发展战略作如下定义：一国政府有意识地以国际间举债作为筹资方式的补充手段来发展本国经济的战略。实行这种发展战略，至少应有以下两点质与量的规定。第一，借债主要用于生产性投资。巴西中央银行前行长保罗·佩雷拉·利拉在论述巴西的负债发展战略时指出："外债政策同政府所有其他措施结合，旨在加速经济发展和支持全国的优先目标。"[②] 在当代，不对外负债的发展中国家和地区为数有限。就其对国际借贷资金的使用而言，可分为两类：

---

① 查尔斯·P. 金德尔伯格等：《经济发展》，上海译文出版社 1986 年版，第 5 页。

② 转引自莫尼卡·贝尔《巴西金融国际化》，巴西呼声出版社 1986 年版，第 84 页。

"一类是使用国外贷款旨在深化本国工业化进程，而另一类国家是将贷款的大部分挥霍掉。"[1] 这后一类，不论其举债规模如何，都不能认为是实行负债发展战略。在一段时期里，阿根廷的情况恰好是这方面的例子。据世界银行估计，到 1983 年军政权结束时，阿根廷的 440 亿美元外债中，有 190 亿（另说 200 亿—300 亿）美元用于弥补本国资本外逃，100 亿美元的货物进口未有注册，但其中大部分被认为用于军火进口[2]。第二，借债的目的虽然在于发展经济，但所借数额有限。这种情况也不能视为实行负债发展战略。印度是此类情况的典型例子。印度政府自 1951 年实行第一个五年计划以来，一直强调调动本国资金来满足经济发展的需要，在对外举债特别是使用商业贷款方面持谨慎态度。1970 年，国外官方贷款占印度外债总额的 95%。70 年代，泰国和哥伦比亚的情况也大致如此。因此，此类国家，至少在这一时期里，不是实行负债发展战略。

对于一个国家来说，其国外借贷资金占国家资本形成总额或国家投资总额多大比重，才能称其为实行负债发展战略？就笔者所知，这在国内外学术界似乎尚未形成明确的标准。巴西、韩国、墨西哥和阿尔及利亚被认为是典型的实行负债工业化的国家和地区[3]。韩国的外国储蓄占其投资总额的比重，1971—1975 年年均为 30.2%，1976—1980 年年均为 14.2%[4]。巴西中央银行将外国储蓄占国家投资总额的 10% 视为负债增长

---

　　① 埃里克·卡尔卡尼奥：《跨国银行与阿根廷的外债》，圣地亚哥拉美经委会 1987 年版，第 15、38、42 页。

　　② 同上。

　　③ 大卫·G. 贝克等：《后帝国主义》，美国林恩·林纳出版公司 1987 年版，第 131 页。

　　④ 鲁迪格·多恩布什等编：《开放经济》，中国财经出版社 1990 年版，第 400 页。

的标志①。在上述外国储蓄中，尽管未有剔除外国直接投资部分，但对于韩国和巴西来说，至少在 80 年代之前，利用外资是以国外贷款为主。1955—1980 年，韩国的外国直接投资在国外资本总流量中只占 5%。1970—1979 年，巴西的外国投资占外债总额的比重呈明显的下降趋势。巴西中央银行前行长兰戈尼认为，在未来的经济史教科书中，70 年代将被写成巴西负债增长的 10 年②。上述情况表明，对实行负债发展战略的国家和地区来说，国外储蓄仅仅是作为国内积累不足之补充，而不是以国外储蓄为主。国外储蓄占国家投资总额的比重不存在统一的标准，而且就一个国家来说，其标志也在变化着。因此，可以认为，这一标准不是一个"点"（即一个确定的值），而是一个"区间"。这一区间值，对实行负债发展战略的国家而言，可以认为是它的适度外债规模。这一数量界限虽然不易确定，但它的重要性显而易见。借贷资金如果达不到一定规模，便起不到补充国内资本不足的作用，从而使国内部分生产资源得不到利用，经济增长潜力得不到充分发挥。然而，如果借贷资本数额过大，超过偿债能力的约束，造成外债规模失控，那么受资国就易于受贸易保护主义和国际利率上升等外来因素冲击的影响，从而达不到利用外资的目的。

　　（二）商业来源筹资在整个国际信贷资金来源中占相当大比重。一般而言，实行负责发展战略的国家，会尽可能多地使用比较优惠的官方贷款。但官方贷款不仅数额有限，而且规定专款专用，对贷款的使用情况进行监督，迫使借款国采取一些不利于自

---

① 若奥·维洛佐：《外债有出路吗?》，巴西坎普斯出版社 1990 年版，第 13 页。
② 卡洛斯·热拉尔多·兰戈尼：《风险资本时代》，巴西《经济趋势》1986 年 7 月号。

身发展的政策，从而使其不能不在一定规模上使用国际商业信贷。1965—1970 年，墨西哥引进借贷资本 45.32 亿美元，其中商业银行贷款为 30.26 亿美元，占 67%。韩国从国外借款的半数以上为商业贷款，1965 年商业贷款占 71.8%。此后，一直到 70 年代末，这一比重一般在 60% 以上。"外国商业贷款源源不断，使韩国政策制定者能够继续奉行以经济增长为首要目标的政策。"① 70 年代末，商业贷款在巴西国外信贷资金总额中占 45%。因此，有的学者称实行负债发展战略的国家为商业国家（即指那些可以正常取得商业银行贷款的国家）。这样的国家和地区有 9 个，其中包括巴西、韩国和墨西哥。这 9 个国家和地区从国际商业银行的借款占发展中国家从商业银行借款总额的 80% 以上②。商业贷款所占比重如此之大，也正是负债发展战略脆弱性之所在。

（三）国外借贷资金来源多元化。对于实行负债发展战略的国家来说，借款来源的多渠道（但并非无重点）是保证获得一定数额资金，同时又不至于形成依附于某一方的必要条件。美国学者劳埃德·雷诺兹说："借款也是一门复杂的技术……一个国家最好是既能让美国和苏联对其感兴趣，又能设法避免与它们当中的任何一个结盟，同时又能从所有国家以有利条件获得贷款。"③ 巴西中央银行注册的本国外债来源有 7 项。墨西哥的私人商业银行贷款主要来自美国的 209 家银行。实行负债发展战略国家的借贷资金来源多元化，是与其借贷资金来源私人化即商业

---

①　鲁迪格·多恩布什等编：《开放经济》，中国财经出版社 1990 年版，第 402 页。

②　米格尔·S. 维奥内塞克主编：《发展中国家外债》，墨西哥学院与第三世界社会和经济研究中心 1979 年版，第 44 页。

③　劳埃德·雷诺兹：《经济学的三个世界》，商务印书馆 1990 年版，第 182 页。

化趋势相一致的。

（四）强调出口是实行负债发展战略的国家的重要国策。经验表明，外贸对经济发展的作用是明显的。它主要表现在一国按比较利益原则形成自身的生产和贸易格局，从而提高资源的配置水平，并使贸易收益率不断提高。六七十年代世界经济空前增长，使那些注意利用国际市场的国家和地区的经济增长势头迅猛。巴西、韩国和墨西哥等均在此列。这主要是由于当时国际比较优势格局的变化向它们提供了发展的机会，而它们又不失时机地利用了当地的丰富劳动力生产对于发达国家来说无比较优势的劳动密集型产品。

这是从一般意义上说明出口是经济增长的动力。巴西和韩国发展外向型经济的进程同它们负债的过程大体上是一致的。因此，有的学者认为，韩国经济既是出口主导型经济，又是借债主导型经济[1]。对于实行负债发展战略的国家来说，出口的重大作用显而易见，债务的还本付息须将部分国民收入转化为外汇才能实现，出口是取得外汇的重要途径。因此，借债国必须使其不断增长的还债款项同未来的出口收入保持某种合理的关系。成功地动员外资的关键在于出口的高速增长。正如巴西著名经济学家罗贝托·坎波斯所说："为了使国家能继续吸收借贷形式和风险形式的外国资本，出口的增长是必需的。"[2] 正是在这种意义上，韩国于60年代初提出了"输出立国"的经济发展方针，随后朴正熙又进而强调，出口是韩国经济的真正活路。

---

① 中国朝鲜经济学会编：《朝鲜经济文集》第 4 集，1989 年版，第 7 页。

② 马里奥·西蒙森、罗贝托·坎波斯：《现代巴西经济》，巴西若泽·奥林匹克出版社 1979 年版，第 17—18 页。

实行负债发展战略的条件

（一）负债发展战略的提出和实行是有条件的。就发展中国家而言，它们只有在把经济建设、实行工业化作为国家政策的主要目标时，才能提出国家发展战略的选择问题。就普遍意义上讲，在第二次世界大战后，这一问题才提到议事日程。

（二）发展经济学理论的传播和影响，为其理论主张作为国家政策加以推行创造了条件。1953 年，美国经济学家纳克斯在其《欠发达国家资本形成问题》一书中，提出关于阻碍经济增长和发展的关键因素是资本稀缺的思想，并以贫困恶性循环理论来解释人均低收入国家经济长期停滞不前的问题。随后一些发展经济学家对贫困恶性循环理论又作了补充。1966 年，美国经济学家钱纳里和斯特劳特在《外援与经济发展》一文中提出储蓄不足与外汇不足，即所谓双缺口理论，并将其作为发展中国家利用外资的理论根据。1957 年，纳克斯上述著作的葡文本在巴西出版，从而使巴西对有关国家发展道路问题的讨论更加激烈，形成泾渭分明的两派：一派称为民族主义集团，提倡实行内向型的资本主义发展；被民族主义者称为卖国集团的另一派，主张为外资的进入创造更方便的条件。1964 年 3 月，由于发生军事政变，两派的激烈争论才暂告休止。巴西学者塞尔吉奥·戈尔德斯汀说："这场运动终止了民族主义集团胜利的可能性，同时开始了社会经济结构深刻的变化过程。一种新的经济发展模式开始实践。"[①]利用外资发展经济的学术见解终于变成政府的政策主张。军事政

---

① 塞尔吉奥·戈尔德斯汀：《1964—1982 年巴西外债》，巴西瓜纳巴拉出版社1986 年版，第 72 页。

变后，巴西政府制定的经济行动计划（1964—1966）规定："外资政策的基本目标是通过利用国外资金加速国家的经济发展速度。对于发展计划所要求的巨额投资，国内储蓄是不充分的，因此必须取得国外的技术与资金援助。"① 60 年代中期，韩国展开一场"外资成长论"与"借款亡国论"之争。结果"借款亡国论"者未能改变朴正熙政权的"外资成长论"主张。负债发展遂成为韩国的重要国策。

（三）确立相应的金融体系，以及使本国或本地区金融体系国际化。韩国和巴西先后在 50 年代和 60 年代建立了中央银行体系，其目的在于克服"起飞"的主要障碍，鼓励银行之间进行竞争，建立新的储蓄机制，同时使本国金融体系国际化。所谓金融体系国际化，笔者认为包含两方面内容：其一，外国金融机构相当规模地参与借债国的金融体系；其二，借债国银行走向国际社会。这是实行负债发展战略的前提条件之一，也是经济负债发展在本国金融制度方面的一种表现。自 60 年代中期以来，外国银行在巴西的分支机构明显增加，1969 年为 67 个，1975 年增至 294 个，1981 年达到 409 个。巴西的银行在国外的分支机构亦迅速增加，1972 年为 21 个，1976 年增至 34 个，1981 年达到 197 个。巴西的银行向外扩张的目的，主要在于促进对外贸易的发展，吸收国外资金，以支持国内规模宏大的投资项目。韩国自 1967 年起，也允许外国银行在其境内设立分支机构。截至 1978 年 5 月，外国银行在韩国已建立了 12 家分支机构。

（四）赶超发达国家的民族自强心理是一个非经济因素条件。这种心理决定了一个国家或民族有魄力、有勇气承担风险使

---

① 巴西计划部：《政府经济行动计划（1964—1966）》，巴西利亚 1964 年版。

用国际借贷资本。使用国际借贷资金能扩大资本形成规模，利用现时外来资源流入与本国未来资源流出（外债的还本付息）的时间间隔来促进经济发展。然而如果利用不当，或国际条件发生不利的变化，那么利用国际借贷资金的潜在风险就会变为现实。此外，利用外资还存在政治性的潜在风险。因此，可以说，民族自强心理已成为资金引进国当政者敢冒风险使用国际信贷的一种依据。

发展是巴西的一面旗帜。1964—1985 年间，巴西军人政府将发展同安全联系在一起，更加强调发展。1970 年，梅迪西总统在外交日纪念会上说，"我国不相信历史发展总有利于一些国家，而不利于另外一些国家"，又说，"对于拉丁美洲人民来说，20 世纪代表经济独立，正如 19 世纪曾象征着它的政治独立一样"。[1] 梅迪西总统任内（1969—1974），制定的政府行动基础目标纲领提出，"到 20 世纪末，巴西要进入发达世界之林"。为实现这一目标，巴西当然应竭尽所能，包括合理地利用外资。韩国加速发展经济，除基于发愤图强的民族心理外，对其统治者来说，更出于反共的政治目的。1961 年朴正熙上台执政后，提出"先建设后统一"、"胜共捷径在于建设"的指导思想。在这种思想指导下，朴正熙集团冒着风险对韩国经济进行了大胆的改革，把几千年闭关自守的小农经济和几十年的殖民地经济纳入资本主义国际分工和世界市场的轨道，利用国际借贷资金以加速经济发展。

（五）第二次世界大战后，国际信贷资金来源增加，在一段时间里，形成国际信贷资金充裕的局面。促成这种局面形成的主

---

[1]　转引自奥塔维奥·杨尼《巴西的国家与经济计划》，巴西文明出版社 1986 年版，第 294 页。

要因素是：（1）国家借贷资本的大规模输出；（2）私人国际借贷资本空前发展；（3）欧洲货币成为国际信贷资金的一个新的重要来源；（4）石油美元形成和石油美元回流并转化为国际借贷资本。

（六）战后国际信贷关系广泛发展，国际银行网在全球扩张，从而为发展中国家借贷提供了方便。60 年代后，跨国银行迅速发展。自 1970 年起，美国大多数银行扩大了在国外的业务活动，10 年之间，分行和子行数目增加了 2 倍。其间，美国花旗银行的各种海外银行实体分布于 104 个国家和地区。与此同时，跨国银行向海外发放的信贷大大增加，1970 年为 500 亿美元，1981 年增至 4000 亿美元。此外，因石油美元出现而推动的阿拉伯国际银行业的兴起，也促进了国际信贷市场的发展。

（七）70 年代后半期国际实际利率呈负值。这种情况对借贷者刺激很大。1974—1978 年，巴西外债之所以增长最快，与此不无关系。

（八）对于一个国家和地区而言，实行负债发展战略既然是国内外条件的产物，那么，当某些必备条件不复存在时，这一战略就不可能继续采用。大体来说，20 世纪六七十年代是负债发展战略的时兴时期。1982 年 8 月世界债务危机的爆发，导致实行这一战略的国际条件恶化。首先，国际银行对提供贷款采取十分谨慎的态度。从 1982 年下半年起，国际金融机构基本上停止对一些国家提供新贷款。同时，由于资信的降低，发展中国家银行存款被大量提取的现象也伴随而来。1982 年 6 月，巴西银行海外分行有 90 亿—100 亿美元短期存款，但下半年由于发生大量提取存款的现象，它们不得不从总行提取外汇，而巴西银行总行则从巴西中央银行提取外汇，从而使巴西的外汇状况进一步恶化。拉美地区自 1982 年起，资金流动净额发生逆转，每年约有 200 亿美元流出。其次，第二次石油危机后，发达国家采取的抑制物价上涨和调整财政的紧缩措施，导致发展中国家出口量的下降和初级产品价格的疲软。最后，1979 年后，美国利率上升，使发展中国家借债成本提高，难以以借债发展经济。在这种情况下，进入发展中国家的有限资金，只能是借新债还旧债。这说明，依靠国际借贷资金促进经济发展的战略是有局限性的。

对负债发展战略的评价

（一）六七十年代，一些发展中国家和地区采取负债发展战略是合理的历史存在。其理论根据，发展经济学家已作了充分阐述，从债学的角度而论，这种做法应当说也是可取的。在现代银行及信用制度和国际金融体系如此发达并有闲置资金的情况下，进行负债发展或经营，应该视为正常现象，对一个企业来说是这样，对一个国家的发展来说也可以如此。从实践结果来看也有成功的例子。

韩国曾是发展中国家和地区最大的借债者之一，其名次仅在巴西、墨西哥和阿根廷之后。它的短期外债数额很大，常为舆论所指。然而在世界债务危机爆发后的 1986 年，它的外债总额开始缩小，结构逐渐优化，境内投资自给率已达到 100%。1987 年国际收支顺差为 70 亿美元，提前还债 100 亿美元。同年 12 月，韩国开始向其他一些发展中国家提供贷款。据人们预测，到 20 世纪末或 21 世纪初，韩国可能从债务国变为债权国，并因此而被誉为"以积极引进外资迅速完成工业化"的典范，在"保持国民经济的快速增长方面，或是在避免其他国家面临的财政困难方面，都是成功的例子"①。对于巴西实施的负债发展战略，笔者认为，首先应肯定它的成绩。世界银行专家也认为，"对外大量借款帮助巴西取得了经济的高速增长"②。1964年，巴西的国内生产总值只有544亿美元，居世界第48位，到1982年则增至2973亿美元，居世界第10位。然而同韩国相比，巴西在使用国际信贷资金方面还不是成功的例子。巴西大量使用借贷资金的时间大体与韩国相同，但它的国内储蓄至今尚未达到满足本国投资和外债还本付息的水平。相反，巴西已陷入借新债还旧债的恶性循环。

（二）巴西和韩国利用国际信贷资金取得经济实效的差异的原因是多方面的，但主要是它们各自内在的原因。因为外因，即所谓外来的冲击对二者基本上是相同的。就其内因来说，主要还不在于它们在有关外债的借、管、还方面的"技术"差别，诸如所借外债的结构、利率、宽限期、偿还期等方面的利弊不一的浅层原因，而在于它们在对外债与发展经济的关系的处理方面存在更深层的差异。韩国的经济负债率（外债总额占国民生产总值的百分比），比巴西高得多，一般在50%左右。而巴西在1967—1982年间大多数年份的经济负债率只有20%左右。经济负债率只表明负债国国民经济承受外债的潜在能力。外债必须由出口创汇来偿还。因此，出口负债率（外债余额占出口总额的百分比）能比较准确地反映负债国的实际债务负担。国际公认的出口负债率的标准是不能超过100%。巴西和韩国都大大超过这一标准。不过，韩国的出口负债率比巴西低得多。1973—1981

---

①　小川雄平等编：《韩国经济分析》，中国展望出版社1989年版，第259页；黄苏编：《发展中国家的外债》，商务印书馆1990年版，第288页。

②　鲁迪格·多恩布什等编：《开放经济》，中国财经出版社1990年版，第74页。

年间，巴西大多数年份的出口负债率都超过 200%，1978 年曾高达 346.6%。同期，韩国的出口负债率的最高年份 1975 年为 167.3%，其余年份都未超过 140%。再以偿债率（当年外债还本付息额占出口总额的百分比）来衡量。国际公认的偿债率警戒线是 25%。韩国从未超过警戒线，一般保持在 12%—13% 左右。而巴西在 1967—1982 年间，偿债率每年都超过 30%，其中 1982 年高达 91%。

巴西和韩国的债务负担之所以存在如此大的差别，关键在于二者的出口创汇能力有别。振兴出口，发展对外贸易，也是巴西的国策。早在 60 年代初，巴西就提出"出口即出路"的口号，数年来，其出口结构得到一定程度的优化，出口增长速度也十分可观，1972—1982 年间，年均增长 23.9%，1973 年曾达到 55.3%。不过这同韩国相比，还显得逊色。同期，韩国的出口年均增长率为 37.9%，最高年份 1973 年达到 98.6%。

（三）造成韩国和巴西出口发展差别的主要原因是：首先，二者的出口结构优化程度不同。韩国以出口工业制成品为主。而巴西则以出口初级产品为主，从而使它在更大程度上受着外来冲击的影响。其次，二者的发展战略不同。韩国能根据国内外环境的变化，适时地调整发展战略，从而使国外借款得到合理的使用。而巴西对发展战略的调整有时不够适时，或是在国民经济发展转型时期，当权者做出了错误的宏观决策。在这种情况下，使用国外借贷资金便不能及时产生经济效益。战后以来，巴西和韩国所经历的经济发展阶段大致相同。巴西自 1930 年开始实行初级进口替代工业化战略，直到 1955 年。而韩国的这一战略始于 1953 年，到 1960 年即转型实行初级出口导向工业化战略，从此进入第二阶段，一直到 1972 年。巴西第二阶段（1955—1968）

实行的是中级进口替代工业化战略。从 1968 年起，巴西转而实行中级进口替代工业化战略与促进出口产品多样化战略并举，进入第三阶段。韩国的第三阶段始于 1973 年，实行的是中级进口替代与中级出口导向工业化战略。[①]　二者的明显差别是：韩国的外向型经济发展战略开始较早，始于 60 年代初。巴西的内向型经济发展战略历时较长，从 1930 年一直到 1968 年（巴西大多数学者认为到 1964 年）。也就是说，巴西在 60 年代后期才开始外向型发展。外向型经济发展战略，实际上是通过扩大出口等措施参与国际商品竞争的一种发展战略。同内向型经济发展战略相比，"外向型经济发展战略能更有效地利用国内、国外资源，加快资金积累，创造竞争环境，促进技术创新，提高经济效率"[②]。发展战略转变的滞后，使巴西没有及早地利用外向型经济的优越性。

　　主要问题还在于，在同样实行外向型发展战略的时期里，具体的政策仍存在很大差异。第一，包括巴西在内的拉美国家，自然资源比较丰富，70 年代初级产品出口繁荣，使它们得了一种"资源病"。它们倾向于依靠初级产品出口来获得收入，从而使经济结构调整相当困难。自 70 年代起，巴西虽然也增加了非传统工业制成品（如小汽车、飞机、电子机械等技术和资本密集型产品）的出口，但这并不表明它在这方面具有竞争力。因为这些产品的出口在一定程度上标志着经济发展的成功，所以政府愿意提供补贴。实践证明，"从 50 年代后期起，除石油外，其他初级产品的出口都不足以导致一个国家走

---

　　① 加里·盖尔菲：《拉丁美洲和东亚的工业改革》，载墨西哥《国际论坛》1988 年 1—3 月号。

　　② 杨公朴等：《外向型经济概论》，上海社会科学院出版社 1988 年版，第 32 页。

上经济发展的道路"①。原因是它的市场增长缓慢，价格下跌，以及其前后联系带动其他部门发展的作用不明显。韩国等东亚国家和地区，资源的不足迫使它们只能利用本地的劳动力和科学技术相对优势发展工业品生产，以扩大出口。第二，巴西的贸易政策倾向于内向型的保护主义。为了保护国内产业，巴西长期实行"奖出限入"的方针。因此，它的外贸盈余在很大程度上是由于抑制进口而取得的。1974—1980 年，巴西的进口量基本上没有什么变化。这种情况的产生，是因为巴西在经过初级进口替代阶段后，未有经过一个出口替代阶段集中发展劳动密集型工业，而是直接跳到了发展资本和技术密集型产品，这种战略需要空前的保护。同时，这也同巴西私人企业没有充分发展成熟以及政府对国营企业过多的干预有关。相反，韩国则倾向于实行外向型的自由贸易政策。为降低出口成本，它经常降低资本货物和中间产品的进口税。1974—1980 年，它的进口量一直在增长，进口品的自由化程度不断提高。由于进口政策着眼于国内生产的技术进步，韩国的出口产品迅速由劳动密集型转向技术密集型，从而提高了产品的竞争能力。第三，第一次石油危机后，巴西在 1974—1978 年实施了一项膨胀性政策，利用国内储蓄，并以大量国外借款作支持，推行雄心勃勃的投资计划，鼓励进口替代和推动出口增长，从而推迟了及时的经济调整。由于大量资金投入周期长、见效慢的工程项目，这不仅增加了外债负担，而且导致国家财政赤字加大，通货膨胀居高不下。通货膨胀的恶性发展，致使资本严重外逃。据世界银行估计，1978—1982 年，巴西的资本外逃数额达 35 亿美元（同期韩国仅为 9 亿美元）。1979 年，面

---

① 马尔科姆·吉利斯等：《发展经济学》，经济科学出版社 1989 年版，第 543 页。

对第二次石油危机的冲击，巴西虽一度使国民经济发展减速，但不久再度实行膨胀性政策，同时继续实行前届盖泽尔政府提出的使巴西成为一个骤然兴起的大国的计划（Brasil – Pontencia Emergente）。韩国在第一次石油危机后虽然也实行过膨胀性政策，以国外资金作支持，对重工业和化学工业进行大规模投资，但是在第二次石油危机后的 1980 年，全斗焕政权提出了"稳定、效率、均衡"发展的思想，以促进国民经济的内涵发展和质的提高，通货膨胀因此也得到了适当控制。

简短结论

实行负债发展战略，虽然存在相当大的风险，但对某些发展中国家和地区来说，在一定时期将其作为一种筹资模式的选择，应该说是合理的。从实行情况来看，取得成绩者和存在问题者均有之。其中原因是多方面的，所谓外部环境冲击是其一。但是抵抗外部冲力的能力同其国内政策有关。因此，外因同内因相比，内因是主要的。就内因来讲，笔者认为有浅层和深层两种。有关外债的借、管、还方面的"技术"优劣，对于负债国来说至关重要，不过它仍属于导致对外借债经济效益高低的浅层原因。其深层者是如何处理好外债的使用同经济发展的关系。换言之，只有合理的、适时调整的国民经济发展的宏观政策，才能使国际借贷资金得到科学的利用，收到预期的效果。当前，实行负债发展战略的国际条件虽然已不充分存在，但是发展中国家在一定限度内使用国际借贷资金的现象仍将继续。因此，巴西、韩国等国家和地区的经验与教训具有明显的现实意义。

（原载《拉丁美洲研究》1991 年第 4 期）

巴西市场与投资环境简说

　　国与国之间的贸易往来与投资待遇，从理论上说是平等的和相互制约的。一方市场开放度的变化必然引起另一方市场的相应反应。中国市场对巴西的既定开放度是考察巴西市场容量、投资环境及其变化制约因素的前提条件。本文是将巴西作为中国的贸易对象国和受资国进行考察的。

　　一、决定市场容量（空间）的一个重要因素是国土幅员的大小和人口的多寡。巴西领土面积851万余平方公里，人口1.5亿。以此两项指标衡量，巴西均居世界第5位。然而，这两项指标只是一般地说明了市场的容量，对发展中国家来说，实际上它主要表示市场空间的潜在实力。国内生产总值及人均国内生产总值才说明一个国家及其国民的现实富有程度和它拥有的购买力。1990年巴西国内生产总值为4670亿美元，居世界第10位；人均国内生产总值3073美元，在世界居第19位①。可见，巴西的市场容量并不小。但是，巴西城乡收入差别较大，地区经济发展极不平衡。远离国家经济中心的边远地区经济，实际上尚未充分

----

　　① 日本《东洋经济统计月报》1993年1月号。

纳入国家市场经济网络。人均收入在各地区之间存在明显差别：圣保罗州和南方的 3 个州人均收入已超过 4000 美元；而北部和东北部地区刚刚达到 200 美元。巴西经济发展不平衡和各地收入悬殊的情况说明，可为外国商品和投资提供市场的地域同其幅员相比相当狭小。巴西的生产资料市场和消费市场主要集中在东南部经济最发达的地区和全国各城市，特别是大城市及其周围地区。这种状况在一段时期内不会有所改变。

二、市场的容量与经济增长速度密切相关。经济的快速增长至少在两个方面使市场容量扩大。一是经济的增长导致对原料和机器、设备需求的增加；二是经济的快速增长意味着国民所得增加，从而会形成一个日趋扩大的成长性市场。巴西经济在历史上曾长期呈现出高速增长的态势。但进入 80 年代以后，国民经济陷入滞胀状态。1981—1992 年，国内生产总值虽然增长了 15.2%，但同期人均国内生产总值却下降了 9.3%，通货膨胀率居高不下①。同整个拉美地区一样，80 年代成为巴西"失去的 10 年"。巴西的进口市场容量没有明显增长，从 1982 年至 1990 年的 9 年中，巴西的进口额分别为 193.95 亿美元、154.29 亿美元、139.16 亿美元、131.53 亿美元、140.44 亿美元、150.52 亿美元、140.65 亿美元、182.63 亿美元和 206.60 亿美元。从上述数字可以看出，只是到 80 年代末，巴西的进口额才有所恢复。这说明，市场容量的扩大取决于经济的恢复和增长，然而，从 1992 年巴西的经济情况看，尚未表现出有力的增长势头。国内生产总值下降 1.4%，导致连续第 3 年人均国内生产总值下降，失业率达 6%，通货膨胀率达 1160%。

三、市场化亦是衡量市场容量的重要指标。所谓市场化即自

---

① 参见拉美经委会《拉美与加勒比经济初步总结》1988、1992 年。

由化。它主要表现政府弱化对市场行为的管制，特别是对价格管制程度的降低。对于一个试图进入外国的企业来说，不论从事贸易还是进行投资活动，价格受管制的范围越广，也就是说，市场化程度越低，企业活动的空间就越小，相反，市场化程度愈高，企业及其经营活动可以运作的空间就愈大，在除计划经济以外的世界各国中，巴西是经济受政府控制最严厉的国家之一。据世界银行估计，在六七十年代，巴西约 60%—70% 的工业品价格受国家部际委员会某种形式的控制，因而企业行为受到严格的限制，外资的进入受到相当大的阻碍。

1990 年以后，巴西对经济政策进行了较大调整，实行所谓"开放经济边界"政策，国民经济市场化程度逐步提高。1990 年 6 月 26 日颁布的《工业与外贸政策新指导方针》，其基础就是进口的自由化，目的在于消除半个世纪前瓦加斯总统实施的自给自足的工业化模式的影响，这种工业化模式主张，一个国家的工业应该能生产它所需要的一切而尽量避免进口。同年 8 月，巴西政府又颁布了《简化繁琐法规一揽子措施》。这两项法规旨在减少乃至放弃国家对生产部门的直接干预，消除国家对市场的垄断。它从两个方面放宽了企业的活动环境，首先，采取措施使本国企业进口自由化程度大大提高。降低国产化标准，规定国产化率由当时的 85% 降至 70%，取消了实行近 20 年的控制进口的政策，废除 1800 种产品的进口限制；开放港口仓位，允许所有企业进口原材料及免税在港口存放。其次，大幅度降低关税，鼓励外商向巴西出口。上述新方针还规定，自 1991 年 2 月 15 日起 4 年内，减免 13500 种商品进口税。进口关税从 1990 年平均 32.2% 降至 1991 年的 25.1%，1994 年将降至 14.2%。具体而言分为以下 4 类不同情况：（1）到 1994 年全部免除进口税的商品包括：具有较强竞争力的巴西铁矿砂、橘汁、铝、纸浆等；运费昂贵的产品；本国不能生产的商品；可在国内创造就业机会的产品。
（2）到 1994 年进口税率平均降至 15%—10% 的商品有纸张、棉
布等；大部分制成品的进口税率在 20% 左右。（3）对汽车、玩
具、自行车、成衣、家用电器、轮胎、手表等税率较高的产品，
本次减税幅度更大。（4）对本国高技术产品仍实行关税保护。
到 1994 年，平均关税仍保持在 40% 左右。

　　四、贸易依存度（进、出口额之和占国民生产总值的比率）
是一个国家经济国际化程度，亦即开放程度的重要标志。贸易依
存度愈高，表明该国经济的国际化程度愈高。这对外商来说，意
味着更多的贸易与投资机会。笔者依据官方有关材料计算出
1981 年至 1991 年各年度巴西的贸易依存度如下：17.9%、
14.7%、19.1%、20%、17.9%、14.1%、14.6%、15.3%、
11.7%、17.4% 和 19.8%，平均为 15.3%，这一指标在拉美国
家中并不算高，比该地区另外两个大国墨西哥（为 30% 左右）
和阿根廷（为 20% 左右）均明显偏低，但比世界上另一个第三
世界大国印度（为 10% 左右）要高得多[1]，另外，我们分析上
述 11 年数据发现，巴西的贸易依存度在这段时期里的变化并不
明显，其原因是，一方面巴西经济在低谷中徘徊，出口势头虽一
直强劲，但进口受到抑制；另一方面，1990 年以来实行的进一
步开放经济的政策要发挥作用尚需时日。从长远看，巴西的贸易
依存度还会有较大的提高。

　　五、国营企业私有化的深入开展对于外国企业意味着一个更
大的潜在市场空间的出现。巴西于 1991 年底开始实行《国家私
有化纲领》，其目的之一是改变国家的经济职能，将不必由公共
部门经营的经济活动转给私人部门，国家只经营不可替代的战略

---

　　①　据巴西《四月年鉴》1989、1993 年有关资料估算。

部门。巴西私有化的速度虽然比较缓慢,但却在不断深化。在1993 年提出的《紧急行动纲领》中规定,加速完成钢铁、石化和化肥部门的私有化。电力和铁路运输部门也要实行私有化。同时,政府要求议会尽快通过有关法令,消除现存障碍,扩大外资对私有化进程的参与。有迹象表明,长期以来一直作为民族主义象征的石油工业也要实行私有化。巴西政府已决定允许外资对一条价值 20 亿美元的输油管道的修建进行投资。这一做法与其他拉美国家相比,虽然比较保守,但毕竟是重要的突破。私有化进程正在推动着巴西的市场革命。

六、在巴西进口商品统计中,一般划分为 15 类:(1) 锅炉、仪器与机械设备(占进口总额的 7.1%,下同);(2) 电器及零配件(5.3%);(3) 运输设备与器具(4%),(4) 燃料与润滑油(55.8%);(5) 化肥(0.88%);(6) 无机化学品(1%);(7) 粮食(5.9%);(8) 铸铁和钢(1%);(9) 有色金属(1.1%);(10) 有机化学品(4.3%);(11) 塑料制品(1%);(12) 橡胶(0.9%);(13) 纸张与纸板(0.8%);(14) 光学仪器与设备(1.5%);(15) 其他(9.5%)。由此可见,对外国企业来说,巴西最大的商品市场是石油及其加工品市场。然而,随着本国石油产量的增加(目前半数依靠进口,计划 90 年代达到自给)和使用替代能源的扩大,以及本国小麦产量的增加,与这两项有关的市场容量将一定程度地缩小;但由于计划预期目标难以完成和消费量的增加,对于外企来说,它们仍是看好的市场。随着巴西工业化的进行,对某些种类的机器和设备的进口不会发生大幅度变化。但从中国当前的出口能力及产品构成来看,巴西大宗进口的产品均不是中国出口的强项,所以中国只能采取分散出口以质取胜的办法,增加对巴西市场的参与。

在巴西的商品出口构成中,原材料及初级产品约占 25%,

半制成品占 15%，制成品占 60%。以单项而论，依次为：锅炉及机械设备；汽车、拖拉机及零配件；豆麸；铁矿砂。在巴西的这 4 项拳头产品中，只有铁矿砂是中国所需的大宗产品；两国贸易的发展，从中国方面来说，可以从品种和数量上进一步扩大从巴西的进口。但是，如果巴西不能大量进口中国产品以扭转中方长期赤字状态，双方贸易的发展自然受阻。

美国、欧共体、日本和中东产油国是巴西的传统贸易伙伴。巴西与南方共同市场成员国之间的贸易关系也在发展，1992 年与共同市场 3 个贸易伙伴的贸易额达到 63.3 亿美元，其中巴西出口 41.2 亿美元，占其出口总额的 11%，进口 22.14 亿美元，占 10%。这种情况表明，尽管巴西看好东亚地区的经济发展势头，重视同包括中国在内的这一地区发展经贸关系，但中国要想在巴西市场占有更大的份额，也绝非易事。

七、巴西是关贸总协定 31 个原始缔约国之一，目前采用协调制关税税则。关税税则亦称关税税率表，即一个国家对进出其关境的货物征收关税所制定和公布的条例和税率分类表。目前国际上通用两种税则：一种是联合国统计委员会于 1950 年修正通过的、由联合国经济及社会理事会批准实施的《标准国际贸易分类》；另一种是《布鲁塞尔税则目录》，是由欧洲关税同盟研究小组于 1959 年拟定的。这两个税则目录都是以商品性质为主，结合加工程度进行分类的。它们把全部商品分成 21 大类，99 章（小类），1097 项税目。但是，目前世界上多数国家采用《布鲁塞尔税则目录》。协调制是《布鲁塞尔税则目录》的进一步发展。海关合作理事会于 1983 年 6 月 14 日签订了《国际货物名称和代号协调体制的协定》，其目的是在全世界范围内建立一个统一的商品体系，以作为统一国际上使用的不同商品术语表的基础。自 1988 年 1 月 1 日起，协调制已分别被欧共体、欧洲自由联盟国家以及其他 40 多个国家所使用。在拉美，使用协调制的国家或地区除巴西外，还有墨西哥、智利、乌拉圭、哥伦比亚、圭亚那和瓜德罗普等①。

八、投资环境是指一个国家吸收外来投资在当地兴办企业或从事经济活动的主客观条件。其中包括政治制度、经济体制、法律制度、劳动力素质、文化习俗、民族心理以及自然条件等。政治环境是其中重要条件之一。在西方投资者看来，在发展中国家投资的风险大多来自非经济因素。在巴西，自 70 年代中期军政府实行政治开放，民主化以来，国内局势呈现出先前在高压手段下从未有过的特征：政局动荡，政治事件层出不穷。以 1984 年总统选举所引起的派别斗争为肇端，相继发生 1988 年为制定宪法的斗争、1990 年因总统大选出现的混乱局面、1992 年揭发科洛尔总统受贿案以及随后由此而引起的议会弹劾并罢免总统事件。这些事件几乎导致全国所有阶层的参与和众多派别之间的激烈斗争，1993 年初又举行全国公民投票决定是否变更国体与政体；9 月还将修改 1988 年宪法的部分条文。1994 年又将面临总统大选。以此看来，巴西政局还会继续动荡下去。

目前，巴西国内政党林立，国会中有 21 个党派，分属于 18 个不同的集团，政党力量相当分散，各派力量势均力敌，相互制衡，尚未出现可以左右局势的力量。尽管如此，从前一阶段的情况来看，巴西的政局有如钟摆的运动，不会超出一定的范围，既定国策不会发生重大变更，现行体制尚未出现无法运转而必须改朝换代的地步；全民公决的结果依旧是维持现行国体政体，现行的经济计划也不会发生变化。1992 年 10 月，现任总统佛朗哥曾

① 参阅德国汉堡商会编《最新出口贸易实用手册》，中国审计出版社 1993 年版，第 13、627—817 页。

明确表示，巴西继续执行科洛尔 1990 年制定的包括实行市场开放、国营企业私有化、同国际金融机构关系正常化、欢迎外国投资等经济计划。预计 9 月份对 1988 年宪法的修订将为外资参与巴西经济发展创造更加宽松的环境。

九、巴西法律规定，在巴西境内的企业，不管其资本来自何处，均被视为巴西企业；巴西企业生产的产品当然是巴西产品，在巴西没有外国企业，只有外资企业。政府给予外资企业与本国资本企业相同的待遇。

1962 年 9 月政府颁布的《外资法》，一直沿用至今。这说明巴西政策具有相当大的连续性。该法规定，进入巴西的物资、机器设备，连同起始的外汇开支，以及旨在用于经济活动的金融和货币资金，不论其拥有者是自然人，还是法人，是侨居、定居巴西，还是居住在国外，都属于外国资本。上述资金必须在中央银行登记注册，而后其利润的汇出或再投资按外国资本对待。1964 年军政府对《外资法》作了修改，进一步放宽了对外资的限制。将利润汇出的限制由 10% 增至 12%，并规定向外资企业提供巴西官方贷款等诸多方便。

十、当前，某些暂时起作用的因素限制了巴西市场的容量。但是，只要国内政策得当，巴西的市场潜力有可能很快得到巨大的发挥。首先，巴西幅员辽阔、人口众多和自然资源丰富等不变因素，在适宜的政策下，立即会成为扩展市场容量的基本条件。其次，巴西经济恢复增长的因素正在形成，目前正处于转折之中；外债已通过谈判得到重新安排，工业生产率已提高，利率开始下降，国民经济在私营部门的带动下运行良好。近年来资金的大量回流便是一个例证。最后，1990 年以来提出并得到逐步实施的政策不可能逆转。这不仅是巴西经济自身发展的需要，而且也是由当今世界潮流所决定的。随着开放政策的深入实行，巴西

的市场必然会更加扩大。基于这种认识，中国的企业同巴西发展
经贸关系应着眼于未来，其活动也不应局限于贸易。从长远看，
利用巴西良好的投资环境进行当地生产、就地销售不失为一种
选择。

（原载《拉丁美洲研究》1993 年第 5 期）

巴西"失去十年"及内因探究

在 80 年代的拉丁美洲，"成千上万的人们所目睹的则是经济下降和衰退，而不是增长和发展"。"其中一些国家，其实际人均国民生产总值还不如 10 年以前的水平。"[①] 这就是所谓的"失去十年"。进入 90 年代之后，拉美绝大多数国家经济已呈现连续增长势头。然而巴西的情况与此相反，1990—1992 年，国民经济又连续 3 年处于严重滞胀状态。60—70 年代，巴西曾一度因经济奇迹而名噪寰宇，进入 80 年代之后犹如沉疴缠身。其原因是多方面的。关于国际环境变化对巴西所产生的不利影响大多众所周知，这里不再赘述。本文着重就巴西"失去十年"的社会后果及国内原因进行探讨，并就其近期发展前景提出一孔之见。

一 "失去十年"及后果

作纵向自身发展历史的阶段性对比所展示的，首先是 80 年代发展速度的下降。"自 1920 年以来，巴西经历了一个具有稳

---

① 世界银行：《1989 年世界发展报告》，第 6 页。

定的，相当可观的，而又不断上升的经济增长率的发展过程。"①
1946—1980 年，巴西的国内生产总值年平均增长率为 2.5%。有
人认为，在 20 世纪内，除日本以外，未有一个国家能超过它②。
在这期间，工业的增长对国民经济的发展一直起带头作用。
1951—1980 年的 30 年间，工业有 11 年取得两位数年增长率，
不足 1 位数的只有 1963 年（为 0.2%），但从未出现负增长情
况。正是由于工业部门的领先发展，使巴西在 1950 年之后的 30
年间，完成了向工业经济的过渡。在此期间呈现出两次工业化高
潮。第一次是 1957—1962 年。在这一时期里建立了耐用消费品
工业。第二次是 70 年代。资本货工业、基础原材料工业以及基
础设施等，在此期间均得到突破性发展，同时建立了军火、航
天、信息和原子能等高技术工业部门。工业产值由 1950 年占国
内生产总值的 31% 上升至 1980 年占 37%。工业化带动了整个国
民经济发展。70 年代，巴西国内生产总值年平均增长 8%，80
年代为 2.2%。1981—1990 年的 10 年间，人均国内生产总值 5 年
出现负增长。这种情况，在巴西经济发展史上是前所未有的。

　　1980—1989 年，巴西联邦中央财政连年赤字，其中 1980 年
为 -7.3%，1989 年为 -6.9%。由于资金紧缺和投资环境恶化，
导致投资率严重下降。投资率下降既是"失去十年"的原因也
是它的重要表现。1971—1980 年的 10 年间，巴西的投资率平均
为 26.6%，1981—1990 年的 10 年间平均为 17.6%，其中政府对
非金融企业的投资几乎逐年大幅下降。对石油、矿产、能源、港
口、通信，以及钢铁等部门国有企业的投资率，1975 年曾高达

---

　　①　斯蒂芬·罗博克：《巴西经济发展研究》，上海译文出版社 1980 年版，第 25
页。

　　②　巴西《视界》1993 年 3 月 31 日。

6.55%，1981 年降至 4.7%，1988 年为 2%。从而使在 70 年代中后期开工的工程项目大批停工，即使是以利用外资为主的工程，也因国内配套资金不足难免如此厄运。在安格拉 2 号核电站的厂房里，存放着从国外购置的大批设备，因资金缺乏而使工程不能如期完成。电力投资在 70 年代曾占国内生产总值 2%，到 80 年代后期降为 0.3%。这样，使其规模仅次于伊泰普水电站的图库鲁伊水电站建设也受到严重影响。截至 1992 年 8 月，它已耗资 40 亿美元。90% 的工程量虽已完成，但何时最终完工尚不得而知。因此，巴西出现缺电的形势已难以避免。预计，1994 年，北部和东北部将缺电 20%，东南部缺电 10%。在未来的 30 年中，巴西不得不对电力的使用进行分配。在 80 年代，巴西政府对铁路建设的投资平均每年只占国内生产总值的 0.1%，是前一个 10 年的 1/3，如此微薄的资金尚不足维持对现存铁路的维修，自然谈不上进行新铁路建设。

资金短缺同样影响联邦三级政府（联邦、州和市）对诸如学校、医院、公用事业等重要社会项目的投资。巴西联邦政府用于社会领域的投资，1972 年占国内生产总值 6.57%，1980 年为 2.24%，1984 年为 0.82%。巴西地理统计局的调查报告因此说，"自 1980 年以来，巴西变得无力解决它遇到的任何问题"。

国民经济发展的停滞使国力衰退。在这 10 年，以国力而论在世界范围内的排名，巴西被西班牙超出而退居其后。同样，在这 10 年里，巴西国民的生活水平严重下降。在整个 80 年代，巴西人均国内生产总值下降了 9.5%。巴西应用经济调查研究所在 1993 年 3 月向总统提出的报告中指出，现有 3200 万巴西人其家庭收入不足购买每月的基本食品。他们每天只能获取 1900 卡路里的热量，远远低于 2500 卡路里的国际最低标准。在这种情况下，许多青少年不得不放弃受教育的机会而参加工作，以辅助父母维持家庭生计。据统计，31.7% 的适龄儿童、青少年不上学，19.5% 又上学又工作。巴西全国有 280 万劳动者其年龄在 10 至 14 岁之间。

"失去十年"的社会后果及影响虽然是多方面的，但集中到一点是巴西国际形象受到严重损害。对于一个国家来说，一定时期经济的连续高速增长，往往能树立起良好的国际形象。现代巴西的国际形象正是在 60 年代末和 70 年代初的经济奇迹时期树立起来的。正是在那个时候，美国前总统尼克松说，"巴西向何处去，拉丁美洲也将向何去处"。然而到 80 年代，由于经济增长的停滞及其国内社会问题丛生，巴西成为"班上的最后一名"。国际舆论普遍认为，在 80 年代直至 90 年代的头两年，巴西处于危机之中。它正在缓慢而痛苦地非洲化。在许多方面，巴西人坐在拉美列车的最后一节车厢里，是该地区主要国家中的最后一名①。

从积极的方面说，"失去十年"使巴西重新思考发展理论和转换发展模式，重新定位国家的经济职能。由于历史的原因，在巴西的工业化进程中，国家处于绝对的主导地位。其表现不仅在于国家垄断了某些行业和部门、以国家为主的积累模式，而且还在于国家对本国工业的过度保护，从而使巴西在变化了的国际经济条件下，丧失了国际竞争力。这种增长模式和融资方式在 80 年代初因国外资金的枯竭和本国贸易条件的恶化而深受不利影响。"在这种情况下，政府不再可能成为发展的火车头。""如果我们要重新高速增长，则必须重新定位国家的经济职能。"② 巴西目前正在进行的国营企业私有化以及扩大国家经济对外开放，

---

① 厄瓜多尔《视野》1993 年 7 月 15 日。
② 巴西《请看》1989 年 8 月 2 日，《经济趋势》1993 年第 2 期。

与此不无关系。国家经济生活的变化也必将对整个社会、文化产生深刻影响。

二 "失去十年"的内在原因

在论及巴西"失去十年"的时候，巴西经济奇迹之父、联邦前财政部长德尔劳·内托说："巴西的问题在于政府。"[①]

自 60 年代中期以来，巴西是将通货膨胀税作为国家经济发展的重要融资手段之一。所谓通货膨胀税，即指"货币发行量超过该国经济对货币需求的增长，其结果便是通货膨胀，其运作犹如一项赋税。资产持有者通过其持有货币购买力的丧失而'付出'税款，而货币性债务发行者则以降低其债务的实际方式'征收'了税款"[②]。巴西的通货膨胀税占国内生产总值的比率，1967 年为 1.85%，1978 年 1.79%，1980 年 3.04%，1987 年 3.53%，1992 年为 2.45%，其通货膨胀税总额 110 亿美元左右[③]。巴西的通货膨胀税基本呈上升趋势，它随着通货膨胀率的上升而提高。因而埋下了 80 年代以来巴西恶性通货膨胀的历史根源。对此，巴西政府虽经多次医治，但至今仍未奏效，国民经济发展的宏观环境严重恶化。

在 60—70 年代，巴西的经济发展，以负债增长为特征，即实行所谓负债发展战略。负债发展战略的实施虽然取得了令人瞩目的成绩，但它也为巴西经济此后的发展带来了严重的隐患。在整个 70 年代，国外储蓄是巴西发展资金的重要来源。国外积累

---

① 巴西《请看》1989 年 8 月 2 日。
② 世界银行：《1989 年世界发展报告》，第 63 页。
③ 巴西《视界》1993 年 6 月 23 日。

率（占 GDP%）1970 年为 1.4%、1974 年 6.7%，债务危机爆发的 1982 年为 5.8%[1]，呈增长趋势。由于对国外资金依赖的增加，使巴西外债"国家化"，公共外债在国家外债总额中所占比率上升。巴西公共外债的投向主要是国营企业。但国营企业大多经营不佳，连年亏损，从而形成债务陷阱。另外，随着国际官方融资的紧缩和对国外资金需求的增加，巴西外债中私人货币资金来源扩大，从而增加了外债资金使用的成本。到 80 年代初，国际金融形势发生变化之后，外债即成为巴西经济发展的严重桎梏，至今尚未解脱。

世界银行在分析世界各国 80 年代和 90 年代的调整与增长情况时指出："为什么在 80 年代有一些国家的日子比其他国家要好过得多呢？原因是它们的经济结构、国内发展战略和政策，以及受外部冲击的影响程度都有很大的不同……另外一个原因是各国的市场和机构对新政策和变化了的刺激所作的反应在速度上也有所差异。"[2] 巴西的情况几乎如此。在第一次世界石油危机爆发后，面对着变化了的国际环境，巴西依然在 1974—1978 年间实行一项膨胀性政策，以大量国外贷款作支持，推行雄心勃勃的重工业投资计划以替代进口，从而推迟了应及时进行的经济调整。在第二次世界石油危机发生后，巴西虽曾一度降低国民经济发展速度，以便与通货膨胀作斗争，但其后不久再度实行扩张政策。继续实行盖泽尔政府（1974—1979）提出的使巴西成为一个骤然兴起的大国计划，从而增加了 80 年代调整与发展的困难。

为治理宏观经济环境，在 80 年代巴西政府虽然不断抛出经济计划，但并未取得预期效果。在 70 年代后期，巴西的经

---

[1] 巴西《政治经济学》，1987 年 10—12 月号，第 9 页。
[2] 世界银行：《1989 年世界发展报告》，第 6 页。

济形势已很严峻。当时执政的最后一任军人政府于 1983 年 1 月 6 日向国际货币基金组织提出第一份意向书，以降低通货膨胀、压缩预算开支作许诺换取国际资助。然而其许诺并未实现，经济过热现象并未得到纠正。1985 年 3 月 15 日后，文人开始执政。在第一届文人政府期间，先后制定和实行了四项经济稳定计划。即：1986 年 2 月 28 日颁布的克鲁扎多计划，同年 11 月 21 日的克鲁扎多计划 II，1987 年 7 月的布雷塞尔计划和 1989 年 1 月的夏季计划。上述计划的共同目标是控制物价上涨、降低通货膨胀率，以治理宏观经济环境。以最具影响的克鲁扎多计划为例，它的主要措施之一是将全国的商品和劳务价格自计划宣布之日起冻结一年。以冻结物价降低通货膨胀只是治标，治标的同时促进生产发展，这才是治本。任何类型国家，特别是市场经济国家，都不应该较长时间冻结物价，因为这样不能以利润为诱导配置资源和刺激生产。所以，克鲁扎多计划着眼于长时期冻结物价，从理论上说是错误的。其后 3 个计划均是在其前者失败的情况下采取的应急措施，计划的主导思想与前者相比，未有根本性突破。在有限的时期内计划的频繁变更不但没有解决问题，反而使宏观经济环境更加不稳定。伴随着一个个计划失败而来的是主管部长的相继更换。在这种情况下，于 1986 年所提出的《新共和国全国发展计划》的各项指标，不过是纸上谈兵。

政局混乱以及制定和执行经济决策存在着严重的政治困难，是"失去十年"的一个极为重要原因。巴西军政府自 70 年代中期提出政治开放、实行民主化以来，在巴西社会所表现出的不仅仅是政权的文人化。从经济方面说是"从一种半专制的经济向另一种更加开放和面向市场的经济过渡，而且处于深刻的社会变革之中，使政治制度处于空前的压力和混乱之中"①。自70年代末始，对巴西政局产生重要影响的政治事件有：颁布《大赦法》；改革政党体制，废除两党制实行多党制；实行州长直接选举；全国民众掀起要求直接选举总统的运动；召开全国制宪会议，制定并颁布新宪法（1988年宪法）；新党不断出现，党派林立（截至1992年5月统计，有40余个政党），但有影响的权威性政党尚未形成。80年代正是巴西社会各阶层利益重新调整的时期。党派之间的利益冲突往往反映在对政府政策的认可或否定上，因利益不一致而导致的长时期辩论使之本来合理的政策得不到及时实施或根本不能实行。

三 当前的政治改革趋向与经济发展前景

自1993年以来，巴西已经完成或正在进行的大事有三件。其一，于1993年4月22日就国体与政体选择问题举行了全国公民投票，结果依然采取总统制共和国形式。其二，自去年末开始，巴西联邦众议院为1994年全国大选制订新的"竞赛规则"。此次大选将有35000名候选人参加竞选州议员、联邦众议员、参议员、州长和共和国总统职务。其三，自1993年10月6日起，国会开始进行1988年宪法修订工作。

1988年宪法修订的内容将涉及诸如税制、社会福利、对外开放政策、国家垄断、公务员制度、政党制度，以及县级选举制度等方面的改革，而且要特别审视联邦、州与市三级政府的权利与义务，形成新的联邦契约（pacto federativo）。巴西本国舆论认

---

① 鲁木斯·里库佩罗：《新秩序中的巴西》，巴西《圣保罗州报》1992年12月25日。

为，自1891年共和国成立起，三级政府之间的关系一直未解决好。巴西联邦共和国史是一部集权与分权交替的历史。实行独裁统治时，集权就占上风，民主政权时期就倾向分权。1988年宪法制定时，正值政权由军事独裁转向民主政体，因此当时存在一种反联邦集权的气氛。1988年宪法使州与市过多地参与联邦收入分配，国家权力呈现分散化趋势。本次宪法修订的意向初步表明，巴西联邦中央的权力会有所集中，国家将进一步对外开放。修宪是调整各阶层利益关系。为维护自身利益，巴西国内利益集团已纷纷动员起来。国家政局必将因此而受其影响，这对未来的经济发展是一个至关重要的制约因素。

巴西经济形势在1993年发生了明显改观。巴西财政部预计，1993年国内生产总值增长3.5%。农业增长3%，全年粮食产量达7600万吨，创历史最高纪录。工业生产增长4.7%，其中汽车工业、民用建筑业等部门带头增长。汽车产量1993年上半年即达62.5万辆。全年出口额400亿美元，盈余135亿美元。外汇储备达270亿美元。但是通货膨胀仍居高不下，达到2567.46%。巴西本身具备经济快速发展的条件，它被认为已拥有一个现代化社会的一切因素：投资能力、企业精神、技术能力、社会谈判力量和一个富裕大国应有的文化和精神环境。它具有优越的自然条件和丰富的自然资源，并已建成完整的工业体系。这就是说，一旦国际经济条件具备并有适当的对外与国内政策，巴西经济再次高速发展是可能的。但是，也存在诸多因素不利于巴西经济的恢复与发展。

巴西在战后40—50年代所形成的内向型发展经济的思想，一直占据主导地位。这种思想的政策主张是：巴西的经济发展必须以国营部门而不以私营部门为主导；对外国资本在本国经济发展中的作用持怀疑态度；巴西的一切都应归巴西人所有；巴西

"自力更生"或许会做得更好。上述思想近年来虽然在逐渐被否定，但至今所存在的国家保护主义在一定程度上仍然是经济发展的制约因素。1993 年末，美国商会所公布的一份研究报告证实，在其所调查的 27 个美洲、欧洲和亚洲国家中，巴西是最封闭的，严重影响外资的进入。现在外国投资者仅将 1.8% 的对外直接投资给予巴西。"巴西处于无竞争力的地位。"① 巴西国家的经济职能尚在转变之中。1993 年经济的增长，主要是由私人部门发展带动的，而国家所能提供的合作是很有限的。

资金不足至今仍然是制约巴西经济发展的重要因素。除获取国际融资存在相当困难外，在国内资金积累方面，由于本国银行利润过大影响了生产性企业的资金积累。1993 年上半年，巴西最大的私人商业银行巴西贴现银行，所得利润达到 1.6 亿美元，紧接其后的是伊塔乌银行，约 1.3 亿美元。作国际比较可知，巴西银行利润之高，远远居于世界领先地位。1987 至 1991 年期间，巴西的银行利润率为 13%，同期欧洲银行利润率大约是 9%，美国银行是 7%。与本国的非金融企业相比，巴西银行的利润率显得更高。1992 年，500 家非金融企业的利润率为 2.2%，同期 50 家大银行的平均利润率是 9.8%。这种情况的产生，在一定程度上是由于巴西长期存在高通货膨胀的结果。银行因高通货膨胀而大大获利，同时又加剧了通货膨胀。有人说，"大银行同时也是通货膨胀的大合伙者"②。银行利润率尽管如此之高，但它并不对本国企业提供长期贷款。佛朗哥总统因此认为，"必须进行银行改革，以使其不能获取超额利润而将其降至

---

① 参见巴西《请看》1993 年 11 月 17 日。

② 《请看》1993 年 8 月 11 日。

可以接受的水平"①。

巴西经济缺乏竞争力的状态，在短期内不会改变，因为它植根于教育与科技发展的滞后。巴西教育目前至少存在两个问题。一个是经费不足。仅以相对比例而言，世界各国教育经费支出占国民生产总值的平均数为5.7％，而巴西仅为4％。另一个是教育体系结构不合理。近年来，巴西的高等教育有了较大发展，并为国家科技与经济发展作出相当贡献。全国每年的科研成果中25％出自圣保罗大学。然而，偏重高等教育的结果，使初等教育成为教育体系中的薄弱环节。初等教育办学条件差，30％的学校设备不齐全，师资不足，资金匮乏。初等教育的不发达将会制约高等教育的发展和劳动力素质的提高。一国经济发展的潜力，在相当程度上决定于未来的科学实力。科学实力的获取和研究与开发投入占国民生产总值的比重有关。1990年日本的研究与开发费用占国民生产总值2.6％，美国为2.8％，欧洲也达到近2％。而巴西只达到0.5％。另外，在有限的研究与开发经费中，巴西将重头用在基础研究上（大约占70％），而对应用研究所投比率较少。"分析某个国家未来经济发展的趋势、走向，就要观察他们在应用研究上有多少投入，其所选择的项目是否正确。"② 因此，巴西必须在增加研究与开发经费的同时，调整项目投入比例，才能提高科学实力以促进经济发展。但是，目前看来，这是难以做到的。

总之，巴西虽然具备经济高速发展的条件，拥有巨大的发展潜力，但是它的经济是否能在短期内得到彻底复苏并再次取得奇迹，不仅受制于国际经济环境，而且还在于它能否克服本身的诸

① 《请看》1993年8月11日。

② 何祚庥：《请关注应用研究》，《人民日报》1994年2月14日。

多不利因素。巴西在短期内重新取得连续发展的可能性是不大的。1993 年末，联合国经济与社会新闻部在其所公布的一份世界经济调整报告中认为，由于政治动荡，巴西的经济复苏将逐渐消失，而一天天临近的全国选举将妨碍财政改革，通货膨胀近年徘徊在 2500% 左右。巴西政府改善宏观经济环境的目标不易达到。

（原载《世界经济与政治》1994 年第 5 期）

巴西的通货膨胀与反通货膨胀经验

市场经济的发展历史表明，通货膨胀是经济运行中反复发生的顽症。各派经济学家对其成因的理论阐述有许多种，政府依据一种或几种理论制定的反通胀计划更是层出不穷。有的国家，主要是发展中国家仍在受着通胀的严重困扰。可以说，至今尚没有一种理论能对不同类型的通货膨胀的复杂成因作出令人满意的解释，也没有一种反通胀政策可以行之有效地治理不同类型的通货膨胀。在相当长的时间里，我国理论界把通胀视为资本主义经济运行中的特殊产物，认为社会主义经济是有计划按比例发展的，因而不存在通货膨胀。基于上述观念，通胀问题在我国未得到充分研究。因此，无论从政策的角度，还是从学术角度而言，我国的反通胀经验都是有限的，借鉴国外的经验也是非常必要的。拉丁美洲国家具有长期的通胀历史和正反两方面的反通胀经验，其中巴西的经验尤其值得注意。

一 经济增长与通货膨胀关系的历史考察

分析战后以来巴西的通货膨胀轨迹与经济增长率的变化，可以看出两者关系存在以下几种情况。

　　第一种情况是经济迅速增长，同时通货膨胀加剧。1957—1961 年是战后巴西第一个经济高速增长时期。它集中体现在《发展纲要》的制定、实施及其结果上。纲要包括以能源、运输、粮食、基础工业和教育 5 个领域为重点的 30 个项目。其中创建汽车工业，无论从经济上看还是从政治上看，均具有头等重要意义。虽然纲要大多数项目实施的结果距预期目的尚有较大差距，但巴西国内外普遍认为，纲要的实施对巴西经济的发展是一次前所未有的推动。1957—1961 年间，巴西农业年均增长 5.8%，工业 10.7%，通信与运输 8.7%，国内生产总值平均增长 8.3%，由于工业部门的带动和新工业部门的建立，经济结构也获得一定程度的优化。此外，在此期间新首都巴西利亚的建成和迁都，也是一项巨大的成就。然而，这一时期"巴西显著的物质进步，是以大量公共债务和通货贬值来抵偿的。5 年发展规划的资金，大部分是通过借巨额外债、超支和通货膨胀取得的"①。1967—1961 年巴西的通胀率分别为 7%、24.1%、39.4%、30.6% 和 47.7%，上升势头明显，以致最终导致 1964 年通胀率高达 92%。巴西当时的国力有限和尚未形成完善的金融机制，因而庞大的资金得不到有效的利用，是通货上升的根本原因。可以认为，库比契克政府制定与实施的发展纲要是冒着预料之中的风险的。这与巴西当时一种略占上风的思想，即"微弱的通货膨胀对于任何发展进程都是有益的"② 思想有关。此外，巴西政府还认为，巨额外国贷款亦是使经济迅速发展不可缺

---

　　① 若泽·马里亚·贝洛：《巴西近代史》，辽宁人民出版社 1975 年版，第 687—688 页。

　　② 《瓦加斯基金会半个世纪，巴西经济半个世纪》，《经济趋势》1994 年第 12 期。

少的条件。在这种思想指导下，政府以增发货币和扩大银行贷款
作为重要手段资助公共部门和私人部门开支，结果货币发行量以
年均 34.7% 的速度增长。1959 年巴西的货币流通量比 1956 年增
加了一倍。尚需说明的是，国际市场咖啡价格下跌，巴西货币币
值高估使出口收入锐减，国营企业数目增多加大了政府的财政补
贴等，也是直接或间接促使通胀率上升的重要因素。

　　第二种情况是生产停滞，通货膨胀居高不下。1961 年国内
生产总值增长率曾高达 10.3%；1962—1967 年分别为 5.2%、
1.5%、2.9%、2.7%、5.1% 和 4.8%，同期通胀率分别为
51.4%、81.3%、92%、34.5%、38.2% 和 24.9%。这一时期的
生产停滞虽有诸多原因，但是前期遗留下来的通胀问题无疑是制
约经济增长的关键因素之一。因为它妨碍了国内储蓄的形成，遏
制了资金投向生产领域而使其转作投机交易，同时由于价格体系
混乱，市场不能发出正确信号诱导资源合理配置；而生产下滑、
政局不稳又促使物价上涨，如此形成不良循环。

　　第三种情况是生产迅速增长，通胀率呈下降趋势并稳定在不
到 20% 的水平上，1968—1973 年是巴西"经济奇迹"时期，国
内生产总值增长 78.5%，年均增长率为 10.1%，最高年份
（1973）达到 14%。其间，主要工农业产品产量均有显著提高；
通胀率分别为 25.5%、20.1%、19.3%、19.5%、15.7% 和
15.5%。巴西一些学者认为，这种不足 20% 的通胀率"对国家
经济发展进程的作用，积极因素大于消极因素"[1]。这一结论并
未得到科学的论证，但至少可以说，通货膨胀率稳定在相对较低
的水平上，对生产的发展是有利的。

----

　　[1]　路易斯·佩雷拉：《巴西的发展与危机》，圣保罗巴西出版社 1983 年版，第
61 页。

第四种情况是生产增长，而通货膨胀较先前明显回升。1974—1979 年间，巴西国内生产总值年均增长率为 6.8%，最高年份（1976）达到 9.8%，但增长呈跳跃状，其中 1978 年和 1979 年经济增长率均不足 5%；两年的通胀率平均为 44.2%。上述 6 年间平均 6.8% 的增长率，以巴西当时的国力和国际经济环境，已属非正常情况，换言之，是在高通胀下盲目追求增长的结果。以巴西学者通常看法，在巴西，要维持 7% 的年增长率，则投资率应不低于 21%[①]。当时，面对前期数年持续高速增长及两次石油危机对其造成的不利影响，巴西应适当放慢经济增长速度，进行调整以便为下阶段的发展准备条件。但其反其道而行之。在《第二个全国发展计划》（1974—1977）中，巴西确立了以国营企业为主，同外资联合发展钢铁、石化、能源等中间产品和国家信贷资助私人企业使其在资本货生产方面发挥重要作用的两项重要方针，借以显示国民经济高速发展的强劲势头。结果，投资的大规模增加拉动需求增长，造成通胀率上升和外债负担加重。此外，工人运动的高涨导致工资增加、产品成本提高，也是物价上涨的重要因素。

第五种情况是生产停滞和下降，通货恶性膨胀。在整个 80 年代，巴西年均增长率仅为 2.2%，1989 年人均国内生产总值只相当于 1980 年的水平；而通货膨胀却如脱缰之马，继 1980 年突破 3 位数（110.2%）后，1980—1989 年的 10 年间，有 3 年为 2 位数，5 年为 3 位数，2 年为 4 位数（即 1988 年 1037.6% 和 1989 年 1782.9%）。有的学者称巴西 80 年代的通胀是"超级通货膨胀"[②]，其表现为物价普遍猛烈上涨的过程。在这一过程中，

① 巴西《政治经济学》1986 年第 4 期。

② 《政治经济学》1989 年第 1 期。

国民表现出拒绝接受本国货币的倾向，最终政府不得不采取更换本位货币的解决办法。自 1986 年至今，巴西连续 5 次更换本位货币，实乃不得已之举。

综上所述，属于经济增长，通胀亦上升的情况有两例，属于经济下降，通胀上升的情况有两例；另外一例是经济增长而通胀下降。这里，头两例的后果导致后续时期生产的停滞和下降。因此，从一个比较长的时期来观察，巴西的实例并不说明通货膨胀与经济增长存在"正相关"关系。而最后一例的情况，即经济增长同时通胀下降的运行状态，恰恰是巴西人所津津乐道的，也是巴西政府近年来所不断追求的目标。

二　通货膨胀的成因说及反通货膨胀计划

对于巴西通货膨胀成因的解释主要有货币主义和结构主义两个学派的观点。在巴西，前一学派的代表人物是被誉为巴西经济学界一代宗师的欧热尼奥·古丁[①]的弟子们，诸如目前仍活跃在政界与学术界的罗贝托·坎波斯和马里奥·西蒙森等。后一学派的代表人物有著名经济学家塞尔索·富尔塔多、若奥·马加良斯等。两派的主要观点已为大多数中国学者所熟悉，这里不再赘述。本文主要介绍一下至今尚未被中国人所认识的，然而在巴西其名声至少不在富尔塔多之下的经济学家伊格纳西奥·兰热尔[②]的有关观点。他于 1963 年发表的专著《巴西的通货膨胀》被巴

---

① Eugênio Cudin（1886—1986），巴西新自由主义货币学派的代表人物，1954年任小卡菲政府的财政部部长，其代表作有：《资本主义与货币演变》、《货币经济原理》等。

② Ignácio Rangel（1914— ），曾在巴西全国经济发展银行等政府机构任职，代表作有：《巴西经济发展研究引论》、《巴西经济二重性的主要特点》等。

西学术界誉为论述"巴西通货膨胀的最重要著作之一"。兰热尔
既不同意货币主义学派，也不同意结构主义学派关于巴西通胀成
因的解释。他认为，巴西的通胀现象源于经济中非常复杂的垄断
和专卖垄断机制。换言之，在巴西经济中存在着垄断和专卖垄断
部门。普遍而持续的物价上涨应由它们来负责。例如，原材料和
食用农产品价格的上涨是由于农业部门中存在垄断和专卖垄断，
而主要导因不是该部门结构失衡。他认为，农业生产者如能直接
得到所生产产品价格提升的刺激，自然会增加供给，国民生活，
工业生产以及出口增长的需要自然得到满足。垄断利润的提
高，使农产品价格上涨，从而导致工业制成品成本上升，并由此
形成国内市场物价普遍攀升。应该说，兰热尔从市场发展程度的
角度分析通胀成因是有道理的。但是，事实表明，巴西的通胀绝
非单一因素造成的。虽然不能排除某一时期通胀的形成有其主要
原因，而从总体上说，它是各种因素综合作用的结果。巴西一些
反通胀计划的内容也从反面证明它的成因的多元性。

　　巴西政府于 1958 年制定了战后第一个反通胀计划，即《货
币稳定计划》，试图以严厉的货币政策控制物价上涨，但实际上
并未实行。1964 年军人执政后制定的《政府经济行动计划》
（1964—1966），应是巴西战后实施的第一个反通胀计划，它规
定 3 年内巴西逐步降低通胀率的目标，主要包括 5 点措施。（1）
通过削减非重点投资，把 1963 年占国内生产总值 4.3% 的政府
财政赤字到 1966 年降至 1%。用提高公共部门价格、减少补贴、
提高间接税和改善税收征稽工作的办法增加税收收入，达到预算
收支平衡的目的。[①]（2）计划实施伊始，汇率贬值 70%，以矫

---

　　① 马里奥·西蒙森、罗贝托·坎波斯：《现代巴西经济》，巴西若泽·奥林匹
克出版社 1979 年版，第 72 页。

正国际收支失衡；进行外债谈判，以便重新安排外债偿付期限，并争取新的国际资助。（3）实行灵活的货币政策。政府于1964年实行温和的货币扩张政策；1965—1966年对货币发行量实行严格控制；实现金融活动指数化，以便充分动员本国资金积累，为生产部门创造资金市场。（4）自1965年起，控制工资增长。工资调整的依据不再是前期的通胀率和工资的最高值，而是"预期通胀率"和一定时期的工资平均值，通过压低工资达到预算平衡和提高竞争力。1964—1967年间，巴西工人实际工资下降了15%。（5）政府制定《税收与信贷刺激计划》，以达到控制物价的目的。凡遵守政府规定、不越限提高价格的企业，均可受到政府减免20%工业产品税的奖励。实行上述反通胀计划后，通胀率明显下降，生产也未受到严重影响，通胀率由1964年的92%降至1966年的38%、1967年的25%，同期经济增长率分别为2.9%、5.1%和4.8%。

60年代巴西的反通货膨胀斗争以其所采取措施的明显差异，区分为两个不同阶段。前一阶段（1964—1967）的做法被称为"迅速渐进式"；后一阶段（1968—1971）为"缓慢渐进式"。两个阶段反通胀方式之所以不同，主要是由当时的国家形势决定的。60年代初，巴西的通胀状态是所谓"疾驰"的，价格体系处于混乱因而不能发出正确信号诱导生产，所以医治通胀便成为经济政策的首要目标。随后，鉴于通胀有所下降，生产的恢复和增长就成为更迫切的任务。因此，政府对先前的反通胀措施进行了调整，使因反通胀而受到抑制的生产迅速恢复增长。后一时期的反通胀政策有如下特点：（1）确立反通胀的渐进目标，使通胀率逐渐下降。但仍实行严厉的财政政策，尽力缩小财政赤字。（2）货币政策一改前期以正统理论为指导的严控货币发行量的政策，自1967年起，实行在短期内促进国内生产总值微弱增长的货币政策，使私人部门免受清偿危机的影响。(3) 采取比前期更加严格的物价控制政策。1965—1966 年间，主要在工业部门实行物价控制。政府对能主动限制产品价格上涨的企业给予财政刺激。1967 年后，联邦政府先后成立了国家物价稳定委员会和部际价格委员会，加强了对物价控制的力度。(4) 大力降低利率。自 1986 年起，政府采取措施降低金融成本，以适当刺激生产发展。(5) 把提高农业生产率，增加农产品产量作为反通胀政策的一项重要内容。经验证明，在农业歉收的年份，由于农产品供给短缺，即使采取各种严厉措施，反通胀结果仍不能令人满意。因此，政府在借贷、最低价格以及农用物资供应方面出台优惠政策，保证农业获得好收成，使之成为降低通胀的"自动因素"。

巴西的通货膨胀自 70 年代末 80 年代初开始回升。随着通胀的恶性发展，巴西政府反通胀政策的力度也不断加大。自 1986 年 2 月出台第一个《克鲁扎多计划》至今，主要的反通胀计划有第二个《克鲁扎多计划》、《布雷塞尔计划》、《科洛尔计划》、第二个《科洛尔计划》，以及《雷亚尔计划》。其中，克鲁扎多计划和雷亚尔计划因其反通胀政策的特点和取得的效果而产生较大影响。

克鲁扎多计划被称为"非正统"的反通胀计划。因为它"除一般保守的财政和货币政策外，还包括诸如冻结价格和工资的收入政策、外汇盯住以及非指数化的措施"。同时，它"不是采取传统的稳定措施进行的逐步调整"，而是采取"冲击疗法"[1]。这一点与 1964 年政府实行的经济行动计划的做法区别甚

① 国际货币基金组织和世界银行季刊《金融与发展》，1988 年 9 月号，第 16 页。

大。到 1986 年初，巴西的通胀率达到 400%，这是加速进入恶性通胀的前兆。克鲁扎多计划的主要措施有：（1）改革本位货币，由克鲁扎多取代克鲁塞罗，新旧货币币值之比为 1∶1000。（2）冻结汇率 1 年，1 美元等于 13.84 克鲁扎多。（3）将物价（包括劳务价格）冻结在计划颁布之日的水平上，并保持 1 年。（4）工资被冻结在最后 6 个月的平均值上，最低工资由 600 克鲁扎多调至 804 克鲁扎多。（5）取消 1964 年创立的可调整的国库券（ORTN，每月调整），以新的国库券（OTN，固定利率）取代之。（6）取消指数制。（7）建立特种失业保险，以救济那些因无正当理由或因企业倒闭而失业的人。计划实施初期取得了成效，通胀率下降，但 10 个月后又明显回升，计划遂告失败。计划失败的原因是多方面的。一般认为，在一个不均衡的市场上实行冻结价格，会迅速出现供应短缺和定量供应的现象，同时政府还可能因此而失去民心。克鲁扎多计划实施后，正好出现了上述情况，企业家和生产者因利润低而不积极生产。由于工资是在提高之后冻结的，而物价又冻结在原来的水平上，因而形成了消费热。供需双向作用造成物资短缺，必然促成通胀率回升。同期，以色列也实行了一个称之为非正统的反通胀计划，并取得了成功，受到广泛肯定。它的做法是：政府在下令冻结价格的同时，规定了价格可以上涨 25% 的平均数，即把物价冻结在比当时价格略高的水平上。这样，企业家可获得喘息机会，以调整生产和经营策略；同时，消费热也得到抑制。此外，以色列在削减政府支出方面所采取的措施也比巴西更为严厉。这也是它获得成功的重要原因。

1993 年 12 月 7 日，由当时任联邦政府财政部长的费尔南多·恩里克·卡多佐主持制定了一个新的反通胀计划《雷亚尔计划》。该计划分三步实施。第一步进行财政调整，以消除财政

赤字，为此政府采取了一些具体措施。第二步，从 1994 年 3 月
1 日起，出台货币价值参照指数——实际价值单位（URV），作
为工资、物价和服务费用变化的依据。措施生效当日，1 个实际
价值单位与 1 美元等值。实际价值单位与当时流通的货币克鲁塞
罗雷亚尔共同组成国家货币体系。用实际价值单位对每日的经济
活动进行调整，实际上就是使经济不用美元而美元化。第三步是
变实际价值单位为一种新货币——雷亚尔。这一招，被认为是经
济的美元化。1994 年 7 月 1 日，雷亚尔开始流通。它与旧币克
鲁塞罗雷亚尔之比为 1∶2750，1 雷亚尔与 1 美元等值。雷亚尔计
划实施至今，在抑制通胀方面已取得了显著成果。一些学者认
为，从理论上讲，雷亚尔计划是巴西已实行过的类似计划中最好
的一个。

　　雷亚尔计划的主要特点是，第一，与先前同类计划制定于密
室、搞突然袭击的方式相反，雷亚尔计划的"所有措施都与全
社会进行了长时间讨论"，各行各业得以充分发表意见，生产者
与消费者都有充分的心理准备并有可能采取相应的过渡性措施。
第二，雷亚尔计划的反通胀目标不求一步到位。而是分步骤达到
目的，不搞一次性冲击。例如，1990 年在实行《科洛尔计划》
时，就搞了突袭性冲击。该计划规定从当年 3 月 19 日起，全国
各银行的个人和集团存款至多可提取 50000 新克鲁扎多（相当
于 600 美元），余额一律汇集于中央银行冻结 18 个月。如此做
法，虽对抑制物价上涨起到立竿见影的效果，但也抑制了生产，
刺激了消费，最终导致通胀上升。第三，雷亚尔计划瞄准的目标
首先不是社会，而是政府本身。它的主要措施是削减政府开支、
平衡财政预算，而不是冻结物价。第四，雷亚尔计划的实施有相
应的配套措施作保证。计划制定者认为，雷亚尔计划成败的关键
在于货币发行量能否得到严格控制。为此，在雷亚尔进入流通的

同时，便严令限制每月投放的货币量。改组全国货币委员会，建立货币与信贷委员会，以准确执行货币政策和财政政策。这四个特点也正是雷亚尔计划取得成效的主要原因。但是，巴西政府若想达到经济高增长、低通胀的目的，尚需进行深刻的结构改革。要做到这一点并非容易。

三　关于反通货膨胀经验的思考

（一）与在稳定中求增长的国家比较，巴西可称为"通胀式增长"的国家。但是，这一特点并非表明"只要经济上，不管物价涨"的主张在巴西占主导地位。恰恰相反，正如前文所述，巴西战后的经济增长过程亦是与通货膨胀不断进行斗争的过程。然而，也必须承认，形成这一特征也并非与巴西对通胀作用的认识无关。通货膨胀在工业化过程中对于资源的重新配置有积极作用一面之说，在 50 年代曾一度占上风。库比契克和他的顾问们就认为，"通货膨胀是经济发展的必然伙伴"[1]。这一主张至今也未完全消除，在学术界与政界均具有一定影响。1987 年曾出任联邦财长、现任联邦管理部长的著名经济学家路易斯·佩雷拉在其一部专著中曾写道："当然，最好在整个发展中不出现通货膨胀，这在理论上是可能的。对于巴西这样一个发展中国家，要迅速实现工业化，通胀式的发展实际上成了唯一的选择。要么是这种类型的发展，要么是不景气。"[2] 事实上，至少在一段时间里，巴西政府有意无意地利用了通货膨胀，即把通胀税作为国家经济

---

①　若泽·马里亚·贝洛：《巴西近代史》，辽宁人民出版社 1975 年版，第 688 页。

②　路易斯·佩雷拉：《巴西的发展与危机》，圣保罗巴西出版社 1983 年版，第 61 页。

发展的一种集资手段。所谓通胀税，是指"货币发行量超过该国经济对货币需求的增长，其结果便是通货膨胀，其运作犹如一项赋税。资产持有者通过其持有货币购买力的丧失而'付出'税款，而货币性债务发行者则以降低其债务的实际方式'征收'了税款"①。巴西的通胀税占国内生产总值的比重自 70 年代末以来基本上呈上升趋势，1978 年 1.79%，1980 年 3.04%，1987 年 3.53%，1992 年 2.45%。显然，通胀税的提高是建立在通货膨胀不断攀升的基础上的。因此，如此做法无异于饮鸩止渴。恶性的通货膨胀不仅损害国民收入，尤其影响中产阶级和广大劳动大众的生活，而且严重恶化了宏观经济环境，制约生产发展。正是基于这样的原因，巴西的反通胀计划接连出台。就连认为一定程度的通胀有益于发展的路易斯·佩雷拉，在其任财长期间，也提出了一个宏观经济控制计划——布雷塞尔计划，与通货膨胀作斗争。

（二）80 年代是拉美国家"失去的 10 年"，其重要标志之一就是拉美长期处于高通货膨胀状态。玻利维亚在 80 年代中期之前，年通胀率曾高达 5 位数。1989 年全地区平均通胀率为 1161%。因此，80 年代也是拉美国家频繁实施反通胀计划的时期。除巴西外，拉美国家提出的反通胀计划还有 1985 年阿根廷的奥斯特拉尔计划、秘鲁的因蒂计划、玻利维亚的新经济政策，以及 1987 年墨西哥提出的经济团结契约等。其中，后两个计划取得了成功，但多数反通胀计划未能达到预期目的。进入 90 年代后，拉美国家的反通胀计划大多取得了成效。如 1990 年 7 月秘鲁总统藤森采取的反通胀措施、1991 年 4 月阿根廷实行的经济美元化计划，以及巴西的雷亚尔计划。除巴西外，拉美的通胀

---

① 世界银行：《1989 年世界发展报告》，第 63 页。

率，1991 年为 49%，1993 年 19%，1994 年 16%。

那么，为什么 80 年代与 90 年代拉美的反通胀成果会如此不同？其中固然有反通胀计划本身的差别，但更重要的原因是，一般而言，拉美国家 90 年代面临的形势普遍比 80 年代要好。1991—1994 年，拉美地区国内生产总值已连续 4 年保持增长势头。巴西也于 1993 年恢复了增长，当年国内生产总值增长 4.9%，1994 年达到 5.67%。进入 90 年代后，拉美国家始于 80 年代中期的一些重要改革不同程度地显示出成果。私有化和税制改革等，使各国收入增加，行政改革相应地减少了各国的支出。90 年代国外资金重新流入拉美，形成外国投资的第二次浪潮（第一次浪潮是在 60—70 年代）。另外，一些重债国经过重新谈判，外债偿付得以展期。在国家经济形势处于良好状态下治理通货膨胀，国家与国民会对暂时的生产衰退和就业减少有较大的承受力。与克鲁扎多计划相比，雷亚尔计划之所以能取得成功，一个重要原因便是它出台的时机比前者优越。由此可见，时机的选择对于反通胀计划能否取得预期效果是至关重要的。

（三）对通货膨胀的治理仅仅依靠经济手段是不够的。治理通胀的过程就是重新调整利益分配的过程。经验表明，任何反通胀政策的成功均需要以社会各种势力保持高度的一致性和市场主体的自我约束作为必要条件。最有说服力的例证是以色列的经济稳定计划。以色列政府为使计划得以落实，努力争得企业家和劳工的合作，三方以社会契约形式达成协议，各自作出相应的承诺，使计划得到顺利实施，取得了预期的效果。巴西在实施克鲁扎多计划时，没有条件这样做，因为"巴西当时的社会团结程度要比以色列差数十年"。换言之，克鲁扎多计划的实施得不到社会主要阶层的积极配合，是它未获成功的另一个重要原因。拉美一些国家在 80 年代后期提出的反通胀计划，大都包含达成社会契约的内容。墨西哥的经济团结契约也是通过全社会的团结合作完成反通胀任务的一个典型事例。这表明，实行反通胀计划不是单靠政府的努力就能取得成功的，社会各阶层共同承担责任，相互制约，从而使反通胀成为全社会，特别是有关社会阶层的共同任务，是任何反通胀计划取得成功的重要因素之一。

（原载《拉丁美洲研究》1955 年第 3 期）

巴西生产力布局内地化趋势

目前，巴西生产力布局呈现出内地化趋势。所谓内地化，即生产力布局向内地扩展。内地指的是：（1）与发达的沿海地区相对而言的内地；（2）相对于发达的沿海地区而言的不发达的沿海地区，如东北部沿海地区；（3）相对于传统作物种植地域而言的农业新边疆，正如圣保罗大学教授阿尔瓦罗·齐尼所说，在巴西存在着由占领农业边疆而推动的内地化趋势。

一

就工业布局而言，内地化的指向并非单一地区，而是同时向不同的内地发展。米纳斯吉拉斯州的三角地区为其一。该地位于米纳斯吉拉斯州西南部，巴拉那伊巴河与格兰德河之间，其面积相当于一个瑞士。当年咖啡种植由圣保罗高原传至此地。咖啡种植业随之成为当地的经济基础，直至80年代仍然如此。但是最近10年，该地至少接纳了40亿美元的投资，其中大部分为工业项目。1990—1996年，该地新开张了1000家企业。虽然大部分为小型企业，但也有像"雀巢"、"杜邦"、"Cargill"这样的大公司在那里建厂。Souza Cruz 公司在该地的乌贝兰迪亚市建了一家该公司在拉美最大的工厂。Black & Decker 关闭了它在圣保罗 ABC 地区的工厂，而将其迁至米纳斯吉拉斯三角地区的乌贝拉巴，在那里生产家用电器和其他电器。距首府贝洛奥里藏特 214公里的茹伊斯—迪福拉也是该州投资的热点地区。1996 年，德国奔驰汽车公司已宣布在该地投资 4 亿雷亚尔建厂，自 1999 年起年产 7 万辆汽车。这将是它的一家位于德国之外最大的生产轻型汽车的工厂。在巴拉那州，圣若泽 - 杜斯皮尼艾斯被法国雷诺汽车公司选中设厂，总投资 10 亿美元，1999 年建成，年产 12万辆汽车。中帕拉伊巴地区是里约热内卢州产业内地化政策实施的重点地区，在那里已形成以沃尔塔雷东达和雷森迪为中心的两个发展极。沃尔塔雷东达是全国钢铁公司所在地，一些相关企业因此而得以发展。雷森迪被大众汽车公司选作厂址，在那里投资设厂，生产公共汽车和载重汽车。生产汽车专用玻璃的世界最大厂家 Guadian 也拟在那里设厂。圣保罗州内地的某些地区也是投资的热点地区。韩国的 LG 公司计划在陶巴特兴建生产电子电器制品的工厂，投资 3.8 亿美元，为当地提供 9500 个就业机会。日本的本田公司计划在苏马雷建厂。美国的摩托罗拉拟在雅瓜里乌纳建立它在巴西的第一家工厂。此外，该公司还计划在东北部投资。

东北部地区包括 9 个州，4500 万人口，占巴西人口的将近1/3。由于历史及自然条件的原因，该地区发展相对落后，是巴西传统的简单劳动力的输出地区。但自 1995 年以来，东北部已成为私人投资洪流所向。势头之猛，前无先例。以 Vicunha、多水河谷、全国钢铁公司 3 家公司组成的集团将在塞阿拉州建设 1家钢铁厂，5 年之内投资 8 亿雷亚尔。北里奥格兰德州近年已获得国内 120 家企业的投资。自 1995 年至 1996 年 8 月，整个东北部地区共新开张 633 家企业，投资总额为 62 亿雷亚尔，两年之内创造了 8.4 万个就业机会。Kaiser 和 Brahma 啤酒厂、Vicunha 和 Coteminas 纺织厂，以及制鞋厂、塑料包装厂、易拉罐厂、造纸厂、纤维和化学工厂等，纷纷放弃东南部各州的"老巢"而到东北部建厂。因此，"不知不觉，巴西经济的丑小鸭（东北部）在最近两年已经来了一个大跃进"。①

　　在农业方面，生产力布局的内地化表现为农业边疆的扩大。东北部圣弗朗西斯科河谷一带地区，以灌溉和新技术使该地区已成为巴西重要的热带水果产区。近年来，大规模机械化农业生产向中西部和亚马逊地区进军，取得了新的成果。巴西大豆的传统产区在南部，而目前已推至马托格罗索州与托坎廷斯河的北部和西北部边界。农业的发展致使许多小城市生机勃勃。如马托格罗索州北部的萨佩扎尔（Sapezail）小镇，至今在地图上仍然无名。因为它只有一年半的历史。它的街道还是土路。但是，它的经济活动异常活跃。1997 年萨佩扎尔地区的大豆产量达到 51 万吨，玉米 1000 吨，稻谷 450 吨，其销售额为 1.1 亿美元。该城人均国内生产总值达到 2.75 万美元。皮奥伊州是东北部一个穷州。但是这个州的里贝鲁贡萨尔维斯、乌鲁苏伊和大拜沙，自 1994 年以来已成为大豆和稻谷的重要产区，其产量每年翻一番。最近 3 年，来自南部和东南部的庄园主在西自马托格罗索州北部东至皮奥伊州一带地区，开垦了相当于比利时面积大小的一片土地，形成 1600 公里长的农业边疆。在这片土地上广泛种植大豆、水稻、玉米、棉花，饲养牲畜。据巴西农业部估计，生活在这一农业带从事生产的人口在百万以上。

---

① 《请看》1996 年 8 月 21 日。

二

巴西生产力布局内地化趋势为多种因素所促成。

第一，联邦政府以优惠政策鼓励国内外企业到内地投资设厂。如1996年年底曾采取措施，以税收减免的办法刺激外资去东北部、北部和中西部发展汽车工业。采用这一办法并非始自今日。在六七十年代，一些地区开发管理局（如东北部地区开发管理局）就是以财政刺激的办法，力图加快落后地区的开发。如今这一政策仍在延续执行并扩大实施范围。

第二，各州政府竞相向国内外企业提供优惠条件，吸引它们到内地投资。比如，地方政府负责改善基础设施，赠予土地，参与新建企业股份，特别是在赋税方面，给予极大的优惠。例如，马拉尼昂州提出10年之内免除95%的商品与劳务流通税。此外，还向新建工厂提供土地等基础设施方面的优惠条件，塞阿拉州除了在15年内免除商品与劳务流通税外，还为新企业培训职工。该州州长塔索·热雷萨蒂说："我给予他们一切，此外，还要向来这里投资的企业家献上一束花。"[①] 不仅贫穷的东北部各州以此办法吸引外资，经济发达的各州也如法炮制。从而，近年来在巴西上演了所谓州际赋税战。结果其副作用也是明显的。地方税收的流失，以及因此地方财政亏损转嫁给中央，成为巴西联邦政府巨额财政赤字的原因之一。

第三，企业为寻求低成本而乐于向内地投资。对巴西本国企业而言，这是国家经济对外开放、特别是"雷亚尔计划"实施的后果之一。一般而言，内地职工工资低，工会力量相对薄弱，

---

① 《请看》1996年8月21日。

有利于企业降低产品成本，增强产品在国内外市场上的竞争力。南里奥格兰德州工人的平均工资为 400 雷亚尔，而塞阿拉州的工人工资只有 180 雷亚尔。圣保罗地区因工资相对较高，正在失去全国纺织工业中心的优势地位。圣保罗的全国大纺织企业之一Victmha 正在塞阿拉州、北里奥格朗德州和伯南布哥州等地投资设厂。这是该企业面对中国纺织品的竞争而采取的策略。米纳斯吉拉斯州的 Coteminas 纺织企业已将其生产逐渐北移。它在北里奥格朗德州的工厂所生产的女用内衣，其成本已低于从中国的进口品。纺织企业的北移刺激了东北部棉花生产的恢复和当地纤维工业的发展。一家投资 15 亿雷亚尔的纤维工厂正使巴伊亚州南部昔日的渔村变成繁荣的城市。南里奥格兰德州是巴西传统的制鞋工业基地。Grendene 是该州的一家制鞋企业，自 1991 年以来它在与中国鞋类产品的竞争中败下阵来。后来将其主要工厂迁至东北部。全公司 1 万名员工，其中 70% 已在塞阿拉州。Dakota、Paqueta、Vuleabras 等制鞋企业也纷纷迁往东北部。

第四，内地市以联合求发展，加速当地工农业建设。里约热内卢州的山区与弗洛米南斯中、北部地区共计有 14 个市。它们拟议共同组成山区共同市场。这 14 个市虽然发展程度不一。但基本上属于贫困市，其国内生产总值仅占该州的 4%。拟议中的山区共同市场将在各市之间统一税收标准，以便促进它们之间的经济往来、技术交流和吸引外资。利用优势而互补，以达到各市单独发展所不能迅速取得的成果，是促进贫困地区共同发展的创造性办法。

第五，南方共同市场的运作促进了巴西生产力布局的内地化。1991—1994 年，巴西东北部地区向南方共同市场的出口额增加了 1 倍。巴西东北部的经济同南方共同市场国家的经济均有较强的互补性（特别是其中的阿根廷在工业与农牧业方面与巴西东北部地区关系密切）。市场的扩大，自然而然地促进了地方经济的发展。现在，巴西外交部已在伯南布哥州建立了该部第一个地区贸易办公室，旨在通过扩大与南方共同市场国家的贸易加快东北部地区的经济发展。一些跨国公司也试图利用南方共同市场的关税政策求其发展。因此，巴西某些地理位置优越的内地城市便成为它们在巴西建厂的首选之地；同时亦导致南部、东南部一些发达州的生产力布局趋向内地。法国的雷诺汽车公司在巴西建厂，选择巴拉那州的圣若泽 – 杜斯皮尼艾斯作厂址的一个重要原因是该地距巴拉那瓜港仅 80 公里。这样，可以方便它同南方共同市场国家的联系。另外一个原因是，巴拉那州同阿根廷有共同边界，该公司亦在阿根廷建设新厂。大众汽车公司选择里约热内卢州的内地城市雷森迪设厂，也充分考虑到它的地理位置便于通过塞佩蒂巴港与南方共同市场国家联系这一因素。

（原载《拉丁美洲研究》1997 年第 5 期）

巴西金融动荡对经济的影响

一 金融形势三次动荡

自 1997 年 7 月东亚金融危机爆发至今，巴西金融形势已经历三次动荡。最近一次起始于 1999 年 1 月。当月 13 日，巴西政府决定中央银行行长易人，由弗朗西斯科·洛佩斯取代古斯塔沃·佛朗哥[①]。后者在任不过 20 个月。与此同时，调整本国货币雷亚尔（Real）与美元的兑换率。汇率幅度由原来的 1 美元比 1.12—1.22 雷亚尔扩展至 1 美元比 1.2—1.32 雷亚尔，雷亚尔贬值 8%。由此引起巴西股市剧烈下浮，并对拉丁美洲、美国、欧洲以及亚太地区股市产生严重影响，形成所谓"黑色星期三"。在随后的 4 天之内，资金抽走约 50 亿美元。1 月 18 日，巴西中央银行迫于形势恶化，正式宣布，汇率由市场调节，金融当局只在出现雷亚尔对美元汇率过度浮动的情况下才进行有限度

---

① 弗朗西斯科·洛佩斯上任不足一个月，2 月 2 日被解职，由阿米尼奥，弗拉加接任。

的暂时干预。此后，雷亚尔虽然还在贬值，外汇仍在流失，但金融形势恶化的势头得以控制。在 1 年半左右的时间里，巴西金融形势第三次处于动荡状态，令国际社会普遍关注。

1997 年 10 月，由于受东亚金融危机的影响，巴西金融形势一度处于先前少有的动荡状态。当月 23 日圣保罗股价指数受挫 8.15%，致使 31 家证券上市企业的损失合计达 234 亿雷亚尔。10 月 27 日圣保罗股市崩盘创 1990 年以来历史纪录，下跌 14.97%。3 天之内外汇资金流失 56 亿美元，外汇储备一个月之内损失 83 亿美元。为此，巴西政府于 11 月 10 日颁布了以开源和节流为目的的财政一揽子措施，计 51 项内容。诸如提高所得税税率 10%，以使在未来的一年里，国家增收 10 亿雷亚尔[①]；削减国家开支 15%；除卫生、教育、社会保障和土地改革部门外，其他部门都要不同程度减少支出，以达到节约 17 亿雷亚尔的目的；压缩政府机构岗位 7 万个，精简工作人员 3300 人，由此可少支出人头费 15 亿雷亚尔[②]。51 项措施颁布后，卡多佐总统发表电视讲话承认，"措施是严厉的"，但不得已而为之。巴西金融形势动荡因此而得到控制并逐步有所好转。

1998 年 8 月以来，由于受俄罗斯金融危机影响，巴西金融形势再度动荡。股市持续下跌，资金外流严重。国家外汇储备由 740 亿美元降至 450 亿美元。在这种情况下，巴西政府又采取了相应措施。这次所采取的措施特点是"少而深"。即措施虽然不多，但涉及一些关键问题，如对社会保障开支的限制就是一个例子。在这方面的规定是以增加在职职工和退休职工社会保障基金的缴纳份额解决入不敷出的问题，并且对各州社会保障基金的开

---

① 1997 年 11 月 11 日，1 美元 = 1.049 雷亚尔。

② 巴西《环球报》1997 年 11 月 11 日。

支封顶。一个州若用于社会保障基金的支出超过其收入的12％，就要削减退休金或增加缴纳份额。另外，对联邦政府各部的开支也进行封顶。与此同时还采取了吸纳外资的措施①，其形势取得好转。

以上三次金融形势动荡具有的特点是：诱发前两次金融形势动荡的因素在外部。换言之，东亚和俄罗斯金融危机的外部影响加上巴西经济的内在不利因素导致金融形势动荡。由1999年1月13日开始的金融形势动荡，是由巴西内部因素引发的。但三次金融形势动荡具有共同的、深层的内在原因。至于其外部原因，显然是金融全球化对它所产生的负面影响。

二 金融形势动荡的内因

依据通常的说法，巴西的雷亚尔计划（Plano Real）自1994年7月1日开始实施。当时引进以计划名称为名字的新的货币雷亚尔。雷亚尔计划是一个以反通货膨胀为目标的经济稳定计划，是巴西现任总统费尔南多·恩利克·卡多佐于1993年12月提出的。卡多佐总统时任伊塔马尔·佛朗哥总统内阁财政部长。这一计划与巴西以往的经济稳定计划之重要差别在于，它不采用传统的冻结物价和工资的做法。该计划的基本方案是控制财政开支，加速国有企业私有化进程并通过提高利率控制消费需求过度增长，以不增加进口迫使本国产品价格下降，等等。雷亚尔计划实施以来取得了明显的成果。1993年通货膨胀率曾高达2498％，1994年为941.19％。此后，呈急剧下降趋势，1998年降为2.6％，从而结束了持续多年的恶性通货膨胀。由于恶性通货膨

---

① 巴西《考查》1998年11月4日。

胀的结束，普通百姓的工资购买力免受过大的损失。以美元计的
最低工资购买力由 1993 年的 66 美元提升至 1998 年的 100 美
元①，在雷亚尔计划实施期间 1300 万人因收入提高而脱贫。此
外，由于宏观经济形势稳定和实行经济对外开放政策，巴西企业
的竞争意识得到增强，广泛采用先进技术提高了生产力水平。有
统计表明，最近 3 年，巴西装配线的机器人数量增加了两倍。然
而，结束恶性通货膨胀的深远意义还在于国家的增长方式因此而
得以转变。依巴西中央银行前行长古斯塔沃·佛朗哥的说法，通
货膨胀主义（inflacionismo）就是印发钞票以资助公共投资。国
家的发展进程是建立在对穷人征税的基础之上。因此，数 10 年
来巴西成为世界上国民收入分配最不公平的国家②，雷亚尔计划
的实施改变了这种状况。

然而，雷亚尔计划实施的结果也给巴西经济运行带来了诸多
问题。其中与反通货膨胀政策相关的三个因素，即高利率、高财
政赤字以及国际收支经常项目连年赤字等是造成巴西金融形势动
荡的重要内在原因。

雷亚尔计划的核心是稳定货币。为此而采取"货币锚"
（ancora monetaria），即高利率政策。由一研究机构（Trend Ana-
lises Econômicas）所做的一项调查表明，巴西利率之高位居世界
第 4 位。在 1996 年，银行间拆借利率（银行间市场利率）巴西
为 17%，仅位于俄罗斯（80%）、土耳其（74%）和委内瑞拉
（27.9%）之后。当年美国为 8.25%，智利 12.7%，阿根廷
5.25%，日本 1.73%。巴西借款支付的利息很高。消费者信贷
一年之内支付的月平均利息为 10.05%，折合年利率为

---

① 巴西《请看》1998 年 12 月 23 日。
② 巴西《考查》1998 年 11 月 4 日。

215.56%。诚然，高利率政策的实施起到了吸引外资的作用，同时亦能抑制消费欲望，减少对企业的贷款，促使企业以自有资本而不是依靠银行提供的廉价贷款来经营，因此有利于降低通货膨胀率。但是，高利率的负面作用也是非常明显的，它抑制了生产发展，成为国民经济增长缓慢和失业人数增加的一个重要原因。因高利率政策引起的外资流入增加，在一定程度上致使本国货币雷亚尔处于升值的压力之下。此外，高利率政策导致利息提高，加重了政府的财政负担，亦成为巴西财政形势恶化的重要原因之一。

　　雷亚尔计划实施以来存在的另一个问题是高财政赤字。1996年财政赤字占国内生产总值的 5.9%，1997 年为 6.2%，1998 年为 8%（估计数）。财政状况恶化，除高利率政策所致外，尚有另外多种因素起作用。政治民主的恢复（相对于 1964—1985 年军人统治而言），社会向国家提出了越来越多的要求。这些要求尽管是合法的，但国家的资金有限。有限的税收不能使国家进行宏大工程项目建设，同时，作为社会福利国家又要维持庞大的各项社会福利支出。这样，巴西联邦政府某些政策的运作，在社会利益集团的压力之下，只能负债进行。近年来，地方政府的负债也在增加，从而间接造成联邦政府债务加重。1994 年州与市的债务占全国内债 23.5%，目前约为 50%。但是，社会保障体制的缺陷被视为"财政赤字的主要源泉"。对社会保障体制冲击最大的是三级政府公务员的巨额退休金严重入不敷出。目前，巴西社会保障基金体制年支出约 990 亿雷亚尔，但收入仅为 514 亿雷亚尔。其亏空只能由政府以征税或负债来解决。

　　在雷亚尔计划实施过程中，与"货币锚"配合使用的是"汇率锚"（âncora cambial），即采用高汇率政策。高汇率政策表现为雷亚尔币值对美元长期高估。在 1994 年下半年一度高达 1

美元兑换 0.83 雷亚尔。美国麻省理工学院教授鲁迪格·多恩布希（Rudiger Dornbusch）早在 1996 年指出，雷亚尔币值高估约 40%。1998 年 8 月，俄罗斯金融危机爆发后，国际货币基金组织曾要求巴西政府将雷亚尔贬值 12%，没有得到同意。高汇率政策实施的意图在于促进进口，以使国内市场供应充足。如此操作，迫使本国企业努力降低生产成本以便同进口产品竞争，从而达到稳定市场物价的目的。同时，巴西政府亦将促进进口视为提高本国生产力水平的重要手段。巴西中央银行前行长古斯塔沃·佛朗哥认为，"为了创造提高生产率进程，改变市场结构是一项根本的办法"①。然而，高汇率政策使巴西的出口变得越来越困难。1985 年，巴西出口占世界出口总额的 1.4%，1995 年降为 0.89%。巴西参与世界贸易额 80 年代为 1%，到 1996 年仅为 0.85%。外贸结算自 1995 年以来连年逆差，致使国际收支经常项目赤字。1995 至 1998 年经常项目赤字占国内生产总值的比率分别为 2.6%、3.2%、4.5% 和 4.9%。当然，形成国际收支经常项目赤字的原因尚有所谓 "巴西成本"（Custo – Brasil）因素在起作用。

　　巴西政府虽然认识到上述问题的存在，但认为紧缩公共开支、控制货币发行、实行高利率和高汇率政策，必须在一个相当长的时期保持不变。理由是巴西目前尚不具备必要的条件像发达国家那样实行低利率政策和自由浮动汇率政策。高利率和高汇率政策实施的一个重要后果是巴西更加依赖外资，其中国际收支经常项目赤字的一半是由外国长期投资资本弥补的。对外资的依赖也带来另外一方面的严重问题。正如巴西著名政界人士、巴西进步党主席马鲁夫指出的，建立在利率基础上的人为的反通货膨胀

---

① 巴西《考查》1998 年 11 月 4 日。

措施使国家变成了投机资本的乐园。

巴西金融形势一再动荡还有其国内政治因素在起作用。巴西政府对雷亚尔计划实施过程中出现的问题，试图以渐进办法从根本上求得解决。为此提出包括行政改革、社会保障体制改革和税收改革在内的结构改革。因为改革涉及社会各阶层利益，所以改革方案在议会中多次受阻。巴西因此多次失去改革良机，雷亚尔计划实施过程中出现的问题因而不能适时解决，国家亦不能有力地应付世界金融形势变化所提出的各种挑战。时至目前，行政改革与社会保障体制改革虽已得到议会通过，但具体措施尚未出台。更为关键的税收改革因其难度更大，在议会中未能通过。

这次巴西金融形势动荡的起因是该国米纳斯吉拉斯州州长伊塔马尔·佛朗哥于 1 月 6 日宣布该州在 90 天内暂停向联邦政府支付 154 亿美元债务利息。这一决定被认为具有很浓的政治色彩。佛朗哥州长此举的主要目的之一是企图以此拉拢一些反对党州长同以卡多佐总统为首的联邦政府相对抗。伊塔马尔·佛朗哥曾任巴西联邦共和国总统（1992—1994），现任总统卡多佐曾任职佛朗哥内阁财政部长。为争取 1998 年总统大选获胜，佛朗哥曾一度与卡多佐争论谁为"雷亚尔计划之父"。他于 1998 年当选米纳斯吉拉斯州州长之后即表示要与联邦政府保持一定的距离。正是由于他公开宣布暂不偿还中央政府债务，导致投资者对巴西改革失去信心而撤走资金，并致使股市下跌。

三　不会是东亚金融危机重演

就目前巴西金融形势来看，尚不能认为已进入危机状态。雷亚尔贬值在以前已发生过几次。例如，1996 年 1 月 31 日，巴西全国货币委员会曾决定放宽利率幅度，雷亚尔贬值 7.07%，当时并未引起股市如此动荡。这次雷亚尔贬值8%却产生严重"桑巴效应",致使全球股市一度狂泻,显然与当前世界金融形势有极大关系。

1998年1月13日至2月1日,雷亚尔对美元已贬值40%[①],巴西金融形势动荡仍在持续。巴西中央银行前行长洛佩斯认为,大约需要3个月至半年时间,金融形势才会得以稳定。尽管如此,巴西目前的金融动荡不会成为1997年东亚金融危机的重演。其中原因是多方面的:

第一,自1994年末墨西哥金融危机发生后,巴西即开始注意本国金融形势。随着通货膨胀率的下降,巴西银行体制呈现脆弱性。国家银行倒闭是其重要表现。1995年巴西政府制定了鼓励重建和强化国家金融体制计划,以整顿金融机构。截至1996年8月,该计划已向银行贷款134亿雷亚尔,其中大部分资金用于资助城市银行收购国家银行[②]。通过整顿,17家银行被兼并,另有8家银行处于中央银行严格监管之下。对存在问题较大的州立银行进行私有化和转变经营机制。结果,巴西的银行体制比先前更加完善。有学者认为,巴西的财政状况虽然差于亚洲,但银行业的状况却明显优于亚洲。目前巴西银行的资本充足率达到国际水平,银行普遍盈利,银行机构和监管体系中外资参与程度较高,国际化水平较高,致使巴西具有抵御金融风险的能力。在财政方面亦着手进行改革。1998年10月28日,巴西政府颁布了财政稳定计划,旨在削减政府开支,增加税收,以实现国家财政和国际收支平衡。计划分为见效快的行动计划和需要时日实现的结构改革两部分。国际货币基金组织认为,巴西的财政稳定计划

---

① 阿根廷《号角报》1999年1月21日。
② 巴西《四月年鉴》1997年,第210页。

有利于它的稳定和增强抵御金融风险的能力。这项稳定计划已取得国会的支持。巴西参议院议长安东尼奥·卡洛斯·马加良斯认为，"国家的形势表明，议员们不应当在这个时候犯错误，也不应当再犯错误"①。言外之意，议会要积极支持政府的工作。近日议会已通过了政府提出的延长金融操作临时税3个月和创建公职退休人员社会保障税议案。

第二，1998年11月巴西政府已与国际货币基金组织达成协议。由该组织牵头，已为巴西筹集415亿美元贷款。在巴西本次金融动荡发生后，该组织向巴西拨付第一批贷款，并承诺随后拨付第二批。在巴西财长佩德罗·马兰与国际货币基金组织频繁接触中，该组织表现出对巴西形势的关切。近日它要求巴西制定新的财政调整计划，主要内容是要巴西加快国有企业私有化进程，包括巴西石油公司、巴西银行和联邦储蓄银行等大企业均被建议列为私有化的名单之内。此举表明，在相关前提条件下，国际货币基金组织仍给巴西金融形势以极大关注。

第三，巴西的经济形势与美国的切身利益密切相关。目前，美国在巴西拥有270亿美元直接投资；包括巴西在内的拉丁美洲是美国的重要出口市场，占其出口总额的20%。巴西的经济形势恶化可能间接影响美国的利益。正如美国联邦储备委员会主席艾伦·格林斯潘指出的，巴西当前的局势及其蔓延至其他新兴市场国家并导致那里的需求下降，同样可能给美国造成需求萎缩的风险。显然，美国不能不因本身的经济利益而关注巴西目前金融形势发展。此外，美国正在与拉美国家商谈组建美洲自由贸易区问题，美国有意加快组建进程。对美国而言，巴西在其谈判对手中居于关键地位，巴西经济形势恶化显然对此事极为不利。这正

---

① 巴西《商报》1999年1月26日。

是克林顿总统对巴西金融动荡表示极为关切的原因。在适当的时候美国会有适当的举措。

第四，近年来巴西的实体经济有很大变化，对外开放的结果在一定程度上提高了生产力水平。诸如汽车、航空、钢铁、电信、食品和建筑等重要行业的生产率年增长在 2 位数字左右。此外，工业生产力布局呈现内地化趋势。为降低生产成本，提高国际竞争力，一些企业纷纷从经济发达的里约热内卢、圣保罗、贝洛奥里藏特三角地区向经济欠发达的东北部、中西部地区转移，因而促进了上述地区生产发展和就业增加。国民经济在空间发展方面呈现活力。巴西具有一定实力对抗外来冲击。它丰富的自然资源和潜在的巨大市场仍对外国投资者具有极大的吸引力。这正是它名列中国之后，成为发展中国家吸收外国直接投资最多的国家之一的原因所在。

四　巴西金融动荡的国际影响

这次金融动荡对巴西本身的影响是显而易见的。事件发生之前，一些知名的银行和咨询机构已对巴西 1999 年经济表现做过悲观预测。较为一致的意见是，国内生产总值增长为负 1%—2%，J. P. 摩根（J. P. Margan）机构甚至提出 - 4.3% 的预测①。金融动荡发生之后，国民经济增长进一步下滑是肯定无疑的，由此而使社会问题严重性加剧也是意料之中的。不仅如此，它还将给世界经济发展带来一定的影响。巴西是世界第 8 经济大国，在发展中国家里其经济规模仅次于中国。尽管它的对外贸易额占世界不到 1%，但它与世界有广泛的经贸联系。它的金融体

---

① 巴西《考查》1998 年 12 月 23 日。

系早已国际化。因此，它持续一段时期的金融动荡必然对世界不同地区和国家产生不同程度的影响。

受其影响最大的将是拉美国家。巴西的国内生产总值占该地区国内生产总值的 1/3 强，从拉美进口占其进口总额的 20% 左右，对拉美出口占其出口总额的 23% 左右。在拉美地区中，南方共同市场国家因巴西金融动荡会受到更大损失，阿根廷尤甚。1997 年巴西与南方共同市场国家贸易额已超过 180 亿美元。巴西是阿根廷的第二大贸易伙伴，近年来在双边贸易中，阿根廷基本上处于有利的顺差地位，巴阿双方还互有较大规模的投资。巴西经济衰退，它作为拉美出口市场的容量将减小。与此同时，由于雷亚尔贬值，拉美国家的商品向巴西出口更为困难，拉美国家的经济增长将受到抑制。就具体国家而言，其差别在于程度不同而已。

巴西的金融动荡也可能殃及美国。巴西是美国的重要出口市场，接受美国大约 10% 的出口产品。美国各银行在巴西拥有约 370 亿美元的债权。对巴西债务人来说，雷亚尔贬值后，债务负担变得更重，增加了美国债权人的风险。与此同时，因雷亚尔贬值因素的作用，使美国向巴西出口不利，其企业盈利会减少。有人估计，巴西本次金融动荡可使美国的经济增长减少 1 个百分点。

巴西是中国在拉美最大的贸易伙伴，两国在经济与科技领域也有一些正在进行的合作项目。但相对而言，其规模是有限的。1997 年中巴两国贸易额达到创纪录水平，但也只有 25 亿美元。从这一角度考虑，巴西的金融动荡，不会对中国产生很大影响。然而，若从我国将拉美列为即将开拓的重要出口市场这一视角着眼，巴西目前的形势给我们提出了新的课题。巴西经济会在一个不短的时间里处于委靡不振状态。此外，它的货币贬值因素在起作用，将使中巴贸易中中方所处的逆差形势更加严重。整个拉美地区因受巴西金融动荡影响而形成发展乏力的经济形势，显然对中国在该地区开拓市场是极为不利的。

五　两点启示

巴西三次金融动荡给我们的启示是多方面的。本文就以下两个问题提出来讨论。其一，就巴西使用的反通货膨胀措施而言，实施以汇率为基础的反通货膨胀计划时，应采用财政措施予以密切配合。理论与经验表明，财政和金融手段，是政府执行经济政策、控制全国经济活动的两大"杠杆"。对于任何一个政府来说，要想有效管理现代复杂的经济活动，金融和财政这两种工具，缺一不可。巴西的问题不是忽视财政手段，而是迫于条件的限制，在运用金融手段时不能同时采用财政措施予以密切配合。作为雷亚尔计划实施的前提之一，时任伊塔马尔·佛朗哥内阁财政部部长的卡多佐，于1993年12月即提出财政调整措施。主要内容是增加税收15%，把所征税款的15%拨付给当时建立不久的紧急社会基金（Fundo Social de Emergência）；削减政府投资的人头费，总计70亿美元。卡多佐于1995年就职总统之后不久，又先后向议会提出进行行政、社会保障体制和税制改革，旨在采取有力的财政措施支持雷亚尔计划实施，并尽快使国民经济恢复增长。但正如前文提到的原因，改革方案迟迟得不到通过。巴西最终陷入金融动荡之中。

其二，在中央与地方关系方面，应加强中央的权威性。巴西宪法虽然对地方政府的政策实施有诸多的明文规定，但执行起来打折扣的情况很多，国家的利益、全局的利益往往因此而受损。1998年巴西联邦政府已与24个州就债务问题达成协议，并且特别规定，10 月大选后新上任的州长必须依法执行。然而，新州长就任不足 3 个月，就发生了伊塔马尔·佛朗哥州长宣布不按时偿还拖欠中央的债务利息问题，成为本次巴西金融形势动荡的导火索。这一情况令人深思。

（原载《世界经济》1999 年第 4 期）

巴西生物燃料开发战略构想与实践

　　生物燃料是以生物质为原料所生产的燃料，主要包括乙醇和生物柴油。目前巴西的生物燃料产业，特别是在乙醇的生产和使用方面具有明显的优势。由于广泛开发和使用包括生物燃料在内的可再生能源，巴西已显现出优化的国家能源结构。在它的能源结构中，尽管其不可再生能源（包括原油及石油产品、天然气、煤和铀等）仍占主导地位（55.6%），但可再生能源比已达到44.4%。它远远高于世界同类指标的平均水平（13.2%）。巴西的能源结构显示，它是世界上清洁能源占比最高的国家。①

　　全球的能源形势是化石燃料资源趋于枯竭，"石油峰值论"已频频被提及。有专家估计，全球石油储量的使用年限可能还有40余年。煤炭储量的使用年限为150年。天然气储量的使用年限为60余年。同时，由于必须减少温室气体排放而遏制地球气候变暖趋势，从而促成现有能源结构的转变，不断开发和使用包括生物燃料在内的可再生能源。巴西在生物燃料的开发方面具有

① 巴西外交部：《生物燃料在巴西的发展——现状和前景》，巴西驻华使馆2008年版，第16页。

得天独厚的自然条件。不仅如此，由于其开发历史较长，因而具有技术优势并积累了较丰富的管理经验。前总统卢拉说："在 20 年之内，巴西一定成为地球上能源大国。"[1] 巴西前农业部长认为，巴西有条件将世界由"石油文明"引向"生物能源文明"。[2]

巴西开发生物燃料的战略构想是：减少对石化燃料的依赖；增加经济效益和减少温室气体排放；增加就业，提高落后地区人口收入，促进地区平衡发展；实行"乙醇外交"，提升巴西的国际地位。巴西的上述构想是依据当前的世界能源形势以及本国的国情而产生的。它的实践已取得国际公认的成果，但亦存在某些问题。

一　巴西开发生物燃料的基本情况

（一）乙醇

乙醇是通过糖分发酵产生的。可以以低浓度的乙醇与汽油混合，以延长燃气供应、提供燃料的氧气含量而不需要对发动机作任何改动，也可以在改进型车辆中以较高浓度（10%—20%）的乙醇与汽油混合燃烧。目前，在全世界车用燃料中，乙醇至少占 40%，发达国家还在提高乙醇的使用比例。美国目前为 4%，但政府希望到 2017 年乙醇要替代 20% 的汽油。欧盟原为 2%，但自 2010 年起，在使用的汽油中已混合 5.25% 的乙醇。日本目前的使用比例为 3%，到 2030 年，乙醇要替代 20% 的汽油。自 2000 年以来，全世界的乙醇产量以每年约 14% 的增长率递增。

---

① http：//www.agenciabrasil.gov.br.

② http：//www.agenciabrasil.gov.br/noticias/2006.

巴西在乙醇的开发和利用方面居世界领先地位。乙醇在该国得到广泛的利用。由于其自然条件优越、技术先进,它的乙醇产业拥有巨大的发展潜力,可以在世界新能源模式的确立中起到石油时代类似沙特阿拉伯的作用。巴西因此被舆论称之为"乙醇沙特阿拉伯"(Arabia Saudita do Etanol)。巴西的乙醇产量占世界产量37%,居世界第一位。美国占33%,居世界第二位。中国居第三位,但其产量仅占世界产量9%。乙醇作为汽车燃料在巴西得到普遍利用。在其国内出售的汽油约含有25%的乙醇。目前,在巴西纯汽油燃料基本停止销售。可以使用乙醇同汽油混合或单纯使用乙醇燃料的汽车,称为弹性燃料汽车(veiculos flex fluel)。这种汽车的使用在巴西得到普遍推广。

到20世纪80年代中期,以乙醇为燃料的汽车占了巴西汽车总销售量的96%。可以使用汽油和乙醇的任何组合的弹性燃料汽车的生产始于2003年。通过这一举措,巴西乙醇市场得到进一步扩大。巴西目前15%的轻型汽车完全使用乙醇燃料,其他85%轻型汽车的燃油中强制掺加25%的乙醇。轻型汽车使用乙醇作燃料已占燃料消耗的40%。每年使用乙醇燃料大约110亿升。巴西对乙醇的使用已突破陆上交通运输界限。它已有300余架小型飞机以乙醇为燃料飞行。巴西航空工业公司(Embraer)是世界上第一家以乙醇作燃料飞行的飞机制造商。此外,巴西正在开发所谓"酒精化学"(quimica do alcool)。它的第一个成果将是"绿色汽车"的问世。绿色汽车的一切塑料部件都将来源于乙醇,而不是石油。2005年巴西乙醇产量为160亿升。据估计,2015年将达到368亿升,是10年前的2.3倍。自20世纪70年代实行"国家酒精计划"(Proalcool)以来,巴西已节省了780亿美元的石油进口费用,并创造了150万个直接就业和450万个间接就业岗位。自那时以来,巴西已消费了3250亿升乙醇,

减少向大气排放 CO_2 6.44 亿吨。巴西乙醇产业的开发和利用已获得明显的经济效益和社会效益。

不同于美国以玉米为原料生产乙醇，巴西乙醇是以甘蔗为原料生产的。甘蔗是一种可以以最低成本生产蔗糖和乙醇的原料。因为在生产乙醇的过程中所需的燃料来自生产本身所产生的废料。每吨甘蔗的潜在能量相当于 1.2 桶石油。以有效燃烧甘蔗渣和干叶的办法，工厂所需能源可以完全自给自足并有剩余能源对外供应。"巴西用甘蔗来生产乙醇也被认为是低排放的，因为整个生产过程中使用的燃料是废渣，因而所排放出来的 CO_2 被认为是能够抵消甘蔗在生长过程中所吸收的 CO_2。"[①]

巴西国内的甘蔗种植面积约为 9713 万亩，其中 82.5% 位于中南部地区。用来生产乙醇的甘蔗占巴西甘蔗总收成的 50.5%，生产乙醇约为 200 亿升。甘蔗的种植面积仅占巴西农田总面积的 10%。除现有的 62 万平方公里农田外，无须砍伐森林可以再开垦 10 万平方公里，用于增加乙醇产量满足消费增长的需要。甘蔗种植在巴西具有悠久的历史。甘蔗原产于印度。它经地中海、大西洋逐渐传播到世界各地。巴西的首批甘蔗芽是 1502 年从葡属马德拉群岛引进的。16 世纪 30 年代之后，甘蔗种植与制糖业在巴西取得了巨大发展。甘蔗种植在历史上不仅促进了领土的实际占领，而且产生了重大的经济意义与社会意义。而今由于以它为原料可以生产绿色能源，从而在巴西能源模式的转换中甘蔗又将发挥重要作用。同时，以甘蔗为原料所生产的生物燃料的出口，以及在这方面的国际合作，必将提升巴西的国际地位。

---

① 皮埃尔·雅克等主编：《看地球 2010——城市：改变发展轨迹》，潘革平等译，社会科学文献出版社 2010 年版，第 218 页。

（二）生物柴油

生物柴油作为一种特殊的生物燃料，它是从各种脂类物质及饱和与不饱和脂肪酸中提炼而来的。在 2005 年 1 月巴西政府所颁布的法令中，将生物柴油定义为巴西能源结构中的新燃料。巴西拥有许多种类油料作物，可作为原料从中提炼生物柴油。诸如大豆、蓖麻、棉花、向日葵、棕榈、花生等。生产和应用生物柴油具有明显的优越性：首先是生产原料廉价；其次，种植某些原料作物，有利于土壤优化，因为采取作物轮种的方式，能改善土壤状况，调整土壤养分，可以挖掘土壤增产潜力；再次，生产生物柴油过程中所产生的副产品具有经济价值；最后，环保效益显著。生物渣燃烧时不排放二氧化硫，排出的有害气体比石油柴油减少 70% 左右。目前，巴西在生物柴油生产方面不居优势，而居世界前列的是德国、法国和意大利。巴西政府对生物柴油的开发和利用持积极的态度。巴西政府还将生物柴油的开发与社会包容计划（Programas de inclusao social）和地区发展计划联系在一起，使生物柴油的开发具有重要的社会意义。目前，巴西已拥有 25.8 亿升的生物柴油生产能力。巴西现有得到国家石油管理局（Agencia Nacional do Petroleo - ANP）批准运营的生产生物柴油的工厂计 13 家，另有数十家工厂在建设之中。由于本国生物柴油的生产和应用，巴西可以年节约进口柴油费用约 3.5 亿美元。

二　生物燃料发展历程

（一）争取能源独立的民族精神

巴西政府历来重视能源发展。巴西人在掌握国家能源资源，积极发展本国能源产业方面一贯表现出强烈的民族主义精神。他们敢于探索，勇于创新，在新能源的开发方面走在世界的前列。在 20 世纪 50 年代，巴西国内曾掀起声势浩大的捍卫国家石油资源的运动。"石油是我们的"口号将全国各阶层人士凝聚起来。在当时形势下，瓦加斯政府于 1953 年 10 月成立了国营巴西石油公司。国家对石油勘探、开采和生产实行垄断经营。为探明国家石油储量和分布，巴西政府聘请多位外国专家到巴西工作。其中包括美国人沃尔特·林克（Walter Link）。他向巴西政府提出了所谓的"林克报告"。报告断言巴西陆上石油储量极为有限，不可能达到石油自给自足的目标。沃尔特的结论只有前半部分被事实所证明，而巴西石油自给的目标已在 2006 年 4 月实现了。巴西人在美国学者的结论面前并未止步不前。巴西石油公司不间断地增加技术与资金投入，并将找油的重点区域由陆上转移至海上大陆架。结果于 1968 年终于在塞尔希培海域发现了油田。随后在坎波斯湾等地陆续发现石油。巴西石油公司的深海探油技术与时俱进，其水平已居世界前列。在巴西石油业的发展过程中，管理体制的不断调整和改进对石油自给自足的实现也发挥了极大作用。其中包括在 20 世纪 70 年代所实行的风险合同制，以此引进外国企业参与巴西石油勘探，以及随后在卡多佐总统第一届任内实行经济对外开放政策，完全放弃石油业的国家垄断。目前，巴西日产石油 180 万桶。如果加上巴西石油公司在国外的石油和天然气产量，共计日生产石油 220 万桶。从 20 世纪 70 年代 80% 国内消费的石油依赖国外，30 余年后达到自给的目标，这是一项伟大的成绩。

（二）乙醇的开发历程

起始，巴西甘蔗乙醇行业的兴起与发展主要归于两方面因素的促进：一是为了缓解当时制糖工业危机，二是为了降低对进口石油的依赖。在巴西将燃料酒精作为汽油的添加物使用可以追溯到 20 世纪 20 年代。1925 年，巴西首次开展生物燃料试验。但是仅仅在 30 年代，随着 1931 年 2 月 20 日第 19717 号法令的颁布，由甘蔗生产的乙醇才被政府正式确认为汽油的混合物。1975 年"国家酒精计划"（Programa Nacional do Alcool – Proalcool）的颁布，是巴西乙醇业发展的里程碑事件。该计划实施的目的是将乙醇混合汽油引进市场机制，同时促进以乙醇为动力的汽车开发。总之，为乙醇业发展创造必要条件，促使巴西的乙醇工业成为世界上先进的工业部门。通过乙醇工业的发展使国家取得经济、环境以及社会效益。自 1975 年至今，巴西乙醇业的发展大致可以划分为四个时期。

第一个时期，1975—1979 年。这一时期乙醇业发展直接受到国际石油价格上涨的推动和国际市场糖价下跌的影响。在这种形势下，巴西政府决定大力发展以甘蔗为原料的乙醇生产，以达一石双鸟的目的：减少对进口石油的依赖和稳定国内糖价。第二个时期 1979—1989 年。这一时期被认为是"国家酒精计划"执行最好的时期。其特征是政府实行了一系列旨在鼓励乙醇生产的政策与措施，它使从乙醇生产者到产品最终消费者都因此而受益。乙醇生产和销售得到进一步发展。第三个时期 1989—2000 年。因受到新自由主义思想的影响，原由政府出台刺激乙醇业发展的一套措施相继解体。在 1990 年，成立于 1933 年的糖醇研究所（Instituto do Acucar e do Alcool – IAA）被取消。该研究所在近 60 年的时间里管理着国家糖醇业市场。由于当时国际油价重新回落，政府便逐步将开发乙醇业决定权交给私人企业。该行业的规划、生产和贸易决策权从政府向私人部门转移。由于政府给该部门的补贴取消，结果使作为燃料的乙醇产量到 20 世纪 80 年代末明显下降。1993 年，政府出台指令，要求加油站在销售的汽油中必须添加乙醇，乙醇生产得到复苏。第四个时期是从2000 年起到现在。在这一时期里政府加大了对"国家酒精计划"的执行力度，并于 2002 年国家放弃了对乙醇价格的控制。结果，乙醇行业对市场需求变化的反应比对政府引导的反应更灵敏。在2003 年，灵活燃料汽车正式进入市场，同时由于受到国际原油价格上涨的刺激，该行业重新掀起投资热潮，扩大生产并积极进行技术创新。巴西现在可以高效、持续地生产甘蔗乙醇，其销售价格具有竞争力。

乙醇行业的发展与乙醇市场的开发是并行的。适应新型燃料而改进汽车发动机从而生产新型汽车，对扩大乙醇燃料市场起到至关重要的作用。"国家酒精计划"实施后，巴西的汽车工业便开始调整技术来适应新型燃料的需要。在这方面，巴西汽车制造商做了积极有效的工作。它们在各级行政机构和科研院所，以及大学的支持下，把原本使用汽油的车辆迅速改造为能使用乙醇含量较高的同汽油混合作燃料的新型汽车，并设计出能完全使用乙醇燃料的发动机。在自 1979 年至 1993 年期间，巴西共生产出500 多万辆使用乙醇燃料的汽车。2003 年双燃料汽车即所谓的灵活燃料汽车的诞生，成为巴西替代燃料市场上的里程碑事件。灵活燃料汽车并不是巴西的发明。早在 20 世纪 80 年代，这类汽车在美国已经出现。巴西人在此基础上对发动机进行了重大改进，使之成为轻巧的低成本汽车，这更适合巴西国情。

（三）生物柴油的开发历程

生物柴油作为燃料使用在世界范围内具有较长的历史。1937 年，比利时人沙巴纳（G. Chavanne）申请了把植物油转化成燃料的专利。目前的生物柴油正是用这种方法生产的。

巴西自 20 世纪 70 年代开始试验并研究从植物油中提炼燃料。
1977 年帕伦特（E. Parente）申请了首个生物柴油生产工艺
的专利。但在巴西实际的生产过程开始于 80 年代，当时政府
制定了有关开发生物柴油的计划，诸如 1982 年所颁布的
《植物燃料油国家计划》（Programa Nacional dos Oleos Vege-
tais）。2003 年 7 月 2 日颁布了一项总统法令（Decreto Presi-
dencial），据此建立了一个工作小组——生物柴油部际工作组
（Grupo de Trabalho Interministeral）以研究在巴西利用生物柴
油的经济、社会和环境方面的可行性。随后相继举行了一系
列意见听证会。听取了有关研究机构、大学、植物油制造商、
农民和农业工作者、汽车制造商、汽车零件生产商，以及地
方政府立法机构代表们的意见。最后于 2003 年 12 月向政府
提出了开发生物柴油的"总结报告"。报告提出生物柴油开
发会对巴西解决一系列重大问题作出贡献。2004 年 12 月 6
日颁布"生物柴油生产与利用国家计划"（Programa Nacional
de Producao e Uso do Biodiesel – PNPB）。该计划由国家石油、
天然气和生物燃料管理局（Agencia Nacional do Petroleo, Gas
Natural e Biocombustiveis – ANP）负责管理和执行。该计划旨
在通过一系列激励措施使生物柴油的生产和利用向市场机制
转变。2005 年，为了鼓励生物柴油的使用，巴西政府又通过
了第 1107 号法令。该法令强制规定生物柴油与石化柴油混合
使用，确定了授权混合和强制混合的过渡期。规定用 8 年的
时间，即到 2013 年，在所有出售的柴油中至少添加 5% 的生
物柴油。从 2008 年起，巴西出售的所有柴油燃料中必须含有
2% 的生物柴油。并有可能在此后的时间将混合的比例提高至
纯生物柴油（B100）的目标。

三　社会效益

产业的开发要达到"包容性增长"的目的。这是近几年巴西提出的发展方式。包容性增长的概念是由亚洲开发银行在2007年首先提出的。该行当时的一份报告提出要把对社会关注的重点从应对严重的贫困挑战转向支持更为包容性的增长。[①] 包容性增长（Inclusive Growth），在巴西的官方文件和新闻媒体以及学术论文中，表述为 Inclusao Social。其概念的含义不但包括社会学，而且也包括经济学方面的内容。意指在国家发展进程中，要反对社会排斥（Exclusao Social），即反对"主导群体已经据有社会权力，不愿意别人分享之"的社会现状，要使所有社会成员都能够无障碍地融为一体。为达到这一目标，增加弱势群体的就业机会和收入，是非常重要的途径之一。

（一）　增加就业机会

以甘蔗生产燃料酒精，即乙醇和以各种脂类物质及饱和与不饱和脂肪酸为原料生产生物柴油，虽然早已有之，但作为国民经济的产业而论，都是新兴的。生物燃料产业在巴西的开发从诸多方面增加了社会就业机会。其一，产业链的上游以甘蔗种植和以油料作物的采集与种植为特征，属于劳动密集型产业。因此可以吸收大量劳动力，特别是简单劳动力。其二，生物燃料的兴起带动了一系列新工业部门和就业岗位的出现。比如弹性燃料汽车的研发即意味着新的就业岗位的产生。其三，巴西生物燃料的开发不以国内市场为单一目标。出口生物燃料产品和技术，使之成为

---

① 参见《中国社会科学报》2011年7月5日。

21 世纪世界新型的能源大国，是巴西发展生物燃料产业的重要
战略目标之一。由此而使就业机会增加。其四，由于生物燃料产
业是新兴的，因此也是不断发展的产业。仅就乙醇业而言，到
2030 年，其产量要达到 665 亿升，因此尚需增加种植面积 1390
万公顷。从而使就业岗位处于不断增加的态势。据巴西劳动与就
业部统计数据，2005 年该国的甘蔗、蔗糖和乙醇行业共有从业
人员 982604 人。巴西政府为生物燃料发展所确立的目标之一就
是创造就业。这一目标的确立是现实的。

（二）社会燃料证书（Selo Combustivel Social）

巴西政府于 2005 年 5 月 16 日颁布第 11116 号法令，建立社
会燃料证书机制。旨在以鼓励生物柴油生产商的方式将落后地区
的贫困农民的生产活动纳入国家生物燃料生产链之中。该证书由
土地发展部颁发给拥有特许制造和销售权的生物柴油生产商。已
有 10 家相关企业在社会燃料证书制实行的当年从总统手中接过
证书。得到社会燃料证书的企业其义务是，必须从参加"强化
家庭农业国家计划"（Programa Nacional da Fortalecimento da Agri-
cultura Familiar – Promaf）的农户那里购买原料，其比例之要求
是：在北部和中西部为 10%，南部和东南部为 30%，东北部和
半干旱贫瘠土地地区为 50%。另外，企业要与参加"强化家庭
农业国家计划"的农户就原料的价格、交付条件达成协议，并
要为农户提供技术支持。企业因此所得到的优惠条件是可以获得
税收优惠待遇。只要企业的原料购买自上述农户即可减免 32%
的联邦特许税。使用北部所产棕榈油（dende）以及东北部和半
干旱地区的蓖麻油所生产的生物柴油，只要其原料来自上述农
户，即可全部免除联邦燃料特许税。企业拥有社会燃料证书表明
其产品质量得到国家认可而占有市场。"国家生物柴油计划"的

基本准则就是促进社会发展，并通过为巴西一些贫困地区创造工作机会，提高收入水平以减少地区之间的发展差异。

四　乙醇外交

所谓乙醇外交（Diplomacia de Etanol）就是以乙醇开发、销售和利用为内容的外交活动。这是近年来随着生物燃料，特别是乙醇业的开发而在国际间产生的、主要是以国家为行为主体的外交活动。巴西作为当今世界乙醇生产和出口大国，其乙醇外交活动异常活跃。在巴西看来，当今生物燃料兴起所提供机遇不单表现在经济发展、环境效益以及社会发展方面，而且这种"绿色燃料就是巴西外交的新旗帜"（combustiveis verdes – nova bandeira da diplomacia brasileira）。巴西乙醇外交的目标是在促进本国乙醇的开发和出口（包括技术的出口）的同时，提升它的国际地位。巴西利用多种形式实现乙醇外交目标。总统亲自参与有关内容的国际活动，宣传进行国际合作共同开发乙醇（生物燃料）是其重要特征之一。

（一）与美国开展的双边活动

2007 年 3 月 8 日至 9 日，美国前总统布什对巴西进行了工作访问。访问期间，双方共同发表关于促进生物燃料合作谅解备忘录。表示在开发和推动生物燃料方面开展双边、并与第三国和在全球范围内进行战略合作的意愿。关于双边合作。双方将对新一代生物燃料进行研发合作。为此，将此项工作正式纳入两国已建立的工作机制：巴西发展、工业与外贸部和美国商务部的磋商机制（巴美贸易对话）、农业磋商委员会、能源领域合作磋商机制、巴美关于环境的共同日程、巴美科学技术混合委员会等。著名的巴西农牧业公司（Embrapa）已制定一个技术合作计划，旨在研究能源生产与粮食生产的平衡问题。该计划除与美国斯坦福大学的科学家进行合作外，还吸收中国科学院的科学家参加。关于双方与第三国进行合作。双方计划共同工作，通过可行性研究与技术援助的方式，有选择性地将生物燃料的开发推广到第三国。鼓励私人部门在这一领域进行投资。两国的计划已在中美洲和加勒比地区开始实施。关于全球范围合作，双方希望通过合作建立生物燃料产业统一的技术标准和规则，扩大市场。为实现这一目标，双方计划在生物燃料国际论坛中展开合作，发挥巴西国家质量、标准和计量局（INMETRO）和美国标准、技术局（NIST）的作用，并协调在其他国际场合的立场。巴西外交部能源司司长安东尼奥·西蒙斯（Antonio Simoes）认为：我们的计划是将乙醇变成石油那样的国际能源大宗商品。为此，我们需要促进更多的国家成为乙醇的生产商并为这种产品建立技术标准。

（二）非洲大陆是巴西实施乙醇外交的重点地区

巴西除与乙醇产品的重要生产国与消费国，诸如美国、中国、印度、日本、欧盟等，开展以乙醇产销为内容的外交活动外，非洲国家是它的乙醇外交活动的重点地区。巴西政府认为，乙醇的生产活动对于非洲国家而言，不单具有环境保护意义，而且对于该地区数百万人收入的提高是理想的途径。巴西把乙醇外交活动的重点放到非洲，因为非洲拥有生产甘蔗的有利条件，诸如广阔的荒地，充足的光照，以及大量的简单劳动力。同时，巴西同非洲在人种血缘方面具有密切的联系。巴西称非洲为"大陆那边的兄弟"。这一联系为巴西同非洲的经济合作提供了方便条件。为加强巴西同非洲大陆的经济合作，特别是与非洲大陆合作开发乙醇产业，卢拉前总统在其任内多次访问非洲，宣传发展乙醇产业对非洲与巴西而言是一种历史机遇。仅在 2002 年，他就访问了 24 个非洲国家，人称卢拉是"巴西外交政策新时期的主角"。现在 15 个非洲国家表示对与巴西合作开发乙醇生物燃料产业感兴趣。巴西农牧业公司是其参与国际农牧业合作的主要机构，它现已在非洲国家建立了多个代理机构，负责推广巴西先进的热带农牧业生产技术。它在加纳建立的代理机构旨在在该国合作种植甘蔗，生产乙醇。已有合同约定，瑞典的 Sveks Eta-nolkemi AB 公司，在 10 年之内收购加纳的乙醇产品。巴西还与第三方合作在非洲开发乙醇产业。巴西同欧盟合作，与莫桑比克建立了关于持续发展生物能源的伙伴关系。

（三）与中国的乙醇外交

首先，巴西与中国展开乙醇开发合作的目的在于占据中国生物燃料市场，中国以玉米为主要原料生产乙醇，由于为保证粮食供应而受到限制，相对于对乙醇的需求而言，产量有限，年产在 200 万吨上下，以 10% 的比例混合使用，缺口很大。因此，为巴西的乙醇出口创造了机遇。为扩大出口，它要求中国减少巴西乙醇出口中国的关税和非关税壁垒。中国政府已于 2010 年 1 月把乙醇进口的关税从 30% 降至 5%，从而为巴西的乙醇出口中国进一步开放了市场，中国于 2010 年购买 200 万吨与乙醇混合的汽油，到 2020 年将购买 1000 万吨。巴西糖甘蔗工业联盟（Unica – Uniao de Industria de Cana de Acucar）领导人公开表示，中国的做法应为其他乙醇进口国所效法。美国对由巴西进口的乙醇每升征收 0.14 美元的进口关税；欧盟则每升征收 0.19 欧元进口关税。巴西糖甘蔗工业联盟拥有 200 余家甘蔗与乙醇生产者，其产量占巴西全国产量 60%。该组织领导人已表示拟在中国建立办事处，为扩大巴西乙醇对华出口而工作。其次，巴西欲利用中国的富余资金和在生物燃料生产方面所拥有的先进技术，在巴西建厂或双方合作在第三国进行生产。中国企业已与 Grupo Farias 合作，在巴西东北部伯南布哥州建设乙醇生产企业。中国政府与 Pallas International 集团合资在巴西购地 20 万公顷用于生产可再生能源。另外，巴西的 COFCO 与中国石化已合作在华生产纤维素生物燃料。再次，巴西对华乙醇外交，实际是它的整个外交活动的重要内容，具有远大的政治目的，即把"绿色石油看成是它强化其在地缘政治舞台上立场"的重要手段。巴西把绿色燃料作为外交活动的旗帜是有道理的。21 世纪是世界能源类型发生转变的时期，这是必须减少温室气体排放和化石燃料行将枯竭所致。生物燃料作为一种可再生的绿色燃料在新能源构成中占有重要位置。占有已知全球石油储量 22% 和世界最大的石油生产国的沙特阿拉伯，只能提供世界石油消费的 13%。与其对比，作为"乙醇沙特阿拉伯"的巴西，它在国际能源中的地位将更加重要。设想，如果全球的汽车使用乙醇一种燃料来驱动，那么巴西可提供全球乙醇需要量的 25%，而且无须扩大现有的甘蔗种植面积而与粮争地。因为能源，巴西的国际地位得以提升是必然出现的现象。

五　生物燃料开发之经验

（一）选准优势原料加以利用

采取以甘蔗生产乙醇，对巴西而言是合理选择。巴西具备充足的适于甘蔗种植业发展的自然条件。首先，它拥有干湿两季轮换的热带气候。这是甘蔗生长所要求的。其次，巴西拥有上述气候类型条件下的大面积土地可供利用。巴西的甘蔗种植主要集中在东部沿海一带从北至南的广阔地域。甘蔗的收获季节因地而异。在东南部地区，甘蔗的收获季节是从 5 月到 10 月；在东北部，收获季节从 12 月到次年 5 月。这种情况使巴西的制糖业和乙醇产业的原料供给全年得到保证。圣保罗州是巴西最大的甘蔗产区。东北部的伯南布哥州、巴伊亚州、阿拉戈阿斯州等，也是甘蔗重要产区。原料产地的分布，成为决定巴西乙醇工业地理分布的重要因素。圣保罗州是巴西乙醇产业集中的地区。

以甘蔗生产乙醇与以其他原料生产乙醇相比，具有明显的优势。我们以 1 升乙醇生产为例，将巴西的甘蔗乙醇同美国的玉米乙醇生产进行比较即可知一二。巴西以甘蔗为原料生产 1 升乙醇的情况是：（1）需要能源 1518 千卡；（2）在乙醇生产过程中所使用的能源来自甘蔗渣；（3）政府对生产未有任何补贴；（4）每升乙醇的生产成本是 28 美分；（5）每升乙醇生产的二氧化碳排放量是 500 克。美国以玉米为原料生产乙醇的情况是：（1）需要能源 65974 千卡；（2）在生产过程中使用的能源来自煤、燃料油或天然气；（3）美国政府给予每升乙醇补贴 14 美分；（4）每升乙醇生产成本是 45 美分；（5）每升乙醇生产的二氧化碳排放量是 790 克。巴西以甘蔗生产乙醇的优势还在于，它是当今世界上具有先进热带农业生产技术的国家，有条件使甘蔗的种植技术得到改进，提高其单位面积产量。目前，巴西甘蔗的平均单产量为每公顷 78 吨—85 吨，高出国际平均水平约 1.5%—3%。另外，巴西拥有丰富的土地资源和淡水资源，从而使以甘蔗为原料的乙醇生产具有巨大的潜力。

（二）生物燃料生产与市场开发同时进行

改变汽车发动机以使乙醇燃料得到利用，使生物燃料生产拥有市场，这是生物燃料产业开发的关键。巴西航天技术研究所（Instituto Tecnologico de Aeronautica）的多尔巴诺·埃内斯托·

施通普夫教授被认为是巴西酒精发动机之父。他在航天技术研究所工作的同时，领导航天技术总指挥部（Comando - Geral da Tecnologia Aeroespacial）一个试验室。在巴西政府于 1975 年正式颁布酒精计划之前，施通普夫教授就受命研究开发适于燃料酒精的汽车发动机。1975 年 Dodge 1800 型成为巴西第一辆以酒精为燃料驱动的汽车。菲亚特 147 是在巴西第一批批量生产的以酒精为燃料驱动发动机的汽车。它是由菲亚特公司装配的。随后，2003 年大众汽车公司在巴西开始生产弹性燃料汽车，为生物燃料的开发利用开辟了更广阔的市场。

在巴西，生物柴油作为一种产业开发虽然较晚，但作为一种科技开发项目，它却走在世界前列，因此而具有充分的理论和技术准备。1977 年赛阿拉联邦大学教授埃斯佩迪罗·帕伦特试验用东北的热带树种子提取生物柴油获得成功。他同时发明出以棉花籽生产出的柴油作燃料的发动机。但因种种原因，这项发明在当时并未得到运用和推广。而今他的技术得到国家充分重视和利用，他也因具有技术专长经常被总统召见。埃斯佩迪罗·帕伦特教授于 1994 年建立了自己的企业——Tecbio（生物技术公司），为设计和建设生物柴油厂提供技术服务。他的客户分布在世界多个国家，其中包括美国。他与美国波音公司签订合同，为其研制生物燃料。巴西《请看》杂志的一篇报道说："不应当惊奇，有朝一日，美国的商用飞机将以巴西人发明的生物燃料而飞行。"[1]

（三）政府发挥积极主导作用

政府的主导作用体现在诸多方面。首先，它明确提出，生产能源是农业一项新使命。为此，政府特别强调加速农业现代化进

---

[1]　Veja, 7 de Março, 2007.

程，提高农产品产量。以甘蔗、木薯以及其他任何原材料生产生物燃料都受到政府支持和鼓励。其次，以国家专门计划和法律（法令）的形式规划相关生物燃料发展目标和推广方式。另外，适时出台有关法令，强制执行计划所提出的阶段性发展目标。法令除规定和修正乙醇添加到汽油中的比例外，还明确规定联邦政府机构购买轻型车辆时，必须购买可使用混合燃料或弹性燃料汽车。再次，给予生产生物燃料原料的家庭农户、生物燃料生产商、弹性燃料汽车生产商和销售商，以及生物燃料最终消费者以财政和金融政策方面的优惠，是巴西政府鼓励生物燃料发展的重要措施。减免税收，给予优惠贷款等，是其主要手段。最后，除政府本身投资以扩大生物燃料生产外，还采取措施鼓励本国私人投资，并引进外资与外资企业合作在第三国生产生物燃料。

六 生物燃料开发受到舆论严重质疑

巴西生物燃料开发存在两方面问题，特别受到舆论关注和质疑。其一是所谓能源与粮食争地问题。这是一个普遍性问题，特别是以谷物为原料（如美国以玉米为原料）生产乙醇所出现的负面影响已被国际粮价上涨所证实。联合国有关官员甚至提出推迟5年生产生物燃料以对付粮价上涨的建议。该官员以巴西为例指出，10公顷的种粮土地平均可使7至10个农业劳动者得以生存，而同样的土地面积种植甘蔗只能容纳1个农民就业。依据一位瑞士生态学家的观点，生产50升乙醇需要232公斤玉米，而这些玉米可作一个儿童一年的口粮。巴西政府认为，巴西的情况不一样。巴西政府原民政办公室主任、现任总统迪尔玛·鲁塞夫曾在一次以《新能源边疆》为题的讨论会上公开表示，巴西的生物燃料生产不会影响粮食生产。其理由是：（1）目前用于生产乙醇的原料甘蔗种植所占用的土地面积仅占巴西整个可耕地面积的 1%，极为有限。(2) 甘蔗种植向退化的牧场区域扩展，并未与粮食争地；在巴西，甘蔗的扩大种植有利于粮食增产，因为甘蔗的种植要求与其他作物轮作。一般为 15% 的甘蔗田与其他作物（黑豆、大豆等）轮作。(3) 政府有关部门调查显示，巴西有 12 个地区，在那里甘蔗种植效率高，不影响森林和其他农作物的生产（种植），且不影响环境保护。(4) 巴西的生物燃料技术先进。近期内，由于甘蔗种植与乙醇生产技术的提高，巴西乙醇的生产率可提高 3—4 倍。构成能源生产与粮食生产之间矛盾主要源于耕地的紧缺。这一情况对于巴西而言确实是一个特例。巴西是一个农业土地资源非常丰富的国家。世界最后的农业边疆在巴西。巴西的领土面积 8.51 亿公顷，其中 3.83 亿公顷，即占国土面积的 45% 为可耕地，另外 25%，即 2.1 亿公顷为牧场。巴西的土地资源潜力很大，在相当的时期内，不会出现能源与粮食争地的严重局面。

其二，有关生态问题。巴西拥有全球独特的地貌与生态环境。这种环境的存在与延续关系到全人类的生存与发展。舆论指责巴西政府因发展生物柴油产业而推动大豆在稀树草原（Cerrado）地区扩大种植面积，从而使该地区的生态特征和生物多样性遭到破坏。根据设在美国的国际保守基金会（Fundacao Conservativa Internacional）一位分析家的说法，稀树草原地区的砍伐率远远高于亚马逊地区。以这样的速度继续下去，巴西中西部地区具有特色的植物种类将在 2030 年之前消失。同时，16 万种特有动物也将失去生存条件。批评者说，巴西是以"失掉森林为代价来供给汽车"。这种情形由于以下原因而进一步加剧：美国对以大豆为原料生产的生物柴油需求增加，导致巴西大豆种植面积在稀树草原地区进一步扩展。大豆和甘蔗种植替代畜牧业后，庄园主因利润下降而使他们向稀树草原地区扩展种植面积以弥补损失。据报道，自 1960 年以来，在亚马逊地区已有 20% 的森林被砍伐。国际舆论将这一"罪状"仍归咎于大豆种植面积扩大。从理论上说，这是完全可能的，因为巴西农牧业公司早已研究出适于热带地区种植的大豆品种。大豆作为一种大宗农产品，近几十年来，在巴西的种植面积和单产水平一直在增加和提高。由于生物柴油生产将大豆作为主要原料，则进一步刺激了它的种植。国际舆论认为更可悲的是因"生物燃料爆炸性生产"所产生的后果：这一现象迫使更多的种植面积改为种植甘蔗并把大豆种植推向森林之中。对于这样的批评，巴西官方，包括卢拉前总统本人在内，则一再表示，巴西的甘蔗种植不会推向亚马逊地区。前环境部部长玛丽亚·席尔瓦说，巴西政府反对在亚马逊地区种植甘蔗（那里的自然条件也不适宜种植甘蔗）。政府指定环境、国防、司法和农业四部联合对亚马逊地区进行监管。巴西政府拟在该地区实行"种植业—牧业—林业一体化纲领"（Programa Integracao Lavoura – Pecuaria – Floresta），旨在将粮食、肉类、奶和纤维生产同环境保护统一协调起来，避免生产活动向亚马逊森林地区推进。现在的问题是，国家行为难以控制私人因利益驱使而扩展种植区域的活动。巴西政府难以解脱国际舆论对它所做的上述指责。

此外，作为甘蔗种植园的季节工，即收获季节的短工（boias – frias）的劳动条件之恶劣，收入之低也是国际舆论指责巴西政府的问题。特别是在包括甘蔗种植园在内的一些大庄园里不时发现存在奴隶式的劳动方式，更令巴西政府汗颜。短工一般是抛家舍口，只身从事繁重的砍甘蔗工作的人（包括女人）。他们因以冷饭充饥而得名 boias – frias。这一名称便成为这类工人的代名词。他们的收入以砍伐甘蔗多少而定，极为有限。巴西农业劳动者全国联合会主席曼努埃尔说，巴西的乙醇生产使巴西富裕社会的部分人得到好处。这些人是土地的主人。短工受到更多的剥削。

（原载《中国社会科学院研究生院学报》2012 年第 2 期）

巴西外交政策的历史演变及发展趋向

一

以第二次世界大战为转折点，巴西外交政策明显地表现出前后不同的时代差异性。从1889年联邦共和国成立到第二次世界大战，巴西外交政策的主要目标是：（1）解决同邻国的边界问题；（2）同阿根廷维持均衡关系并对拉普拉塔河流域其他国家施加影响；（3）同美国自动结盟，支持门罗主义。

巴西幅员辽阔，同智利和厄瓜多尔以外的所有南美洲国家或地区均有共同边界。此外，尚有诸如亚马逊河、巴拉圭河、巴拉那河以及乌拉圭河等数条国际河流流经巴西。但是，在这个国家历史上长达六十七年的帝国时期，除1851年和1872年先后同乌拉圭和巴拉圭划定了边界外，同其他国家的边界以及国际河流的开发利用问题均属悬案。因此，解决边界问题便成为巴西联邦共和国头等重要的外交任务。巴西在1895年同阿根廷解决了帕尔马地区的争执；1900年同法属圭亚那解决了阿马帕地区的归属问题；1903年同玻利维亚解决了阿克里地区的问题；1904年同英属圭亚那解决了边界纠纷；1909 年同秘鲁划定了边界。此外，它还在 1907 年同哥伦比亚解决了亚马逊河支流的航行问题。

上述问题基本上是以和平方式解决的，但其结果却总是有利于巴西。之所以如此，从根本上来说是由巴西当时的实力地位所决定的。众所周知，19 世纪中叶以后巴西的经济获得重大发展。到帝国末年，这个 1400 万人口的国家已拥有 636 家工厂，投入资本共约 2500 万英镑，外贸总额达 5000 万英镑；铁路通车里程 9000 公里，架设电报线路 1.1 万公里，并通过海底电缆与欧洲建立了联系①。同时，巴西的武装力量也发生了重要变化：仅在 1865—1870 年同巴拉圭进行战争期间即增加了 4 万名"祖国志愿军"；1889 年共和国成立时又增加了 6 个步兵营，总兵力达 36 个步兵营；1908 年，巴西军队又进行新的改组，作战能力有了很大提高，更加成为同邻国进行边界谈判的后盾。早在 1903 年同玻利维亚解决阿克里地区的争议问题时，巴西即曾一度陈兵亚马逊和马托格罗索地区，迫使玻利维亚最终将这块面积为 15 万多平方公里的土地交给巴西，它却仅得到贝尼河和阿布那河之间的一小块土地和 200 万英镑的报偿。

这一时期解决边界问题的结果之所以总对巴西有利，还与巴西当时的几届总统重用著名外交家里奥·布兰科男爵密切相关。这位学识渊博的历史学家，曾在巴西驻利物浦领事馆工作过 17 年，致力于美洲事务的研究。1894 年，弗洛里亚诺·佩绍托总统指派他到巴西驻华盛顿的外交机构工作，他终于促使美国总统克利夫兰将 1.368 万平方英里的帕尔马地区裁决给巴西。由于处理外交事务成绩卓著，他从 1902 年到 1912 年连任四届巴西外交部部长。可以说，在 1895 年解决帕尔马问题以后的 15 年内，巴

---

①　参见苏振兴等《巴西经济》，人民出版社 1983 年版，第 8—9 页。

西领土相继扩大的 34.2 万平方公里，莫不与布兰科巧妙的外交手腕有关。

拉普拉塔水系是南美洲的重要的水系，具有非常重要的经济和战略价值，历来是兵家必争之地。属于拉普拉塔河流域的国家，除巴西外，还有阿根廷、巴拉圭、乌拉圭和玻利维亚。在西班牙殖民统治时期，乌拉圭、巴拉圭和玻利维亚的大部分领土，曾隶属于设在布宜诺斯艾利斯的拉普拉塔总督区。因而在上述国家宣布独立后，阿根廷便把它们视为自己的势力范围。巴西则采取领土扩张政策同阿根廷抗争。侵占乌拉圭和支持阿根廷反对派推翻罗萨斯政府，便是巴西联邦共和国成立以前同阿根廷抗争而发生的两次诉诸武力事件。随后，因争夺帕尔马地区，双方敌意进一步加深。20 世纪初，巴西和阿根廷都曾一度扩展海军向对方炫耀武力。

鉴于同阿根廷长期对峙不利于巴西的生存与发展，巴西从 20 世纪初改变外交战略，制定了现在通称的"牵制政策"，以遏制阿根廷的影响。这项战略的主要之点是：

（1）增强本国的军事力量；（2）改善同其他邻国，特别是同美洲南端国家的关系；（3）尽可能维持同阿根廷的官方友好关系，以缓和紧张局势；（4）同美国建立特殊关系，以争取它的经济援助和外交支持。在这项战略指导下，里奥·布兰科的继承者们一方面以阿根廷为巴西的假想敌，不顾财政拮据，在二三十年代，几次从国外购置战舰和其他武器，增强其军事实力。另一方面，同阿根廷实行友好谅解，制止国内公开批评阿方政策的言论，并指示其参加国际会议的代表同阿方代表团维持"和谐"的关系。

对其他邻国，巴西也通过各种途径扩大其影响。20 世纪 20 年代以后，巴西利用阿根廷财政困难及其反对派势力增长而无暇他顾的形势，先后几次向玻利维亚贷款修建了沟通两国边界的铁路；随后又建立两国混合委员会，勘探和开采玻利维亚的油气田。巴西对巴拉圭所施的影响尤为明显：早在 20 年代，两国即建立了电报通信联系；1935 年，巴西外交部向巴拉圭派遣了技术和贸易使团；1937 年，巴西总统瓦加斯访问了巴拉圭；1939 年，双方签订了铁路运输、技术援助以及在亚松森设立巴西银行分行的协议。后来，巴西又在桑托斯港口赠予巴拉圭一座免费仓库，以存放其进口货物。

在上述历史时期，巴西无论是同邻国解决边界问题，还是在拉普拉塔河流域同阿根廷抗争，都以美国作为其外交策略上的重要依托。早在 20 世纪初，巴西正以西欧特别是英国为主要外交对象国的时候，里奥·布兰科就指出：国际政治的中心必将从欧洲转向北美；美国将在"新大陆"开始占据突出地位。基于布兰科这一思想，巴西在此后半个多世纪，一直奉行与美国自动结盟的政策。

巴西独立的第二年，1823 年 12 月 2 日，美国提出了"门罗主义"的外交政策，即把美洲视为美国人的美洲。为贯彻这一政策，美国选择了巴西作为它的行动伙伴。一位巴西军方高级人士曾在 1940 年说过："对于美国来说，巴西是大陆权势的钥匙，是美洲平衡、和平和共同防卫的基础。"他进而指出，作为对巴西亲美外交的报答，"美国理解与赞成我们在拉普拉塔地区的立场"[1]。1938—1944 年在任的巴西外交部部长奥斯瓦尔多·阿拉尼亚说得更为明确：巴西"在世界上支持美国，以换取美国在南美洲对我们（巴西）的支持"[2]。在对外关系中，巴西与美国

---

[1] 巴西《陆军参谋部档案》，转引自《圣保罗州报》1976 年 7 月 1 日。

[2] 同上。

相互利用，正是形成并得以长期存在的里约热内卢——华盛顿轴心的基础。

对巴西来说，同美国维持特殊关系也有经济方面的原因。自1870 年美国取消咖啡关税后，巴西每年咖啡出口量的一半左右销往美国。1913 年前后，美国市场吸收巴西出口总额的 1/3 左右；到 20 年代，这一数字增至 43%。巴西同美国的亲密关系，在 1930—1945 年瓦加斯总统第一次执政期间达到了顶点。在此期间，巴西利用美国的巨额贷款建设了第一个大型钢铁企业——沃尔塔雷东达钢厂；作为代价，巴西允许美国使用其东北部的军事基地。此外，巴西在咖啡价格、石油供应和其他重要工业建设方面，也都得到了美国的援助。巴西同美国的这种关系维持很久，直到 60 年代末，巴西对美国的离心倾向才表现出来[①]。

二

第二次世界大战结束后，巴西外交政策以配合本国的经济发展为主要目标。正如巴西一位历史学家所说，国家进入了发展时期，"在发展时期，我们力图实行经济外交，吸引外国资本和寻求有利的贸易"[②]。其具体表现为同美国的自动联盟关系由松散到最后放弃；同时逐渐重视发展同非洲以及其他地区国家的关系，实行外交多样化。

第一，巴西对战后美国推行的冷战政策持"冷淡"态度。瓦加斯政府拒绝美国多次要巴西派兵参加侵朝战争的请求，而把

---

① 参见奥利维亚罗斯·费雷拉《巴美关系的曲折道路》，《圣保罗州报》1977年 3 月 20 日。

② 特雷济尼亚·德卡斯特罗：《巴西文明史》，里约热内卢 1982 年版，第 459页。

实现工业化视为国家的主要任务。1951 年，瓦加斯总统执政伊始即强调指出，美国若同巴西进行国际合作，应援助巴西的经济发展计划。巴西政府不顾美国杜鲁门政府的反对，在国内保卫民族资源的运动的推动下，宣布成立了巴西石油公司，对石油的勘探、开采和提炼实行国家垄断。

第二，库比契克政府外交政策的主要特点之一，是提出要加强同其他拉美国家发展关系。库比契克认识到："实现强国的目标，不取决于在超级大国面前宣布一项浪漫的决定：而取决于在拉丁美洲缓慢而有耐心地建立我们的地位。"① 因此，巴西外交政策的决策者们强调，要在政治和贸易方面与邻国接近，以促进巴西的发展和提高巴西在国际关系中的地位。1956 年，库比契克又指出："我们，美洲国家需要向一个方向行动，因为我们有类似的命运。"② 两年后，他即正式提出建立"泛美行动"，目的在于"动员全大陆进行拯救经济的运动"③。"泛美行动"的提出，既说明巴西意识到拉美国家分散的斗争效果不大，而对工业强国必须加强统一战线；同时也意味着，巴西已开始改变把它同美国关系置于绝对优先地位的政策，而将处理泛美事务作为头等任务。

第三，60 年代初夸德罗斯政府和古拉特政府时期，巴西的外交政策从强调同拉美国家协调步伐，发展到加强同不同社会制度国家的双边关系。夸德罗斯政府外交政策的基本目标是"促

---

①　斯坦利·希尔顿：《从瓦加斯政府到库比契克政府时期的巴西与美国关系》，《圣保罗州报》1979 年 7 月 1 日。

②　同上。

③　同上。

进经济发展和显示伟大的独立外交"①。为实现这一目标，巴西政府认为它必须尽可能远离美国的政策；巴西要取得发展的重要途径之一就是开展对外贸易（不仅要保持传统的国外市场，而且还要开辟新的市场）。因此，它派遣贸易使团访问了中国，并同苏联和东欧一些国家签订了一系列双边贸易协定。夸德罗斯政府从地理与历史的角度看到了它同非洲发展关系的有利条件，试图在非洲新独立国家同其他地区的关系中起联系人的作用。因而它不失时机地承认非洲新独立国家，交换外交使节，派遣贸易使团，向非洲学生提供奖学金，建立亚非研究机构，并谴责葡萄牙在非洲所实行的殖民主义政策。

古拉特执政后继承其前任的政策，以"独立的外交政策应符合国家的长远利益和愿望"为信条。在此基础上，它跨越不同政治、军事集团的界限同古巴保持友好关系，欢迎中国在巴西设立贸易和新闻代表机构，同大部分欧洲国家恢复了外交关系，并且派遣代表团访问了诸如阿尔及利亚、斯里兰卡（当时称锡兰）等一些国家。

第四，1964 年 4 月巴西军人夺权。军政府执政的初期，在对外政策上发生了逆转。它断绝同古巴的外交关系，迫害中国驻巴西贸易和新闻工作人员，驱逐安哥拉、莫桑比克等非洲民族解放组织驻巴西的代表。同时，采取承认美国作为"自由世界"的领袖地位，赞同美国侵略越南，派兵干涉多米尼加共和国内政，加强与美国自动结盟的政策。尽管如此，巴西仍在某些问题上坚持了外交独立性。例如，1969 年 4 月 28 日，科斯塔—席尔瓦总统签署法令将巴西的领海范围由 6 海里扩大到 12 海里；

---

① E. 布拉德福·伯恩斯：《巴西史》，美国哥伦比亚大学 1980 年版，第 485 页。

1970 年 5 月 11 日，梅迪西总统又宣布巴西领海范围为 200 海里。再如，1967 年巴西参加签订了《拉丁美洲禁止核武器条约》；1968 年又在联合国大会上投票反对签署旨在保持美苏核垄断的《防止核武器扩散条约》。随着世界南北问题的尖锐化和巴西本国力量的增强，到 60 年代末，巴西外交政策的决策人物即在不同场合申明："现在已经不可谈论和实行自动结盟的问题"，"重要的是更多地实行我们的独立"①。

在这段时期里，巴西确立了"在维护我们属于西方世界成员的同时，对于同本大陆其余国家的关系将予以特别加强"的外交方针②。在这一方针指导下，巴西积极参加了地区一体化活动，加强了同非洲国家的外交。1972 年，以外交部长吉布森·巴尔博扎为首的庞大代表团出访非洲 9 国，是巴西发动其非洲外交攻势的开始。

第五，盖泽尔总统 1974 年执政伊始即提出，巴西的外交政策应当是"建设性的、实用的、负责的和普遍的"③，通称为负责的实用主义外交政策。这一外交政策，不仅在盖泽尔总统执政期间得到贯彻，而且由继任的菲格雷多总统加以发展，在处理国际事务时强调"普遍主义、国家利益和尊重西方文明价值"。这一时期巴西外交活动的主要特点是：（1）废除与美国自动结盟的传统政策，表现出强烈的外交独立性。巴西置美国的强烈反对于不顾，在 1975 年同西德签订了核协定；顶住美国政府的压力，断然废除了 1952 年同美国签订的军事协定。同时，从本国的利益出发，拒绝响应美国提出的某些抵制苏联的行动。（2）实行

---

① 参见《圣保罗州报》，1979 年 3 月 26 日。

② 巴西众议院：《总统国情咨文》（1965—1979），第 58 页。

③ 参见《圣保罗州报》，1979 年 3 月 26 日，第 183 页。

"欧洲选择"，即在放弃与美国自动结盟的同时，加强同西欧与日本等发达资本主义国家的联系。盖泽尔总统除了出访上述地区以外，还任命"巴西经济奇迹"设计师、著名经济学家罗贝托·坎波斯和德尔芬·内托分别为巴西驻英国和法国大使，旨在加强同英、法的经济关系。(3) 打破"意识形态边疆"界限，同中华人民共和国建立了外交关系，承认安哥拉人运政府，加强同苏联与东欧国家的经济联系。(4) 认为"同这边的邻国和同大洋那边的邻国"发展关系是巴西外交政策特别重要使命。所谓"这边的邻国"即指拉美国家。在这段时期内，巴西通过双边和多边活动解决了一些同邻国长期悬而未决的问题，发起或参与了一些地区性一体化活动，同时一再声明反对任何外来势力干涉拉美国家的内部事务。所谓"那边的邻国"即指非洲国家。在这段时期内，巴西以它特别适合非洲国家需要的商品和劳务积极打入了非洲市场。(5) 在中东问题上，确立反对犹太复国主义，支持巴勒斯坦人民收复失地、重建家园的明确立场，从而密切了同阿拉伯国家的关系。

　　总之，战后以来，巴西外交政策的转变与对外关系的扩大，是由国内外多种因素决定的；而实现国家工业化这个主要任务是关键性的因素，自 30 年代起，巴西即开始加速国家工业化的进程。1939 年至今，巴西制订了 11 个政府发展计划[①]，其中有 9 个是在战后制订的。有些计划规模宏大，不仅在巴西，而且在世界都发生了重大影响。例如，库比契克政府（1959—1961）制定的发展纲要，包括由 31 个项目组成的指标体系，涉及钢铁、汽车、能源、交通等国民经济重要部门的建设，同时决定建成新首

---

　　① 参见伊拉里奥·托尔洛尼《巴西问题研究》，圣保罗 1983 年版，第 134 页注释。

都巴西利亚。这种新形势自然给外交工作提出了新任务。因此，以寻求国外资金和技术、扩大对外贸易和经济合作为中心目标的经济外交，便成为战后以来巴西国内政策的一个自然延续。

资本主义经济的发展是伴随着对外关系的不断扩大而进行的。列宁指出："资本主义企业必然超出村社、地方市场、地区和国家的界限。因为国家的孤立和闭关自守的状态已被商品流通所破坏，所以每个资本主义工业部门的自然趋向使它要'寻求国外市场'。"[1] 巴西在发展经济过程中，自然也不断追求扩大国外市场。在 1969 年 2 月举行的拉美特别协调委员会上，巴西外交部长马加良斯·平托指出："我们相信贸易比单纯的和简单的援助更重要，……我们要增加同美国的贸易。"[2] 可以说，对外贸易、经济合作以及资本和技术引进是战后巴西外交政策所追求的 3 个主要目标。这就必然不断增加巴西同其他国家的联系：一方面横向发展，增加联系的对象国；另一方面纵向发展，以经济为中心，扩及科技、文化等方面的交流。

1974 年以来，巴西所实行的对外贸易多样化政策，即进出口商品和市场的多样化，以及国外资金来源和引进技术的多样化，进一步扩大了巴西的对外关系。战后以来，巴西即以美国为主要贸易对象国，1964 年前后巴西进出口贸易额的 50% 左右都是同美国做成的交易。巴西的有识之士早已看出如此严重依赖一国的危险性，建议政府采取市场多样化政策。1973 年第一次世界石油危机的爆发促进了多样化政策的实施。同样，为了"在国际舞台上增加国家的应变能力"，巴西除引进西方发达国家的

---

① 《列宁选集》第一卷，人民出版社 1972 年版，第 187 页。
② 特雷济尼亚·德卡斯特罗：《巴西文明史》，里约热内卢 1982 年版，第 465 页。

资金并同国际金融机构发生借贷关系外，近年来已开始引进部分发展中国家或地区的资金。目前，在巴西投资的国家或地区已达50余个；巴西在亚、非、拉发展中国家或地区投资的势头也正在发展之中。

此外，随着民族经济的发展和国力的增强，巴西日益积极参与本地区和全球的国际事务。巴西第三个全国发展计划（1980—1985）即规定了"在国际关系方面，政府将积极活动，以巩固和加深国家独立地参与国际社会"的方针[①]。

三

1985年1月15日，巴西杰出的政治家、民主联盟候选人坦克雷多·内维斯当选为巴西总统，从而使这个国家结束了将近21年的军人统治。4月21日，坦克雷多·内维斯病逝后，副总统若泽·萨尔内继任巴西总统。他表示坚持奉行内维斯制定的内外政策。那么，巴西对外政策的发展趋势将会怎样？

内维斯早在竞选过程中就公开表示："根本上说，我没有发现改变巴西外交政策的理由。"[②] 1984年11月29日，内维斯在巴西众议院对外关系委员会举行的听证会上，比较完整地阐述了他将推行的外交政策。其要点是：（1）外交政策的主要目标与国家的经济发展相协调。内维斯说，外交部的工作"要特别转向经济方面，通过在金融和外贸方面的活动，而又无损于政治目标和文化价值"。（2）巴西属于第三世界，在东西方冲突中，对于两个集团中的任何一个，巴西都没有必要自我约束。（3）关

---

① 巴西《第三个全国发展计划》，巴西利亚1980年版，第100页。
② 巴西《请看》1984年8月29日。

于巴西同美国的关系，内维斯认为目前尚有许多分歧需要解决，诸如由美国贸易保护主义措施而引起的巴西商品的美国市场问题，以及美国高利率政策使巴西外债严重化等问题。他认为，从拉美国家的立场来看，这都是非常严重的问题。此后，他在访美期间又补充说，巴西是美国在本半球最好的伙伴，巴美之间无政治分歧。（4）主张拉美国家实行最大限度的一体化。内维斯说："我们必须使南美大陆在它的利益方面和政治秩序、文化以及经济方面成为一个完全和谐的地区。"他声明，政府将把外交政策的重点"首先放在拉丁美洲"。关于古巴问题，他认为，从政治上说没有人反对同古巴恢复外交关系，但这是一个有关国家安全的问题，因而不能不慎重地考虑。关于中美洲问题，他表示支持孔塔多拉集团的立场，反对任何形式的外来干涉①。

内维斯上述有关对外政策的言论，基本上为巴西本届政府勾画出一个对外政策的轮廓。笔者认为，这个轮廓并未超出军人政府外交政策的格局。这一格局体现了巴西在当代国际关系中的双重地位，即在政治和文化传统方面，它属于西方世界；在经济发展程度方面，它属于第三世界。可以说，这种双重地位从根本上决定了巴西今后外交政策的走向。

第一，国家政治制度和文化传统方面的原因，以及当前在资金方面对发达国家的依赖，必然使巴西同西方世界保持密切的联系。由于移民的关系，欧洲国家（特别是联邦德国、意大利）和日本，至今还对巴西具有重大的影响。在历史上，18世纪法国的资产阶级革命曾培育了巴西一代知识分子，使他们在此后的巴西独立运动中发挥了很大作用。英国对巴西的影响除表现在经济方面外，它的君主立宪体制也是当时巴西帝国效法的榜样。第

---

① 参见《圣保罗州报》1984年11月30日。

二次世界大战前，巴西军队在许多方面都体现出德国的强烈影响。进入 20 世纪以来，巴西在政治制度、经济发展思想以及生活方式各方面无不仿效美国。因此有人说，巴西"在文明进程中、在文化以及在倾向和结果方面所表现出的真正'西化'和倾向同'西方大国集团'的政治合作，是很自然的"①。这些历史因素，在一定程度上规定了巴西在当今国际关系中的地位。

第二，巴西作为发展中国家，在资金借贷、出口和技术引进方面同第三世界国家有着共同的利害关系，因而它们在争取建立国际经济新秩序的斗争中持有共同的立场。今后，随着西方发达国家贸易保护主义的加强和巴西不断扩大国外市场的需要，巴西必然扩大同其他第三世界国家，特别是同拉美和非洲国家的经济与贸易往来。这就决定它在国际事务中将进一步同上述国家采取一致的立场。目前，虽然巴西本国石油的日产量已达 50 万桶，而且以酒精替代汽油的措施正在产生明显效果，但短期内它还改变不了对进口石油的依赖。因此，同中东国家搞好关系也必将是巴西今后外交政策的重点之一。

第三，巴西政权的更迭，由军人政府过渡到文人执政，并不会改变巴西的现实地位。这次军人交权的重要原因之一，是国内经济恶化所形成的强大压力。而新政府要扭转经济形势，就不能不同西方国家以及发展中国家搞好关系，实行多方位的外交政策。

第四，内维斯是作为以巴西民主运动党为核心的民主联盟候选人当选的。民主联盟是主张实行广泛外交的，现继任总统萨尔内推行的外交政策也不会改变这一立场。此外，还有一个重要因

---

① 德尔加多·德卡瓦略：《巴西社会与政治组织》，里约热内卢 1981 年版，第 333 页。

素是，巴西军人虽然回到兵营，但军队对政局的影响力并未减弱。前总统菲格雷多在 1984 年三军年末午餐会上说："我们的武装力量曾保卫着过去，保卫着现在，而且要捍卫我们未来的自由和民主的前途。"①

由此可见，对于军人执政时期所形成的外交政策，以萨尔内为首的现政府是不会予以根本改变的。关于这一点，前任外交部部长格雷罗在 1984 年 11 月 28 日联邦众议院对外关系委员会召开的对外政策讨论会上说，他不相信新政府执政后，"会改变现行外交政策的方向"，"可能改变的仅仅是风格"。因为在菲格雷多总统执政期间，巴西的外交政策业已成熟。它以具体的、坦白而灵活的对话作为解决国际争端的手段，而又不忘记民族利益。②

（原载《拉丁美洲丛刊》1985 年第 3 期）

---

① 《圣保罗州报》1984 年 12 月 6 日。
② 《圣保罗州报》1984 年 11 月 29 日。

太平洋地区拉美国家经济特征

——兼论太平洋经济区域概念

　　本文所说太平洋地区拉美国家（以下简称拉太国家），系指墨西哥、危地马拉、萨尔瓦多、洪都拉斯、尼加拉瓜、哥斯达黎加、巴拿马、哥伦比亚、厄瓜多尔、秘鲁和智利共 11 国①，其中除萨尔瓦多、厄瓜多尔、秘鲁和智利四国外，其余七国为两洋国家。拉太国家面积共计 5941169 平方公里，人口 166.319 百万（1983 年）。在世界舆论言及 21 世纪将成为"太平洋世纪"的时候，地理上属于太平洋地区的拉美国家情况如何？目前国内学术界已有论及，但尚属罕见。本文拟从这一角度陈述并就太平洋经济区域概念提出个人见解以供讨论。

一

　　拉太国家由三个地形单元构成，即墨西哥高原、中美洲地峡

---

　　①　这里仅以是否拥有太平洋海岸为划分标准。因此，洪都拉斯虽只西临丰塞卡湾，也将其划为太平洋国家。

和南美洲安第斯山区。高原和山区是这些国家主要的地形特征。墨西哥领土面积 80% 以上是高原和山区，平均海拔约 1800 米。哥伦比亚西部是由东、中、西科迪勒拉山脉所形成的高原，其中中科迪勒拉山脉平均海拔在 3000 米以上。厄瓜多尔和秘鲁中部山地和高原面积分别占各自领土 1/4 以上。智利地形狭长，其中东部为安第斯山脉南北纵贯，海拔在 6000 米以上的高峰多达 25 座之多。中美洲地形基本上是由墨西哥东南所伸出的一条狭窄地峡所构成，为西科迪勒拉山脉的延续部分，多数国家亦以山地为主。这种地形特点意味着土地资源相对较少，不利于农业发展。另一方面，由于地势高度，使大多数拉太国家可以弥补因地处热带、亚热带气候单一之不足。比如，墨西哥虽位于北纬 32° 与 15° 之间，但它拥有包括荒漠与半荒漠在内的五种气候带。气候类型垂直分布的特征在中美洲和南美洲亦有表现。从而为拉太国家农业的多样化发展提供了自然条件。

拉太国家地形的另一个重要特点是山脉南北走向，并且多数国家山脉直逼海岸，由此而派生出两个后果：1. 太平洋海岸平原狭窄。墨西哥太平洋沿岸平原最宽处不过 100 至 150 公里，最窄处只有 25 公里。秘鲁沿海平原宽度在 80 至 180 公里之间。厄瓜多尔海岸平原最窄处亦只有 25 公里。至于智利，正如一句谚语所说，"你把头枕在安第斯山上，脚就会伸进太平洋"，其状就可想而知了。2. 山脉的纵向走向，造成同纬度雨量分布的差异，同时也为横向交通联系设置了障碍。以上两点，对于拉太国家的经济发展，特别是对于国内市场的形成有着直接的影响。

就经济发展的自然条件而论，拉太国家的优势在于拥有丰富的矿产资源。铜、铅、锌、锡、铁、煤、石油和天然气等，不论藏量与产量，在拉美和世界均占有相当重要的地位。其中铜矿资源之丰富举世闻名。智利、秘鲁和墨西哥均是世界重要的产铜国。仅智利一国的铜储量即占世界总储量的 24.4%，居世界第一位，产量亦居首位。秘鲁、墨西哥的铅、锌矿资源，秘鲁的锡，智利、秘鲁和墨西哥的铁矿，哥伦比亚的煤矿资源也都较为丰富。当然，令人注目的是墨西哥的石油资源，现已探明的储量为 725 亿桶（1983），仅次于苏联、沙特和伊朗，居世界第四位。虽然资源不是经济发展的足够条件，而且资源的重要性随着科学技术的发展也将产生变化。但是，资源有助于发展的起步，并维持发展的进程，这是肯定无疑的。拉太国家资源丰富与西太平洋地区某些国家（地区）资源的贫乏是一鲜明对照。

二

以世界银行标准，在 11 个拉太国家中，其中 8 个被归类为"中等收入"国家（地区），另外 3 个国家，即智利、巴拿马和墨西哥属于"上中等收入"国家。但智利和巴拿马的经济规模都远不及属于同类的西太平洋地区的韩国、马来西亚或中国香港。墨西哥是其中的佼佼者，是所谓当代世界 10 个新兴工业化国家（地区）之一。虽经过战后长期的发展，拉太国家至今仍未从历史形成的落后局面中脱离出来，作为发展中国家，其经济特征非常明显。首先，作为国民经济两大物质生产部门的工业落后，农业亦不发达。在工业部门中，属于现代工业的主要部门，如钢铁、机器制造和石化工业等，只在墨西哥等一、二个国家中有所发展。秘鲁和智利在拉太国家中属中等和中等以上发展水平。我们仅以此为例作概略分析。秘鲁经济统计表明，1980 年该国制造业产值已占国内生产总值 25%，似乎说明秘鲁制造业已相当发达，然而并非如此。在该国制造业产值中，主要成分来自食品、烟草、纺织、服装和皮革等。这一指标不仅掩盖了制造业的内部构成，而且也不反映制造业本身的资本有机构成程度。秘鲁拥有丰富的铁矿资源，但该国钢铁工业却不发达，目前钢年产量尚在 50 万吨左右徘徊。秘鲁的农业虽有悠久的历史，并为人类文明作出了重要贡献，然而长期以来农业生产相当落后，农业生产的增长速度跟不上人口的增长速度，从而限制了农业对国家工业化的作用。智利制造业产值约占国内生产总值 22% 左右。但从其内部构成来看，主要部门亦是纺织、食品、造纸、木材加工等轻工业。智利的钢铁工业虽有一定的规模，但钢年产量也不过 70 万吨左右。智利的中部和中南部地区拥有发展农业的优越条件，但是战后以来，农业生产增长亦长期跟不上人口的增长，以致需进口粮食供国内消费。

其次，就生产结构来看，拉太国家近年来虽有不同程度的经济部门多样化发展，但绝大多数国家均属农矿产品生产国。分析一个国家生产结构固然应以其国内生产总值的分布为根据，但仅此一项尚不足。出口产品构成往往更能反映一国的经济发展程度和它在世界经济格局中的地位。如前所述，秘鲁的制造业产值已占国内生产总值 25% 左右，但从具体情况分析而知，秘鲁不是一个工业化国家。相反，矿业产值在多数年份所占比例虽接近10%，却可以认为它是一个以矿业生产为主的国家。原因在于矿产品出口额占全部出口额 50% 以上。出口矿产品的种类也较多，有铜、铅、锌、银、铁，其中铜矿产品占全部出口矿产品的一半。农产品是秘鲁另一项重要出口产品，占出口总额 10% 左右。哥伦比亚的经济结构以农业为主，农业产值在国内生产总值中居首位。农产品是主要出口产品，占出口收入的 80% 以上。咖啡是最重要的传统农产品，其产值占全部农业产值的 35% 左右，其出口收入占全部出口收入的一半以上。农业在哥伦比亚经济中的重要性并不说明它的农业已相当发达。相反，农业生产机械化程度很低，手工劳动是主要的生产手段。智利的经济部门比较齐全，发展程度也较高，但就总体而论，矿业生产，特别是铜矿业至今仍是其国民经济的重要支柱。近年来制造业产品的出口比例虽然在增加，但铜矿产品在出口总额中所占的比例依然接近50%。由此可见，智利经济对铜的依赖并未得到根本的改变。中美洲国家大多是热带作物的生产国和出口国。厄瓜多尔在70年代以前亦主要依靠一、二种热带作物产品的生产和出口，随后开始了所谓"石油时代"，石油取代了前者而成为国民经济的支柱。

作为所谓新兴工业化国家的墨西哥，是拉丁美洲最发达的国家之一。经过战后30余年的发展，改变了以农矿业为主的经济结构，已建立了较为完善的工业体系。自70年代末起，墨西哥政府突出了石油和石油化学工业的发展，旨在充分利用本国资源和引导产业结构升级。然而这一宏观经济效益并不显著，生产资料工业生产的落后状态并未改变，不仅各种技术设备需要进口，原材料也要大量进口。一个矿产资源丰富并拥有较高工业发展水平的国家，工业生产原材料严重依赖国外，是其生产结构不合理的表现。与上述拉太国家单一经济结构相似的是墨西哥经济在更高发展水平上的对石油业的依赖。国家财政收入的30%左右和出口收入的70%左右来自石油。墨西哥政府虽然主观上力图避免国民经济石油化，但由于油价下跌而导致的资金匮乏，从而造成整个国民经济运行混乱的"石油综合征"日趋严重。

三

从生产力布局的观点考察，拉太国家的经济中心多偏重于大西洋沿岸。对于不拥有大西洋海岸的国家来说，其经济中心也不完全在太平洋沿岸（尼加拉瓜、萨尔瓦多等少数国家例外）。墨西哥的工业主要集中在墨西哥城、墨西哥州和蒙特雷一带地区。墨西哥城位于中央高原的南缘，就距东西海岸远近而论，偏于墨西哥湾。自 20 世纪 40 年代起，墨西哥城即开始工业化进程，随之城市基础设施不断完善，城区范围不断扩大。目前，墨西哥全国 50% 的工业，45% 的商业，52% 的服务业和 68% 的金融业集中在这里。它不仅是全国最大的工商业中心，亦是全国最大的交通枢纽，仅公路就有十余条分别通向美国、危地马拉和本国的东西海岸。韦拉克鲁斯是它的大西洋出海口。蒙特雷城是新莱昂州的首府，位于墨西哥的北部。它东距大西洋沿岸虽与墨西哥城与大西洋沿岸的距离相仿，但相对其地理位置来说，它更靠近大西洋沿岸。蒙特雷城自 19 世纪 80 年代随着铁路通车开始建立大型冶炼厂和其他工业企业。1930 年泛美公路通车促进了当地经济的进一步发展。蒙特雷现为全国第二大工业中心。冶金业是其最主要的经济部门，生产全国半数以上的钢铁和大部分有色金属。石油提炼和机械工业等亦较发达。此外，作为墨西哥国民经济核心的石油工业的主要油田，如雷福尔马油田、坎佩切海上油田以及奇孔特佩克油田等都位于墨西哥湾沿岸平原和大陆架。墨西哥虽然东西海岸都有许多港口，但最重要的港口韦拉克鲁斯位于墨西哥湾南部坎佩切湾西岸，它不仅是墨西哥城，而且是中央腹地的出海口，自殖民地时起就是同欧洲贸易的重要基地。

　　哥伦比亚是另一个两洋国家。全国分为三个经济区，即东部平原、西部安第斯高原和沿海平原（包括北部加勒比海沿岸平原和西部太平洋沿岸平原）。西部高原是全国的经济中心。这里不仅盛产咖啡、棉花、甘蔗以及大麦、玉米等谷物，而且亦是全国工业最发达的地区。哥伦比亚的工业布局虽然以分散为特点，但也相对集中在这一地区。全国四大工业城市的三个，即波哥大、卡利和麦德林都位于西部高原。两大洋沿岸相比，属于大西洋的加勒比海岸的经济地位更重要。四大工业城市之一的巴兰基利亚即位于加勒比沿海的低地。它是咖啡、棉花等农产品的集散地和北方油田四条输出天然气管道的终点。巴兰基利亚是对外贸易的重要门户，素有"哥伦比亚黄金港"之称。哥伦比亚其他两个重要港口，即圣马尔塔和卡塔赫纳也位于加勒比海沿岸。

厄瓜多尔、秘鲁和智利是三个只拥有太平洋海岸的国家。太平洋沿岸地区的经济地位与墨西哥和哥伦比亚的同类地区相比显得重要得多。尽管如此，也只能说太平洋沿岸地区是其重要的经济区域之一，而不是唯一的，或是最重要的经济区。在上述三个国家中，厄瓜多尔的太平洋沿岸，即西部沿海地区相对更为重要。其面积虽然只占全国的 16.5%，但全国人口的近半数集中在这里。农业发达，是厄瓜多尔出口农作物主要产区，盛产可可、咖啡、香蕉和稻谷等。瓜亚基尔海湾地区蕴藏石油和天然气。瓜亚基尔是全国最大的工商业城市和海港。但是，与西部沿海地区相比，中部山区，特别是其中的基多盆地和昆卡盆地的地位也并不逊色。这里是厄瓜多尔内需农作物（小麦、大麦、玉米和土豆等）的集中产区。首都基多不仅是全国的政治中心，也是极重要的工商业城市。近年来在本国石油业发展的推动下，该城的工业有了进一步发展。1976 年在这里建立了全国第一家钢铁厂。

秘鲁与智利的生产力布局有类似之处。从自然地理的角度，两国地形均以纵向分为三个地区。秘鲁分为西部沿海地区（科斯塔地区）、中部山区（锡耶腊地区）和东部森林地区（谢尔瓦地区）。智利分为西部海岸山脉地区、东部安第斯山脉地区，东西之间是中央谷地。但是两国的经济区均以横向划分。秘鲁分为北部、中部、南部和东部四个区域。以首都利马及其出海口卡亚俄为中心城市的中部秘鲁，特别是其中的西部地区是全国的经济中心。这里集聚了全国人口的 40%，生产全国 70% 以上的工业产值。种植业、畜牧业和矿业也较发达。智利的经济区划分为三个，即北部、中部和南部。中部地区虽只占全国面积的 20%，但居住着全国近 80% 的人口。该地区自然条件优越，不仅是智利，而且也是西半球最富饶的农业区域之一。盛产稻谷、小麦、大麦、豆类和烟草等。畜牧业也很发达。全国 64% 的工业企业集中在这里，其中首都圣地亚哥及其出海口瓦尔帕莱索的工业尤为发达。

与经济中心形成鲜明对照，各国均有相对落后地区。墨西哥的落后地区主要在西部太平洋沿岸及下加利福尼亚半岛地区。其他几个大国的落后地区几乎都在其东部。哥伦比亚、厄瓜多尔和秘鲁的东部地区属亚马逊河流域范围，地域广袤，蕴藏着丰富的自然资源和巨大的发展潜力。这些落后地区有一个共同的特点，即均属于尚未开发或开发不足的地区，而不是那种资源被掠夺殆尽，经济中心移出的落后类型。拉太国家的落后地区，一般来说尚未与国内其他地区形成便利的交通联系。因此可以说，全国性的商品市场尚未最后形成。这一特征也反映了拉太国家的经济发展程度和水平。

当前，拉太国家经济中心的地理位置主要由两个因素决定的。其一是自然条件的相对优越性，包括气候、土地、地下资源以及是否便于与外界沟通等条件。如墨西哥城周围地区、波哥大所在地苏马帕斯高原盆地、利马—卡亚俄地区、圣地亚哥—瓦尔帕来索地区等无不如此。其二是历史条件。上述地区自殖民地时期起就因作为行政中心或其他原因而得到较早的开发，因而相对具备作为现代经济发展中心的条件。与此相关，在国内其他地区尚未形成新的经济中心。这一点与拉美有的国家相比并不相同。

比如巴西，该国第三大城市、米纳斯吉拉斯州首府贝洛奥里藏特，特别是首都巴西利亚，主要是在20世纪中叶和60年代以后兴起的城市。拉太国家的上述情况说明，其经济发展的程度尚未超越自然条件和历史条件所形成的限制。

四

拉太国家虽然山川相连，在地理上构成为一个整体。同时由于历史的原因，具有相同的文化特点：共同的语言、民族成分也相似。但在经济上并未形成统一的地域集团。笔者以为，作为同一地域的国家在经济上能否形成统一体，关键在于地域内是否存在密切的经济联系。在拉太国家中虽然存在小地区集团，如中美洲共同市场，以及其中部分国家与拉美其他有关国家所建立的区域组织，但至今未有以太平洋地域为标志的国家集团形成。造成这种局面是有其历史原因的。在19世纪初拉太国家取得政治独立之前，均属西班牙殖民地。在经济方面，西班牙殖民政策的重要之点是禁止殖民地之间进行贸易。殖民地与宗主国贸易的口岸和船只也是被指定的。这样，为集散货物在不同殖民地之间所形成的交通联系和货物往来是有限的。而且，不论是太平洋国家还是两洋国家，对外联系几乎都通过大西洋进行。比如智利，它或是取道太平洋北上过巴拿马地峡出加勒比海，或是穿过安第斯山以阿根廷的布宜诺斯艾利斯为出海口。这样的对外联系交通格局是由当时的政治、经济以及地理因素所决定的，也与交通工具的发达程度相关。取得政治独立之后，拉太各国之间的经济联系有所加强，但仍未构成它们对外经济关系的主导方面。其原因正如前节所述，经济不发达和类似的单一经济结构，在拉太国家之间不能形成互补性的经济关系。就以经济最发达的墨西哥来说，它尚未强大到形成本地区的经济中心，基本上不能向本地区其他国家提供资金与技术。拉太国家之间（包括与其他拉美国家）的经济联系基本上以商品往来为限，其他经济方面的往来活动是微量的。

当前，拉太国家的经济关系以欧、美国家，或者说以大西洋国家为主要对象。这种局面是政治独立之后即形成的。从那时起至第一次世界大战之前，拉太国家与其余拉美国家一样，先后成为英、法、德的商品输出和资本输出对象国。自第一次世界大战期间始，美国的势力逐渐取代了以英国为代表的西欧资本势力，成为拉太国家最主要的经济关系对象国。从贸易方面说，这些国家无一例外，美国均是它们的第一位贸易对象国。墨西哥最为突出，进出口贸易额的 60% 以上均与美国进行。其余几个大国情况可分为两类。一类如秘鲁和厄瓜多尔，与美国的进出口贸易均占该国进出口贸易额的 40% 以上。另一类，哥伦比亚和智利，虽按绝对值与美国贸易均占第一位，但相对值较低。哥伦比亚，其进口的 35% 左右来自美国，而智利的相应指标尚不足 20%。向美国的出口两国的比例均占 20% 以上，其中智利的比例略高一些，就资本方面来说，毫无例外，美国是它们的主要投资国和债权国。

墨西哥与美国在经济方面的关系，由于作为邻国及其两国经济发展水平的差异另有其特殊表现。墨美边境墨方所谓"客户工业"的发展即是一例。墨西哥以较好的投资环境吸引美方投资设厂，既可以部分解决国内就业问题，又可以创造部分外汇收入。对美国来说，利用墨西哥的廉价劳动力进行生产，可以成为对付海外竞争的重要手段，不失为有利之举。目前，约有 25 万墨西哥人在 800 个被称之为"手艺工厂"的企业中工作。1986年这类工厂的产值占墨西哥制成品出口的一半，成为墨西哥仅次于石油的第二大外汇收入来源。此外，在美工作的墨西哥劳工的外汇收入以及美国人支付的旅游服务费，均是墨西哥的重要财源。

近年来，拉太国家与太平洋国家日本的经济关系有所发展，日本已成为它们的第二、第三大贸易伙伴，处于仅次于美国的地位。随着日本经济实力的增强和日元的升值，日本已成为世界最大的资金拥有国并趋向增加海外投资。与此同时，美国已改变了它以拉美为重点的海外投资策略。因此，拉太国家与日本的经济关系可能进一步密切，但是在近期内其程度不会超过同美国的关系。一则因为，在与拉太国家的经济关系方面，当前日本的地位虽然仅次于美国，但二者的差距较大。另外，由于拉太国家的投资环境和日本本国产业结构的升级，双方以垂直性分工为特点的经济关系发展是有限的，至于所谓横向性分工联系恐怕更不具备条件。但是，日本同墨西哥的经济关系可能有较快的发展，向墨西哥提供贷款和投资设厂会比以前更快的速度进行。综上所述，拉太国家以大西洋国家为主要对象的对外经济关系格局在相当长的时期内会稳定不变的。量的变化尚不足以形成同以日本为代表的太平洋国家为主要对象的经济关系局面。

五

自20世纪60年代末日本官方提出所谓"亚洲太平洋组织"构想后，日、美等国（地区）学者和官方人士竞相以亚太地区、太平洋地区、环太平洋地区、太平洋盆地、西太平洋地区等种种概念论述世界经济中心的转移，称21世纪为太平洋世纪，从而出现以不同的概念论述相同内容的情况。例如"西太平洋地区"一般指日本、"亚洲四小龙"、东盟五国等。这是一个比较小的内涵。有的学者在使用这一概念时还加上了澳大利亚、新西兰以及中国大陆沿海地区。"亚太地区"的范围除含上述内容外，还把印度拉了进来。至于洋中小国，如瓦努阿图、基里巴斯、瑙鲁、汤加等当然也在此列。"环太平洋地区"概念除包含上述西太平洋地区内涵外，还加上加拿大和美国西海岸。笔者以为这一概念较为确切。作为经济区域的概念同同名的地理概念可能是不一致的，前者范围小，可能是后者的一部分。正如前述，作为环太平洋地区的拉丁美洲 11 国不属于环太平洋经济区域。

环太平洋经济区的国家或地区的经济发展呈现出两种势头。第一，大多数国家（地区）的经济具有发展的活力。日本已成为世界经济大国，而且增长的势头方兴未艾。亚洲新兴工业化国家（地区）的"四小龙"，在六七十年代即创造出经济增长的世界纪录。进入 80 年代之后虽受世界经济危机的影响增长的速度有所下降，但仍高于其他地区。这一点正与拉丁美洲的新兴工业化国家巴西和墨西哥形成鲜明对照。上述两国自 80 年代初即陷入经济危机，增长率下降，债台高筑。作为两洋大国的美国，其经济力量正从东北部向西南部转移，加利福尼亚州已成为美国最重要的新兴工业区，其产值在美国国民生产总值中占据重要的地位。我国的东部沿海地区一直是经济发达的地区。随着对外开放政策的实行，特别是由于四个经济特区的先后建立，以及在 1984 年宣布进一步开放 14 个沿海城市后，为这一地区的先行发展带来了极大的活力。

第二，环太平洋地区国家（地区）之间的经济关系在扩大和深化，从而可能形成一个地域经济系统。所谓扩大不仅表现在地区内原有贸易量的扩大，而且还表现在作为两洋大国的美国，其国际贸易与投资方向转向以西太平洋地区为重点。1980 年美国与亚太地区的贸易额首次超出了与西欧地区的贸易额，1985

年，美国与亚太地区的贸易额又进一步增加，达到 1870 亿美元，高出与西欧共同体贸易额的 1/4。近年来美国向亚太地区的投资以高于其对外总投资的平均速度激增。现在亚太地区已成为仅次于西欧和加拿大的美国第三大投资地区，超出了它对拉美地区的投资。另外，由于我国实行对外开放政策，不但扩大了与亚太地区的传统贸易规模，而且开始引进和利用该地区的资金。我国现已引进的外资一半以上来自港澳地区。美国和日本也是我国重要的资金引进对象国。当前，日元升值以后，日本已掀起了向国外投资的热潮，特别是向美国的投资势头非常猛烈。

经过二十余年的高速发展，"亚洲四小龙"，特别是其中的韩国和我国台湾省，产业结构正处于转型阶段，从劳动密集型产业向知识和技术密集型、资本密集型产业升级。经济结构的提升和多元化，使其对外经济关系将进一步深化。日元升值导致日本国外投资增加，从而也必将促进本地区分工体制的发展。即从过去的互补性的、垂直性的关系，随着日本直接投资带来的技术转让，以及由此造成的在当地生产零部件工业的发展，双方的关系将向横向分工的平等伙伴关系发展。横向分工是一种产业内分工，其前提之一是分工国彼此有相同或水平接近的同类产业。日本专家认为，日本与"亚洲四小龙"的横向分工将以相当快的速度向前发展。

"亚洲四小龙"向国外直接投资也呈现增长的势头。中国台湾省自 70 年代中期起经常项目收支即出现大量盈余，因而在向东南亚增加出口（主要是重化工业产品）的同时，通过当地华侨资本组织进行直接投资。韩国在这方面起步虽然较晚，但一般认为，1987 年其经常项目收支将会有盈余，所以也将具备对外投资的条件。特别是由于中东市场的萧条，韩国在东南亚寻找出路的愿望是强烈的。东南亚的华侨资本实力是雄厚的。在中国进行"四化"建设的过程中，华侨资本向国内投资会有增长的趋势。

　　总之，环太平洋地区国家（地区）各自呈现出的发展活力与强化本地区内的经济联系势头表明，该地区有可能形成经济区域统一体。21世纪将成为太平洋世纪已初露端倪。拉太国家，就目前而论，尚未表现出上述两种势头，因此应当不在构想中的环太平洋经济区域之内。经济区域范围与同名的地理区域范围不一定吻合，后者往往大于前者。

（原载吴大琨主编《论太平洋经济》，中国对外经济贸易出版社 1988 年版）

拉丁美洲国家的太平洋意识

——兼论拉美地区一体化进程为何步履艰难

一

近年来，越来越多的人意识到，世界经济中心正从大西洋地区转向太平洋地区，太平洋经济区或称环太平洋经济圈正在形成。地理上属于太平洋盆地的有 40 多个国家和地区，其中拉丁美洲有 11 个国家①。然而，时至今日，在"大多数经济文献中，这个经济区域只是美国和加拿大的西海岸、东亚和东南亚以及澳大利亚和新西兰，而很少提到中南美国家以及太平洋中的许多岛国"②。同一对象的地理概念与经济概念所存在的外延差别，从两种概念内涵的不同特点来考察是不难理解的。相对地说，经济

---

① 即墨西哥、危地马拉、萨尔瓦多、洪都拉斯、尼加拉瓜、哥斯达黎加、巴拿马、哥伦比亚、厄瓜多尔、秘鲁和智利，其中除萨尔瓦多、厄瓜多尔、秘鲁和智利四国外，其余七国为两洋国家。

② 詹·比尔迈埃尔：《大西洋—太平洋：美国的新动向》，《世界经济译丛》1987 年第 7 期。

区域更具有历史概念的特点。它是在一定历史条件下形成的，而且需要一个历史发展过程。

到目前为止，太平洋地区拉美国家，至少在观念上被排斥在太平洋经济区之外，其主要原因在于它们在历史上形成的以欧美为对象国的对外经济关系格局至今尚未发生根本性变化；与亚太国家（地区）的经济联系仅仅表现为强烈的发展势头，而其规模远远不能同与美国的关系相比。除个别国家外，多数拉美国家的经济重心并不在西海岸，而且至今未呈现出转移的强烈倾向。但是，随着世界经济中心由大西洋转向太平洋，拉美国家太平洋意识的增强，以及拉美国家经济发展模式由封闭向开放的转变，太平洋地区拉美国家，至少是其中某些大国，如墨西哥和智利等，必将成为太平洋经济区的成员。

何谓拉美国家的太平洋意识？笔者认为，它是指拉美国家（这里也包括非太平洋地区的拉美国家）对世界经济中心行将转移至太平洋地区和对亚太国家（地区）在世界经济发展中所扮演角色的认同，以及相应表现出的政策倾向。正如巴西《视界》杂志文章所说，"对于许多巴西人来说，未来在东方"[①]。墨西哥一银行家指出，墨西哥除了同环太平洋地区联合之外，别无他途[②]，哥伦比亚舆论认为，远东将是 21 世纪的发展中心，哥伦比亚应架设通向远东的桥梁[③]。从拉美国家舆论界的观点与官方言论来看，这种意识包括下述要点。

一、太平洋经济区范围的界定。以墨西哥学术界为代表的观点认为，这一区域的范围较广，几乎占世界领土的 1/3，人口的

[①]　巴西《视界》1988 年 11 月 22 日。
[②]　美国《商业日报》1989 年 3 月 1 日，转新华社 1989 年 3 月 1 日电。
[③]　哥伦比亚《时代报》1988 年 9 月 23 日。

40%。墨西哥发展研究中心主任路易斯·鲁维奥甚至认为，太平
洋区域实际上包括从印度到智利这一广阔地区。但就经济与科技
发展的重要性而论，这一区域主要包括从新加坡到美国的圣迭戈
的广阔地域和众多国家和地区，其中有韩国、新加坡、马来西
亚、日本、中国、美国等。这一区域国家和地区的政治、文化、
语言、社会以及经济发展水平差异极大。

　　二、太平洋地区主要经济特征。这一地区是近 30 年来世界
上发展最快的地区。而且，因其资金充裕，储蓄率极高，科技发
展领先，这一发展势头必将持续下去。21 世纪它必将成为世界
经济的发展中心。依其经济发展的程度和参与世界贸易的特点，
这一地区大致分为四类：

　　（1）美国与日本，是两个最重要的市场，资金与技术的输
出国，实际上是这一地区经济发展的两个动力源。其中以美国为
主导；日本发展势头强劲，作用越来越大。（2）亚洲"四小龙"
是该地区新兴工业国家和地区，它们由传统经济变为"技术社
会"的经验具有借鉴意义。（3）泰国、马来西亚、菲律宾等东
盟国家，是原材料生产国与贸易国。近 10 年来其出口发展很快，
成为新兴出口国。（4）澳大利亚、新西兰、加拿大和中国拥有
广泛的发展潜力，特别是中国，因其幅员广阔、人口众多，及实
施开放政策，在 21 世纪将成为世界上最重要的市场。

　　三、向太平洋国家靠拢。墨西哥前总统德拉马德里 1988 年
7 月 25 在其国内银行家会议上号召，为了搞活墨西哥经济，"必
须进一步把目光转向具有强大经济活力的太平洋国家，谋求经济
和贸易结构的多边化"①。墨西哥著名经济学家贝内哈姆认为，
"世界经济中心确实正在向太平洋国家转移，这种趋势今后会进

---

　　①　日本《每日新闻》1988 年 7 月 31 日，转引自新华社 1988 年 8 月 1 日电。

一步加强", 因此, "墨西哥有必要进一步把注意力转向这一地区。不仅在经济上, 而且在政治上也是如此"①。就经济方面而言, 墨西哥提出靠拢太平洋国家有两层含义。其一, 实现市场多元化, 作为谋求经济和贸易结构多边化的一种选择, 以尽快扭转过分依赖美国的局面。其二, 将太平洋地区的经济发展作为本国经济发展的动力源。把太平洋区域视为一个可以造福于该地区所有国家的空间。墨西哥发展研究中心主任路易斯·鲁维奥认为, 应该敞开资本流入的大门, 以便获得新技术, 促进出口。各国在未来的 10 年内应充分利用自己的潜力, 参与太平洋区域的经济战略, 否则将会被轻而易举地拒之门外。巴西的舆论界也认为"如果政府和企业界人士的思想不发生深刻变化, 这列行驶在太平洋的'进步列车'就会冲垮巴西的未来"②。

四、太平洋拉美国家参与太平洋区域经济发展具有有利条件。拉美舆论认为, 太平洋地区的经济发展为该地区各国的经济发展提供了一个特殊的机会, 其中有些国家的有利条件更多一些, 如中美洲国家, 特别是巴拿马, 由于它所处的地理位置优越, 很可能成为欧洲与亚洲之间的联系纽带。在一定时期内受益较大的国家可能是厄瓜多尔和哥伦比亚。秘鲁也有广泛的选择。墨西哥拥有 7000 公里长的太平洋海岸线, 其经济结构也较其他国家先进, 这为它参与太平洋地区经济发展, 并在短期内领先于其他拉美国家创造了条件。

五、政策选择与实施。墨西哥已设立了由财政部、商业和工业发展部、计划和预算部等部长为成员的墨西哥环太平洋委员会, 以促进同太平洋地区的经济联系, 并将参加 1989 年太平洋

---

① 日本《每日新闻》1988 年 7 月 31 日, 转引自新华社 1988 年 8 月 1 日电。
② 巴西《视界》1988 年 11 月 23 日。

经济协调会议。哥伦比亚建立了太平洋合作委员会，举行了拉美第一次环太平洋问题讨论会，制定了哥伦比亚太平洋地区新前景计划，并于1988年派员走访了日本、中国台湾、中国香港和韩国，以争取上述国家和地区为其轻工、食品、金属加工以及港口建设等项目提供资金、技术和市场。秘鲁政府官员于1989年初率团出访日本、韩国、中国、菲律宾、泰国、马来西亚、印尼，对太平洋地区开展经济外交。智利召开了有太平洋地区国家的经济专家和外交官参加的智利在太平洋地区作用的国际讨论会，以提高其在太平洋地区的知名度。拉美国家参与太平洋地区经济发展的意识，在实际政策方面表现为两种明显的倾向。一是积极开展同亚太国家经济往来，二是借与亚太国家发展经济关系之机，开发本国太平洋沿岸落后地区。前者以智利最具代表性，后者以墨西哥为最突出。

由于太平洋沿岸的拉美国家太平洋意识的不断增强，近年来，相互关系取得一定进展。智利近年来以其稳定的经济发展和向国外市场开放的政策，越过太平洋向亚洲、澳大利亚和新西兰寻找新的贸易和投资伙伴。日本是其仅次于美国的第二大贸易对象国。智利的矿产品和林产品大量外销日本，非传统产品水果也打入日本市场，同日本的贸易处于顺差地位。智利与中国的经济关系也在发展。中国在智利修建水电站，智利公司在北京建立铜管厂。由于生产化肥用的硝酸盐得以向中国出口，曾一度停产的智利硝酸盐矿恢复了生产。太平洋国家在智利的投资也取得了很大进展。新西兰在智利的工业、石油业、渔业和农业广泛投资。在1987年智利的外国投资中，新西兰居首位。澳大利亚在智利的投资领域涉及矿业、林业和啤酒业，其势头之猛以至于有人形象地说，袋鼠已成为智利的一个时代标志。近年来，墨西哥与亚太国家（地区）的经济关系发展得也很快，特别表现在亚太国家（地区）对墨西哥客户工业的投资方面。墨西哥西部太平洋沿岸及下加利福尼亚半岛地区是经济落后地区。墨西哥政府正采取适当的政策，试图借与太平洋地区国家发展经济关系之机开发这一地区，表现出积极参与太平洋地区经济活动的态势。墨西哥政府于 1986 年起允许外国投资者在北部边界和整个下加利福尼亚地区从事商业活动，建立了自瓜达拉哈拉至太平洋沿岸的科利马和曼萨尼略全长 125 英里的工业走廊，制定太平洋沿岸基础设施修建计划，建设曼萨尼略深水港，使其成为向远东出口并能为外商所利用的重要港口，修建通向太平洋沿岸的萨利纳克鲁斯输油管道，以便于向日本、韩国和亚太地区其他国家（地区）出口原油。日本对墨西哥的投资重点也在太平洋沿岸地区，特别是在下加利福尼亚州的北部地区。

二

客观地说，太平洋经济区域引起拉美国家的关注，是亚太国家（地区）经济取得重大发展的结果。因此，亚太国家经济发展的现实是拉美国家太平洋意识产生及提高的外在原因。

在过去 20 年里，亚太地区最重大发展就是日本和亚洲新兴工业国和地区的兴起，它们在世界国民生产总值所占的份额从 1965 年的 6% 增加到 1987 年的 15%，在世界出口总额中所占的份额增加了将近两倍（从 6% 增加到 17%），从而显示出，西太平洋国家和地区将至少是与美国同时作为世界经济发展的动力源而出现。这种发展的原因似可归纳为以下几个因素：

第一，资金充裕。由于日元升值，现在日本已成为众所公认的经济大国。1987 年国民生产总值已达 2.4 万亿美元，虽不及同年美国 4.5 万亿美元，但人均收入 1.95 万美元，超过美国。

目前美国、欧洲经济共同体、日本的国内生产总值比率大致为5：5：3。据估计，若按现在的趋势发展，到20世纪末，日本的国内生产总值将超过美国。日本对国外的直接投资逾100亿美元。东亚地区就其整体而言，仍是个庞大的净债权者及积累了大量资金的地区。截至1988年11月，中国台湾的外汇储备已超过740亿美元，仅次于日本，居世界第二。1987年，韩国、中国台湾、中国香港的经常项目盈余合计已达2340亿美元，而当年欧洲共同体的盈余为3040亿美元。资金充裕必然导致实施"海外投资自由化政策"。

第二，具有科技优势，而且发展势头强劲。从70年代开始，日本汽车生产居世界第一，电子工业方面追上了美国，机器人使用台数压倒其他技术大国。日本节省资源和节能性技术体系备受第三世界青睐。据日本科学技术厅预测，20世纪末在世界科技革新的前沿学科微电子和光电技术领域，日本也走在前面。1986年，韩国也制定了面向21世纪科技发展长期计划，决定在新材料、人工智能、航空、半导体、超导、电子通信方面进行研究和开发。中国台湾亦将电子器材、电脑设备等"战略工业"放在发展的首位，推动该地区产业向科技密集型转换，使经济发展呈现出活力。

第三，市场容量扩大。日元升值后，日本经济增长的主要因素已由国内需求代替了出口。结果，日本从其他国家购买的制成品大大增加，并进行大量的国外投资。在相当长的时期内，日本将以内需为主发展经济。中国台湾和韩国的经济自由化政策已成为推动其经济发展的主导力量之一。它们大幅度削减关税，简化进口程序，扩大进口。

第四，产业结构升级，形成产业转移趋势。日本产业向科技密集型转换的同时，一些劳动密集型产业输往国外，首先由亚洲

"四小龙"所"继承",后者现在也在进行产业结构调整,以提高国际竞争能力。这种转移在地区内由泰国、马来西亚和印尼所接受。但是产业转移不限于地区内部成员之间,实际上已波及区域之外。在太平洋东岸墨西哥的客户工业中,日本、韩国和中国台湾的投资势头之高即是例证,因此在西太平洋地区内成员之间,呈现出中国台湾和韩国追赶日本,泰国追赶中国台湾和韩国,马来西亚追赶泰国这样一种"雁阵形发展的太平洋地区持续的工业化的波涛"。在地区内形成一种巨大的活力。这种至少在 50 至 100 年内所表现出的地区活力,自然会对世界经济的发展起巨大的推动作用,从而引起世界的普遍关注。

近年来,拉美国家(至少是其中一些重要国家)经济发展模式的变化,是它们的太平洋意识增强的内在原因。经济发展战略从替代进口的内向型转向注意经济效益的外向型,从而推行经济开放政策。对于缺乏资本与技术的拉美国家来说,要发展经济,就要吸收外国投资和促进对外贸易的发展。因而,寻找经济发展具有活力的地区作为对外经济关系的重要伙伴便成为其重要的政策目标。

墨西哥在 20 世纪 40 年代即把进口替代作为基本发展战略进行本国工业化。经过先替代消费品,尔后替代资本货物的发展过程,墨西哥建立了较为完整的工业体系。但由于这一战略,造就了一个脱离同外国产品竞争的面向国内市场的经济格局,造成工业成本过高,技术落后,资源分配不合理。70 年代初,这一战略的缺点就明显表露出来。经过 70 年代后期墨西哥经济大发展,进入 80 年代之后,由于国际油价下跌,国际利率提高,西方发达国家经济萎缩,墨西哥经济赖以发展的外部条件发生了重大变化。墨西哥经济因石油繁荣而被掩盖的问题重新暴露出来,以至于对 1982 年起出现的经济危机束手无策。严峻的现实促使政府制定新的经济发展战略，实行外向型发展模式，进行经济结构改革和"贸易开放"。其中尤为强调非石油产品出口以组成有力的、持久的出口部门，促进墨西哥产品的"外向集中"，有效地参与国际经济。在此情况下，经济发展最快的亚太地区对墨西哥来说可能是至关重要的。智利自1973年以来实行自由经济政策，虽然在1974年至1980年出现了严重的政策失误，但并未转换模式。这一政策的基本特点是"外向"，面向世界市场，"将生产机器彻底转向国外市场"，为此，特别发展出口业，实现出口产品与出口市场多元化，使"出口部门成为今天国家经济活动的领先行业"①。智利比拉美任何一个国家更加开放。

当前，拉美舆论界关于发展模式的讨论很热烈，几乎一致认为，第二次世界大战后在本地区所实行的替代进口工业化模式已到了穷途末路。国内市场已证明它没有足够的力量来支持经济发展进程②。巴西《视界》杂志在《在竞争时代老的模式开始衰竭》一文中指出，在替代进口政策占优势的年代之后，已出现非常明显的开始衰竭的迹象。巴西必须迅速而坚定的进入另一个世界。在这个世界里，一个新的关键词汇是"竞争"，它将替代"保护主义"和"市场保留"。由此可见，改变内向的发展模式，走向世界，采取外向发展战略，是历史的选择。尽管当前在拉美一些重要国家里，历史上曾一度占据统治地位的民众主义思潮有卷土重来之势，但世界性开放、改革的大局是难以扭转的。外向型发展模式的采用，决定拉美国家将与世界经济发展最具活力的地区进一步接近，以支持和推动本国经济的发展。

---

① 智利财政部长埃尔南·布克答记者问，《视界》1988年9月19日。
② 阿根廷《民族报》1988年12月14日。

三

　　目前，就拉美地区整体而言，太平洋意识并不普遍存在，既使少数具有明显的太平洋意识的拉美国家，其政策倾向也不十分明朗，经济重心尚未出现西移迹象。因此，拉美国家的太平洋意识只是初见端倪。但是，它的产生实质上反映了民族生存与发展的危机感，是对世界同类地区发展速度和程度差异的一种认识，也是对拉美地区一体化进程的一种反思。因此，拉美国家的太平洋意识绝不是一个简单的社会现象。这种意识一旦普及、提高并形成政府的明确政策之后，对于拉美地区的发展和国际经济关系必然会产生重大影响。首先，它将促使拉美国家转换经济发展模式，进一步实行开放政策。其次，它将弱化拉美国家对美国的严重依赖性。其过程可能是渐进而微弱的，但其趋势将是明显的。再次，它对拉美意识和拉美地区一体化进程将是一种强劲的冲击。以下仅就最后一点略作论述。

　　拉美的特点之一，是它具有比较强烈的地区意识，即拉美意识。所谓拉美意识是指拉美人民团结一致，反对帝国主义和新老殖民主义侵略、压迫、干涉和渗透，寻求本地区经济独立自主发展的觉悟与行动。这种意识的本质在于以地区集体的力量争取民族独立与解放，因此，具有更浓厚的政治色彩。表现在解决地区共同面临的问题，诸如中美洲问题、外债问题等方面具有高度一致的意向。但在地区经济一体化方面，虽有理论依据，历史进程较长，并且不时有发展的主张与措施提出，效果却并不明显。这种情况在客观上引发了拉美国家（至少是某些重要国家）的太平洋意识产生，同时也促使它们对拉美意识作进一步深入反思。正如《视界》杂志文章指出的："我们沉醉于自己的地理位置和天然版图之中，经常以为我们的国家与欧洲各国相比是一些'大国'。其实在经济上我们并非大国，作为经济市场，法国比整个拉美还大。"① 文章进而得出结论说，在目前危机的情况下，拉美国家成功的出路在于面向世界，在于及时乘上行驶于太平洋地区的"进步列车"。墨西哥国际咨询机构主席胡利奥·米连明确主张墨西哥经济国际化，"同 21 世纪的全球经济建立联系"，其基础将是太平洋地区②。诚然，拉美意识会受到太平洋意识的冲击，但不会消失。因为这种意识赖以存在的条件是在长期历史发展中形成的，有深远的政治、社会与地缘政治方面的原因。同时，当前拉美国家所面临的共同难题也是维系这种意识的重要条件。拉美国家在处理地区外国际问题时需要这种意识起制衡作用。

客观而论，拉美国家有共同的历史渊源、连为一体的地域、相似的文化特征等，本应在地区一体化方面取得显著成绩或形成一个区域经济实体。然而事实上，在当前世界经济格局变动、重组，本地区国家的太平洋意识产生和增强的情况下，拉美地区经济一体化的步履将更加艰难，遇到的挑战更加严峻。实现地区一体化或自然组成一个区域经济实体，必须具备几项基本条件，这几项条件在拉美至今仍未成熟。

首先，拉美地区尚不存在地区经济发展的动力源。是否具备地区经济发展的动力源，是形成区域经济的关键。所谓动力源，即地区内存在一国或多国的经济先行发展，它的发展程度足以向本地区提供经济发展所需的资金、技术以及容量广阔的市场，对整个地区的经济发展起着推动和带领的作用，从而导致形成区域

---

① 《视界》（墨西哥版）1988 年 9 月 5 日。
② 墨西哥《至上报》1988 年 12 月 17 日。

经济联系。东亚经济圈就是以日本为发展的动力源（当然，美国是该地区以外的动力源）。日本对亚洲"四小龙"的经济发展起着明显的作用，从技术转移情况即可看出；韩国 1962 至 1983 年期间共引进外国技术 2641 项，其中 1486 项，即 56% 是从日本引进的。中国台湾的这种倾向就更加明显，它在 1952 至 1983 年引进的外国技术项目中，65.5% 来自日本。该地区的其他国家和地区，如新加坡、泰国和马来西亚，从日本引进的技术也要比从美国和欧洲国家引进的多。直至目前，拉美地区尚未形成这种局面，无论是经济大国巴西，还是墨西哥，由于自身发展程度的限制，都不能为地区其他国家的经济发展提供充足的资金、技术和容量广大的市场。拉美国家的经济发展长期以来是以美国的经济发展为动力源的，这种状况在可预见的未来不会发生明显的重大变化。

其次，拉美各国经济结构相似。除巴西、墨西哥、阿根廷三个大国外，其余国家基本上属于农牧业与工矿业生产类型国家。由于各国的自然条件和技术水平差异不大，各国所生产和所能生产的农牧业产品和矿产种类也很相似。这就使各国产品之间的互补性小于竞争性。工业化目标和工业结构也大致相同，互通有无的产品不多。类似的经济结构，使地区国别贸易结构相近。比如巴西，对原料的需求只限于原油、小麦等少数产品，因此，能与巴西互通有无的仅仅是几个有限的国家。拉美地区又是资金贫乏的地区。由于该地区的贸易潜力不很大，从而弱化了地区内国别之间的经济联系。

再次，地区内国别经济发展模式的差异构成地区一体化进程一大障碍。当前，在拉美，有智利这样奉行明显自由主义经济政策的国家，由于智利实行全方位开放政策，与安第斯条约集团大多数国家的有限开放政策发生严重冲突，于 1976 年退出安第斯条约组织。也有的国家如巴西、墨西哥、阿根廷和委内瑞拉,虽然奉行对外开放的自由主义经济政策,但在国内受民众主义思潮的严重制约。另外,在一些国家,例如秘鲁,在其经济政策中表现出强烈的民众主义倾向。

最后,拉美地区经济增长普遍乏力,地区内尚未形成成员间消除发展差距的追赶局面。实例表明,东亚地区区域经济之所以正在形成,其基本条件之一是该地区经济持续增长,地区内充满发展活力,从而促使经济实体之间的联系深入而广泛地发展。很难想象一个活力不足的地区可以形成一个经济联合实体或进行一体化发展。拉美地区自 1982 年危机发生以来,除个别国家外,经济发展长期倒退、停滞或缓慢。其特征不仅具有普遍性,而且几个大国的经济增长表现连续几年欠佳。1988 年全地区国内生产总值仅增长 0.7%,这与亚太地区平均增长 8% 形成鲜明的对照;这种全地区性的增长乏力,显然不会促进地区一体化运动的进展。此外,地区内国家间经济发展程度的差异,政治分歧与领土纠纷等,也是拉美地区一体化进程的严重障碍。

（原载《拉丁美洲研究》1989 年第 4 期）

体现美国新价值观的"开创美洲事业倡议"

    1990 年 6 月 27 日，美国总统布什发表了关于"开创美洲事业倡议"的讲话，要求与拉丁美洲国家建立一种新的伙伴关系，即所谓的"布什计划"。该计划以贸易、投资和债务为支柱。在贸易方面，首先，布什保证在关税与贸易总协定谈判乌拉圭回合的最后阶段，美国将与拉美国家密切合作，争取有利条件，使国际贸易自由、平等地发展，使拉美国家"特别感兴趣的产品更大幅度地降低关税"①。其次，美国准备与拉美国家就开放市场问题进行谈判，积极发展双边贸易关系。最后，作为"最终目标"，将"建立一种将整个美洲——北美洲、中美洲和南美洲联系在一起的自由贸易体系"，组成一个从安克雷奇港到火地岛的自由贸易区。就投资而言，布什要求拉美国家彻底改变阻碍国内外投资的条件，美国将与泛美开发银行及世界银行合作，"为采取重要措施排除国际投资障碍的国家制定新的贷款计

---

    ① 本文关于布什计划内容及引文均据新华社 6 月 27 日英文电译稿和阿根廷 6 月 28 日《民族报》有关报道。

划";布什还建议设立一笔新的投资基金,由泛美开发银行支配,以鼓励拉美国家"以市场为方向的投资改革和私有化"。布什建议泛美开发银行提供资金并参与国际货币基金组织和世界银行的活动,支持商业银行为减免拉美国家债务所作的努力;并建议为"在国际机构支持下采取有力的经济和投资改革计划的国家制定一项重要的减免拉美和加勒比国家所欠美国的官方贷款的新计划"。

布什计划是美国政府对所谓冷战后时代认识的产物。布什在讲话的开始借用哥伦比亚前总统毕尔希略·巴尔科的话说:"卡尔·马克思和亚当·斯密之间的长期比赛现在终于行将结束";认为"古巴也加入世界民主国家行列的日子不远了,从而使整个美洲完全成为自由国家"。这充分体现了布什关于"开创美洲事业倡议"的价值观。本文将就布什计划本身的一些问题略陈管见。

一、布什计划是美国世界战略的组成部分。美国的世界战略目标是要在冷战后时代形成的国际多极格局下,保住其盟主地位。近年来,美国的经济实力相对下降,与此同时,西欧与日本的经济实力明显上升。1992年欧洲经济一体化的形成和日本为组成"亚太经济圈"的不懈努力,对美国经济霸权构成巨大的挑战。在这种形势下,美国采取了三方面措施。第一,提出"新大西洋主义",以组织机构与条约的形式加强与欧洲共同体的关系,尽力使美国"作为一个欧洲强国继续存在,保持对欧洲的控制"。第二,一再重申美国是两洋国家,试图成为"统率亚太地区国家的中心势力"。1989年1月17日,美国国务卿贝克在参议院的讲话中明确指出,"美国属于大西洋势力,同时也属于太平洋势力"。同时,美国政府官员不止一次地提出设置"环太平洋经济合作机构"的设想,极力防止亚太地区经济合作的主导权落入日本之手。第三，筹建以美国为中心的西半球经济圈。美国已与加拿大达成协议，建立美加自由贸易区，目前又拟与墨西哥进行谈判，据估计，将墨西哥纳入北美自由贸易区已为期不远。布什进而提出要与整个拉美国家发展新的伙伴关系，建立一个包括全部美洲在内的自由贸易区，以此与欧洲经济大市场和形成中的西太平洋经济势力相抗衡。应当说，布什计划的主旨是维护 90 年代乃至更远的将来美国的长远利益。巴西前计划部部长维洛佐指出："我们在高兴之前，必须看到它维护的是美国的利益，不一定是我们的利益。"① 尚需指出，布什计划的提出还在于遏制拉美国家的太平洋意识。近年来，随着西太平洋地区经济的飞速发展，许多学者认为，世界经济的中心行将转至太平洋地区，因此，一些拉美国家的学界政界人士纷纷强调与亚太国家（地区）发展关系的重要性。表现最为强烈的是墨西哥、智利和哥伦比亚等国。墨西哥在加强与亚太国家（地区）发展经济关系的同时，已着手开发本国太平洋沿岸地区。拉美国家的这种意识和政策倾向强烈地刺激了美国。因此，布什计划的提出，也是对拉美国家太平洋倾向的抑制。

二、布什计划表明美国对拉美政策的重大转变。美国一直将拉美视为"后院"，1823 年提出的门罗主义，1890 年后建立的各种泛美联盟，1948 年美洲国家组织、1961 年的争取进步联盟、古巴导弹危机、70、80 年代美国对中美洲的干预，及至出兵巴拿马，这一切都表明，政治、安全和意识形态的内容在美拉关系史中占主导地位。换言之，以往美国对拉美政策的侧重点是政治问题，或者说是安全问题。而布什计划中与拉美国家建立新伙伴

---

① 巴西《视界》1990 年 7 月 18 日。

关系的倡议，则提出了一个重大的经济课题——建立包括整个西半球在内的自由贸易区。它标志着美国对拉美政策的侧重点已经由政治、安全问题转向经济问题。这是美国对拉美政策的第一个变化。

布什计划表明，美国对拉美政策的第二个变化是以贸易取代援助。白宫发言人菲茨沃特在宣布布什计划时说，"本半球的繁荣取决于贸易，而不取决于援助"。布什在其倡议中也明确指出："我们必须把我们经济交互作用的重点转到一种新的经济伙伴关系上，因为本半球的繁荣依靠的是贸易，而不是援助。"1961年，肯尼迪总统提出的"建立一个新的争取进步联盟"，"使美洲各国得到健康发展"的倡议，其目的是要以美援为手段，进一步加强对拉美的政治控制和经济掠夺。布什倡议则是以发展地区贸易取代援助，在近期内实行贸易双边主义，在中期内实现建立自由贸易区的设想。这一变化的一个重要原因是美国经济实力的下降，它已无力像以往那样"慷慨"援助。另外，它也与美国贸易政策的转变有关。按照日本神奈川大学教授石川博友的看法，80年代以来，美国的贸易政策发生了重要变化，美国根据本国产业国际竞争力的变化，正在摸索建立新的贸易体制，建立双边主义和自由贸易区，以摆脱关税及贸易总协定体制。美加自由贸易协定、美以（以色列）自由贸易协定，以及拟议中的美墨自由贸易协定，均是这一政策的产物。

但是，美国对拉美政策内容的变化并不表明其政策目标发生转变。这种变化只是在新的国际形势下采取的一种新形式。印度国际政治学家辛德指出："今天，使用军事手段在外国领土上建立政治实力和统治几乎已不可能，人们认为通过占领市场和输出资本的形式是可以扩展政治势力的。除了经济利益和可观的利润外，这恰好正是今天西方发达国家对向发展中国家输出资本并占领它们的市场表现出极大兴趣的原因所在。"①

三、从长远看，布什计划对拉美国家的经济发展可能具有积极意义。布什计划提出的三个支柱正是长期困扰拉美国家经济的三个主要问题，无论如何，美国政府采取了面对现实而不是回避现实的态度，这引起拉美国家政府的兴趣，也是对布什计划表示"欢迎"的主要原因。巴西总统科洛尔认为"它是聪明的、大胆的和有创造性的"，是"对拉丁美洲，特别是对巴西在取得政治自由之后，现在正在努力争取经济自由的努力的积极回答"。科洛尔并且强调说，在巴西宣布放弃传统的国家保护主义，实行新工业政策的次日，美国宣布新计划，是非常有意义的巧合。墨西哥政府发言人评论布什计划时认为，倡议是美国有关拉美经济发展立场的一个非常完美的确定。阿根廷总统梅内姆对布什的倡议表示非常高兴，因为它有利于阿根廷②。

笔者认为，布什倡议若能实现，对拉美国家经济发展可以起到某种促进作用，这是应肯定的。正因如此，拉美国家对布什计划的反应一般是积极和肯定的。从短期看，布什计划中的具体措施若能实施，可以在一定程度上增加拉美国家的资金。80年代，拉美投资规模大为减少，1980年为2080亿美元，80年代末为1670亿美元；机器设备投资由630亿美元降为470亿美元，成为"失去的十年"。因此，资金的增加是拉美经济恢复与发展的关键。从长远看，自由贸易区若能建立，对拉美国家的经济发展也是有利的。当然，对美国则更为有利。自由贸易区规定成员国之间相互免除关税，而对成员国以外国家并

---

① J. R. 辛德：《国际政治学导论》，四川社会科学出版社1989年版，第32页。

② 阿根廷《民族报》1990年6月28日，墨西哥《至上报》1990年6月29日。

不规定共同关税。这无疑可以扩大地区内的贸易规模。自由贸易区是经济一体化的一种形式，从理论上讲，经济一体化可以使生产要素突破国界限制，在一个更大的区域内得到优化组合，从而增加地区一体化成员国的经济实力，在现实生活中，地区一体化成功的例子也是有的。人所共知的欧洲共同市场就是这方面的典型。此外，像东盟五国一体化的实现也促进了参加国的经济发展。

但是，布什计划所倡议的西半球一体化是一个经济实力和经济发展水平相差悬殊的国家组合。美国试图在这样一个一体化组织中充当盟主。因此，拉美国家的一些经济学家和舆论界提醒政府要慎重对待布什计划，他们担心自由贸易区的建立可能使拉美成为美国推销其无力同欧洲与日本竞争的产品的场所。另外，目前大多数拉美国家的贸易仍然具有殖民地贸易关系的特点，是初级产品的净出口国和工业品的净进口国。它们与发达国家形成单向型、垂直型的分工，处于国际分工体系的底层。初级产品出口因受供需两方面变化的影响，经常处于被动状态。这将成为自由贸易区建立的制约因素。此外，拉美国家保护民族工业发展的经济民族主义思潮也是自由贸易区成立的重要抑制因素。

拉美各国人民一体化思想由来已久。在拉美独立战争时期，米兰达就曾于1797年建议成立大美洲联盟以抗衡西班牙；玻利瓦尔于1826年又建议成立泛美联盟。这些建议与南北美洲具有共同的历史，共同的文化渊源以及地域相连有关。这些自然也是促成自由贸易区形成的积极因素。尽管如此，西半球自由贸易区的建立不是短期内可以实现的，它将成为一个长远的奋斗目标。阿根廷经济部部长安东尼奥埃尔曼·冈萨雷斯认为，美洲大陆市场一体化是一个中长期目标，在短期内是不可能实现的。要建立的自由贸易区不可能一次囊括全部美洲国家，而应当是一个由少到多的逐渐扩大的过程。目前，美国与拉美国家的经济关系只能以发展双边关系为主，即所谓的双边主义；笼而统之的自由贸易区，只能对少数发达国家有利，而损害了绝大多数拉美国家的利益。

（《拉丁美洲研究》1990 年第 6 期）

阿、巴关系与南方共同市场

阿根廷同巴西之间的关系，被认为是拉美国家政治经济力量平衡的主要支柱①。两国关系的改善和发展不仅具有双边意义，而且对地区的稳定和发展也必将产生重大影响。行将组成的阿根廷、巴西、巴拉圭和乌拉圭南方共同市场（Mercosul），在一定意义上可以认为是阿、巴友好关系发展的结果。它的未来发展必将同阿、巴关系的现状和前景紧密相关。

70 年代末后阿、巴关系的重大转变

阿根廷和巴西由于对具有战略意义的拉普拉塔河流域的争夺，以及在同美国关系问题上政策不协调，彼此间长期不和，甚至相互敌视。这种状况成为两国关系的重要历史特征。70 年代前期，巴西和阿根廷围绕着巴拉那河上游水电站装机数目和下游电站的水坝高度等经济利益问题，长期争执不休。这是两国争夺

① 莫尼卡·伊斯特:《阿根廷—巴西一体化计划的框架与战略》，巴西《政治经济学》1988 年 7—9 月号，第 55 页。

拉普拉塔河流域领导权的历史继续。70 年代末，由于阿根廷和巴西都面临经济困难，双方都迫切需要加强各个领域的合作，改变历史上形成的对峙局面，改善双边关系。1979 年 10 月 19 日，阿根廷、巴西和巴拉圭 3 国在巴拉圭的斯特罗斯纳港签署了《伊泰普—科尔普斯协定》。协定规定，伊泰普水电站安装 13 台发电机组，位于巴拉那河下游的科尔普斯水电站大坝高度为海拔 105 米；两座电站的建设不得影响巴拉那河的通航。这一协定的签订，不但解决了两国在水电站建设问题上存在的具体分歧，而且消除了两国历史上长期形成的相互对立情绪。阿、巴关系从此进入一个新的历史时期。

从签订《伊泰普—科尔普斯协定》之日到 1991 年 3 月 26 日签订《亚松森条约》（条约宣告于 1994 年底建成南方共同市场）的十多年时间里，阿、巴关系的发展大体经历了以下 4 个关键阶段。

1985 年 11 月 30 日，巴西总统萨尔内和阿根廷总统阿方辛进行会晤，联合发表《伊瓜苏宣言》，表示了"加速双边一体化过程的坚定的政治意念"[①]。因此，这个宣言的发表，被认为是阿、巴经济一体化进程开始的标志。宣言对成立两国联合组织机构，设计双边一体化实施方案，表现出明确的政策意识。而"强有力的政策必将加速双边的一体化进程同本地区的合作与发展的努力和谐进行"[②]。

1986 年 7 月，萨尔内总统访问阿根廷时，阿、巴两国签订了《阿根廷—巴西经济一体化文件》，重申将双边友好关系发展

---

① 伊·布涅基娜：《阿根廷与巴西的经济一体化》，《世界经济译丛》1990 年第 12 期。

② 卢伊吉·曼赞蒂：《阿根廷—巴西一体化》，《拉美经委会》第 39 期。

为双边一体化行动。与此同时，双方还签订了内容广泛的 12 项议定书，从而确定了双方互助合作和实行一体化的范围，诸如机器制造业产品贸易，阿根廷向巴西提供小麦，扩大双边贸易和为逆差筹措资金，建立两国共有企业，在能源、生物工程、航空技术和经济研究方面进行合作，以及在发生核事故时相互提供援助等①，同时有选择地给予资本货物和农业生产以优先的地位，强调在一体化进程中发挥私人部门的作用和促进科学技术现代化，以提高资源的配置效益。《阿根廷—巴西经济一体化文件》的签订，确立了两国一体化进程的框架，奠定了双边一体化的基础，标志着两国一体化进程的正式开始，同时也表明两国组建南美洲最大市场的意愿，从而为建立南锥 4 国的一体化铺平了道路。

1988 年 11 月 29 日，萨尔内和阿方辛签订了《合作、发展与一体化条约》。次年 8 月，两国议会分别通过了这一条约。条约宣布，两国将开辟共同的经济区，并决定在 10 年内，分两步逐渐建成共同市场。第一步，双方将逐渐取消货物与劳务的关税和非关税壁垒，第二步，将协调两国的金融和贸易政策。双方还申明，在该条约生效 5 年后，其他拉美国家亦可加入阿、巴共同市场。可以说，这个条约已把两国关系提高到一个新的发展阶段。它不仅将加快阿、巴两国的经济发展和技术现代化，而且也将促进拉美地区一体化的发展。条约签订时，阿、巴两国总统相继发表演说，分别强调这是"具有伟大历史意义的事件"和"走向拉美经济独立的极其重要的一步"。

1990 年 7 月 6 日，阿根廷总统梅内姆和巴西总统科洛尔签署文件，决定至迟于 1994 年 12 月 31 日建立阿、巴共同市场，

---

① 伊·布涅基娜：《阿根廷与巴西的经济一体化》，《世界经济译丛》1990 年第 12 期。

从而将原定于 20 世纪末建立共同市场的决定提前了 6 年。1990
年 9 月 6 日，乌拉圭和巴拉圭决定加入筹建中的阿、巴共同
市场。

10 余年来，阿、巴两国关系的发展取得了多方面成果。

首先，双边贸易得到持续、稳定发展。在《伊泰普—科尔
普斯协定》签订之前，双边年度贸易额从未超过 10 亿美元。协
议签订当年双边贸易额达到 13.4 亿美元，创历史最高纪录。此
后（截至 1988 年），除 1983 年未达到 10 亿美元外，其余年份都
在 10 亿美元以上。1990 年双边贸易额高达 24 亿美元，估计
1991 年可达到 35 亿美元。双边贸易额的增加，说明了双边贸易
关系的发展。相对而言，即从两国对对方的进出口占本国进出口
总额的比重来看，尽管两国存在差别，但总的趋势是稳定上升
的。1980 年阿根廷对巴西的出口额占其出口总额的 6.5%，从巴
西的进口占其进口总额的 9.3%；巴西对阿根廷的出口额占其出
口总额的 0.8%，从阿根廷的进口额占其进口总额的 2.5%。
1986 年，阿根廷对巴西的出口额占其出口总额的 10.2%，从巴
西的进口额占其进口总额的 14.6%，巴西对阿根廷的出口额占其
出口总额的比重上升到 3.1%，从阿根廷的进口占其进口总额的
比重达到 4.9%[①]。两者的进出口所占的比重虽不相称，但均呈
稳定上升趋势。

其次，两国经济和技术合作广泛进行。1986 年 7 月，双方
所签订的第一项议定书就是有关两国资本货物生产、贸易和技术
合作开发问题的；几年来，阿、巴两国在通信和海陆运输一体化
方面已迈出重要的一步。两国成立了生物工程联合研究中心。在
航空工业、黑色冶金以及汽车工业方面进行合作生产。1990 年 7

---

① 卢伊吉·曼赞蒂:《阿根廷—巴西一体化》,《拉美经委会》第 39 期。

月，两国已合作生产出 CBA—123 型飞机。这表明，南锥国家可以生产现代化的产品和增强同其他国家的谈判能力①。阿根廷和巴西在核利用方面的合作开始较早。1980 年 5 月，两国政府曾一次签订多项协议，在专家交流，人员培训，情报交换以及铀矿勘探和开采等方面进行合作。1985 年底《伊瓜苏港—伊瓜苏河口核政策联合声明》的签订，使阿、巴两国的核利用合作进入了新阶段，1987 年和 1988 年巴西总统萨尔内和阿根廷总统阿方辛先后参观了对方国家的核设施。1985 年 11 月至 1988 年 12 月，两国核合作工作小组（1988 年 4 月组建为常设委员会）召开 7 次专门会议研究有关事宜。这个工作小组下设 3 个主要小组，分别负责协调两国在核利用问题上的国际立场，在科学理论研究方面开展协作，为建立核安全体制提出建议等。

最后，在经济、贸易以外的领域，两国关系也有了新的发展。1982 年马岛战争的爆发，对于两国关系是一次重大考验。战争期间，巴西政府支持阿根廷对马尔维纳斯群岛拥有主权的立场，拒绝英国使用巴西港口，谴责美国对阿根廷实行经济制裁，允许阿根廷产品经巴西转运出口，不在执行有关"解决"马岛问题的联合国第 502 号决议上对阿根廷施加压力。巴西政府的上述做法，得到阿根廷政府的赞赏。马岛战争也使阿根廷认识到它同巴西在军事战略和外交方面进行合作的利益所在。在关于南大西洋地区问题上，两国亦有战略意图方面的一致性。南大西洋地区的战略地位日益突出，因为这个地区蕴藏着现代工业所必需的多种矿物原料。阿根廷和巴西也是这个地区的重要矿产国，其南大西洋 200 海里领海范围内蕴藏着丰富的石油资源。在苏伊士运

---

① 梅内姆总统在为 CBA—123 型飞机出厂剪彩时的讲话，《圣保罗州报》1990 年 7 月 31 日。

河一度关闭期间，南大西洋成为国际石油运输的主要水道。即使在运河重新开放后，由于现代油船的巨型化，南大西洋也未改变它作为油运水道的战略地位。80年代以来，英国和苏联加强了各自在南大西洋地区的力量。美国为对抗苏联的威胁，力图改善同阿根廷的关系。美国军界首脑人物相继访问阿根廷，试图建立包括阿根廷、巴西、南非和美国在内的南大西洋条约组织。巴西在这个地区的利益主要表现在经济方面。同西欧、西非和日本频繁的贸易往来，以及对波斯湾和非洲国家石油进口的依赖，使它强烈反对外来势力染指这个地区。对于阿根廷来说，除了经济利益外，还有一个马岛主权问题。基于共同的利益，两国产生了军事合作的愿望。有人甚至建议阿根廷、巴西和乌拉圭3国建立军事互助条约，以便有效地捍卫它们的"军事经济利益"①。

阿、巴关系的迅速发展是由多种因素促成的。

首先，从考察阿、巴关系的历史特点可以看出，造成两国间长期不和与敌视的关键因素有两个：一是双方对拉普拉塔河流域领导权的争夺，二是对美国政策的不协调。自70年代末以来，这两个问题已初步得到解决。《伊泰普—科尔普斯协定》的签订，表明两国结束或暂时停止对拉普拉塔河流域的争夺。在对美国政策上，阿、巴两国因从不同方面进行了调整而相互接近。70年代中期，巴西政府放弃了同美国自动结盟的政策，甚至废除了1952年签订的美巴军事条约，改变了过去对美国过于亲热的关系。里根执政期间，美国调整了对拉美的政策，将美墨关系置于美巴关系之上，从而引起巴西对美国一定程度的疏远。相反，自马岛战争后，阿根廷同美国之间的僵化关系有所改善。在海湾战

---

① 何塞·玛丽亚·瓦斯盖茨：《南大西洋军事合作的可能性》，里约热内卢天主教大学《国际关系》1988年1—6月号，第34页。

争中，阿根廷派舰只进驻海湾，得到美国的好感。这样，阿、巴两国在同美国关系方面就基本协调一致起来。也就是说，巴西对美国不再像先前那样热，阿根廷对美国也不像先前那样冷。其次，阿、巴两国经济发展所遇到的严重问题（如经济增长缓慢，通货膨胀加剧，债台高筑，投资率下降等）基本上是相同的。同巴西相比，阿根廷的情况更为严重。在20世纪前30年中，阿根廷的国内生产总值年均增长率为4.6%，高于澳大利亚、巴西、加拿大和美国。然而在第二次世界大战后，情况发生了明显的变化。阿根廷国内生产总值增长速度下降了。1953—1983年，年均经济增长率是2.2%，而澳大利亚是4.2%①。阿根廷的经济发展状况也明显落后于巴西。1940年，巴西的国内生产总值只及阿根廷的80%，而现在，它的国内生产总值已相当于阿根廷的6倍。然而自80年代以来，巴西的经济状况也恶化了。在过去一段时期里，巴西的国内生产总值一直居西方世界第8位，而现已被西班牙赶上，退居到第9位。近年来，阿、巴两国对宏观经济政策进行了数次调整，以解决它们面临的问题。1988年5月，巴西制定了新的产业政策，取消了对民族工业市场的保护，允许境外的外资企业占领其国内市场，降低进口商品关税，使本国经济进一步向世界开放。同年10月，阿根廷宣布实行经济开放政策，决定取消进口预先申请制度，对绝大多数商品实行自由进口和降低进口关税。阿根廷经济专家认为，政府的这项政策改变了国民经济以国内市场为中心的运转情况，加强了同国际市场的联系。阿、巴两国宏观经济政策的趋同，是改善双边关系和促进一体化进程的重要因素。

---

①　鲁迪格·多恩布什等编：《开放经济》，中国财经出版社1990年版，第316、60页。

再次，80 年代中期前，阿根廷和巴西先后完成了民主化进程。从政治上促进了两国关系的发展和经济一体化。1985 年前，两国关系发展缓慢。其原因是当时巴西军人政府对于已经由文人执政的阿根廷政府的某些政策（如处理军人问题的政策）怀有不满情绪。1985 年巴西文人执政后，两国消除了猜忌，并开始注意借鉴对方的经验和做法。阿根廷的奥斯特拉尔计划和巴西的克鲁扎多计划虽不成功，但从巴西在制定计划时借鉴阿根廷经验的问题上，可以看出两国政策的接近。正是"向文人和民主秩序的过渡将两国的合作提高到前所未有的时期"①。

最后，世界经济的区域化和集团化发展，成为两国接近的外在推动力。相对于 1992 年欧洲共同体大市场的形成，东亚地区以日本为首的"雁形"发展秩序以及美国、加拿大和墨西哥行将结成的北美自由贸易区的形势，"今天的南美洲成为国际舞台上最孤立的地区"②。实际上，在南美洲一些大国中，只有巴西和阿根廷的形势比较严重。其他国家几乎都另有所靠。最明显的例子是智利。作为太平洋国家，智利的太平洋意识日渐增强。它采取的以借助亚太经济增长的强劲势头来带动本国经济发展的策略，已取得显著成果。自 1982 年以后，智利 60% 以上的外国投资来自澳大利亚和新西兰等西太平洋国家，它同日本、中国香港和新加坡的贸易额成倍增加；它的国民经济取得连续 8 年的高速增长。这种严峻的国际形势，在客观上促进了阿根廷和巴西两国关系的发展。

---

① 墨西哥《对外贸易》1991 年 2 月号，第 161 页。
② 富兰克林·特莱因：《1992 年的欧洲：欧共体巴西关系方面的后果》，里约热内卢天主教大学《国际关系》1989 年 1—6 月号，第 84 页。

组建南方共同市场

1991 年 3 月 26 日，阿根廷、巴西、乌拉圭和巴拉圭 4 国总统签署《亚松森条约》，决定于 1994 年 12 月 31 日组成南方共同市场。这是阿、巴两国政府于 1990 年 7 月 6 日决定提前于 1994 年 12 月 31 日建成阿巴共同市场的重申，同时也是阿、巴共同市场范围的扩大。阿、巴共同市场扩大为 4 国南方共同市场，是乌拉圭和巴拉圭同阿根廷和巴西紧密的历史联系，特别是近年来双边一体化发展的必然结果。早在 1974 年，乌拉圭同阿根廷曾签订《阿根廷—乌拉圭经济合作条约》。1985 年 5 月，两国在此基础上又签订了包括政治、经济、地理一体化和农牧业相互补充等内容的 4 个互助合作条约。条约规定阿根廷免除其允许进口的乌拉圭产品的关税；两国制定农牧业产品的共同销售计划，以增强同第三国的谈判能力。乌拉圭和巴西曾签订扩大贸易议定书，规定了乌拉圭向巴西出售肉类、大麦、乳制品、稻米和某些工业品的条约；同样，对巴西向乌拉圭出售资本货物、设备和运输器材等，也作了相应规定。巴拉圭同阿根廷和巴西，特别是同巴西的经济联系更为密切。通过伊泰普水电站的修建，两国已在一定范围内实行了一体化发展。巴西在巴拉圭拥有从事工业生产活动的企业。据估计，约有 20 万巴西人在巴拉圭拥有土地，经营农牧业[①]。近年来，乌拉圭、巴西和阿根廷 3 国总统多次进行会晤，商谈有关一体化发展的问题。因此，当 1990 年 7 月 6 日阿、巴两国总统宣布于 1994 年 12 月 31 日建成阿巴共同市场后，乌拉圭和巴拉圭很快即宣布加入共同市场，便成为自然的事情。

---

① 《巴西日报》1989 年 2 月 4 日。

《亚松森条约》对建立南方共同市场的目的作了明确的表述。"通过一体化扩大成员国国内市场，对于加速各自的经济发展进程和社会正义是根本条件。"[1] 通过一体化"促进成员国的科技发展和经济现代化，扩大供给和提高产品与服务的质量，其目的在于改善各自国民的生活条件"。条约指出，四国一体化发展也是对当前世界形势变化，特别是对经济强国联合的回答和表明它们"适当的国际参与"。条约还认为，一体化可以有效地利用成员国各自拥有的资源和保护环境，有利于协调宏观经济政策和促进成员国经济部门相互补充，以形成优势。条约规定，共同市场建成后，将取消关税和非关税限制，使商品、劳务及生产要素在成员国之间自由流通；建立共同对外关税，对第三国和国家集团实行统一的贸易政策；成员国之间在宏观经济政策和部门经济政策，诸如对外贸易、农业、工业、财政、金融、外汇、资本、劳务、关税、交通运输和通信等方面将协调一致。关于上述目的，将在为期不长的过渡时期内，通过分门别类地制定过渡性政策，以渐进的方法逐步达到。

《亚松森条约》所确定的管理和执行机构是共同市场委员会和共同市场小组。共同市场委员会是共同市场的最高权力机构。它以政策引导共同市场的进展，并采取具体措施保证在预期内实现所规定的目标。委员会由各成员国的外交部长和经济部长组成。委员会主席由成员国轮流担任。共同市场小组是共同市场的执行机构。其成员由有关方面的 32 名专家组成。小组的主要任务是监督条约的实施，执行该委员会通过的决定，制定工作计划，以保证共同市场的组建工作正常进行。《亚松森条约》规

---

① 《亚松森条约》，巴西《经济趋势》1991 年 4 月号，第 80—82 页。以下有关该条约的引文或转述皆出于此。

定，南方共同市场对拉美一体化协会成员国开放。通过谈判，该协会成员国可以加入共同市场，不过它们的请求只能在该条约生效 5 年之后讨论。

　　一般认为，经济一体化组织形式有以下四种，即自由贸易区、关税同盟、共同市场和完全的经济一体化①。然而，就某个具体的一体化组织而言，它的发展程序未必逐步经过所有阶段。就某个一体化组织所处的具体阶段来说，其特征也不一定很典型。南方共同市场在其建成之前，很难断定它处于哪个阶段。说属于自由贸易区，但它不具备自由贸易区的典型特征——成员国相互间取消了关税；更说不上它处于关税同盟阶段，因为在这个阶段各成员国从外界进口的每一种产品已设有相同的关税税率。实际上，现在的南锥 4 国一体化远未达到这一层次。由发展中国家所组织的一体化，之所以做不到像欧共体一体化那样层次分明、依序渐次发展和提高（当然，也不必逐级发展），笔者认为，这主要是因为成员国经济发展水平较低和它们的经济发展程度存在很大差距。南方共同市场是典型意义的共同市场，它的建成意味着成员国经济发展水平的提高和相互间差别的缩小。但是，这一目标的实现，不是很容易的。

　　南方共同市场，领土面积 1187 万平方公里，约占拉美地区总面积的 57%；人口 1.9 亿，约占拉美总人口的 43%；国内生产总值近 4000 亿美元，约占全地区国内生产总值的 60%（1988）。1990 年，4 国进口总额为 257.1 亿美元，出口总额为 444.1 亿美元，分别占当年拉美进口总额和出口总额的 27.8% 和 37.4%。"地区经济一体化，是指两个或两个以上的国家把它们

---

　　①　斯蒂芬·P. 梅基：《国际贸易》，中国社会科学出版社 1988 年版，第 88 页。

的经济较为紧密地联合在一起的一系列协调行动。"① 由一体化形成的集团力量主要来自两方面。首先是集团成员的个体经济实力。在南方共同市场内,巴西和阿根廷的经济实力雄厚。两国的国内生产总值约占拉美地区国内生产总值的 47%。就世界范围而言,两国属于最发达的 10 个发展中国家之列,巴西位于其首。它们又都是世界上至今尚未充分开发的资源大国。两国的农牧业资源丰富,特别是阿根廷,作为"世界粮仓"举世闻名。阿根廷的铀矿资源丰富,居拉美首位。巴西的铁矿藏量大、品位很高,为世界少见。两国还有丰富的水力资源。经过战后以来的工业化进程,两国的工业部门较为齐全,特别是巴西的工业体系更为完整。阿根廷的原子能工业,巴西的汽车工业、航天航空工业和军火工业,在世界都占有重要地位。其次,集团的力量主要在于一体化导致的市场容量的扩大和生产结构的多样化以及成员国之间自然资源和产品的相互补充而产生的效益。这种互补性不仅表现为一体化成员国之间因自然资源差异而导致的产品互补(如阿根廷向巴西提供以小麦为主的温带农产品,巴西向阿根廷提供咖啡和香蕉等热带农产品),而且也表现在成员国的分工遵循着"产品工业内部分工多于生产部门分工"的原则上②。成员国在一定的范围内利用各自的优势合作生产一种产品,从而使各自的优势得到更好的发挥。

　　南方共同市场是一个地域"板块";地理连通性是实行经济一体化的重要因素。领土相连为货物的进出和人员的往来提供了方便条件。不仅如此,组成共同市场的巴西和阿根廷的经济重心

---

① 沃纳·西奇尔等:《宏观经济学:基本经济学概念》,中国对外经济贸易出版社 1984 年版,第 388 页。
② 墨西哥《对外贸易》1991 年 2 月号,第 144 页。

也是相连的。巴西的经济重心是在以圣保罗为中心的东南部，这里集中了巴西的基础工业部门和新兴工业部门，因此，圣保罗被誉为巴西经济发展的火车头。阿根廷的经济中心在巴拉那—拉普拉塔河西南一侧的沿岸地区。这里是阿根廷人口和工农业生产集中地区，也是全国的商业和金融中心。其中心城市布宜诺斯艾利斯、罗萨里奥以及圣菲和科尔多瓦一带，被看作是以圣保罗为动力源的巴西中—南部大工业区的延伸和扩展。阿、巴两国经济重心的相连，必然便于两国的生产一体化发展，从而形成南方共同市场范围内经济发展的强大动力。这是南方共同市场形成和发展的第一个积极因素。另一个积极因素是文化和社会因素，包括语言、宗教、传统、价值观念和历史状况，等等。4 国都使用同属于拉丁语系的西班牙语和葡萄牙语，从而便于相互间的思想沟通；它们都属于天主教国家，其文化都属于西方文化；他们都属于发展中国家，在国际问题上，所持的立场基本相同；它们有共同的历史遭遇，目前相互间不存在任何领土问题争执，和睦相处与相互信任在加强。文化因素的促进作用主要表现在经济一体化形成之后，它对新体系起着凝聚与稳定的作用。近年来，4 国相继实行经济对外开放政策，减少国家对经济的干预，实行私有化计划，强调发挥私人部门的作用，反对发达国家实行贸易保护主义，主张债权国对发展中国家外债问题的解决负有责任，强调发展同邻国关系的重要性等。宏观经济政策的趋同，是促成和维系南方共同市场的重要因素。

　　然而，对于行将形成的南方共同市场而言，尚有不利的因素。

　　第一，南方共同市场是一个经济发展水平较低的区域集团。相对而言，巴西和阿根廷的经济实力虽较强大，但从其资金，技术和市场方面来看，它们都不能成为区域集团的动力源，或者说，由于它们自身的运转无力而不能很好地带动成员国的经济发展。区域一体化实体形成和发展的关键是，成员国的经济发展要有活力，要有经济发展出色的带头国家。自然形成的亚太经济圈，之所以被世界舆论看好，其中一个重要原因就是圈内经济发展有美国和日本作为动力。美、日两国的市场、投资和金融服务，是亚太地区经济发展的重要条件。而南方共同市场 4 国不存在这样的条件。

第二，任何共同市场结合的原则是，成员国的经济实力必须相近，否则会造成不平衡发展。南方共同市场 4 国，基本上可分为两类：巴西和阿根廷相对先进；乌拉圭和巴拉圭相对落后。因此，《亚松森条约》规定，在一定范围内对后二者实行特殊政策。但是，这种差距在短期内难以解决。就发展程度相近的巴、阿两国来说，相互间同样存在难以解决的差距。阿、巴在一体化进程中，为了做到平衡地发展相互贸易，确定"动态平衡"原则。这一原则要求双方贸易保持如下状态：一年最大顺差为贸易总额的 8%。如果一方超过 8%，顺差国要把对逆差国的商品优惠率提高 10%，而逆差国则把对顺差国的商品优惠率再增加5%。近年来，在巴、阿双边贸易中，巴西常处于顺差国地位，虽以"动态平衡"原则进行调整，但并未取得动态平衡结果。其"主要原因在于两国在工业和出口潜力的水平方面存在着重大差别，巴西经济具有更大的活力以及巴西的工业品拥有更强的竞争力"①。

第三，相互贸易与经济合作是推动地区一体化的最重要因素。在这方面，欧共体和亚太经济圈都有明显的表现，如"泛

---

① 伊·布涅基娜：《阿根廷与巴西的经济一体化》，《世界经济译丛》1990 年第 12 期。

欧板块"（包括东欧在内）内部贸易已达 80%，亚太地区的内部贸易占 44%。而南方共同市场国家的内部贸易远远达不到这一水平。阿根廷从巴西和乌拉圭的进口大约只占其进口总额的 15%。巴西从阿根廷和乌拉圭的进口大约占其进口总额的 5.1%。乌拉圭从阿根廷和巴西的进口占其进口总额的 31.7%。南锥 4 国之间贸易比重的提高，受到各种条件的限制。其中一个难以克服的问题是，它们必须努力把更多的产品出售给发达国家，以换取硬通货用于偿债和进口必要的资本货物。这势必会减弱地区内部的贸易联系和影响共同市场内部的凝聚力。由此可见，南方共同市场的形成和发展必定经历艰难的历程。

（原载《拉丁美洲研究》1991 年第 5 期）

拉美国家改革开放政策的国际比较

　　概言之，在当今世界上，依照改革开放的特征、做法和结果，中国、苏联与东欧国家和拉美国家分别属于 3 个不同类型。当然，这并非意味着，除上述 3 类之外不存在其他类型的改革开放。这 3 类国家的改革开放以其各自的鲜明特征，从一开始就受到国际社会的关注。它们的做法及成败对世界已经和将会产生重大的和迥然不同的影响。有关苏联和东欧国家的改革以及将其作为一种类型与中国改革开放进行比较的著述并不少见。然而将拉美国家的改革开放与中国的改革开放进行比较却在某种程度上有所忽视，应该引起学术界的进一步关注。本文试图对拉美国家的改革开放政策同中国作某几个方面的比较。由于笔者掌握资料有限，可能只涉及其中的某些问题。需要说明的是，本文在将拉美国家作为一方进行国际比较时，只是判定拉美国家的改革开放是属于不同于中国、苏联和东欧国家的改革开放的一种类型而提出问题的，并非忽视拉美地区众多国家之间在改革开放政策以及其他方面的重大差别。

一　改革开放起始点的界定

　　一般地说，事物的发展都表现为一个过程，大致应有一个比较明确的起始点。模糊这个起始点至少从方法论的角度讲，不便于对事物的发展进程进行分析。中国的改革开放的起始点是非常明确的，那就是中国共产党于 1978 年 12 月召开的第十一届三中全会前后。当前正在进行的拉美国家的改革开放其起始点应界定在哪一年的问题，众说纷纭。国际货币基金组织和世界银行的一份权威刊物署名文章认为，远在 1956—1961 年智利曾一度实行贸易自由化。随后，哥伦比亚于 1964—1966 年、巴西于 1965—1973 年都先后进行了贸易自由化改革①。贸易自由化的一个重要含义是"政府干预形式的变化，即从由政府直接颁布规章制度的定量配给（通常称为定量限制）转向运用价格机制（常用的是关税）"。② 由此可见，贸易自由化应当被视为国家经济对外开放的重要标志。那么，是否可以认为上述年代分别是 3 个国家改革开放的起点？笔者以为不然。姑且不论上述改革是否成功，仅就改革政策的配套性而言，它并未引起相关政策的顺序出台，因此并未波及国民经济更深更广的方面。当前拉美国家的改革开放不是单项的、局部范围的变革，而是发展模式的转换。这种转换有两个重要标志：一是国家经济职能的收缩；二是经济更加对外开放。国家经济职能的收缩在拉美国家主要表现为国有企业私有化，即公共部门的经济活动转移到私人部门。对外开放的重要标志之一是降低与减免关税，放宽进口限制，进一步开放国内市

---

①　《金融与发展》1989 年 3 月号，第 4 页。
②　《1987 年世界发展报告》，第 96 页。

场。只有这两个方面具体政策大致同时或先后出台，才是改革开放起步的重要标志。以此，笔者将拉美国家的改革开放的起始点分为以下 3 类情况。

实施改革开放政策最早的是智利，一般认为，1974 年是它的起始点。这是第 1 类，此类只有智利 1 个国家。在智利单枪匹马地干了大约 10 年之后，到 80 年代中期，又有一些国家相继实行改革开放政策。"1985 年年中以来，墨西哥通过广泛的贸易改革将其经济对外开放"①，开始实行国营部门改组计划。该计划规定关闭、合并、转让或出售 236 家有国家资本参与的公司。1985 年 8 月玻利维亚埃斯登索罗总统执政后，开始采取新自由主义经济政策，将国营企业私有化，实行 10% 的统一关税。这是第 2 类国家。第 3 类国家实行改革开放政策始于 80 年代末和 90 年代初。委内瑞拉佩雷斯政府于 1989 年 2 月 2 日执政 14 天后即提出一揽子计划。佩雷斯称该计划是一项旨在纠正本国经济方向的新自由主义计划。计划涉及多项改革，其中包括取消大部分产品进口限制，并提出逐步降低关税的规定。阿根廷梅内姆总统提前于 1989 年 7 月 8 日执政后，放弃了本人原来信仰的庇隆主义经典主张，提出经济自由化政策。1991 年 11 月 1 日颁布了包括对外贸易、财政、工资、社会保险、国内贸易和官方机构在内的总计达 120 项条款的新经济政策。调整进口关税结构，降低或免除部分产品关税，开始全面开放经济。梅内姆就此声称，"从今天起，我们斩断了一个令人窒息、专横武断的国家之手"。哥伦比亚政府于 1990 年 2 月 25 日提出"经济国际化与生产资料现代化计划"，随后于同年 8 月 18 日又宣布具体实施措施，对大多数原先需要进口许可证的产品，特别是农牧产品实行自由进口制

---

① 《金融与发展》1990 年 9 月号，第 23 页。

度，将不准外国人投资的部门减少到最低限度。巴西前总统科洛尔于 1990 年 3 月 15 日就职的当日，颁布实施了新巴西计划。其中包括采取浮动汇率制度，美元牌价不再由政府规定，而由市场供求关系决定。从当年 7 月 1 日起，取消 20 年来对进口所采取的某些严格限制。国产化标准由 85% 降至 70%。

以上即是笔者所界定的当前拉美国家正在进行的改革开放起始点。这个起始点与改革的"一个最重要的因素历来就是危机——不论是该国自己酿成的危机，还是外部强加的危机"[①] 的论断在逻辑上是一致的。从根本上说，拉美国家当前的改革是与战后以来长期实行的进口替代发展模式失效有关，同时 80 年代的债务危机使这一改革不得不加速进行。以下某些方面的政策比较即以上面确定的时限为界。

二　目标取向差异

舍去意识形态方面的差异不论，二战后发展中国家的经济发展模式大致有两种。第一种模式采取的是面向国内市场、对外国资本实行严格限制或完全排斥的态度。这种模式基本上属于内向型的。世界银行一度对 1973—1985 年间 41 个发展中国家按贸易战略性质进行分类。墨西哥、哥伦比亚等 7 个拉美国家被判定为属于一般内向型国家。阿根廷、秘鲁、玻利维亚、乌拉圭属于坚定内向型国家。同期，只有巴西和智利被视为一般外向型国家[②]。第二种模式实行参与世界经济一体化发展、以某种形式同外资合作和充分利用可能性参与国际分工。这种模式即所谓外向

① 世界银行：《1987 年世界发展报告》，第 108 页。
② 同上书，第 83 页。

型模式。它面向国际市场，建立开放型经济。在前述世界银行的分类中，新加坡、韩国和中国香港的经济属坚定的外向型。

显然，在1979年进行改革开放之前的中国经济属于典型的内向型。拉美国家经济与其相比较，虽然同属于内向型，但程度明显不同。就使用外资而论，拉美国家不仅引进国际借贷资本，而且跨国公司在一定程度上参与其经济活动。在70年代中期和末期，跨国公司在墨西哥的制成品出口中所占的份额约为30%，在巴西所占的份额在40%以上。而中国当时以既无内债又无外债为荣，绝对不允许外资参与本国的经济活动。从这个意义上说，它是典型的封闭式经济。国有经济成分比重在拉美国家中轻重有别，比重最高者也只能与外资、本国私人企业三分天下。拉美国家虽然市场经济不完善、不发达，但市场在资源配置方面起主导作用。所以，在改革开放之前，拉美国家就是实行市场经济国家。与此相反，中国除在国有企业社会性质以及其他诸多方面与拉美国家有本质不同外，一个重要的差别就是中国的资源配置绝对地使用计划手段。中国经济在改革开放之前不属于市场经济。由此决定了二者改革开放的目标不同。

拉美国家改革开放的目标是健全与完善市场经济机制。用阿根廷总统梅内姆的话说，是要"斩断令人窒息、专横武断的国家之手"。就巴西而言，在自二战至90年代初的时期里，其产业政策目标侧重于增长而忽视效益；在产业结构方面实行所谓"空间占领"政策，但并不重视效益、生产率和竞争力。1990年之后，促进效益的提高成为产业政策的根本目标。为达到此目的所使用的主要政策手段是取消非关税壁垒和逐步取消关税，置巴西工业于国际竞争之中①。由此可见，拉美国家改革开放的目的

①　参见巴西《经济趋势》1994年3月号，第26—27页。

在于范围更广泛、程度更深地参与世界经济。世界经济发展史证明，战后以来，一个国家经济取得的成就同它是否参与世界经济有密切关系。提高生产力当然也是中国经济改革开放的最终目标。但为达到此目的必须进行经济体制转轨，即由社会主义计划经济体制转变为社会主义市场经济体制。这是经济发展模式的根本转变，拉美国家与此存在明显不同。除此之外，还存在初始条件与经济结构的差异。这是导致拉美国家与中国在改革开放政策方面有别的根本原因。

三　改革的切入点不同

关于改革政策的出台顺序，拉美国家普遍采用世界银行和国际货币基金组织的"标准方式"，即从宏观经济改革入手，侧重于财政、货币和对外贸易方面的改革。例如，委内瑞拉前总统于1989年2月上任后颁布的经济调整计划，玻利维亚前总统埃斯登索罗于1985年8月实行的新自由主义经济政策，以及后来阿根廷、巴西等国都是以宏观经济的稳定作为经济改革开放的首要目标的。如此做法，不只源于新自由主义的主张，而主要是由于拉美国家改革的初始条件一般都是连年赤字，国库亏空，恶性通货膨胀居高不下和外债负担异常沉重。以宏观经济政策作为改革的切入点，目的就在于使上述情况能有所扭转和减轻，为经济的全面改革和发展创造一个稳定的环境。这一点与中国的做法有明显的不同。

中国的改革始于农村，其主要方式是推行家庭联产承包责任制。农村的改革极大地调动了农民的生产积极性，农业出现了全面而持续的发展。农村的改革创造了新的财富储存和可以利用的有助于此后改革的劳动力。城市的改革正是在这一基础上进行的。中国选择这样一个改革政策的切入点是有科学根据的。中国改革的初始条件不同于拉美国家。从经济体制角度而言，中国所实行的是中央计划经济，它没有呈现出拉美国家的那种必须整治的宏观经济局面。中国改革从农村起步，不仅在于为全面的改革创造条件，而且旨在通过农村改革为国民经济的发展积累资金和创造市场，同时把农业剩余劳动力转移到工业和服务业中去，从而表现为一个典型的发展问题，即劳动力从生产率低的农业向生产率高的工业转移。在经济发展进程中以农业改革为起步，在世界经济发展史上不乏其例。韩国与我国的台湾都曾有过类似的做法。1953—1957 年期间，中国台湾借公有土地放领和农地重划等理由，将自耕农占总农户的比重由 1949 年的 36% 提高到 1957年的 60%，使整个农业生产力得以提高，在资金与市场等方面为工业的发展准备了条件。中国的做法之所以成为可能，是因为农村经济在中国占主导地位。相对而言，农村经济是建立在劳动密集型基础之上，并在自给自足的情况下运转的，因此，它对变革具有较强的适应性。在改革开始时，大多数农民处于仅够维持生存的生活水平。中国农民没有什么可以失去的，他们只能从改革中得到好处。实践证明，中国改革从农村开始取得了成功。

与中国相比，大多数拉美国家都是在出现严重的宏观经济危机，特别是债务危机的情况下提出改革的，因而不得不以实施紧缩计划开始。此外，拉美农村人口大约占人口总数的 30%。农业产值在国内生产总值中所占的比重不高。如阿根廷为 13.2%、巴西为 9.1%、智利为 9.2%、墨西哥为 9.8%[①]。由此可见，农业在拉美国家的地位相对地不如在中国那样重要。因此，改革从农村开始的重要性，在拉美便不如在中国那样明显。因为农村改

---

① 4 个国家分别为 1989 年、1991 年、1990 年和 1990 年的数字。

革的关键在于改变土地占有制度。不废除大庄园土地占有制，广大农民的生产积极性便调动不起来。拉美各国的政权性质决定了它们要完成这一任务是相当困难的。正是由于这个原因，自 20 世纪以来，拉美国家虽多次进行土改，但总不能彻底，土地占有高度集中的现象也始终不能得到缓解。中国国民党逃至台湾后，之所以能进行土改，而当它在大陆时却不能，其中重要原因是当权者与土地占有无直接利害关系。这一点也是拉美国家当前不能彻底进行土改的佐证。

四　改变国家经济职能的不同策略

当前世界几种类型的经济改革，比如拉美国家、中国、苏联和东欧国家的改革，都涉及重新确定国家在经济发展中的职能问题。收缩国家的某些经济职能，是几种不同类型改革的共同特点。然而由于改革所确立的战略目标不同，所采取的政策亦有所不同。

在这方面，拉美国家实行的主要政策是国营企业私有化，即通过把国有企业拍卖给私人，把公共部门的经济活动转移到私人部门，从而壮大私人企业的经济实力。智利于 1974 年就开始实行国营企业私有化政策，不仅开始早，而且私有化的范围也比较广泛。另外，如墨西哥、阿根廷等国也是实行私有化政策比较激进的国家，在它们那里几乎不存在私有化禁区。这是第一种类型国家。另一类以巴西和委内瑞拉等国为代表，其私有化进程缓慢，而且至今仍存在着禁区，私有化政策不得涉及国民经济命脉部门。私有化政策实施的结果使私人部门（包括外国资本）的实力得到了加强。以墨西哥为例，国营企业数目已从 1982 年的 1150 家减至 1991 年的 124 家。对拉美国家来说，私有化不仅在于改变国家的生产者职能，而且通过国营企业私有化获得了资金，精简了人员，从而压缩了政府开支，这对于政府的宏观经济调整是至关重要的。

中国在调整国家在经济发展中的地位方面所采用的具体政策不同于拉美国家。在经济宏观调控方面国家的职能不仅不能取消，而且还要适当加强。但在微观方面，国家作为直接生产者的角色要作一定程度的弱化。中国不是通过国有企业私有化达到减弱国家经济职能的目的，而是通过壮大私人经济、外资独资和合资企业的实力，相对弱化国家作为直接生产者的角色。中国对国营企业实行改革，政企分开，两权分离，理顺国营企业的产权关系，使其运行机制发生根本转变。上述做法源于中国改革开放的目标是建立社会主义市场经济。国营企业的社会主义性质不容改变。变动国家在微观经济领域的地位，目的在于确立市场作为资源配置的方式和手段，同时不降低国家的宏观调控作用。

五　国外市场选择与对外开放格局形成的比较

在目前的对外开放进程中，拉美国家的国外市场选择呈现以下 3 种明显趋向。但就具体国家而言，或 3 种趋向同时存在，或侧重其中的一种或两种。这 3 种趋向是：（1）进一步与发达国家，特别是同美国的整合发展，实现市场一体化。其表现是墨西哥与美国和加拿大签署北美自由贸易协定。智利、阿根廷等国也表现出加入该组织的强烈愿望。（2）本地区一体化，特别是小地区一体化迅速发展。以上两种趋向并非完全是近几年出现的新事物，只不过是在传统的基础上采取了新的形式，加快了发展进程而已。（3）视亚太地区为现实的和潜在的巨大市场，因此，不仅太平洋沿岸拉美国家，而且大西洋沿岸的和一些内陆拉美国家都表现出强烈的太平洋意识，积极开拓亚太地区市场，"给予太平洋区域国家以真正的重视"。其中智利经济转向太平洋，给人的印象最为深刻。自1982年以来，进入拉美的外国投资总额的60%以上来自西太平洋国家，首先是澳大利亚和新西兰。同日本的双边贸易从1983年以来增加了一倍。1991年日本进口智利的商品金额第一次超过美国，成为智利产品的最大买主。墨西哥为争取成为太平洋地区一个"重要而积极的成员"，自80年代初以来一直不断努力，1988年墨西哥联邦政府成立了国家太平洋事务委员会，以协调政府、企业界与学术界，共同研究和制定与环太平洋国家合作的战略，从而形成一个立足北美、面向太平洋的对外经济交往多样化的对外经贸关系发展战略。巴西虽然在地理上不属于太平洋国家，但也正在调整原来的对外经济关系格局。1990年前总统科洛尔上任时，改变了巴西原来的外交政策重点，确立发展同美国、西欧等发达国家和地区的关系为政府的优先目标。现总统佛朗哥于1992年10月执政后，发动了"亚洲攻势"，将亚洲作为巴西发展对外关系的新重点。

　　实行经济对外开放，一般来说，要构筑连接本国经济与外国经济的"桥梁"，一是建立有关的职能机构，以便搭桥牵线，创造和改善投资环境，规范外资活动范围。二是划出一片地域，实行更加优惠的政策，以便对外资产生更大的吸引力，使经济对外开放更快地产生出效果。这种地域就是所谓的自由贸易区或经济特区。拉美国家以这种形式对外开放早已存在。应该强调的是在当前的改革开放中它又得到发展和加强。这些地区一般都在沿海和与发达国家交界的沿边地带或边疆地区。这样的例子除墨西哥北部与美国交界地带的客户工业区外，近年来又出现玻利维亚的圣克鲁斯省的例子。它虽然未被称为特区，但是它是一个"向所有人开放的天堂"。它距拉巴斯870公里，集中了使玻利维亚出口实现多样化的几乎全部农牧业和工业计划项目。由于投资环境优越，世界各地的企业家特别是邻国巴西的企业家纷纷到那里投资。1990 年玻利维亚的出口产品达到 97 种，而在近两个世纪里，它的出口产品仅限于锡、锌和石油。这一成绩与上述政策明显相关。

从选择地域实行逐步开放的角度而言，拉美国家与中国相比，形式单调，顺序和层次都不像中国开放的顺序和层次那样清楚。中国在 1979 年对广东、福建两省实行灵活、特殊的政策，对外开放；1980 年决定兴办深圳、珠海、汕头、厦门 4 个对外开放的经济特区；1984 年开放沿海 14 个港口城市和海南岛；1985 年开放长江三角洲、珠江三角洲和闽南三角地区；1989 年陆续开放山东半岛和辽东半岛；1988 年春决定建立海南省，并将其作为最大的经济开放特区；近年来又进一步开放上海，建立浦东开发区。于是形成清晰的对外开放格局。但中国的对外开放基本上属于以沿海城市为突破口的"城市模式"。虽然也有黑龙江省三江平原的农业合资项目，以及近年来外资在上海浦东经营农业，但从总体上看规模不大，并未呈现出强劲的发展势头。以中国农业在国民经济中的地位和它的生产力状况而言，农业也非常有必要借助外资的力量加以提高。拉美国家的改革开放虽然不始于农业，但在改革的进程中已注意到农村和农业问题，巴西一直注意利用外资开发内地农牧业资源。中西部的稀疏草原地区、东北部圣弗朗西斯科谷地以及广阔的亚马逊地区，对外资始终敞开着。特别是在稀疏草原地带引进外资已取得重大成果。玻利维亚政府把本国的圣克鲁斯省作为吸收外资建立出口农业的基地。巴西大豆大王奥拉西尔·莫赖斯已在此种植 1000 公顷的大豆和棉花，并表示要进一步扩大种植规模。秘鲁当局向国内外投资者出售土地，用于种植热带和亚热带水果和蔬菜。基于该国人少地多而国民又多涌向城市，土地无人耕种，许多农产品不得不依赖进口的情况，秘鲁政府为开发土地，首先向国际金融机构寻求贷款进行农业项目开发，并请巴西人和以色列人帮助管理。秘鲁政府负责在开发区内建设基础设施，主要是灌溉系统、发电厂、道路、港口以及有关的农产品加工厂。秘鲁政府将开发区的土地分成大小不等的块状，出售给国内外投资者。土地购买者拥有无限期的使用权和所有权，外国工作人员人数不限。目前秘鲁全国共有 20 多个农业开发区。

前文已提及，实行地区一体化，特别是小地区一体化，是拉美国家改革开放和国外市场选择的重要特征。南方共同市场协议的达成，安第斯条约组织的进一步发展，以及其他诸如两国或 3 国地区一体化协议的签订与运作等，在这方面都提供了充足的例证。地区一体化是一种地区合作，它不只表现为国家之间的相互贸易，而且主要表现在相互投资方面。从一国对外开放的角度而言，这是更深层次的开放，中国对外开放也包括对周边国家的开放。几年来先后开放了十多座边境城市，200 多个边贸口岸，300 个边民互市区，构成了中国大陆对周边国家全方位开放的格局。但主要经济活动是边境贸易，尚未形成地区一体化或区域经济合作的态势。当前世界经济发展所呈现的集团化、区域化、一体化趋势表明，今后国际经济联系将主要以板块形式出现。因此，充分利用地缘优势进行区域合作应当是重要的选择。

（原载《拉丁美洲研究》1994 年第 4 期）

浅谈中拉关系在各自对外关系中的地位

　　国际关系产生于人类社会物质生活与精神生活国际化的过程中。随着国际化的深入和扩展及国际形势的变化，作为国际关系重要方面的国家间关系的内容、形式和它在各自对外关系格局中的地位也会发生变化。本文主要从拉美国家的角度考察中拉关系的地位及其演变的历史特征。

一

　　拉美绝大多数国家于19世纪初获得独立，然而，它们远在独立之前即与中国发生交往。众所周知，以菲律宾为中介的中国与墨西哥之间早在16世纪70年代就有频繁的贸易往来。其后，拉美国家以引进中国劳工为目的，主动与中国打交道。1806年，广东300余名华工被掠运去特立尼达岛。据巴西国家档案馆和国家图书馆新近发现的史料表明，1814—1825年间，约300名中国茶农到达巴西试种茶叶。为此，巴西人民曾在里约热内卢建立了一座中国式的凉亭以示纪念。1994年11月，巴西在里约热内卢国家图书馆大厅举办了纪念中国茶农赴巴西 180 周年展览①。秘鲁是第一个与中国建立外交关系的拉美国家。1873 年它主动向清政府提出与其签订招募华工条约，并派特使于当年 9 月抵达天津与清政府代表签约，于 1874 年两国建交。1878 年曾纪泽出使英法，当时巴西帝国公使在伦敦曾数次会见曾氏，迫切要求立即与中国签约。遭曾纪泽一再拒绝后，又提出"具牍奉询，而贵爵转达贵国，几时可得回音，能否电报往询，以便巴西船只赶早起程"，并进而问道，"未得总署复音，巴西船只可先开赴中国否？"② 足见巴西政府与中国建交心情之急切。1881 年 10 月，巴西终于同中国在天津签订了《中国巴西和好通商航海条约》。墨西哥与中国建立官方关系，也是墨方采取主动。1884—1893 年，墨西哥政府指示其驻美公使向清政府驻美使节数次提请与中国签约，以招募劳工。几经周折，双方于 1899 年在华盛顿签订了《中国墨西哥和好通商行船条约》。

上述情况的发生是与当时的历史条件密切相关的。拉美国家经过 19 世纪初的战乱之后，国内政局渐趋稳定，同时由于西欧、北美工业发展的推动，19 世纪后期拉美出现经济发展高潮，开发种植园、矿山，修建铁路和港口。生产的发展和奴隶制的废除（或行将废除），加剧了劳动力供应的短缺。因此，从国外引进劳动力便成为拉美国家经济发展的当务之急。从中国方面而论，自鸦片战争至 19 世纪末，西方资本主义列强强迫清政府签订了许多不平等的条约，门户被迫开放。同时，因战乱及天灾，一些地区的人民难以维持生计，这对拉美国家引进中国劳动力创造了极为有利的条件，促使它们积极要求与中国签约。在这种历史条

---

① 参见《人民日报》1994 年 11 月 6 日报道。
② 曾纪泽：《使西日记》，湖南人民出版社 1987 年版，第 73 页。

件下形成的中拉关系，自然是拉美国家处于主动地位。尽管如此，当时拉美国家劳动力的主要来源是欧洲国家，稍后是日本。因此，中拉关系在当时拉美国家对外关系格局中的地位并不重要。

二

　　拉美国家与中国关系的发展明显地受国际形势及双方与世界主要国家关系变化的影响。拉美国家利用鸦片战争后中国与西方签订不平等条约的时机，在 19 世纪 70—90 年代，纷纷与中国签约建交，以便与英、美、法等国"一体均沾"在华特权。据中国近代史专家张振鹍先生说，总计有 18 个国家与中国签订了不平等条约，其中有秘鲁、巴西和墨西哥 3 个拉美国家。在 1881年的中巴（西）条约和 1899 年的中墨条约中，清政府都被迫给予对方以领事裁判权①。1949 年以后，由于中国政权的转移，在中拉关系发展中，中国政府才逐渐处于主动地位。然而中拉关系的突破性进展则是以中国国际地位的提高及中国同世界大国关系的改善为契机。中国同包括巴西、墨西哥、阿根廷 3 个大国在内的 7 个拉美国家建立外交关系还是在中国恢复其在联合国的合法席位和改善了同日本、美国关系后的 1972 年至 1974 年间实现的。特别是中国同美国建交，对拉美国家发展同中国的关系影响最大。虽然，近年来拉美国家在对美关系中的独立意识明显增强，但从一定的意义上讲，中美关系对拉美国家同中国关系至今仍具有"母体性"。由此而规定了中拉关系的现实地位。

---

　　①　参见张振鹍《论不平等条约》，《近代史研究》1993 年第 2 期。

三

70 年代末以来，由于拉美国家在与中国发展关系时逐渐放弃了"意识形态边疆"设防，中拉关系的范围得以扩展，层次有所提高。首先，拉美主要国家已同中国建立了磋商制度，在一些重大国际问题和双边问题上能以灵活的形式进行磋商，协调立场。拉美国家非常看重这一制度。巴西驻中国前大使、现任外交部秘书长罗贝托·阿布德努尔说："政治领域的双边接触，在当今酝酿建立国际新秩序的时期，尤其重要。巴西与中国的对话，对于 1992 年里约热内卢联合国发展与环境大会取得成功发挥了重要作用。"他认为这种形式应当维持与推广[①]。在一些重大的国际问题上，拉美国家与中国有许多相同或相似观点。双方在外交方面相互支持，是双边关系走向成熟的表现。其次，在经贸方面，双边关系的发展不仅表现在贸易额的增长上，而且也表现在经济合作领域的扩大上，这表明双方关系进一步密切。巴西、智利、阿根廷、古巴等一些拉美国家已在中国投资设厂。与此同时，拉美国家接受中国方面的投资远比它们向中国的投资多。截至 1993 年底，中国已在拉美 24 个国家和地区建立了 160 余家独资或合资企业，投资总额达 3 亿美元。特别值得一提的是 1992 年中国首钢公司以 1.2 亿美元购买了秘鲁铁矿公司，一时为国际舆论所关注。最后，在科技领域，拉美国家与中国的合作已达到新水平，不仅合作领域广，合作项目多，而且这种合作是以尖端科技和高科技产业为主要内容的。1993 年 10 月，阿根廷科技国

---

①　见圣保罗大学转变中的社会主义国家研究中心季刊《转变中的社会》1994年第 2 期。

务秘书访问中国时，双方在生物技术、核辐射技术、信息技术以及工业自动化等方面签订了合作备忘录。同年11月，中国国家主席江泽民访问巴西时双方所签订的关于和平利用外空合作议定书，规定两国将在空间科学、空间技术及其应用领域进行合作与交流，其中包括地球资源卫星和其他各种卫星，卫星运载发射服务、遥感及应用、空间通信、空间材料处理、微重力、大气科学和天体物理等方面，因而被誉为"最大的南南合作项目"。另外，拉美国家同中国在政党、工会、民间组织，特别是政府高层间的往来日益频繁，从而显示出双方关系在各自对外关系格局中的地位明显上升。

四

中拉关系地位的提高具有深刻的国内、国际原因。

首先，自70年代末以来，中国改变了片面强调"自力更生"的政策，实行经济改革与开放，把经济建设置于国家政策的首位。自60年代末到80年代末，一些拉美国家已陆续放弃了进口替代模式，实行经济更加对外开放的政策，并把参与国际分工视为其经济发展的重要手段，经济成为中拉之间国家关系的首要因素。马克思列宁主义认为，国际关系产生、形成、发展的核心和基础是国际经济关系。中拉关系的发展是建立在双方资源、工农业产品、某些高科技产品与生产技术互补性的基础上的。因此，可以说，中拉关系已具备了一定的基础。

其次，当今中拉关系地位的提高根源于拉美国家太平洋意识的产生与增强。所谓太平洋意识即指拉美国家对世界经济中心行将转移至太平洋地区和对亚太国家（地区）在世界经济发展中所扮角色的认同，以及据此所表现出的相应的政策倾向。墨西哥和智利是拉美两个重要的太平洋国家。早在 80 年代初，墨西哥就积极参加亚太国家（地区）的一些活动，争取成为太平洋地区一个"重要而积极的成员"，并于 1988 年成立"国家太平洋事务委员会"，以协调政府、学术界和企业界在研究和制定与亚太地区合作战略方面的活动。1993 年 11 月在美国西雅图召开的第 5 届亚太经济合作组织部长级会议上，墨西哥被接纳为亚太经济合作组织新成员。近 10 余年来，智利政府也"给予太平洋区域以真正的重视"。它拥有 5000 公里海岸线，占南美洲大陆太平洋海岸线的一半，拥有发展与亚太国家关系的地缘优势。智利于 1994 年在印尼召开的亚太经济合作组织第 6 届会议上被批准为该组织的成员国。巴西《视界》杂志一篇署名文章认为，"对于许多巴西人来说，未来在东方"。哥伦比亚舆论认为，远东将是 21 世纪发展中心，哥伦比亚应架设通向远东的桥梁。

最后，中拉关系地位提高和前景看好还因为双方经济发展都具有活力，中国经济的活力尤为突出。经济具有活力表现在潜在的因素能在短期内变成对方发展的现实条件。自 1978 年底中国实行改革开放以来，国民经济取得了持续、快速、健康的发展，全方位、多层次的对外开放格局已经初步形成。中国正在不断完善投资环境，加速与国际惯例接轨，建立符合国际贸易规范的新型贸易体制。由于经济的发展，1978—1992 年间中国居民消费支出增长了 1 倍，贫困人口已减至 8000 万，从而形成一个更加广阔的市场。1994 年中国对外贸易进出口总额将超过 2300 亿美元。中国在国际贸易中的地位已由第 32 位提升到 1993 年的第 11 位。预计在未来的 4—5 年内中国的进口总额将达到 4500 亿美元[①]。90 年代，中国已确定农业、基础工业、支柱产业和出口

---

① 《人民日报》1993 年 11 月 27 日。

产业为重点建设领域，同时兴建一批跨世纪工程。这在客观上为
包括拉美国家在内的投资者提供了空前的合作机会，成为拉美国
家与中国发展关系的推动力。

　　近年来，拉美国家经济也陆续恢复了活力，地区国内生产总
值连续增长，1991 年至 1993 年分别为 3.8%、3% 和 3.4%，预
计 1994 年可达 3.2%（秘鲁将增长 8%，阿根廷增长 6% 以上）。
80 年代以来经济增长一直乏力的巴西，1993 年国内生产总值增
长 4.5%。当年佛朗哥总统对巴西的形势评价说，巴西经济现在
正以新的活力恢复发展，而且这种发展是建立在一个更为坚实的
基础之上的。巴西经济增长的活力明显地表现在微观领域，企业
普遍增加投资，改进技术，提高劳动生产率。1994 年 7 月以来，
由于雷亚尔计划的实施，连续数年高达 4 位数字的通货膨胀率已
显示出明显的下降趋势。巴西政府也加快了市场开放步伐。9 月
份两次宣布降低总共 5000 余种商品的进口关税。这样，除信息
等方面的少数产品外，巴西的进口产品税率已全部降至 20% 以
下。如此大规模降低关税的目的不仅在于保证国内市场供应，遏
制通货膨胀，而且在于促进市场竞争，迫使本国企业提高劳动生
产率。墨西哥单一产品的生产结构已得到调整，1993 年，外贸
收入中只有 10% 来自石油产品出口；汽车工业作为国民经济的
支柱产业发展尤为迅速，年产已突破百万辆。墨西哥作为亚太经
合组织的成员国积极参加该组织的活动，并表现出相当大的活
力。因此国际舆论看好拉美的发展前景，有人认为该地区已成为
继东亚之后的世界经济第 2 个增长点。

五

　　拉美国家与中国关系的发展由于地缘政治因素及双方经济发

展水平的限制,尚难超出双方传统的对外关系格局。拉美国家向来以发展同美国、西欧和本地区国家间的经贸关系为重点。姑且不论价值观念,仅从经济因素和地缘政治的角度考察,拉美国家的这种选择是有根据的。在以经济为外交主要内容的时代,国家关系的重要性在相当大的程度上取决于双方经济的互补性。拉美国家与中国之间在经济上存在一定的互补性,但这是一种低层次的互补,即主要是某些原材料和少数技术含量不高的产品方面的互补。在高科技方面,虽然有某些合作项目,但所占比重极为有限。拉美国家与中国同属发展中国家,它们的共性是缺乏发展资金、先进技术与先进管理经验。在这方面,它们之间不能形成很强的互补局面。从这种意义上说,拉美国家与中国之间的经贸关系在一定时期内是有限度的。日本学者三平则夫认为,从经济方面来说,一国对他国影响力的大小由以下 8 点所决定:(1)该国的市场对他国来说是重要的出口市场;(2)该国的出口对于他国来说是不可缺少的;(3)该国对他国来说是重要的投资对象;(4)该国的投资对他国的经济具有重要作用;(5)该国对他国来说是重要的技术出口对象;(6)该国的技术转让对于他国来说是重要的;(7)向该国提供劳务对于他国来说是重要的;(8)该国的劳动力流入对于他国来说是重要的[①]。由此可见,拉美国家与中国的关系虽然会进一步发展,但是以上述几个方面衡量双边关系的前景是受到局限的。因而,短期内中拉关系在拉美国家对外关系格局中的地位难以有很大提升。

（原载《拉丁美洲研究》1995 年第 1 期）

---

① 三平则夫:《印度尼西亚经济能成为东亚的中心吗?》,日本《外交论坛》1994 年 7 月号。

中巴关系及澳门在其中的作用

在拉丁美洲国家中，巴西较早与中国建立外交关系。1881年，中国（清政府）与巴西帝国在天津签订了《中国巴西和好通商航海条约》，两国正式建立了外交关系。1883年，巴西在上海设立领事馆；"清政府指派驻法国使臣兼管巴西使事"。巴西政府于1913年4月8日承认中华民国政府。这一外交行动先于美国和其他西方列强。1952年它在台北建立"大使馆"。1974年8月与中华人民共和国建交。然而，中国与巴西之间的非官方往来，却远在巴西于1822年取得政治独立之前就发生了。在中巴早期民间联系过程中，澳门因其独特历史地位发挥了重要中介作用。在现实中巴关系发展中，澳门的中介作用还将继续得到发挥。

一 中巴早期关系形成与中国文化对巴西的影响

中国人到巴西种植茶叶，标志着两国实际接触的开始。1812至1819年期间，一批中国人被葡萄牙当局从澳门遣往巴西里约热内卢种茶。这是巴西森林协会于1994年在（巴西）国家图书馆、(巴西)国家档案馆查阅大量文献资料后得出的结论。现今位于里约热内卢巴西蒂茹卡国家森林公园里著名的中国亭(Vista Chinesa),是19世纪初中国侨民先驱者在巴西生活和劳动的象征。1994年11月,巴西国家档案馆、国家图书馆、巴西森林协会和中国生态文化中心联合举办首批中国茶农到巴西180周年史料展,以示巴中友谊和"饮茶不忘种茶人"之意。

中巴关系源于葡萄牙海上贸易。16世纪中叶,澳门货栈的建立,确保了葡萄牙人在中国海的商业利润。自东方驶向葡萄牙的帆船,不时停靠巴西港口进行补给,由此而开始澳门与巴西之间的沟通。1690年前后,巴西米纳斯吉拉斯地区金矿的发现,致使以东方产品换取黄金和烟草的走私日益严重化。因此停泊在巴西港口的船只更多了起来。在整个的18世纪,澳门当局曾多次试图得到葡萄牙王室的批准与巴西建立自由的、直接的贸易往来,终未能如愿以偿。尽管如此,来自东方的货船,继续停靠里约热内卢港和巴西东北部的港口。1810年5月13日,唐·若奥六世签署法令允许澳门与巴西直接进行贸易①。因此经澳门的东西方贸易往来更加频繁起来。

中国与巴西官方关系发生之初,呈现出两个明显特点。第一,在两国建立外交关系方面,巴西帝国政府表现得尤为主动。这与自19世纪中叶以来巴西严重缺乏农业劳动力的情况有关。那时,咖啡种植业在下里约热内卢和巴拉伊巴河谷地区的扩展,以及1850年黑奴贸易被禁止,巴西农业劳动力因此而严重短缺,从而促使巴西当局围绕劳动力问题展开讨论。最终拟从中国输入"苦力"作为解决问题的一个重要途径。为此,巴西帝

---

① 雅尼丝、伊利克主编:《巴西与中国:世界秩序变动中的双边关系》,世界知识出版社2001年版。

国政府在 1879 年派出一个特别代表团到中国商谈签约之事。最
终于 1881 年 10 月 3 日双方签订了前文所提到的《中国巴西和
好通商航海条约》。虽然中巴条约未有涉及移民之事，但是条
约的第一条规定两国臣民拥有向对方国家迁移和在那里居住、
经商的权利。第二，1881 年所签订的中巴条约是 1880 草拟条
约的一个修改本。对中国而言，它是一个不平等条约。巴西帝
国皇帝佩德罗二世拒绝批准 1880 年所签订的条约文本。他认
为，该条约与中国和其他西方列强所签订的条约不一样。在巴
方的要求下，中国清政府不得不与其重新谈判，修改了某些条
款，最终形成 1881 年的中巴条约。在这份条约中，通过"最
惠国"待遇和"治外法权"的规定，巴西拥有了类似于西方列
强所拥有的对中国的特权。

　　商道也是文化传播的通道。贸易是文化交流的载体。通过澳
门，中国的物品以及风俗传到了巴西。中国文化被巴西社会所吸
收，从而丰富了巴西文化的内涵。巴西专门研究中国文化对巴西
影响的专家、圣保罗大学教授若泽·多贝托·特谢拉·莱特认
为，那种认为巴西文化只受欧洲、印第安人和非洲文化影响的观
点是片面的。实际上，在巴西现实生活中所表现出的中国文化对
巴西的影响存在于诸多方面。莱特教授在《中国在巴西》一书
中指出，在巴西一些地方的某些生活习惯都是受之于中国文化、
习俗的影响。他还认为，巴西人对皇帝的神化与中国古代人十分
相似，而一些在建筑方面的表现就更为突出。一些民用建筑的外
观、建筑物地基的处理，特别是教堂内的某些装饰，一眼就能看
出哪些是来自于中国的影响。在巴西甚至存在"某些教堂的建
筑式样类似于中国的风格"。通过商品输入，"东方对巴西殖民
地社会的渗透"不断扩展。这种趋势大约一直持续到 1840 年左
右，因巴西逐渐倾向"西化"，放弃非洲与亚洲习俗，采纳英国

与法国时尚而减弱①。

　　尽管如此，中国文化一直以多种途径向巴西传播，对巴西国民生活产生重要影响。在巴西的一些大城市中，人们以打太极拳作为健身的手段，并不是少见的情景。中国功夫则备受巴西青少年的喜爱。中国的传统医学，特别是其中的针灸已得到巴西医疗行政部门的肯定，受到巴西人的青睐。据说卢拉总统就有一名华人针灸师，叫顾航湖（音译）。目前，在巴西有许多从事道教活动的小组，他们认真研究道教教义，并予以实践。巴西军事俱乐部杂志曾刊登一篇文章指出，依道教规则进行锻炼，妇女可以收到更多的益处。中国的古代经典《易经》在巴西有多种译本同时发行。以《易经》指导自己行为的巴西知识分子为数不少。至于说到"风水"，以及中国烹调艺术，在巴西的流行之广，那更是众人皆知的事。关于中国对巴西文化的影响，现任巴西文化部长吉尔贝托·吉尔于 2004 年 10 月 11 日在北京大学巴西文化中心的一次演讲中说：中国上乘而精致的物件，诸如丝绸、刺绣、瓷器和香扇等留存于巴西，构成为当今两国拥有共同点的深厚基础。由此使我们可以预见，未来巴西人民和中国人民将前进在共同的宽广道路之上。这不仅是由于两国幅员辽阔，而使二者在某些方面主张相同，在一定程度上也是两国文化交流和认同使然。巴西具有巨大的文化吸收能力。在巴西一直存在某些东方的东西。这同它的西方特征形成对照。

二　巴西文化在中国的传播

　　巴西文学作品由中国翻译家介绍给中国读者，是巴西文化在

---

　　①　前引《巴西与中国》。

中国传播的重要途径之一。在新中国成立之初的 1954 年，巴西著名作家若泽·亚马多的长篇小说《饥饿的道路》就被译成中文出版。若泽·亚马多是在中国知名度最高的巴西作家。时至目前，他已有 13 部文学作品被翻译成中文，介绍到中国。自 20 世纪 80 年代起，随着中国葡萄牙语翻译队伍的形成，欧克利德斯·达·库尼亚、马查多·德·阿西斯等数十位巴西作家的作品被相继介绍到中国。其中根据贝尔纳多·达·西尔瓦·吉马良斯的作品《女奴伊左拉》改编成的同名电视剧，于 80 年代在中国播放时，使中国观众认识了巴西殖民地时代的生活情景，因而受到热烈欢迎。

　　近年来，随着中巴关系的发展，巴西更加积极地向中国传播其文化。巴西人认为，在国际上树立巴西形象，对于使其出口多样化非常重要。电影演员卢赛利亚·桑多斯因为在电视剧《女奴伊左拉》中成功扮演伊左拉，而为中国观众所熟知，遂成为巴西的形象大使，担当起向中国市场推销巴西产品的重要角色。为此，她与中国四川电视台合作，制作电视连续剧《地球那边的爱》，以剧中情节向中国青年人宣传巴西贝利牌咖啡。除咖啡外，近年来巴西烤肉和瓜拉那饮料在中国一些地区也成为时兴食品和饮料。仅在北京就有五六家巴西烤肉店。巴西的足球运动被誉为一种艺术，为中国的足球爱好者所津津乐道。巴西足球教练和运动员在中国服务而传播巴西技艺。与此同时，中国也不时派出青少年去巴西留学，向巴西师傅学习巴西足球运动高招。巴西的大众音乐（MPB）也受到中国人的欢迎。特别是它的"国粹"桑巴舞，其舞姿，其音乐，展现着巴西混血文化之丰富内涵，因而受到中国人的青睐。

三　当前两国经贸关系

1974 年 8 月 15 日中华人民共和国与巴西联邦共和国建立外交关系后，双边关系一直持续、稳定发展。

就两国贸易关系而言，近年呈现出突飞猛进的发展势头。1974 年两国建交时双边贸易额仅为 1700 万美元，此后在 1985 年虽然一度达到 12 亿美元，但截至 1993 年（当年双方建立战略伙伴关系）一直在 10 亿美元界限内徘徊。1993 年双边贸易额重新超过 10 亿美元。2002 年达到 44.69 亿美元。2003 年达到 67 亿美元，是当年中国与拉丁美洲贸易额（268.1 亿美元）的 25%。在截至 2003 年的 4 年中，巴西对华出口以每年 60% 的速度增长。2004 年双边贸易额同比增长了 37%，达到 123 亿美元（中方统计）。据现任巴西驻华大使卡斯楚·内维斯讲，中国已是仅次于美国的巴西的第二位贸易伙伴。同时他认为，两三年内双边贸易额可以达到 200 亿美元①。

在经济与科技合作方面亦有较快的发展。截至 2004 年 9 月，在巴西的中资企业约 76 家，中国银行与中国远洋运输公司均有分支机构在巴西。但在巴西的中资企业中，多数是贸易机构。中国的生产性企业进入巴西较晚。除华西木材公司建立较早外，其他诸如家电、采矿以及电信企业等均是在 90 年代之后才跻身巴西生产领域的。现在的情况有所改变。2001 年，中国宝钢与巴西淡水河谷公司合资在巴西东北部的马拉尼翁州首府圣路易斯建立合资企业宝谷（BaoVale），在巴西从事采矿，同时经营从中国进口巴西钢铁工业生产所需煤的业务。目前，宝谷在圣路易斯正

---

① 巴西大使：《巴中合作天地宽》，《华商世界》2005 年 4 月号。

建设一个钢厂。巴方认为，这是中方在巴西迄今为止最大的一笔投资。此外，中国企业正在对巴西的基础设施领域进行较大规模的投资。一项为世人所关注的专案是中国参与巴西铁路网的建设和改造。2004 年 3 月，中国人民银行行长与巴西计划部长会晤时曾表示，中国政府将与国际金融机构赞助的私人企业合作，在三年内向巴西投资 28 亿美元。这笔投资主要用于铁路建设，使巴西拥有一条通过智利或秘鲁连接太平洋的铁路。这样，也方便了中国对巴西的进出口，进而使中国对世界农产品与矿产品的价格变动发挥更大的影响力。

巴西在华投资项目 337 个。2002 年 12 月，世界著名的中型飞机制造商巴西航空工业公司（Embraer）与中国航空工业第二集团属下的哈尔滨飞机制造公司达成协定，成立了哈尔滨安博威飞机工业有限公司（HarbinEmbraer），在中国生产支线飞机。巴西另外一些著名企业，诸如淡水河谷公司（CVRD）、矿冶公司（CBMM）、巴西压缩机公司（Embraco）以及巴西石油公司（Petrobras）等，在中国均有投资。设在广东省东莞的巴西工厂生产巴西品牌皮鞋。巴西银行、伊塔乌银行（Itau）、瓦利格航空公司（Varig）、巴西期货交易所（BMF）以及律师事务所等也分别在北京或上海建立了分支机构。

自 1982 年中巴两国签订科技合作协定以来已举行数次科技混合委员会会议。两国在太空领域合作已取得丰硕成果。两颗地球遥感卫星已于 1999 年和 2003 年先后成功发射。目前双方又共同投资准备发射两颗新卫星。这项合作不但提高了中国与巴西太空领域的工业水准，而且也创造了向非洲、亚洲和拉丁美洲国家出售卫星图像的商业机会。此外，在电脑软体发展以及包括甲烷在内的能源开发方面，两国均有科技和经济层面的合作。巴西发展与工商部长指出，中国将对巴西工业政策的贯彻、执行发挥重要作用。

中巴经贸关系之密切是以双方的对外关系原则互为接受作支撑的。巴西现行宪法第 4 条明确规定了巴西政府对外关系的原则，即主权独立、维护人权、人民自决、不干涉他国内政、各国地位平等①。巴西政府坚持一个中国立场，不与台湾发展官方关系。2004 年 3 月，巴西外交部声明重申一个中国立场，反对"台独公投"，支持中国加入美洲国家组织做观察员和加入美洲开发银行的要求。与此同时，对巴西政府所关心的许多重大问题，中国政府亦表现出积极支持的立场。对于巴西欲成为联合国常任理事国一事，中国政府已有相应表态（巴西官方刊物报道说，中国支持巴西成为联合国常任理事国）。因此，"在国际事务中，巴西和中国都具有相同的视角。它们都很重视多元文化的国际体系，而不是试图确立单边控制，在争取国家利益方面无限制膨胀"。巴中双方对"大多数国际重大问题采取相同或相似的立场"②。

巴西经济的恢复性增长和中国经济的高速持续发展，使两国之间的经济互补性充分显现并可以得到充分利用。这是当前两国经贸关系发展的重要原因，同时也预示着未来发展的光辉前景。

对巴西方面而言，中国经济的持续发展已对巴西经济某些部门发展产生巨大拉动作用。大豆种植及其相关产业是巴西国民经济的重要部门。中国市场吸收巴西所产大豆的 31% 和 22% 的豆油。中国的需求拉动了它的生产。巴西因此不仅扩大了种植面积，而且促进了大豆种植业的科技水准提高。中国是巴西铁矿石的重要进口者。淡水河谷公司铁矿石产量的 20% 左右向中国出

---

① 《巴西联邦共和国宪法》，Saraiva 出版社 1997 年版。
② 巴西驻华使馆文件。

口。这一比重已超过该公司对日本的出口。现在中国需求对该公司生产的拉动作用比 20 世纪 60 年代日本所发挥的作用还大。该公司负责人曾表示，他们生产目标的完成，"主要依赖于中国建筑业的需求增长"。不仅如此，中国的某些资源，比如煤，也是巴西所需要的。中国的某些技术是巴西所没有的，或远远高于巴西。2005 年 4 月，巴西环保部已同中国林业科学院签订协定，由中国帮助巴西开发竹子工业。巴西拥有 130 余种竹子，是拉美地区竹子种类最多的国家。竹子的开发利用，可以降低森林资源的消耗。

对中国而言，巴西是现实的和潜在的资源供给国，巴西的铁矿储量 500 亿吨以上。不仅数量大，而且品质高，生产设备先进，运输条件完善。巴西发展农业的资源丰厚。巴西国土面积的 62%，即 5.27 亿公顷为可耕地。巴西的可耕地面积占世界可耕地面积的 22%。而它目前用于作物种植的面积仅为 3900 万公顷，占其可耕地面积的 7.4%[1]。在经济方面，巴西对中国的重要性不限于原材料的供应。巴西的某些技术在世界上具有领先的地位。它的深海采油技术、水坝建设技术、酒精生产技术等，都是中国应当学习和可以利用的。因此可见，中国与巴西在经贸以及其他领域的合作前景是非常广阔的。

四 关于澳门的中介作用

关于澳门的中介作用，至少有三点可以明确。第一，在早期的东西方贸易和文化交流中，包括中国与巴西关系的发展中，澳门所发挥的中介作用是非常明显的。就早期的中巴关系而言，如

---

① Veja, 3 de Março, 2004.

果没有澳门的中介作用，双方关系的发展可能会被大大推迟。但是澳门的中介作用自香港作为国际化都市出现之后明显弱化。尽管如此，时至今日，澳门的中介作用仍然存在。第二，从中国的角度而言，在历史上澳门所发挥的中介作用是被动的，而西方殖民主义者是在主动利用澳门的地位以达到他们的目的。现在的情况不同，我们要主动利用澳门因历史发展所形成的特殊地位，积极发挥它在东西方交流中的中介作用。这不仅关系到澳门本身的发展，也与祖国大陆的发展密切相关。第三，在经济全球化和中国对外开放的形势下，我们对"中介"作用不能作绝对化的理解，即认为离开澳门的中介，中巴之间难以沟通。在早期中巴关系史上可能是这样，而现在的情况不是这样。现在中巴之间在所有的方面都可以直接沟通。澳门的作用表现在，有了它作中介，虽然付出了成本，但双方可以取得更理想的沟通效果。现在，澳门已作为"中国与葡语国家经贸合作服务的平台"而定位。虽然中国其他城市也可以扮演这一角色，但因澳门由于历史发展所形成的特点，它担当这一角色具有明显的优势。所以，我们现在对澳门的中介角色理解应当是，"不是非他莫属，而是有他更好"，至少在某些方面应当说是这样。

就当前澳门在中国和巴西之间扮演中介角色而言，关键一点是发挥和利用由于历史原因澳门所形成的与巴西共有的某些特征。葡萄牙语是二者所共有的官方语言。尽管澳门的葡语与巴西的葡语存在某些差别，而且使用的范围受到一定限制，但它毕竟是澳门的官方语言之一种。共同语言的使用表明二者历史上形成的文化联系仍在延续，因而容易使中国的文化通过澳门向巴西传播。

现在世界上出现一种趋势，就是国家或地区之间的历史联系以另外一种联系形式在复旧。双方都在利用这种关系而达到自己的目的。比如非洲一些欧洲前殖民地国家，它们利用历史关系而争取前殖民者的投资。巴西东北部的伯南布哥州在历史上曾一度被荷兰所占领。近年来该州利用这种历史联系吸收了大量荷兰投资。由此可见，历史的情结是可利用为今日的发展服务的。澳门与巴西双方曾在葡萄牙统治之下，因此所形成的历史情结，为澳门作为中巴之间的中介角色提供了可能性。移居巴西的土生葡人应得到充分的认识和利用。由此可见，发挥澳门中介作用的关键是保留和发扬它的文化特色和已形成的开放制度。

澳门的中介地位已得到巴西官方认同。澳门作为"中国与葡语国家经贸服务平台"，是澳门特区政府所打造的三大服务平台之一。2006 年 6 月下旬澳门特区行政长官何厚铧率团访问巴西的目的之一，是为澳门在中国与巴西之间发挥中介作用创造条件。通过访问，双方相互进一步认识。澳门的中介作用已得到巴西官方的明确认同。他们的主要观点如下。

1. 澳门具有重要的战略的位置，它是巴西产品与资本进入中国，特别是进入华南的门户。巴西里约热内卢州副州长路易士·保罗·康得（Luiz Paulo Coude）说，澳门具有很大的潜力成为里约热内卢在中国的门户。巴西在与澳门隔伶仃洋相望的香港有其领事机构。它的香港总领馆的主要任务之一就是促进对华贸易与投资。巴西香港总领事兼管其澳门领事事务。巴西在华侨民虽然不多，但香港与澳门却是他们相对居住较集中的地方。这种情况显然有利于"巴西进入中国"。巴西方面对上述的认识与特区政府的另外一个战略构想，即把澳门打造成"粤西地区商贸服务平台"是相吻合的。所以，从澳门角度而言，发展同巴西的双边关系，至少有助于实现澳门两大服务平台的作用。

2. 与香港比较，澳门有自身的优势。在巴西人看来，澳门的优势是澳门与巴西共同存在葡萄牙文化的影响。这种影响在语言、建筑、宗教信仰，以及饮食方面均有所表现。路易士·保罗·康得副州长说："里约热内卢与澳门共同拥有葡萄牙的强烈影响。因为里约热内卢是最具葡萄牙特点的巴西城市，这是葡萄牙移民影响的结果。"这一特点使两地在贸易和其他交往中便于理解和沟通。此外，相对而言，澳门的物价便宜，因而可以降低巴西企业进入中国的成本。巴西外交部亚洲与大洋洲司司长艾德蒙多·藤田（Edmundo Fujita）在会见特首时对澳门的上述特点特别予以强调。我们还应当强调，根据中国中央政府与澳门所签订的 CEPA 协定，澳门所得到的优惠政策将惠及包括巴西在内的与澳门发生双边关系的国家和地区。它们可以"与澳门企业透过策略联盟，或以直接并购的形式，利用'澳门公司'的名义，与澳门商人共同进入内地市场"。

3. 巴西外交部官员充分肯定中国倡议兴建的《中国—葡语国家经贸合作论坛（澳门）》。由于澳门的中介作用，促进了中国与葡语国家的密切合作。2003 年 10 月举行论坛第一次会议以来，中国与葡语国家贸易额明显扩大。2004 年中国与葡语国家贸易额达到 182.66 亿美元，同比增长 63.82%。巴西发展工业外贸部长路易士·费尔南多·富尔兰（Luiz Fernando Furlan）曾率团参加论坛第一次会议。巴西对论坛的认同，原因是它看中中国大陆是一个现实和潜在的大市场。扩大同中国的经贸关系以实现它在亚洲"打开新战线"的战略构想。另外，与巴西在葡语国家中所处的地位有关。巴西是葡语国家共同体（CPLP）成立的发起。它在共同体中的地位因其国际地位而举足轻重。巴西可以借助三年一次在澳门召开的论坛会议促进葡语国家之间的整合和推进它们的双边关系发展。因此，巴方表示不仅将于明年参加论坛第二次会议，而且富尔兰部长还将于今年访问澳门，以为明年会议作准备。

4. 巴方认为，澳门可以成为巴西某些项目的投资地。富尔兰部长说，澳门拥有 40 亿美元的以旅游为目的的不动产投资专案，这对巴西民用建筑业，特别是对墙面装饰，花岗岩和大理石销售行业是一个机遇。巴西与中国旅游协定的签订，澳门与巴西之间的旅游也会因此发展起来。巴西是世界著名的粮食和食品供应国，因此，巴西的食品出口会在巴西与澳门的双边贸易中占据一定位置。巴西正在发展生物燃料。生物柴油的使用可以降低大气污染和温室效应。富尔兰部长认为，澳门若使用这种清洁燃料，至少可以促进旅游业的发展。巴方表示将派代表团访问澳门，以继续何特首访问巴西利亚时已开始的双边合作商谈。为促进双边贸易，澳门准备在巴西圣保罗建立澳门商会（Camara de Comercio de Macau em Sao Paulo）。在 2003 年 10 月第一次论坛会议期间，澳门贸易投资促进局曾与巴西出口促进局（Agencia de Promoção de Exportação do Brasil – Apex）达成合作协定。在这次何特首访巴期间，巴西出口促进局的执行主席克劳迪奥·博尔热斯（C1audio Borgens）表示有意在澳门建立巴西产品分销中心。他说：“中国市场如此之大，致使我们考虑有这种可能性”。

（原载张宝宇主编《澳门桥通向拉丁美洲》，澳门亚太拉美交流促进会 2006 年版）

巴西民族成分初探

巴西是一个民族成分比较复杂的国家。通过对民族成分的分析，有助于进一步了解整个巴西民族。巴西民族形成于 18 世纪末至 19 世纪初。[①] 它由印第安人、黑人、葡萄牙人，以及由上述三者混血所形成的各类混血种人所组成。19 世纪末至 20 世纪初，欧洲和亚洲外国移民先后迁入，为巴西民族增添了新的成分。本文试图就巴西的民族成分及其互相关系作一简略介绍和分析。

一

印第安人是巴西大地最早的主人。在葡萄牙殖民者到来之前，他们在大西洋沿岸、巴西高原一带居住、生息，建立了自己的生活和社会制度，当时人口约 300 余万。[②] 由于殖民主义者的残酷掠杀，使印第安人处于几乎灭种的境地。目前仅剩 18 万人

---

① 巴西共产党：《工人阶级报》1972 年 9 月号。
② 《巴西日报》1974 年 5 月 27 日，《舆论报》1975 年 4 月 18 日。

左右，主要分布在亚马逊地区和中西部地区。前者有 91 个部落，后者有 35 个部落。[①] 此外，在巴拉那州、圣保罗州、米纳斯吉拉斯州、艾斯比利多桑多州以及东北部一些地区，也有数量不多的印第安人与混血种人混杂在一起居住。巴西印第安人的特点是部落多、各个部落居住分散。在目前 140 个部落中可分为四个不同的部落集团：（一）图皮—瓜拉尼；（二）耶或称塔普伊亚；（三）努阿鲁瓦格或称玛伊普雷；（四）卡里巴或称卡赖巴。巴西印第安人的语言和文化发展程度很不相同。他们的体态也有很大的差别。但一般说来，印第安人的身材属中等，皮肤呈铜色，眼睛与头发是黑的，胡须较少。

印第安人对巴西民族的形成与发展起了重要的作用。他们与白人混血形成的卡博克洛和与黑人混血形成的卡弗佐人，是巴西人口的重要组成部分。在巴西的历史上，印第安人语言曾广泛流行。例如，直至 17 世纪，印第安人的图皮语，还是巴西相当广大地区居民的共同交际语言。[②] 现在，印第安语虽然不通用，但它的丰富的词汇，已相当多地纳入了巴西葡萄牙语中。巴西的许多地名和动植物名称都是以印第安语命名的。更为重要的是，印第安人在农业方面的成就，不仅是对巴西农业发展的贡献，而且对于整个人类都是不可磨灭的功勋。印第安人所培育的玉米，今日已成为巴西的主要农作物之一，在世界同类作物中占有重要地位。巴西的木薯也是印第安人培育的，现在已成为巴西人民大众的重要食物，并且是生产替代能源——酒精的重要原料。印第安人还培育了大批的热带水果。此外，印第安人向后来巴西的欧洲人传授了一些工具的使用方法和适于当地条件的生活习惯。比

---

① 巴西《四月年鉴》1978 年。
② 参见《巴西：土地与人》第 2 卷，第 190 页。

如，用烧荒的办法准备土地以便耕作，睡吊床等。

现在，白人在巴西人口总数中占62%，[1] 其中绝大多数是葡萄牙人的后裔。无论就其人数，还是就其对巴西现存的政治、经济、文化方面的影响来说，葡萄牙人在巴西民族中都占有重要地位。16世纪初，葡萄牙占领巴西之后就陆续向巴西殖民，以巩固其所占土地和猎取财物。但葡萄牙国小，人口有限，1500年时只有150万人，[2] 因此，最初迁来巴西的人员并不多。在这些人员中，大多数是破产的地主、商人、武士以及官僚显贵。他们或到东北部捕捉印第安人做奴隶经营甘蔗种植场，或者定居在圣保罗地区组织猎奴队，到内地追捕逃亡的奴隶或寻找贵金属矿。他们以统治者的身份凌驾于印第安人与黑人之上。由于力量所限，葡萄牙对当时的巴西只占据了东北部和沿海一带地区。17世纪末，葡萄牙王室发现巴西南部有被西班牙蚕食的危险，因此从亚速尔群岛陆续迁入垦殖农。

巴西的白人（包括后来的欧洲移民）分布于全国各地，但主要集中在南部、东南部和中西部地区。南方的桑塔卡达林纳州，94.6%的居民属于白种人。北部和东北部地区，白人所占的比例较小。阿马巴地区，白人居民只占其人口总数的27.2%，东北部塞尔希培州，白人居民所占比例不到其人口总数的一半。[3] 白人居住集中的地区是巴西自然条件优越和经济发达的地区。

在殖民地时代，葡萄牙人（主要是其统治者）一方面对巴西土著居民和黑人进行残酷地压迫和剥削，另一方面，由于当时

---

[1]　巴西《四月年鉴》1977年。

[2]　福斯特：《美洲政治史纲》，人民出版社1956年版，第52页。

[3]　参见《巴西：土地与人》第2卷，第163页。

葡萄牙的社会发展程度高于巴西，因而在客观上也对巴西的发展起了积极的推动作用。他们对巴西社会发展的作用和影响是多方面的。他们为巴西引进了家畜和家禽。在巴西开始从事农作，制糖和采矿，建立了村庄和城市。葡萄牙语在融会当地土著语汇和添入非洲土语成分之后，成为勾通巴西全民族的语言。巴西今日行政体制的划分、立法的原则、宗教信仰等，都受着葡萄牙的强烈影响。

在巴西历史中，黑人曾是巴西人口的大多数。巴西独立时，全国人口的80%是黑人。目前黑人占全国人口总数的11%，约1300余万。他们主要分布在中北部、东北部和东部。巴伊亚州和里约热内卢州是他们居住最为集中的地区。他们是16世纪至19世纪中叶葡萄牙殖民者从非洲贩运来的黑奴的后代。在这期间，据说有400万黑人来到了巴西。①其中大多数来自大西洋岸的几内亚、安哥拉，少数来自印度洋边的莫桑比克。这些黑人属于两个不同的种族——苏丹和班图。他们之间的差别至今在巴西的黑人中还不难找到。苏丹族来自几内亚。他们个子高大、貌美，文化程度较高。在萨尔瓦多市场被贩卖。然后被迁往巴伊亚盆地及附近地区。班图族相对来说文化程度较低。他们主要来自安哥拉，集中在圣路易斯、累西非和里约热内卢市场上贩卖，然后被迁往内地。

黑人对巴西历史的发展作出了极为重大的贡献。他们与印第安人一样，同欧洲白人殖民者进行着从未间断的斗争。在相当长的历史时期里，黑人是巴西社会的主要劳动力。对巴西甘蔗、咖啡种植业的发展作出了巨大贡献，黑人从非洲带来了工艺知识。他们很早就懂得铁的用途和制造，这是巴西早期矿业的开采和冶

---

①　《巴西大地》，第76页。

炼必不可少的技术。在当时巴西主要经济部门中，黑人都担当着重要角色。正如有人所说，黑人"在他们筋肌壮健的背上负荷着 18 世纪（美洲）葡萄牙帝国的全部负担"。[①] 黑人还从非洲带来了他们特有的文化和风俗，对巴西人民生活发生着强烈的影响。来源于非洲的巴西民间音乐如桑巴、弗莱坞和玛拉卡图在今日的巴伊亚州、伯南布哥州和阿拉戈斯州等地非常盛行。黑人带来了大量的乐器，因而丰富了巴西民族音乐和舞蹈的宝库。黑人的语言丰富了巴西葡萄牙语的词汇。黑人已经融入了巴西的整个社会生活。但有些地区的黑人还明显地保持着非洲的文化传统。住在巴伊亚的黑人，俗称巴伊亚人，他们现在还穿着具有浓厚的非洲色彩的服装，操着非洲—巴西烹调技术。黑妈妈哺育了巴西几代人，这也是黑人对巴西民族的伟大贡献。

二

混血种人占巴西人口的 26%，约 3100 万人。他们分布于全国各地，但主要是下述两个地区：1. 现在是或曾经是印第人居住的地区；2. 历史上曾输入大量黑奴进行经济开发的地区。热带地区（亚马逊地区、东北部地区和中西部地区）是他们的主要集中地。在亚马逊地区混血种人占当地人口的 60%。

葡萄牙人占领巴西之后，所碰到的是一个崭新的世界，为了掠夺和生存，必须适应新的环境，因此他们需要向土著印第安人学习种植作物的程序和方法，采用印第安人的部分食物和生活习惯，迫使印第安人开垦荒地和从事糖坊劳动。黑人到来以后，三

---

① 艾·巴·托马斯：《拉丁美洲史》第 2 册，商务印书馆 1973 年版，第 419 页。

个种族之间的接触随着生产的发展就更加密切、范围更加广泛了。葡萄牙向巴西殖民之初，妇女数量有限，葡萄牙殖民者实行一夫多妻制。这些都是白人与黑人、印第安人通婚的原因。巴西的混血种人有三种基本类型：一是黑白混血儿，或白人与穆拉托混血儿，称为穆拉托；二是白人同印第安人混血儿，或白人与卡博克洛混血儿，称为卡博克洛；三是黑人与印第安人混血儿，称为卡弗佐。

在巴西的混血种人中，以穆拉托人数为最多。他们的皮肤呈灰色，但也不尽相同，体态也不一样。他们的头发卷曲，中等身材。其中有些人具有明显的非洲祖先特点，而另外一些人只在头发、鼻子的形状和嘴唇的厚度方面表现出黑人的影响。穆拉托主要分布在黑人影响较强的东北部丛林地带、巴伊亚盆地和东南部地区。在历史上，黑人曾在这里进行过辛勤的劳动。居住在农村的穆拉托一般从事与农业有关的活动，在城市里则做一些下等的工作。在巴伊亚盆地，许多穆拉托人从事自由职业，其中有不少人在文学、艺术部门工作。

卡博克洛在巴西的殖民地时代称为玛玛洛科或玛梅洛科。他们主要分布在亚马逊地区、巴西高原地区等地。历史上印第安人较为集中的东北部腹地、圣弗朗西斯科河谷等地也是他们居住的地区。他们因居住地区不同而有不同的名字。亚马逊地区的卡博克洛称之为塔普伊奥。这种混血儿，不论在形态上，还是在文化上，都更像巴西印第安人。他们是野生植物果实的采集者、渔夫、割胶工、牧工和采栗工。在东北部腹地的卡博克洛称为腹地人。他们以"太阳肉"（一种略加盐制的肉干）和木薯为生，住着用棕榈树叶做顶的小屋。此外，在米纳斯吉拉斯州的卡博克洛叫卡皮阿鲁，在艾斯比利多桑多州的叫玛鲁廷布，在圣保罗州的叫凯皮拉和凯萨拉。生活在巴伊亚州到西哈拉州沿海地区的卡博克洛的主要职业是渔夫和船夫。他们依靠打鱼和运输为生。

巴西的第三种混血儿，即卡弗佐（又称泰奥卡或卡博雷）人数最少。因为在巴西历史上，印第安人与黑人是在不同的地区和不同的部门劳动，另外，葡萄牙殖民者从中挑拨离间，造成他们之间的仇视和残杀，所以相互通婚者较少。这种混血人分布的地区极难确定，主要是在黑人与印第安人共同生活的几个地区，比如马托格罗索州的一些地方。此外，在东北部的马拉尼昂州还有一种更为复杂的混血种人，叫儒萨拉。他们是白人、黑人和印第安人三个不同种族之间混血的产儿。在日本移民的垦殖区，还有一种叫艾诺科的人，他们是白人与日本人后裔的混血儿。巴西人种学家预计，在不久的将来还会出现日本人同黑人的混血儿。

三

欧、亚移民先后涌入巴西，为巴西民族增加了新的成分，为巴西的发展提供了新的智慧和力量。欧洲向巴西的大量移民开始于 19 世纪初。在巴西历史上，1808 年通常被作为外国移民进入巴西的开端。1808 年 11 月 25 日葡萄牙王室颁布了鼓励外侨入境的法令，由此开始了欧洲移民进入巴西的高潮。这种现象的产生是有其历史原因的。葡萄牙王室的到来，使巴西变成了葡萄牙帝国的政治中心。王室及同王室一起迁来的大臣、文武官员消费浩大。大量的工业品和其他商品，葡萄牙本土是难以供应的，因此必须在当地发展生产以满足其需要。另外，当时业已壮大了的巴西当地大庄园主阶级也要求取消对殖民地的种种限制，发展经济。经济的发展要求增加新的劳动力，特别是具有各种知识和技术的人才。另一方面，当时欧洲一些国家正处于拿破仑军队的铁蹄之下，人民在内外统治阶级的压迫、剥削下，生活极度困苦，因而纷纷出走异乡谋生。巴西是一个人口稀少、幅员广阔的地方，有着大量的土地需要开发、垦殖，需要大量的劳动力发展工商业。在这种情况下，欧洲移民开始大批进入巴西。

在巴西的欧洲移民主要来自南欧，即大西洋—地中海地区一些国家。他们是葡萄牙人、意大利人和西班牙人。此外还有日耳曼人（德国人和奥地利人）和斯拉夫人，以及后来到达巴西的匈牙利人、立陶宛人、拉脱维亚人和荷兰人等。

截至1973年统计，在巴西最多的外国移民是葡萄牙人，计157.5275万人。[①] 他们主要来自葡萄牙的北部和南部，以及亚速尔群岛。1904年至1913年间是欧洲向巴西移民的高潮。在这期间共有100.6617万来到巴西。其中葡萄牙人最多，共计38.4672万人。葡萄牙移民有一个特点即他们不去农村，而在城市定居从事工商业。

在巴西的外国移民人数中，意大利人仅次于葡萄牙人，占第二位，共计153.3092万人（1973年数字）。[②] 1870年以后，意大利移民开始大量进入巴西。1891年一年共来了13.2326万人，创意大利向巴西移民最高纪录。这些意大利人主要是来自亚平宁半岛的北部和南部地区。主要分布在圣保罗州、南里约格朗德州、圣塔卡达林纳州、巴拉那州和艾斯比利多桑多州。由于语言和宗教信仰与葡萄牙人相近的关系，他们很快地就被纳入巴西社会生活。他们为巴西带来了专门技术，如酿酒。意大利移民对于巴西的咖啡种植业和圣保罗地区工业的发展作出了重大贡献。巴西南方的许多城镇是意大利移民建立起来的。

巴西独立后又有大量的西班牙移民迁来巴西，他们的人数在

---

① 巴西《四月年鉴》1978年。

② 同上。

巴西的外国移民中占第三位，总数为 70.143 万人。^① 由于他们操一种与葡萄牙语极为相近的语言，因此能迅速适应巴西的社会生活。他们分布于巴西各地，没有特别的集中地点。

1824 年第一批德国移民到达巴西，定居在南里约格朗德州。1850 年至 1870 年之间又有大批德国移民到来。当时在圣塔卡达林纳州、巴拉那州、里约热内卢州、艾斯比利多桑多和米纳斯吉拉斯州已经建立了许多移民中心。德国移民主要是从德国北部迁来的。他们对巴西社会经济发展的贡献是巨大的。德国式的建筑和车辆，德国人的风俗和文化至今对巴西还有强烈的影响。巴西南方的许多城镇都具有德国式的风采。圣塔卡达林娜州的布卢美瑙就是一例。该城坐落于伊塔雅伊—阿苏河畔。它是由德国移民在 19 世纪后半叶开发伊塔雅伊河谷时建立的。这里德国式的建筑引人注目，德国风俗也颇为流行。它现在已是该州一个极为重要的工商业城市。

德国移民对巴西南方地区农业的发展作出了重要贡献。从 1842 到 1875 年间，南里约格朗德州主要的农业经营者是德国移民。到第二次世界大战前夕，德国移民所经营的农业供养着该州 2/3 的人口。巴西南方所种植的水稻是由德国移民引进的。在南里约格朗德州首先种植小麦的是德国移民。现在，南里约格朗德州是巴西小麦和大豆的重要产区。巴西南方的工业发展史也与德国移民紧密相连。可以说，是德国移民奠定了南里约格朗德州的工业基础。而今它已成为巴西的重要工业区之一。圣塔卡达林纳州的第一个工厂——皮拉贝拉巴糖厂，就是德国移民于 1865 年建立的。世界著名的巴西南里约格朗德州航空公司（Varig）是德国移民在 1927 年建立的。它是目前巴西最大的航空公司。

---

① 巴西《四月年鉴》1978 年。

　　在巴西的欧洲移民中，还有波兰人。他们是 1875 年以后来到巴西的，其总数不超过 5 万人。主要定居在巴拉那州。至今他们还保持着波兰人的风俗，住着木制房子，驾着四轮马车。虽然语言不同，但他们也信仰天主教。因此很容易和巴西人融为一体。另外，还有乌克兰人和白俄罗斯人移民，二者人数约 2.5 万人。

　　到达巴西最早的亚洲移民是阿拉伯人。他们于 19 世纪后半叶开始向巴西移民。1900 年至 1910 年间到达的人数最多。他们主要来自阿拉伯半岛，定居在西哈拉州、亚马逊州、马拉尼昂州、圣保罗州以及南里约格朗德州等地。开始，他们主要工作是流动商贩。现在，在他们的后代中，已有人从事工业、银行业和农牧业活动。

　　在巴西的外国移民中，日本移民不论就数量还是作用来说，都占有重要地位。1908 年 6 月 18 日第一艘日本移民船达到巴西圣多斯港，由此开始了日本向巴西的移民运动。19 世纪末、20 世纪初巴西的咖啡种植业已有相当的发展，因此需要不断增加新的劳动力。1888 年奴隶制的废除更加剧了劳动力的紧张。这种情况虽因有欧洲移民的到来而略有缓和，但远未达到解决的地步，因而需要更多的海外移民到来。当时日本正值从封建王朝进入军事帝国主义时期。日本统治阶级对内的残酷剥削和对外不断地进行帝国主义战争，造成日本人民处境异常艰难。特别是农民纷纷破产，背井离乡谋求生活出路。这就是当时日本向巴西移民的历史背景。1925 至 1935 年期间，共有 13.9059 万人来到巴西，这是日本向巴西移民的高潮时期。在第二次世界大战期间日本向巴西移民停止了。1950 年以后又重新开始，1953 年有 1928 人到达巴西。60 年代以后，由于巴西和日本双方的原因，日本向巴西的移民减缓了。

目前在巴西的日本移民及后裔共有 75 万,[①] 其中 74% 居住在圣保罗州,而大圣保罗地区就有 25 万。其余主要分布在巴拉那州（18%）、马托格罗索州（2%）、里约热内卢州和巴拉州（1%）。起初,来到巴西的日本人主要从事农业生产。因为从事农业对他们来说是最容易做到的。这项工作不急于要求掌握当地的语言,而且可以充分发挥他们从故乡带来的知识和技术。他们为巴西引进了茶、草莓、胡椒等项作物的种植技术和养蚕技术。他们开垦了许多土地,在咖啡园从事繁重的劳动,为巴西农业的发展做出了特别巨大的贡献。目前日本移民和后裔在巴西农业生产,特别是在蔬菜和经济作物生产方面占有相当重要的地位。咖啡的 8.8%、棉花的 13.7%、蚕的 80%、番茄的 58.1%、蔬菜的 50%、胡椒的 82%、蛋的 43.8%、薄荷的 90%、茶的 94.1%、草莓的 90%、苎麻的 91.7% 是由他们生产的。由日本血统巴西人所组成的科蒂亚农业合作社是巴西目前较大的农业企业,它提供了里约热内卢市和圣保罗市所需蔬菜、水果的 70%。此外,该合作社还在米纳斯吉拉斯、圣塔卡达林纳、巴伊亚州等地大面积种植小麦、大豆、棉花、蔬菜和水果。

30 年代以后,由于逐渐适应了当地的习惯。在语言方面也有了更大的进步,一部分日本移民开始转向经营工商业,从事谷物贸易、粮食晾干及加工储存,开办咖啡店、旅馆和农业工具修理所等。在现在 75 万日本血统巴西人中,只有 15 万人是在日本出生的。随着日本移民经济与社会影响的扩大,他们也逐步走上了政治舞台,参与各种社会活动。

---

① 巴西《视界》1978 年 6 月 26 日。

四

综上所述，在长达4个多世纪的历史中，生活在巴西土地上的印第安人、黑人和以葡萄牙人为主的白人，进行着最广泛的民族融合，产生了各种混血种人，这些人都是当代巴西民族的重要组成部分。巴西民族之间的关系如何？这是研究巴西民族时应当涉及的一个问题。巴西政府一再宣扬，巴西没有种族歧视。巴西是一个没有种族问题的各种人种混杂的社会。黑人和白人，欧洲文化和非洲文化自由协调地融合在一起。前总统盖泽尔说得更为明确：巴西社会是"世界上实现各种族结合的最广泛的试验场所"。① 然而，事实并非如此。在巴西，白人向来是居于统治地位。斯大林曾说，多民族的国家，是建筑在一个民族，更确切些说，是建筑在该民族的统治阶级对其余民族的统治上面。葡萄牙白人统治者在历史上对印第安人和黑人的蹂躏，使印第安人处于几乎灭种的境地。黑人生活在水深火热之中，这是有史可查的，无须赘述。在当代，印第安人、黑人、混血种人同白人的地位也并非平等。首先，就印第安人来说，他们生活在国家的边远地区，基本上被排除在现代巴西生活之外。目前，他们所受到的主要威胁是其生存的基本条件——土地逐渐被蚕食。这种蚕食是来自多方面的。近年来，国家在亚马逊地区和其他一些地区修建了许多条公路干线，有些公路穿过印第安人的居住地，占用了印第安人的土地。另外，国家兴建大农牧业基地、工矿业基地、外国和本国资本家开发农牧业，都占用印第安人的土地。特别是数目众多的伪证夺地者，更是肆无忌惮地掠夺土地。上述种种，迫使

---

① 《圣保罗州报》1977年4月29日。

印第安人不得不拿起武器，捍卫自己的家园和土地。他们集会示威，上书联邦政府，强烈要求恢复和保证其固有土地不可侵犯的权利。要求联邦政府尊重印第安人的固有文化和民族自决的权利。

巴西的发展是与几代巴西黑人的血汗紧密相连的。但是现在，巴西的黑人仍然受着种族歧视，他们的肤色仍然是其进入高级公众场合的障碍。1978 年，曾因黑人运动员被阻止进入圣保罗蒂埃特·雷加塔俱乐部，5000 余名黑人举行过示威。对黑人的这种待遇，就连世界著名足球运动员贝利和一些有名的黑人演员也难于幸免。更重要的是，巴西黑人被排斥在政界、军官团、企业界和其他重要决策机构之外。巴西政府阻止对于黑人情况的报道，认为介绍黑人情况"不适时宜"，谁要介绍谁就要承担由此而产生的后果。然而，黑人也为此进行着斗争。圣保罗和里约热内卢的一批年轻黑人组织了黑人学习小组，学习和讨论巴西黑人的历史和现状。混血种人的地位和状况虽比印第安人和黑人好些，但与白人相比仍然低下。在历史上，巴西的法律曾规定过混血种人不得占有土地。在当代，他们所从事的职业是低下的。

巴西民族白人化的趋势，从另一方面反映了巴西有色人种的社会地位。16 世纪初，印第安人有 300 余万，而现在只剩 10 余万，约占全国人口的 1.5‰。黑人在巴西历史上的相当长时间内曾是人口的大多数，而现在只占全国人口的 11% 左右。与此同时，白人在全国人口总数中的比例不断提高。1872 年，巴西独立半个世纪后，白人占当时全国人口的 38.14%，以后几年的比例是，1890 年为 43.97%。1940 年为 63.47%，1950 年为61.66%，1977 年为 62%。[①] 发生这种情况的主要原因是：19 世

---

① 《巴西：土地与人》第 2 卷，第 160 页。

纪中叶以后基本上停止了从非洲输入黑奴；由于生活条件艰苦，黑人死亡率较高；印第安人大量被屠杀；混血种人趋向于选择白人作配偶；白人移民大量进入巴西；但主要是巴西府有意使巴西民族白人化。1945 年 10 月公布的巴西移民法第二条规定："批准移民入境，应注意巴西人种构成上欧洲血统之适当特征之保持与发展。"[1] 就目前趋势来看，白人占巴西整个人口的比例还会进一步扩大。

（原载《世界民族问题初探》，世界民族研究会编，中国社会科学出版社 1981 年版）

---

[1] 转引自中国台湾出版《认识巴西》，第 211 页。

巴西现代化问题刍议

关于现代化进程的起点问题

目前我国学术界对于现代化一词尚未有统一的明确定义。其中一说，认为现代化实质上就是工业化[1]，或认为工业化是现代化的关键性过程[2]。应该说，现代化的内涵远比工业化广，它除包含经济方面的内容外，尚有上层建筑方面的内容。然而，工业化进程给社会所带来的变化却不仅仅限于经济领域，而且，工业化的实现也不只是经济方面的措施所能达到的。因此，从这种意义上说，现代化也就是工业化。本文即采用这一说法。

如果将现代化作为一个国家发展的一段历程来理解，它应该有起始点。对于第三世界新兴国家来说，有人认为，现代化进程始于第二次世界大战结束之后[3]。这只是一般而论。巴西的现代化进程始于何时？国际巴西学学者对此也未有一致意见。一种观

---

① 罗荣渠：《现代化理论与历史研究》，《历史研究》1986 年第 3 期。
② 孙立平：《社会学教程》，转引自《文摘报》1987 年 10 月 4 日。
③ 罗荣渠：《现代化理论与历史研究》，《历史研究》1986 年第 3 期。

点认为，早在19世纪中叶巴西就开始现代化；另一种观点认为，"巴西工业化的起点始于第一次世界大战"；第三种观点则认为，20世纪30年代的大萧条是巴西工业化起始的标志①。笔者认为"30年代说"为宜。其理由有以下四点。

第一，现代化是在传统社会发展的一定基础上进行的。巴西经过殖民地时期单一经济的周期更替发展，特别是自19世纪中叶以来咖啡业的发展，到19世纪末20世纪初已形成相当规模的近代工业。1920年调查材料表明，巴西已拥有工业企业1.3万多家，工人达到27.5万多人。巴西自1854年建成第一条铁路以来，到1929年已拥有铁路3.2万公里。公路建设在20世纪20年代也取得进展。1921年，圣保罗州开始修建本州公路网。1925年，全国第一条硬面公路建成。1928年，连接里约热内卢和圣保罗的公路开始使用。里约热内卢和圣保罗已形成全国的经济发展中心。根据1920年调查，当时全国31%的纺织厂集中在圣保罗。19世纪中叶以来，特别是19世纪末至20世纪初，大批欧亚移民移居巴西，不仅补充了农村劳动力的不足，促进了农业发展，而且由于部分移民定居城市，以工商业为职业，也为工业的发展提供了劳动力和技术，市场也因此而扩大。

第二，第一次世界大战初期，国际环境对巴西经济产生的压力，使对外依赖的巴西经济暴露出它的脆弱性。20世纪20年代，民族主义在巴西之所以盛行，与此有密切关系。经济民族主义是这一思潮在经济方面的表现。它强烈主张发展民族工业，在同外国企业竞争中，要求政府给民族工业以必要的保护。1928

---

① 以上三种观点分别见里查德·格兰《大不列颠与巴西现代化的开始》，巴西出版社1973年版，第31页；阿尔热米罗·J.布隆：《巴西经济发展》，巴西南里约格朗德呼声出版社1984年版，第50页；弗拉维奥·拉贝洛·维西亚尼等：《巴西经济形成》，圣保罗1977年版，第121页。

年创建的圣保罗工业中心，是经济民族主义主张的产物。该中心主席、巴西著名经济学家和企业家罗贝托·西蒙森当时指出："重申我们工业政策的民族主义原则，依此才能拥有建立在农业高度发展基础上的有效率的工业，使巴西实现其经济独立。"[①]此外，在 20 年代兴起的"旨在以创造新的真正的巴西艺术的表现方式，试图使民族生活和民族思想面向现代"[②] 的、称为现代主义的美学运动，实际上超出了美学的界限，可以看作是巴西社会进入一个新阶段的一种标志，对国家实行经济现代化是一种推动力。

第三，20 世纪 20 年代，巴西的传统社会结构已发生明显的变化。资产阶级力量虽然尚不够强大，但它已在同农业寡头势力争夺国家权力。1930 年通过瓦加斯为首的集团的政变，工业资产阶级开始走上政治舞台。执政后的新兴资产阶级虽然没有同大庄园主阶级彻底决裂，但 1930 年革命毕竟是"反对咖啡寡头政治统治的运动，它标志着工业主义对农业统治地位的胜利"[③]。1930 年革命前，巴西的当权者是农业—贸易寡头集团的代表，政府对发展工业基本上是漠不关心的，有时甚至表现为公开的敌视。这就是说，在一个传统的农业社会里进行工业化是不可能的。新兴工业资产阶级执政，是工业化得以进行的关键。1930 年革命为"巴西工业革命创造了必要的政治条件"[④]。综上所述，可以认为，"自 20 年代，甚至在此以前，在巴西就创造了一个

---

① 《巴西经济发展》，巴西南里约格朗德呼声出版社 1984 年版，第 44 页。

② 参见《简明不列颠百科全书》第 1 卷，中国大百科全书出版社 1985 年，第 486 页。

③ 伊拉里奥·托尔洛尼：《巴西问题研究》，圣保罗拓荒者书店 1983 年版，第 125 页。

④ 路易斯·卡洛斯·佩雷拉：《巴西的发展和危机》，转引自《巴西史料丛刊》第 15 期，第 24 页。

有利于工业化的主、客观内部条件"①。

第四，进行现代化，除在国内需要创造适当的经济与政治条件外，国际环境骤然变化对一个民族所造成的危机感，往往成为重要的外在促进因素。这种情况，就发展中国家来说不乏其例。1929—1933 年的世界经济危机对巴西咖啡业的致命打击，无疑再次证明，以单一出口作物作为国民经济的支柱是脆弱和不可行的。正是在这种形势下，"号称'革命加独裁'的拉美各国，由于种植单一作物受到 1929 年世界经济危机的冲击而打开了工业化的视野"②。"在大萧条的冲击下，巴西政府第一次表现出对工业化的兴趣。"③ 而瓦加斯总统在 30 年代执政伊始的一句名言："钢铁问题是我国经济中最主要的基本问题"④，可以认为是在巴西进行工业化的战斗号角。

关于工业化进程问题

巴西联邦政府在第一个全国发展计划（1972—1974）中提出，巴西要在一代人的时间里，跨入发达国家行列⑤。如将一代人作 25 年计算，那么，巴西的目标是在 20 世纪末前后实现国家工业化。从 30 年代算起巴西的工业化已进行了半个多世纪，目

①　卢西亚诺·马尔丁斯：《1964 年后巴西的资本主义国家和官僚》，里约热内卢和平与土地出版 1985 年版，第 32 页。
②　森利一：《第三世界政治学》，《日本政治学动向》，商务印书馆 1983 年中文版，第 189 页。
③　沃纳·贝尔：《巴西的工业化与经济发展》，瓦加斯基金会出版社 1983 年版，第 263 页。
④　《巴西经济发展》，巴西南里约格朗德呼声出版社 1984 年版，第 53 页。
⑤　转引自恩里克·西蒙森、罗贝托·坎波斯《现代巴西经济》，里约热内卢1979 年版，第 70 页。

前尚在进行之中。工业化是一个长期的进程，但其速度是不均衡的。这是由国内外环境和主、客观因素决定的。当权者应当抓住国内外的有利时机，在短期内实行几次"冲刺"，以促进工业化的实现。自 30 年代以来，巴西在其工业化进程中进行了两次"冲刺"，或者说，实现了两次工业发展大飞跃。巴西学者称之为"猛烈的现代化时期"①。第一次飞跃发生在 1956—1961 年的所谓库比契克发展主义时期。库比契克政府完成或基本完成了包括 5 个部门 30 个项目的目标计划（发展纲要），在巴西建立了汽车工业、造船工业以及重型电机制造业等，同时，钢铁、有色金属、重化工业、造纸和纤维生产等部门也取得很大的发展。第二次飞跃是发生在 1968—1974 年期间的所谓"巴西经济奇迹"。这是军人自 1964 年执政后，继"制度重建与现代化"、"重新取得经济增长"任务的完成后，进而将"巴西提升到发达国家行列"的又一次努力。在此期间，国内生产总值以史无前例的速度增长，国民经济各主要部门获得空前的发展和扩大。从此，巴西跻身于西方世界八大经济强国之列。

上述两个飞跃，即扩张时期的形成，首先是以前期生产要素的一定积累为条件的。第一个扩张时期的主要前提条件是，第二次世界大战后至 50 年代前半期，国家在基础设施和基础工业部门所进行的投资已发挥效益。一些重要的国家企业，如全国钢铁公司、淡水河谷公司、国家制碱公司、巴西石油公司等，先后建成投产。农业生产开始向多样化发展，国内供给增加，自 30 年代实行替代进口工业化以来，国内市场已相应扩大。1952 年建立的全国经济开发银行对于资助交通、能源等基础设施的建设发

①　曼努埃尔·德安德拉德：《区域规划与巴西土地问题》，圣保罗人文科学与技术出版社 1976 年版，第 148 页。

挥了重要作用。1955 年颁布的第 113 号指令，为外资涌入巴西创造了条件。第二个扩张时期同第一个扩张时期比较，其主要特点是充分利用了 60 年代初以来所形成的闲置资本。

其次，当权者看准了时机，充分利用了有利的国际条件。巴西工业化的第一个扩张时期，就世界范围来说，恰好是产业结构地域分工的变更时期，劳动密集型产业受资本追随低劳动力费用倾向的驱使，先后由欧美、日本转向先进的发展中国家或地区，为后者利用外资提供了极好机会。巴西利用了这一机会。按 113 号指令规定，外国企业可将陈旧设备引进巴西作价入股。对于这种做法至今虽然毁誉不一，但它促进了外资企业的建立，这是肯定无疑的。在这一时期，巴西吸收的外国直接投资远远超出它所利用的外国贷款[①]。与此相反，在第二个扩张时期，巴西看准了利用国外贷款的机会。自 60 年代末以来，美元充斥欧洲货币市场，利率较低。在这种情况下，巴西极力创造利用外资的条件，允许地方政府和企业直接从国外获得贷款，同时扩大国外借款渠道。

在工业化的长期过程中，一个国家所采用的工业化模式不可能，也不应当是始终如一的。因为，战略模式的确立是由变化着的国内外条件决定的。只有随着变化的条件不失时机地调整模式，才能促进工业化的实现。巴西的例子正是如此。大体上说，在 60 年代末之前，巴西实行的是进口替代工业化模式。其中在 30 年代替代进口的内容主要是日用消费品，而后逐渐发展到以替代资本货物和中间产品为主。巴西的第一个扩张时期是后一种内容的替代进口的典型。到 60 年代末，情况发生明显变化。

---

① 奥托·阿尔西德斯·奥尔维勒：《巴西社会经济演变》，阿雷格里港"特切"出版社，第 161 页。

"立足于自己的发展思想被抛弃，采取外向型的发展模式。依据这种模式，巴西经济政策的重点从国内市场转向国外市场。"①促使这种转变的国内外主要条件是：替代进口的民族工业失去了发展的活力；国内积累不能满足经济快速增长的需要；世界贸易异常活跃；国际金融市场资金充裕，能以低息资助巴西的进出口，并为其经济高速发展提供国外积累。巴西由进口替代模式转变为出口替代模式较为及时。这是它自工业化以来经济发展迅速，而停滞或间歇的时间较短的重要原因之一。出口替代模式的一个显著特点是它的开放性。实行这种模式，就是将本国经济发展置于国际环境之中，充分利用国外市场、资金和技术，以对外贸易的发展带动整个国民经济的发展。但是，出口替代模式的开放性，又使一国经济受制于国际市场的变化，从而也可能为经济的发展带来极不利的影响。近年来巴西经济出现的严重问题，同外部条件的变化密切相关。

关于农村发展问题

农业在现代化过程中居何种地位？先期实现工业化的国家的经验是，工业的发展是以农业为基础的。"在资本主义工业化的同时，就开始了农业的资本主义化。"② 也就是说，农业革命先行了一步。有人估计，西方国家在工业革命前的 40—60 年中，农业生产率一般增长了 40% 左右③。这是以农业的发展来支持工

---

① 米尔顿·布拉格·富尔塔多：《简明巴西经济》，里约热内卢 1984 年版，第 173 页。

② 苏星：《社会主义再生产的理论与实践》，上海人民出版社 1987 年版，第 49 页。

③ 周其仁等：《发展的主题》，四川人民出版社 1987 年版，第 3 页。

业化的进行。然而，要使农业具备这样的支持条件，其前提是要进行一场农业革命，实现以农业生产关系的变革带动农业技术革命。在工业化过程中，巴西的农业生产关系未经过骤然的变革。1930 年革命，虽使新兴资产阶级上台，但"仍然维持原有的土地结构"①。这样，在工业化过程中，巴西传统农业发展模式，即出口农业同内需农业发展相背离的倾向并未改变。实际上，巴西的工业化是建立在出口农业基础上的。要农业"转移其资源以资助民族工业起步发展"② 的任务，是由出口农业来承担的。

巴西的出口农业模式虽然有其弊端，但基本上支持了工业化的进行。它之所以能够存在和延续，笔者认为主要有两个原因。其一，这种模式是建立在比较优势的基础上的，因而可以发挥其优势。巴西某些出口作物的优势，不但存在于国内不同类作物的比较中，而且在国际同类作物的比较中也显示出很大的优越性。咖啡、大豆和某些热带作物等即是。其二，出口作物不断多样化。巴西农业生产多样化，主要是出口作物种类的多样化。以内需为主要目的的作物种类，长期以来并未有多少增减。现在巴西的主要农牧业出口产品计 21 种。这样，在目前咖啡出口收汇下降为 10% 左右的情况下，农牧业产品出口创汇仍占出口总收入的近 50%。出口产品种类的增多，在一定程度上减轻了国际市场变化对巴西出口的冲击，使这种模式更具适应性。

以城市为中心的工业化给农村发展带来的一个具体问题，是农村人口的相对过剩。这一方面是农业机械化程度的提高，造成相对过剩的劳动力；另一方面也是土地被兼并和掠夺，致使相当

---

① 米尔顿·布拉格·富尔塔多：《简明巴西经济》，里约热内卢 1984 年版，第 140 页。

② 迪瓦·贝内维德斯·皮尼奥：《合作思想和巴西的合作主义》，圣保罗 1982 年版，第 212 页。

多的农民失去土地，成为无业游民的结果。相对过剩的农村人口被城市的就业机会和生活所吸引，大量盲目流入城市，形成一股国内移民的潮流。这种现象在巴西干旱的东北部地区更为严重。在 60 年代，巴西每年大约有 180 万人移居城市，到 70 年代每年已增至 240 万人，这种势头在当前并未得到缓解。由此带来的社会问题，对国家现代化进程是一个严重阻碍。经验证明，这个问题的解决仅仅依靠城市工业化和农村农业的发展是不够的。因此，自 70 年代，巴西联邦政府开始重新认识以城市为中心的工业化模式给农村带来的问题。它认为，"建立在工业化基础上的发展主义方针并未带来缩小城乡差别的成果"。这主要是由于"工业部门吸收剩余劳动力能力的有限性和不适当地采取农业现代化的传统模式"[1] 造成的。因此，政府着手改变农村的发展模式，实行所谓"农村一体化发展战略"，即在制定农村发展计划的同时，考虑地区的自然、经济和社会特点，实行农业、工业和服务业一体化发展；主张各级政府——联邦、地区和地方当局对农村发展计划的指导应同步进行。1974 年政府颁布的东北部一体化发展计划，就是根据上述思想制定的。其主要目标是：（一）以一体化的发展逐步缩小和克服东北部农村发展的失衡状况；（二）建立专业农业区，通过联邦、地区和地方的协调行动，使农村的农业、工业和服务业都得到发展。为此，政府确定了 6 个优先发展项目，其中有乡村公路建设、农村电力生产、仓储建设以及农业生产研究和实验等。在东北部农村实施一体化发展计划的同时，政府还在东北部一些中心城市进行大规模投资，兴建或扩建重大工程项目，诸如东北部石化中心、地区石化—矿

---

① 佩德罗·莱特：《经济发展的新模式与常规理论》，福尔塔雷萨 1983 年版，第 82 页。

产联合企业、东北部化肥生产中心，以及纺织、服装、皮革等传统工业项目，以此带动农村工业化的进行。

巴西的这种农村发展战略，源于以色列的"雷霍沃特模式"①。这种模式的核心是"调动人力资源潜力，更加公正地取得生产资源，并使农村发展计划范围内的居民收入得以合理分配"。其战略目标的实现，主要依据下列措施：（一）有效地利用现存的生产方式；（二）根据自然、经济、社会和体制特点制定计划并付诸实施；（三）促进农村地区的农业、工业和服务业一体化发展；（四）协调全国、地区和地方的计划，以便使人民参与制定和执行农村一体化发展计划成为可能②。上述发展模式是针对以城市为中心的工业发展所产生的弊端而提出的。它首先强调，农村的现代化不能只靠农业的现代化，而要同时进行农村工业化和发展服务业，即实行一体化发展，这实际上是通过改变农村单一的产业结构来实现农村的现代化。其次，这种模式突出了人的因素的重要性，发掘人力资源潜力，要人民广泛参与农村一体化计划的制定和执行。农村产业的多样化，在客观上为人民广泛参与农村发展提供有利的机会。雷霍沃特模式不但在巴西得到采用，而且在拉美其他国家，如墨西哥、哥伦比亚、厄瓜多尔和秘鲁等国也得到不同程度的推广。

关于对外开放模式问题

实现现代化的过程是一个创新的过程，不吸收国外先进的东

---

① 雷霍沃特模式（Enfoque de Rehovot）。雷霍沃特为以色列一地名，是以色列城乡地区研究中心所在地。

② 佩德罗·莱特：《经济发展的新模式与常规理论》，福尔塔雷萨1983年版，第85页。

西是难以创新的。然而，对外开放的理论根据远不止如此。从经济学角度来说，世界各国的经济有其优势与劣势。优势的基础在于劳动生产率的国际差异。因此，实行对外开放，发展国际经济关系，就可通过交换劳动来缩小这种差距。从历史经验看，实现现代化的各国（地区）所采取的对外开放模式是不尽相同的。有人将美国的对外开放模式称为"人才吸纳型"，日本为"技术引进型"，韩国为"出口主导型"，而将巴西所采取的模式定名为"资金引进型"①。其实，这只是这些国家的对外开放模式的主要特征的概括。就巴西而论，它虽然大量引进资金，但这却不是它的全部特征。这种模式的特征是大量吸收外国直接投资和国外资金；以外国直接投资的引进，带动先进技术（包括管理经验）的引进，此外还直接引进国外先进技术。

对外开放模式的形成是国内外因素综合作用的结果。就国内因素来讲，最重要的是国家的政治独立。这里所说的独立不仅仅是形式上的独立。因此，政治独立要达到一定程度，才能提出开放模式的问题。另外一点，就是对于对外开放给本民族发展带来的利弊要有清楚的认识。巴西的对外开放是第二次世界大战之后的事，它的对外开放模式是在 50 年代开始逐步形成的。外资对巴西的渗入有很长的历史，它是与巴西独立后的经济发展同步进行的。但 50 年代前，在巴西同外资的关系中，基本上是巴西处于被动的地位。外资（首先是英资）是以政治压力打入巴西的。外资的投向主要是受投资国自身利益支配的。比如，19 世纪中叶开始的英资铁路的修建是以港口城市为始点，作扇形向内地扩展，但内地之间的沟通并未因铁路的修建而得到多大的改善。这是英国为掠夺巴西的财富在巴西造成的交通畸形局面。因此，这

① 王洪福：《我国对外开放模式问题探讨》，《光明日报》1987 年 8 月 6 日。

一历史时期对巴西来说不能认为是实行对外开放政策，因而也无从谈起采取什么样的开放模式。笔者认为，对外开放是一国政府为本国或本民族的经济发展而采取的主动行为。第二次世界大战后，发展中国家（地区）在普遍取得政治独立后，发展民族经济的意识随之增强。在这种情况下，发展经济学有关国内资金不足应以国外积累作为补充的理论得到推广。巴西政府认为，本国的"替代进口工业化只有在外国资金与技术大量参与的条件下才能迅速实现"①。另外，从50年代初开始，在第二次世界大战中战败的联邦德国和日本的经济相继恢复并得到迅速发展，发达资本主义国家资本输出的实力大大增强。这是巴西实行对外开放政策的背景。

巴西的资金引进型模式以60年代末前后为界，大致可分为两个阶段。前一阶段主要表现为大量吸收外国直接投资；后一阶段倾向利用国外贷款。上述不同特点的形成，除具有客观的国际原因外，从巴西国内方面讲也是有其原因的。巴西早期的替代进口工业化政策的主要目标是建立本国新的工业部门，因此，引进有关的先进技术和管理经验便成为关键问题之一。这个问题在当时主要靠外国直接投资的引入来解决，从而形成了前期的特点。后一阶段特点的形成，从巴西国内来说，有两个相反的因素起着重要作用。其一，第二次世界大战结束以来，随着工业化的进行，巴西已拥有一定的工业实力；自60年代末70年代初起，开始进行新的大规模建设。这就要求外资的投向更能符合巴西政府的意图，而利用国外贷款比引进外国直接投资更能满足这方面的要求。其二，自1973年第一次世界石油危机以来，巴西石油进

---

① 沃纳·贝尔：《巴西的工业化与经济发展》，瓦加斯基金会出版社1983年版，第340页。

口的负担骤然加重，因此不得不借一定数额的外债用于支付进口石油的费用。巴西的开放模式的利弊得失是相当明显的。就当前情况看，其弊尤为突出。由于债台高筑，它的开放模式也因此难以改变。但若从积极方面来理解，巴西的资金引进型模式所以能够存在，除国际条件外，从巴西方面说，笔者认为至少是因为存在以下三个条件。第一，这种模式同积极发展对外贸易，特别同不断增强出口能力密切相关。这在理论上无须多作说明，巴西在这方面的具体做法也并非鲜为人知。第二，在鼓励外资进入的同时，设障牵制其扩展，尽力使其在本国政府认可的适当范围内活动。在这方面，除采用通用的限制利润汇出金额、为本国的新兴产业保留市场等措施外，笔者认为，巴西政府把发展本国私人资本企业和国家资本企业，作为一种制衡外资企业实力扩展的措施，是非常积极的，这是可供发展中国家借鉴的经验。第三，长期的商品经济实践和自 30 年代以来各类各级教育的发展，使巴西已形成一批擅长从事商品经济和参与国际经济交往活动的数目可观的"社会精英"。他们在引进和使用国外资金、吸收和消化国外先进技术方面起了重要作用。

（原载《拉丁美洲研究》1988 年第 3 期）

关于巴西民族文化形成和
资本主义产生问题之管见

　　1500 年卡布拉尔"发现"巴西 30 年后，葡萄牙殖民者开始
向巴西移民。1530 年马丁·阿丰索·德索萨到达巴西和 1534 年
唐·若昂三世下令在巴西实行分封制，标志着葡萄牙开始对巴西
实行土地占领。随着葡萄牙人永久居住地的建立和非洲黑人奴隶
的到来，伊比利亚葡萄牙文化和非洲黑人文化相继进入，这片原
属印第安人的巴西大地，从此开始了新、旧大陆不同文化相遇的
历程。本文仅就巴西民族文化的形成和资本主义的产生问题略陈
管见。

关于巴西民族文化的形成问题

　　巴西文化[①]是葡萄牙文化、印第安文化和非洲黑人文化经过

---

　　① 本文将"文化"与"文明"作同义语使用，视文化为"某一社会集团所特
有的文明现象之总和"。

冲突与融合而形成的一种新的美学观念和生活方式[1]。这种文化既不是原来的葡萄牙文化，也不是印第安文化或黑人文化，而是上述3种文化独特的混合体。从巴西的政治体制、人们的价值取向、文化形态和宗教信仰等方面来看，巴西文化属于西方文化。西方文化是巴西文化的主要内涵。巴西学者卡洛斯·马泽奥指出："葡萄牙第一批殖民者带来了欧洲的文化框架。从某种意义上说，巴西生活方式是欧洲生活方式的延伸。尽管在热带阳光下增添了印第安人文化和黑人文化的某些色彩，但从根本上说，它并未改变巴西文化的欧洲特征。"[2]

巴西文化经历了一个长期、复杂而又独特的形成过程。

（一）巴西文化的形成是不同人种混血繁衍的结果。葡萄牙人、非洲黑人与印第安人在巴西相遇，"开始了巴西种族的伟大实验"[3]。这种种族混血繁衍的"实验"，自巴西被"发现"开始一直延续着。80年代初的一份调查表明，巴西的人种混杂程度相当高。在米纳斯吉拉斯州南部农村，43%的家庭夫妻双方是白人，20%的家庭夫妻有一方是白人，另一方是混血种人或黑人，37%的家庭夫妻双方都不是白人[4]。显而易见，人种的混血不只具有生物学方面的意义。"美洲的混血现象超出了单纯人种混血的范围。"[5] 混血种人出生于当地，因此，

---

① 此说借鉴欧亨尼奥·陈一罗德里格斯在其《拉丁美洲的文明与文化》（商务印书馆1990年版）一书第84页中对西班牙美洲文化所作的定义。

② 安东尼奥·卡洛斯·马泽奥：《巴西资产阶级与资本主义》，圣保罗阿蒂卡出版社1988年版，第12页。

③ 纽顿·弗莱雷—马亚：《巴西：种族实验室》，里约热内卢呼声出版社1983年版，第22页。

④ 同上书，第39页。

⑤ 此说借鉴欧亨尼奥·陈一罗德里格斯在其《拉丁美洲的文明与文化》（商务印书馆1990年版）一书第84页中对西班牙美洲文化所作的定义。

不论就精神还是体质方面而言，他们对巴西大地的适应性比白人和黑人更强。他们生活在两种或几种文化交互影响的氛围中，吸取了其父母双方不同的文化精华，从而促成不同文化的融合。

（二）共同的生产活动是不同文化在巴西得以广泛接触和融合的基本条件。进而言之，巴西单一经济周期更替的发展模式使其文化的形成呈现出时间与地域特征。在巴西历史上几个重要的经济周期里，不同文化的相互接触和融合加速。因此，经济周期活动的主要地区，必然是不同文化广泛接触和融合的重要区域。

蔗糖周期（1550—1700）是第一个重要的生产周期。1543 年甘蔗种植被葡萄牙人引进巴西的圣维森特后，迅速向里约热内卢和东北部扩展，使上述地区逐渐成为巴西的蔗糖文明中心。甘蔗种植的引进和蔗糖生产的繁荣，使葡萄牙得以实际占领巴西。蔗糖生产需要大量具有一定体能的劳动力。由于印第安人人口锐减或不适宜从事这项劳动，葡萄牙殖民者便从非洲贩入大批黑奴，以补充劳动力的不足。甘蔗种植的引进和黑奴进入巴西几乎是同步的。巴西蔗糖业的繁荣是建立在奴隶制大种植园生产体制基础上的。在种植园里，黑人同白人和印第安人广泛接触，相互间产生了密切的关系。白人种植园主以指令制约黑人的行为，黑人则从白人那里学习语言、技术和生活习俗。黑人不但从事田间和作坊劳动，而且包揽了白人的一切家务劳动，而黑人妇女还要充当种植园主家庭的厨娘和奶娘。他们把自己的专门技能、音乐、宗教和习俗献给了巴西，并且用乳汁哺育了白人婴儿。正如一位美国学者所说，甘蔗种植是促使"巴西运进黑人奴隶的动力，而这些黑人奴隶对这个国家种族、文化、宗教的形成作出极为重要的贡献"。① 巴西东北部，特别是伯南布哥和巴伊亚地区是不同文化广泛接触和融合的重要地域。而今，黑人文化在那里仍有很大的影响。

黄金周期（1700—1775）的历史作用，不限于金矿开采本身的经济意义。金矿的发现，使米纳斯吉拉斯、戈亚斯和马托格罗索等地区成为移民麇集之地。"一支由葡萄牙人、巴西人和黑人奴隶所构成的移民潮流涌向发现的矿区。"② 投入这股移民潮流的首先是东北部的甘蔗种植园主。矿业经济的基础仍然是奴隶劳动。因此，大批黑奴必然随之向矿业地区转移。随着蔗糖周期的衰败，甘蔗种植园主大量向矿区拍卖奴隶，有的种植园主甚至带着奴隶一起迁往矿区，以发黄金之财。黄金和钻石的发现，也使葡萄牙第一次掀起了向巴西移民的浪潮。黄金周期不但使巴西人口大量增加，而且也使巴西的人口构成发生了重大变化。整个18世纪，巴西的欧洲移民人口增加了10倍，从而"使巴西的殖民地面貌发生了根本改变"③。引起这种变化的更深层的原因，还在于不同文化在更大范围内的融合。"黄金热"使米纳斯吉拉斯地区成为不同文化广泛接触和融合的又一个重要区域。另外，由于矿业经济的发展，巴西得以将部分积累用于城市建设和发展文化事业。这一时期，里约热内卢作为首府和港口城市的建设有了巨大进展。而黑金城（奥鲁普雷托）的出现以及它的宗教建筑则成为这一时期重要的文化标志。

（三）1808 年葡萄牙王室迁驻巴西，不但提高了巴西的政治

①　斯蒂芬·罗博克：《巴西经济发展研究》，上海译文出版社 1980 年版，第 27 页。

②　奥托·阿尔西德斯·奥尔维勒：《巴西社会经济演变》，巴西阿雷格里港 "特切" 出版社，第 34 页。

③　同上。

地位，而且丰富和发展了巴西多元文化的内涵。首先，随着王室而来的王室人员和贵族将葡萄牙的上层文化和欧洲当时流行的思潮传到了巴西。自由主义和浪漫主义思想和流派传入巴西后同巴西的具体情况相结合，发生了适应巴西社会、文化的嬗变。前者当时在欧洲是针对专制主义的，而在巴西则成为争取民族解放的根据；后者在欧洲是对古典文学的一种反动，而在巴西却变成反对奴隶制的呼声。于是，在巴西形成了一种新的思想，巴西人称之为 Brasilidade①，即巴西人对巴西的钟爱之情②。这种新思想便成为巴西文化的本质所在。其次，王室到来后放松了对殖民地经济发展的限制，允许巴西港口向所谓友好国家开放，从而扩大了巴西同世界经济和文化的交流，并且随着经济的发展，在港口城市里约热内卢形成了新的阶级——资产阶级。这个阶级模仿欧洲富有阶层的风度和习惯，同欧洲的许多来访者保持密切的接触，并且还将其子弟送到欧洲去学习，因此欧洲文化必然对巴西文化产生巨大影响。最后，葡萄牙王室的到来，促进了巴西文化事业的长足发展。图书馆、印刷所和艺术学校在巴西相继建立起来。这对于巴西民族文化的形成起了促进作用。而这一时期不同文化在巴西广泛接触和融合的主要舞台是里约热内卢一带地区。

（四）巴西文化和巴西民族是在同一个历史进程中形成的。二者互为条件，相互促进。一般认为，巴西民族形成于 18 世纪末 19 世纪初③。其重要标志是以土生白人为代表的争取巴西民族独立的意识日益强烈并见诸革命行动。因此，这一时期也可视为巴西民族文化的最终形成时期。尔后，19 世纪中叶欧、亚移

① 巴西语言文学科学院：《葡萄牙语新辞典》，第 225 页。
② 特雷济亚·德卡斯特罗：《巴西文明史》，里约热内卢 1982 年版，第 86 页。
③ 巴西共产党《工人阶级报》1972 年 9 月号。

民所带来的外国文化、20 世纪初巴西文学和艺术领域的现代化运动以及美国生活方式的传入，可视为以巴西民族文化为一方、以外来文化为另一方的两种文化的碰撞。其间，巴西文化吸纳了外来文化的部分内容，丰富了本民族文化的内涵。

（五）巴西文化的形成过程表现出明显的对抗冲突和"喧宾夺主"的特征。一般而言，民族文化对外来文化的吸收是一个碰撞、冲突和融合的过程。冲突来源于不同文化的价值观念的差别，但不一定表现为明显的对抗性质。然而，巴西文化形成过程中所表现出的对抗性质却非常明显。代表伊比利亚葡萄牙文化的殖民者以刀枪和十字架掠夺印第安人的土地和财物，改变他们的信仰，变他们为奴隶，肆无忌惮地杀戮土著文化的载体——印第安人。葡萄牙殖民者对黑人文化也持类似态度。他们的这种恶行必然引起印第安人和黑人的强烈反抗。巴西民族文化的形成史，就是一部印第安人和黑人同葡萄牙殖民者进行斗争的历史。

文化是民族的，又是时代的。作为一个民族来讲，只有吸收外来文化的精华，才能促进本民族文化的发展。因此，民族间的文化交流是永恒的主题。在民族文化交流中，不能否定本民族固有的文化传统和民族精神，而应以民族文化为本吸收外来文化的优秀部分。这样的例子古今中外不胜枚举。中华文化博大精深，源远流长。尽管如此，中华民族还是积极吸收外来文化，以丰富自己。佛教的引进以及近代欧美西方文化的进入，是两次具有深远影响的对外来文化的吸收。然而，中华民族对外来文化有着强烈的选择性。也就是说，它在吸收外来文化过程中，始终坚持"以我为主的精神"。其他民族的情况也大致如此。巴西文化的形成过程表现出以外来的伊比利亚葡萄牙文化为主的特征，外来的价值观念被强加给这块大地的原有主人，呈现一种"喧宾夺主"或"反客为主"的现象。这种情况产生的根本原因在于葡萄牙人是以侵略者和占领者的姿态出现的。他们不但以武力，而且还以文化手段来达到完全征服殖民地的目的。当然，在世界史上面对侵略而不被征服的实例比比皆是。关键问题是，当时巴西印第安人发展程度很低，部族众多，语言不统一，还未形成统一的民族文化。这就决定了它不能以主动的地位积极影响和吸收外来文化。这种情况并不是巴西所特有的，西班牙美洲也有类似情况。

关于巴西资本主义产生的特殊性问题

巴西虽然存在着（甚至至今在某些地区仍然存在着）许多封建因素和形式，但是没有经历封建制度这一独立的发展阶段，加之历史上经济发展呈单一周期形式，因此，其资本主义的产生在某些方面不但与典型的资本主义国家不同，而且同其他一些发展中国家相比也独具特征。

资本主义萌芽是在封建奴隶制瓦解的过程中缓慢产生的。在英国，这一过程发生在14—15世纪，大约经历了200多年。在中国，资本主义萌芽大概始于明代中期。有人将1581年，即明朝万历9年颁布《一条鞭法》作为中国资本主义萌芽的重要标志[①]。到1840年鸦片战争爆发为止，这一过程历时两个半世纪以上。巴西的情况与上述两国有很大的不同。巴西的资本主义萌芽不是产生于封建社会自然经济瓦解和商品经济发展的基础上，而是产生于以大规模商品生产和商品输出为目的的甘蔗种植园。马克思指出，种植园"一开始就是为了做买卖，为了世界市场

---

① 金慰天：《中国民族资本主义的发展》，河南人民出版社1982年版，第19页。

而生产，这里存在着资本主义生产，虽然这只是形式上的，因为黑人奴隶制排除了自由雇佣劳动，即排除了资本主义生产的基础本身。但是在这里我们看到的是把自己的经济建立在黑人奴隶劳动上的资本家"①。因此可以认为，巴西的资本主义生产方式虽然不是从奴隶制产生的，但显而易见，它是"接种在奴隶制上面的"②。另外，巴西资本主义萌芽的历史较长，如果从 16 世纪40 年代甘蔗种植园在圣维森特和伯南布哥建立算起，到 19 世纪中叶资本主义原始积累开始为止，历时 300 多年，比英国和中国的资本主义萌芽历史都长。笔者认为，这种情况的出现，同巴西奴隶制存在时间较长、原始积累开始较晚和资本主义生产方式形成的两个先决条件迟迟不能同时具备有关。

巴西的资本原始积累始于 19 世纪中叶，完成于 19 世纪末20 世纪初，历时半个世纪左右。苏联学者柯瓦利指出，"巴西的所谓资本原始积累的方式，可以说是极少见和特殊的"③。笔者认为，巴西的原始积累有以下几个主要特征。

（一）一般而言，原始积累的根本特征是，用强制的方法使生产者与生产资料相分离。这一过程的结果首先是雇佣劳动者大军的形成，同时也因生产者的无产阶级化而导致财富向少数人手里集中。巴西资本原始积累所表现出的特征，主要不是生产者与生产资料分离。资本主义生产方式赖以确立的两个前提条件不是表现为同一过程的两个结果。在巴西，两个结果在形式上是分别取得的。雇佣劳动者队伍是由获得解放的奴隶和欧洲移民构成的。少数人手中财富的积累是与咖啡业的发展，特别是与咖啡资

---

① 《马克思恩格斯全集》第 26 卷第 2 册，人民出版社 1973 年版，第 339 页。

② 同上书，第 340 页。

③ 柯瓦利：《巴西资本主义产生的方式》，转引自《拉丁美洲丛刊》1980 年第3 期。

产阶级的形成密切相关。巴西是西半球最后一个废除奴隶制的国家。19 世纪中叶，当拉美各国相继废除奴隶制时，巴西议会于 1851 年通过《欧泽比奥·德克罗斯法》，禁止买卖奴隶。其后 30 多年中废奴运动进展缓慢。1871 年颁布《胎儿法》，1885 年颁布《六十岁人法》，到 1888 年才最终废除了奴隶制。此后，在当时的国家经济命脉部门——咖啡业中，普遍采用雇佣劳动制。不过应当指出，先前的奴隶虽然获得了自由，但是以雇佣劳动者身份出现的雇佣劳动力为数并不多。因此，以欧洲移民弥补劳动力不足成为巴西资本主义发展史的重要特点，远在 1847 年，参议员韦尔格罗就以合同制方式引进和使用欧洲移民。然而大批引进移民是在禁止奴隶贸易以后，特别是 19 世纪 80 年代以后。1884—1914 年，是外国移民进入巴西的第一个高潮时期。"大批移民的进入，对巴西新兴工业来说无疑是一个消费市场。然而，这首先表明一个劳动力市场的形成。"[①] 雇佣劳动市场形成的过程也恰好是咖啡财富急剧增加的过程。在整个 19 世纪，巴西的咖啡生产发展很快。19 世纪后半叶，其年产量平均达到 300 万袋，1880 年后，年产量超过 500 万袋，因此咖啡成为"巴西资本主义发展的动力源"[②]。

　　（二）剥夺农民土地是形成原始积累全部过程的基础。英国历史上的圈地运动就是典型表现。然而，巴西资本原始积累的本质特征并不表现为对小生产者土地的掠夺。巴西的资本原始积累时期，甚至整个 19 世纪帝国统治时期，小农经济并不是典型的生产方式。当时，在巴西农村社会的阶级构成中，除种植园主和

---

　　① 塞尔吉奥·席尔瓦：《咖啡业的发展与巴西工业的起源》，圣保罗 1978 年版，第 98 页。

　　② 同上书，第 49 页。

奴隶外，还有"阿格雷加多"（Agregado，即以靠支付劳役地租租种种植园主土地而生活的人）、"卡马拉达"（Camarada，在种植园打零工的人）、小土地所有者和占地农等①。由此可见，在这里对农民土地实行剥夺的对象只能是小土地所有者和占地农。然而，由于二者的数目和所占土地有限，剥夺他们的土地对资本原始积累的形成并无重大意义。在巴西，对农民土地的剥夺之所以不具有典型意义，主要原因还在于，巴西的土地资源极为丰富和土地占有的高度集中。土地资源丰富，客观上使土地的争夺程度相对和缓，并使维持生存的体制极容易存在和扩展②。土地的高度集中，一方面说明大土地所有者势均力敌；另一方面也说明，大土地所有者失掉部分土地并不会从根本上改变他们的地位。

（三）巴西资本原始积累两个结果的形成，相对而言，更困难的是资金的积累，而不是雇佣劳动者的形成。在典型的资本主义国家，后一个结果是以暴力迫使小生产者同生产资料相分离而形成的。这是一个长时期的以暴力掠夺农民的过程。在英国，这个过程大致经历了 3 个世纪。由于巴西没有经过独立的封建社会，它的资本原始积累实质上是所谓近代奴隶制（种植园）的资本主义化，其中解放奴隶是形成雇佣劳动大军的重要条件。巴西废除奴隶制的进程虽然开始较晚、历时较长，且充满严酷的斗争，但与以暴力迫使小生产者同生产资料相分离的过程相比，却是短暂的，并且其斗争部分地表现为统治集团内部进步势力与保守势力之间的对抗。加之，巴西的雇佣劳动力问题主要是通过引

---

① 奥托·阿尔西德斯·奥尔维勒：《巴西社会经济演变》，巴西阿雷格里港"特切"出版社，第 66 页。

② 同上。

进移民的办法解决的，从而使这一问题更不具有强烈的对抗性质。然而，巴西在原始积累过程中，资金的积累却相对困难，因为与典型的资本主义国家相比，它的积累手段极为有限。在典型的资本主义国家，新兴资产阶级和资产阶级化的封建贵族对小生产者的掠夺过程同时产生了两个结果：既侵占了农民的土地，使财富向少数人手里集中，同时又使农民沦为一无所有的自由劳动者。另外，他们还以战争的手段侵占别国土地，掠夺殖民地的财富。在巴西，解放奴隶仅仅造成形式上的雇佣劳动者，与此同时并未导致财富的集中。在这种情况下，对外借债便成为巴西资本原始积累的重要补充手段。19 世纪下半叶，巴西从英国获得 11 笔贷款，总额达 6960 万英镑，其中部分用于偿还旧债，部分用于国家基础设施建设。

（四）咖啡生产对于巴西资本原始积累起着重要作用。1727年巴西从法属圭亚那引进咖啡，并开始在北部种植，然而当时咖啡生产在巴西还不具有经济意义。尔后，咖啡种植业在里约热内卢地区首先是巴拉伊巴河谷一带发展起来。自 1830 年开始，咖啡生产对以奴隶制为基础的巴西社会生产结构产生了力量相反的两种重大影响。咖啡业首先是作为巴西帝国的经济基础而存在，而后它又成为帝国经济基础的破坏因素。咖啡业的巨大发展，加快了巴西原始积累的过程，促进了咖啡资产阶级的形成和奴隶制的废除。

19 世纪上半叶，咖啡在巴西国民经济中占据了"王子"地位。其他传统产品的生产和出口急剧下降。与蔗糖周期的蔗糖生产相比，咖啡生产具有明显不同的社会经济特征。甘蔗园和早期的咖啡园的生产都是建立在奴隶制基础上的。但二者之间也存在很大差别。这种差别不只表现在发展的地域和时间方面，更表现在作为生产组织者的甘蔗园主和咖啡园主的地位和作用的不同。

蔗糖经济活动受所谓的"殖民地契约"（Pacto Colonial）的制约，而咖啡经济活动则由民族利益决定。蔗糖的生产及其贸易（销售）活动是严格分开的。生产在巴西决定，而销售决策中心在葡萄牙，甚至在荷兰。因此，决定蔗糖生产活动的甘蔗园主不可能同时具备生产与销售的全局眼光。咖啡园主却与此不同，他们不但组织生产，而且还组织流通。因此，咖啡园主比甘蔗园主具有更全面的企业生产观点。这是促使咖啡贵族转变为咖啡资产阶级的重要条件之一。

咖啡生产的发展促进资本原始积累进程，从资金方面来说，不只是一般意义上的收入增加，而主要是与前几个经济周期相比，巴西的资金收入不再流向宗主国，可以直接用于国内生产与消费。资金增加导致生产性投资增加不限于咖啡业本身及其有关的产业；国家基础设施建设也因此得到了迅速发展。19 世纪60—80 年代，巴西掀起了修建铁路的高潮。到 1899 年，全国铁路总长约 1.4 万公里。1900 年巴西建立了第 1 座火力发电厂，1901 年建成第 1 座水电站。与此同时，城市公用事业、商业和金融业等也取得了很大发展。随着咖啡种植业使用雇佣劳动、咖啡园主消费的增加以及城市人口的增长，巴西的国内市场形成并得到扩大，从而为工业发展创造了条件。因此，笔者认为，"咖啡业的发展是资本迅速积累的基础"[①]，是不无道理的。

总之，人类历史的一般规律是在各个国家和民族的发展中以各自特有的方式表现出来的。这同"自然条件，种族关系，各种从外部发生作用的历史影响等等"[②] 密切相关。16 世纪后巴西

---

　　① 塞尔吉奥·席尔瓦：《咖啡业的发展与巴西工业的起源》，圣保罗 1978 年版，第 98 页。

　　② 《马克思恩格斯全集》第 25 卷，人民出版社 1974 年版，第 892 页。

历史发展的某些特征，就是相对一般发展规律而言的特殊性。这正是"人类历史发展的统一性和多样性在社会经济形态的生成和更替的辩证法中得到表现"① 的证明。

（原载《拉丁美洲研究》1992 年第 3 期）

---

① 马拉霍夫主编：《社会发展的辩证法》，东方出版社 1988 年版，第 39 页。

巴西教育问题:发展经济学 视角的国际比较

美国著名经济学家西奥多·舒尔茨提出的"人力资本"概念自 60 年代以来被人们普遍接受。所谓"人力资本",即以劳动者的数量和质量所表现出的非物质资本。舒尔茨认为,强调人力资本就是强调人口的素质或质量在经济发展中的地位和作用。人力资本的形成中教育起着非常重要的作用。人力资本投资可以采取各种各样的形式。国家以扫盲、儿童早期教育、正规学校教育、职业培训等方式进行智力投资,培养和提高国民的智力、能力和技术水平,使其在现时和未来的劳动中形成知识存量,用于物质生产。所以,"对于国家建设,教育不再是一个令人费解的重要先决条件。教育作为一种人力资源开发被看做是经济增长的一个关键的必要因素"[①]。这正是 60 年代以来人力资本和国民教育成为发展经济学研究的重要内容的原因。以国民教育的视角比较不同国家经济发展模式,亦成为比较经济学研究的重要课题。

---

① 扎卡赖亚:《黏土和植物:第三世界国家中教育作用的主要比喻》,转引自《教育学文集:印度、埃及、巴西教育改革》,人民教育出版社 1991 年版,第 9 页。

发展经济学视角的巴西教育问题国际比较研究有助于全面认识巴西的经济发展模式。

一　教育地位认识的提高与国民经济发展同步

60 年代以来,一些经济学家和教育学家以翔实的资料充分论述了教育在国民经济发展中的地位和作用,提出诸如"约40％的成人识字率或同样比重的小学入学率是经济发展的先决条件","恰当的人力资源开发是实现现代化的关键","发展教育是促进现代化的最强有力的因素"等。[①] 这表明,人们对教育地位的认识有了质的提高。发展教育成为国家经济发展模式的重要因素,即国民教育的成败对国家经济发展有着举足轻重的影响。对教育在国民经济发展中的地位和作用的认识的深化是同经济发展同步的。

巴西的现代化进程始于 30 年代。在此之前,巴西的当权者并未把教育视为国家的战略性问题,即国民教育未被纳入治国方略之中。巴西的头两部宪法(即 1824 年和 1891 年宪法)均未提及教育问题。依据巴西学者的看法,当时巴西不存在教育,而仅有教学。[②] 巴西《葡萄牙语奥雷利奥辞典》将前者解释为一个过程,即开发人的体能、智力和道德的过程,以达到个人与社会较好的整合;后者的主要含义是知识的传播。[③] 那时,巴西名义上虽然存在负责管理全国教育的机构,但实际上,各州乃至各校均

---

① 扎卡赖亚:《黏土和植物:第三世界国家中教育作用的主要比喻》,转引自《教育学文集:印度、埃及、巴西教育改革》,人民教育出版社 1991 年版,第 11 页。

② 恩若尔拉斯·若泽·德卡斯特罗·卡马戈:《巴西问题研究》,巴西陆军出版社 1979 年版,第 174 页。

③ 参见《葡萄牙语奥雷利奥辞典》,巴西新边疆出版社。

各行其是。教育体制和课程设置仿效法国，严重脱离本国实际。教育主要服务于农牧业主和贵族，维护他们的利益和提高他们的身价。

1930 年，新兴资产阶级的代表上台执政后，巴西开始了工业化进程，教育作为国家的全局性问题也被提了出来。瓦加斯政府设立了教育部，集中管理全国教育事务。在 1934 年的宪法中，教育和文化问题第一次"占据一席之地"。宪法规定，联邦政府负责制定全国教育方针，并给予地方财力支持，以执行其方针和政策。但同时规定，州和市必须分别将其预算资金的 20% 和 10% 用于教育事业。1937 年宪法强调了职业教育的重要性，并规定在中小学开设手工教育课程。1941 年颁布工业教育组织法。1942 年成立国家工业学徒服务中心，以政府同私人合作的方式培养工业建设人才。1946 年成立全国商业学徒服务中心。1959 年颁布职业教育法。1961 年颁布教育方针与基础法，建立了联邦教育委员会。1964 年设立教育工资，规定企业按职工工资总额的一定比例提取资金用于教育。1969 年颁布法令，规定在中小学对学生进行道德与公民教育，在高等学校开设"巴西问题研究"课程。1968 年颁布第 5540 号法令，对高等教育进行改革，调整科系设置以利于国家经济建设，为高校确定了教学与科研并重的任务。1971 年颁布第 5692 号法令，改革旧制，形成了目前仍在实行的教育结构——一级、二级和三级教育，并使二级教育具有职业教育特征。

六七十年代，巴西经济学家和教育学家特别注意研究外国经济发展中教育因素的作用。战后，德国经济和日本经济的迅速发展对他们刺激很大。在巴西学者撰写的有关巴西经济发展的几部有影响的专著中，均有专门章节论述教育在国民经济中的地位和作用。曾在盖泽尔政府中任联邦计划部长的著名经济学家马里奥·西蒙森，在其专著《巴西：2002 年》中援引他人关于挪威 1900—1955 年期间经济发展原因的研究成果，具体说明了人力资本开发的重要性。在这期间，挪威的经济增长率年均为 3.46%。各个要素对此所作出的贡献为：劳动力 0.46%，物质资本 1.12%，教育与技术进步 3.46%。[①]

　　发达国家和一些发展中国家在发展进程中普遍重视教育，开发人力资源以促进经济发展。在论及日本经济增长时，金森久雄曾说道："经济水平低的日本一贯大力关注教育事业，从长期看，它是日本经济增长的原动力。"[②] 众所周知，日本经济发展取得显著成效的因素之一，是由于明治政府以来严格地执行了"人力开发政策"。日本很早就实行义务教育制度，因而成为世界上文盲率最低的国家。在 1960 年前后，日本政府就提出"人力开发"为目标的教育政策。在《国民收入倍增计划》中，将"人力的开发与科学的振兴"作为重要课题之一，经济审议会发表了《人力开发政策》。[③]

　　研究韩国经济发展的专家普遍认为，韩国发展的一个重要特点是"教育超前"。1960 年韩国的人口为 2550 万，在校学生总数为 451.61 万，占总人口的 17.7%。同年，巴西在校学生总数为 87.28 万，占总人口（7000 万）的 1.25%。60 年代，韩国教育进入了新的发展阶段，各级学校升学率达到了西方发达国家的水平。1992 年韩国开发研究院在《韩国 2000 年蓝图》中清晰地勾勒出该国当时的教育状况和未来的发展方向。其要点是：全力

<hr />

[①]　马里奥·西蒙森：《巴西：2002 年》，巴西陆军出版社 1973 年版，第 134 页。

[②]　金森久雄：《日本经济增长讲话》，中国社会科学出版社 1980 年版，第 100 页。

[③]　同上书，第 99 页。

实施幼儿公费教育，提高幼儿入园率，到 2001 年，幼儿入园率达到 69.3%；放宽小学入学年龄的限制，有选择地允许 5 岁儿童入学，建立和健全跳级和留级制度；除了在全国全面普及小学和初中义务教育以外，还规定特殊学生的免费教育可以延长到高中阶段；高等学校可以根据各自的特点分别命题考试，选拔学生，通过高考制度的改革，促进大学教育的发展并提高各大学办学的自主程度；发展专门科技学校教育，各地区都要设立高等技术学校；为加强科技教育，培养科技人才，在普通学校有计划地开设特别教育班，各地区都要开设英才培育中心；在高级中学开设职业教育课程，通过职业教育，为毕业生就业拓宽选择余地，因为"在学历差别和工薪差别逐渐脱钩的趋势下，高中毕业生多有直接参加工作的"；鼓励实业界办科技学校，同时强化开放教育体制，使那些失去受高中和大学教育机会的成人，均能重新得到智能的开发与提高。

二　巴西教育模式及其国际比较

（一）巴西的教育分为三级，两个层次。基本教育为第一级，中等教育为第二级，高等教育为第三级。两个层次为基础教育和高等教育。基础教育包括幼儿教育（0—6 岁）、基本教育（7—14 岁）和中等教育（15—17 岁）。[①]

根据宪法，教育行政管理由三级政府分别实行。联邦一级设有教育部和联邦教育委员会（教育部负责执行教育法，制定有关条例，以及执行联邦教育委员会的决定）。各州设教育秘书处和州教育委员会（州教育秘书处以州教育委员会制定的原则为

---

① 参见巴西《四月年鉴》1993 年，第 150 页。

基础，统一和协调本州的教育政策，监管从事基础教育的私立学校）。各市也设立相应的类似机构。此外，近年新成立的大学校长委员会和学校委员会（有学生代表参加）对巴西联邦政府教育政策的制定和执行也有重要影响。根据巴西现行宪法，州一级政府在教育方面的首要任务是负责基本教育和中等教育；市一级政府在教育方面的主要任务是负责幼儿教育和基本教育。

（二）巴西三级教育目前在校人数分别为：一级教育 3122 万，二级教育 451 万，三级教育 140 万。[①]

巴西成人识字率为 80%，发达国家平均为 96%，中等发展程度国家平均为 79%，欠发达国家平均为 48%。巴西 15—19 岁年龄段人口的识字率为 88%，中等发展程度国家平均为 97%，欠发达国家平均为 90%。25 岁以上人口平均在校学习年限，巴西为 4 年，发达国家平均为 7.4 年，中等发展程度国家平均为 5.4 年，欠发达国家平均为 2.4 年。基本教育入学率，巴西为 131%（以巴西法定入学年龄 7 周岁为基数），发达国家为 190%，中等发展程度国家平均为 96%，欠发达国家平均为 75%。基本教育在校学生比重，巴西为 86%，发达国家平均为 93%，中等发展程度国家平均为 92%，欠发达国家平均为 16%。基本教育学生留级率，巴西为 18%，发达国家平均为 10%，中等发展程度国家平均为 10%，欠发达国家平均为 16%。中等教育在校学生比重，巴西为 17%，发达国家平均为 48%，中等发展程度国家平均为 37%。高等教育在校学生比重，巴西为 11.5%，发达国家平均为 22.4%，中等发展程度国家平均为 13.3%，欠发达国家平均为 2.5%。[②]

---

① 参见《巴西日报》1997 年 3 月 8 日。
② 参见《巴西人文发展报告》，1996 年，第 36 页。

巴西目前经济活动人口为 7100 万,其中大约 2000 万人受过中等教育或某种类型的技术教育,受过高等教育的只有 500 万人。换言之,巴西目前有 4600 万劳动者未受过中等以上教育而在企业里从事现代化生产。因此,有人说"巴西教育水平之低乃是国家发展的瓶颈之一"①,此话并不为过。

更有甚者,巴西儿童和少年的文盲率较高,这必然导致未来劳动力质量低下,直接影响经济发展。根据巴西教育法,10—14 岁的少年应通过学校教育达到会读、会写和掌握简单运算的目标。然而,就巴西全国而言,这一年龄段的文盲率高达 14%。在教育比较先进的某些拉美国家(如智利、阿根廷和乌拉圭等),这一年龄段的文盲率在 3% 以下。巴西全国目前有童工 450 万,被遗弃儿童 20 万,他们根本没有机会上学。童工数量之大与巴西国民的贫困状况有关。据巴西地理统计局统计,人均收入只有 1/4 最低工资以下的家庭,在 10—14 岁儿童中,单纯入学学习的占这一年龄段总数的 59.6%,边学习边劳动的占 14.7%,只劳动的占 12.3%。人均收入为 1—2 个最低工资的家庭,上述 3 个指标分别为 83.1%、8.3% 和 4%。人均收入为两个最低工资的家庭,则分别为 91.5%、5.1% 和 1.2%。总体而言,巴西的教育水平在中等发展程度国家之下。

(三)一个国家教育水平的高低除决定于国家用于教育方面的公共投资外,也与家庭和个人在教育方面的支出有关。后者当然决定于家庭和个人的收入,但文化因素对此也产生重要影响。一些研究韩国和东亚发展模式的学者在论及这一地区的教育成就时认为,成就的取得在相当程度上是儒教影响的结果。儒教强调通过学习,并以考试竞争取得成就和社会地位的传统观念,深深

---

① 巴西《请看》1996 年 12 月 4 日。

地植根于韩国社会。大家都有不甘心落后的社会心理，尽其所能培养子女。联合国教科文组织一位官员在有关教育问题的一本专著中写道，韩国的父母对教育子女的火热愿望，在其他国家里是难以找到的。教育经费（包括教师的薪金）大部分来自学生父母的口袋，许多父母忍饥挨饿让子女上学。韩国的教育系统虽然纳入中央集权的统一管理之中，但学生读书的费用主要由家庭负担。1977—1982年，在小学阶段中，家庭负担为40%，在中学和大学阶段，家庭负担在70%以上。[①] 巴西与此有明显差距。

（四）巴西国民教育水平在地域之间和种族之间有很大差别。国民教育水平，城市比农村高，东南部和南部经济发达地区比经济落后的东北部和北部地区高。比如，巴西全国15—17岁少年的文盲率为12.4%，而在东北部地区这一指标高达26.1%。就全国而言，农村的文盲率是城市的3倍。在东南部和南部，文盲率低于7%，而在东北部皮奥伊州的农村却高达33%。

巴西国民受教育的程度因种族不同而存在差异。像在其他社会生活领域一样，黑人与混血种人在教育方面亦受到极不公正的待遇。年龄在25岁以上的文盲率，白人为15%，黑人为35.2%，混血种人为33.6%。上学9年和9年以上的人口比重，白人为26.7%，黑人为9.3%，混血种人为12.7%。上学12年和12年以上的人口比重，白人为11.4%，黑人为1.7%，混血种人为2.9%。13%的白人具有大学以上学历，这一比重在黑人和混血种人中分别为4%和6%。

受教育程度在性别之间的差别，近50年中发生了很大的变化。总体而言，巴西目前女性学生所占比重在5岁和5岁以上学生总数中已达到51%，与女性所占人口比重相仿。在70年代，

---

① 参见尹保云《韩国的现代化》，东方出版社1995年版，第210—211页。

女大学生比重有较快增加。到 80 年代,这一现象发生在二级教育中,上高中的女生增多了。1980—1986 年,高中女生增长了31%,同期男生只增长了 10%。但是,女性教育在量方面的变化并未导致质的重大变化,一般女生在大学大多选择传统学科(如医学和人文科学)。在圣保罗市,学技术的女性只占 8%。女职工一半以上就职于纺织、制衣、制鞋和食品加工部门。

(五)中等教育落后是巴西教育模式的一个重要特征。评价国民的教育水平的一项重要指标是分析教育水平的人口分布。以此项指标将巴西与东亚某些国家进行比较,巴西教育的一个显著特点是中等教育偏弱。巴西受过中等教育的人数只占受三级教育总数的 7%。这一指数远远低于泰国(15%)、马来西亚(21%)和韩国(56%)。此外,还存在另一个差别,在巴西达到中等教育水平人口中的一半进入大学,而上述 3 个国家这一指标约为 20%。[1] 这说明,上述 3 个国家的教育体制旨在使大多数国民尽可能获得中等水平的教育。而巴西长期以来是将高等教育列为重点发展对象。教育部将预算的 80% 投向高教领域。[2] 巴西重视发展高等教育而轻视中等教育,原因可能是多方面的,比如与韩国等东亚一些国家相比,它原来的基础教育较好。1953 年,韩国只有 13% 的人能够读书写字,而当时巴西大约 50% 的人已达到这一水平,从而使其注意力转向了发展高等教育。但其重要原因在于工业化模式的选择上。战后以来,巴西政府采取耐用消费品和资本货物为工业化和经济增长的主导部门。它跳过了劳动密集型产业发展阶段。重点发展高等教育,以解决高新技术问

① 扎卡赖亚:《黏土和植物:第三世界国家中教育作用的主要比喻》,转引自《教育学文集:印度、埃及、巴西教育改革》,人民教育出版社 1991 年版,第 9 页。
② 若奥·维洛佐等编:《现代化与贫困》,巴西诺贝尔出版社 1994 年版,第 35页。

题，形成科技人员队伍，同时亦使中产阶级数量扩大，吸纳高级耐用消费品的国内市场容量增加。但实践证明，"优先发展高等教育是巴西作出的一种错误选择"[①]。

从发展经济学的角度分析，巴西中等教育相对落后，对本国社会和经济的发展至少造成两方面的不利影响。一是中等教育落后导致普遍劳动力质量低下。巴西教育基本法规定，中等教育的目标之一是为毕业后参加工作的受教育者作基本的准备。言外之意，未受过中等教育而参加工作的人"先天不足"，很难掌握先进的生产技术，因而直接影响产品质量。二是文化水平低的员工往往是企业减员的首选对象。据巴西劳工部统计，在近年被解雇的员工中，23.2%的员工只读过一级教育中的4年级，51.7%的员工读过一级教育中的4—8年级，而受过二级教育的人只占被辞退总数的19.7%。显然，文化程度低的员工不仅工薪低，而且往往成为失业者。应当说，巴西收入分配极不公平，被国际舆论认定为"高度不平等"的国家，与该国中等教育不发达有很大关系。

因此，中等教育改革已被巴西政府列为目前正在进行的"教育革命"的主要目标之一。其内容除加大投资力度外，主要是增加教学内容的科技含量，以适应当代科技发展的形势，并为毕业生直接就业打下基础。这种做法与韩国等一些发展中国家的做法类似。由韩国开发研究院提出的2000年国家发展远景规划在论及教育问题时指出，自1991年起，高级中学开设职业教育课，目的之一是为那些不准备升大学的毕业生拓宽择业道路。

（六）巴西新近颁布的教育基本法规定，用于教育方面的公共资金的来源是：三级政府的税收，宪法所规定的转移资金和其

---

① 巴西《请看》1998年4月29日。

他转移资金收入,教育工资收入和其他社会捐助收入,财政刺激收入和其他由法律所规定的收入。联邦政府用于教育的投资每年不得少于上述收入的18%,州、联邦区和市不得少于25%。以占国内生产总值的比重而论,巴西三级政府的教育经费支出在80年代后期已达到2.6%。巴西在教育方面一半以上的经费是由州政府负担的。但在80年代,这一级政府的投资比重略有下降,由58%降至52%。联邦政府在这方面的开支有了更快的增长,由26%增至31%。市级政府支出在三级政府教育支出总额中占16%左右。然而,一国在教育方面的支出还应包括家庭和个人用于此项的开支。而这方面比重的大小恰恰是巴西与韩国等东亚国家的差别所在。

（原载《拉丁美洲研究》1998 年第 5 期）

巴西城市化问题刍议

一、城市化，即"人口集中到城市或城市地区的过程"。它以城市地区数量的增加和每个城市地区人口的增长这两种方式来实现①。一种广义的城市化概念认为，城市化作为一个历史过程，起始于城市的出现。另一种狭义的城市化概念认为，就世界范围而言，"城市化自工业革命始"，城市化是工业化的一种伴生现象，同时它促进了工业化进程。所谓城市化是工业化的伴生现象，并不意味着这两种现象绝对地同时发生。在一些国家，城市化可能先于工业化。笔者将巴西工业化进程的起点定位于20世纪30年代，而它的城市化远在19世纪初就开始了。这主要是由葡萄牙王室驻跸巴西和随后出现的国家独立及奴隶解放所引起的。19世纪中叶之后，咖啡经济的繁荣和铁路的修建，使城市化得到强有力的推动和强大的物资支撑。

二、葡萄牙殖民者于1500年"发现"巴西，但30年之后才开始向巴西移民。因此，最早的一批巴西城市大多是在16世

---

① 《简明不列颠百科全书》第2卷，中国大百科全书出版社1986年版，第272页。

纪 30 年代以后出现的。如圣维森特建于 1532 年；奥林达，1535年；萨尔瓦多，1549 年；里约热内卢，1565 年等。在葡萄牙殖民者到达后的最初 30 年中，巴西尚没有城市。在这方面，巴西的情况与西属美洲有很大的差别。西班牙殖民者征服美洲之前，那里已存在较高的文化，已有不少人口高度集中、居民在数千人以上的城市，诸如墨西哥城、特诺奇蒂特兰城、阿兹特克等。

　　葡萄牙殖民者占领巴西后所建的首批城市大多位于沿海地区。"平原与沿海平地被选为建立最初的城市中心。"[1] 这与巴西最早的城市所承担的职能有关。巴西殖民地经济是建立在出口农业基础上的。因此，城市不仅要位于农作物产区，而且其位置还要便于与港口联系。同时，城市的位置还要兼顾其承担保卫海岸安全的军事功能。整个 17 世纪蔗糖周期建立的四十几座城市，均毫无例外地坐落在从北至南的沿海地区。这与西属美洲的情况相反。西班牙殖民者禁止在沿海建立城镇。在 "建立在矿业经济基础上的西班牙殖民统治地区，因矿物开采的需要，城市散布于大陆内地"。[2]

　　但是在随后的巴西矿业周期里，新建的城市均位于内地的矿产区。经济发展方向的转变使城市化进程具有了新的特征。米纳斯吉拉斯等地区贵金属矿的发现，诱使大批采金者和作为劳动力的黑奴涌进内地矿区，从而促进了内地城镇的诞生和发展。如现今的戈亚斯城就是在 1727 年由圣保罗的寻金者建立的。它原名叫比拉沃阿，直至 1935 年之前，是戈亚斯州的首府。另外，米纳斯吉拉斯州的欧鲁普雷图（黑金城，原名维拉里卡）、马托格

---

　　[1]　儒兰德尔·桑切斯·罗斯等：《巴西地理》，圣保罗大学出版社 1996 年版，第 413、412 页。

　　[2]　同上。

罗索州的库亚巴，以及圣保罗州的坎皮纳斯等，均是建于 18 世纪矿业周期时的内地城市。在当时许多城市已具有相当的规模，在欧鲁普雷图的居民中，仅奴隶就有 8 万—15 万人。然而，随着矿业周期的结束，一些城市因资金抽出和劳动力的外迁而衰败。在埃斯皮尼亚苏（Espinhaco）山区，至今还留存着矿业周期城镇的遗迹，成为巴西城市化进程的一种特有现象。

三、自 19 世纪初起，巴西出现原有城镇规模扩大、新城镇不断涌现的高潮。1808 年，葡萄牙王室迁到巴西里约热内卢。这不仅促使里约热内卢人口增加，而且其居民的构成也发生了很大的变化。城市的基础设施和文化设施建设迅速发展，欧洲建筑风格被大量引进巴西，由于城市建设的需要，大批各类技术人才进入城市。王室迁驻巴西，意味着里约热内卢城已升格为葡萄牙帝国的首都，同时也吸引了巴西大庄园主纷纷进城兴建豪华住宅，以便于其参加王室活动。此外，王室迁至巴西后随之而实行的巴西港口对友好国家开放政策，以及 1822 年巴西在政治上取得独立，都极大地促进了城市的发展。此时，城市所扮演的角色已不再是"农村权力的延长，而成为政治权力新的中心"。①

1727 年咖啡种植传入巴西北部。约在 19 世纪中叶，咖啡种植业在里约热内卢州的巴拉伊巴河谷一带取得重大发展，咖啡业成为巴西国民经济的重要产业。随后咖啡种植业又扩展到圣保罗高原和米纳斯吉拉斯州东南部一带地区。由于国外市场需求旺盛和新的种植地域生产条件优越，咖啡经济取得了空前的发展。咖啡业的繁荣促进了城市和港口的建设，也带动了铁路的建设，铁路沿线相继出现了一些新的城镇。在 1832—1896 年间兴起的新

① 儒兰德尔·桑切斯·罗斯等：《巴西地理》，圣保罗大学出版社 1996 年版，第 422 页。

城镇有阿拉拉夸拉、里贝朗普雷图和包鲁等。它们的出现均与咖啡业的发展和铁路的兴建有关。

1888 年巴西奴隶制的最终废除，使作为自由人的前奴隶进入城市和作为替代奴隶劳动力的欧洲移民进入巴西，这两方面促进了巴西的城市化进程，促使城市容量扩大。19 世纪后半叶，巴西政府资助欧洲人移居巴西，充实农业生产所需的劳动力，并为工业发展提供具有一定知识和技能的劳动力。巴西引进欧洲移民始于 1819 年。这些移民中的瑞士人等在里约热内卢州的新弗里堡建立了瑞士垦殖农社区。1808 年，巴西帝国颁布了一项允许外国人拥有巴西土地的法令，为吸收外国移民进一步创造了条件。1870—1880 年，移民进入巴西形成高潮。这期间大约有 400 万外国移民定居巴西。其中大部分前往咖啡产区务农，小部分留在城市务工、经商和从事其他工作。除上述经济原因外，巴西政府吸收外国移民还有其政治目的，即以移民充填广袤的边疆地区，特别是南方地区的空白，实际上就是占领这些土地，以免被西班牙蚕食。截至 1889 年共和国成立，大约有 150 万葡萄牙人、西班牙人、意大利人、德国人和斯拉夫人定居在巴拉那州、圣卡塔琳娜州和南里约格朗德州。由此而产生了一批新城市，诸如罗亚斯、布卢梅瑙、若因维耶等。

四、在巴西城市化进程中，相继出现了一些"人工城市"，即根据政治、经济与社会发展的需要，选择适当的地域在短期内建设一个新城市，以取代某个已存在的城市的某些功能。

在贝洛奥里藏特建成之前米纳斯吉拉斯州首府是欧鲁普雷图。它是在矿业周期兴起的一座位于山窝里的城市，其市政建设和经济发展受到严重限制，对外交通联系也比较困难。因此，贝洛奥里藏特被选为新的州府地址。巴西人仿造美国华盛顿的模式进行这座城市的规划和设计。它于 1897 年 12 月 12 日建成后，成为米纳斯吉拉斯州首府。但是，由于种种原因，直至1930年，该市的功能基本上仅限于行政管理方面。40年代初在其卫星城兴建了工业区。1940—1945年，当巴西前总统库比契克任该市市长时，加快了市政建设，修建了公路，使贝洛奥里藏特市与圣保罗、里约热内卢，以及其他内地城市有了直接联系，为经济发展打下良好的基础。今日，贝洛奥里藏特已发展成巴西第三大城市。

戈亚斯州的首府原来是戈亚斯城。该城诞生于矿业周期。它的衰败不仅是由于矿业周期的结束，而且是因为它的地理位置远离州的经济中心，水、电供应困难。1937年一座叫做戈亚尼亚的城市被选定为首府。随后政府对之进行了有计划的建设，1942年建设完工。戈亚尼亚位于巴拉那伊巴河流域的辽阔高原上。该城的中心为政府机构、行政管理单位所在地；北区为工业区；南区为居民区。成为首府之前，它只有居民800人；1950年人口增至5万，1985年达到90万；目前戈亚尼亚有人口99万。该城在建设巴西利亚的过程中，作为建筑材料的中转站发挥了重要作用。现在它是巴西中西部仅次于首都巴西利亚的第二大城市。

巴西利亚是巴西历史上第三个首都。前两个首都萨尔瓦多和里约热内卢均为远离全国地理中心的沿海城市，其政治与经济辐射力远远达不到中西部和其他边远地区。为使全国一体化，改变首都地理位置的局限，在巴西历史上曾有许多人提议把首都迁至内地中央高原地区，并一度将议案写进巴西宪法。但在很长时期里，都无法付诸实施。在库比契克任总统期间（1956—1960），巴西人民这一历史夙愿终成现实。巴西利亚位于中央高原，地理位置比较居中，可以充分发挥其作为首都的全国政治、文化和交通中心的作用，其辐射力可达边疆地区，因而有利于全国一体化目标的实现。

　　五、巴西城市化过程中亦出现了大都市化现象。据巴西官方统计，全国 9 个大都市地区的人口占全国总人口的 28.88%。这 9 个都市按其人口数量依次为圣保罗、里约热内卢、贝洛奥里藏特、阿雷格里港、累西腓、萨尔瓦多、福尔塔雷萨、库里提巴和贝伦。

　　大都市化现象在发达资本主义国家的工业化过程中早已出现过。在巴西，这一现象只是在战后随着巴西工业化进展，才出现明显的发展势头。巴西学者称之为城市群。其基本含义是一个城市与其郊区城镇组成一个既连为一体又相互独立的城市集合体。城市群是一个城市长期发展的结果。从圣保罗城的发展大致可以看出巴西大城市都市化的历史进程。

　　圣保罗城作为葡萄牙殖民者的殖民据点出现于 16 世纪中叶，但在整个 17 世纪之前，它只是一个远离殖民地经济发展中心的贫穷居民点。在殖民时期，大队人马以圣保罗城为起点奔向内地掠夺印第安人作奴隶和寻找贵金属，从城市发展的角度来讲，巴西历史上的这种"班德兰德运动"（Bandeirante），对圣保罗城的发展起到了推动作用。它由此开辟了圣保罗通向外地的交通，也促进了沿路居民点的产生。17 世纪末在米纳斯吉拉斯地区发现黄金矿后，圣保罗城成为国内外居民奔向矿区的扩散中心，因此受到皇室的重视。1711 年，圣保罗由一个小村镇提升为城市。18 世纪末米纳斯吉拉斯地区的矿业生产衰落之后，甘蔗种植在圣保罗地区北部得到了极大的扩大，圣保罗城因其地处内地与沿海地区的中间而成为货物中转站和商业中心，进一步促进了圣保罗地区的开发。蔗糖产品经圣保罗，由桑托斯港运出。在 19 世纪 70 年代，咖啡种植业由巴拉伊巴河谷扩展至圣保罗高原的所谓"老西部"地区。咖啡种植业的发展取代了蔗糖业的主导地位。这一转变使圣保罗城获得了历史上从未有过的发展动力,改变了它在巴西的经济与政治格局中的地位。

由于这一时期咖啡种植园所使用的劳动力发生了由欧洲移民取代奴隶的重大变化,咖啡的种植、收获以及加工过程都有不同程度的技术革新,劳动生产率也显著提高。咖啡园主获得了比以前更多利润。这些利润的一部分用于咖啡业以外的投资,促进了城市的建设。1889 年圣保罗城开始架设高架桥,以满足城市中心区扩大的需要;1890 年建设了第一座发电厂,电车因此得以运行。咖啡利润的增加还促使了铁路的建设,铁路把咖啡产区与圣保罗城和圣保罗城与桑托斯港连在一起,不仅促进了咖啡业的发展,而且也推动了铁路沿线城镇的涌现。19 世纪最后 10 年,由于相当一部分欧洲移民定居城市,圣保罗城的人口急剧增加。50 年代以来,圣保罗成为巴西国内移民的目的地。这些国内移民主要是贫穷的东北部地区农民,他们的到来,使圣保罗城市人口不断增加。现今所谓的大圣保罗,即圣保罗城都市地区,是由圣保罗城周围的 38 个市组成的,人口 1700 余万(1990)。它不仅是巴西的工业区,而且也是第三世界最大的工业区。它的规模的扩大,体现了工业化对城市化的促进作用。

发达国家城市化的经验表明,城市郊区化的下一步是卫星城镇和新城市不断填充于各大城市之间。当城镇密集到城市地域在一个较大范围内相互衔接时,便形成巨大城市带或城市群的格局,即都市地区之间相互交错而出现集合城市现象。集合城市被认为是现代城市的最高形式。① 在巴西,由圣保罗至里约热内卢

---

① 于洪俊、宁越敏:《城市地理概论》,安徽科技出版社 1983 年版,第 321—322 页。

的东南沿海一带，已构成集合城市。在相当长的历史时期里，大约在 1890—1900 年间，里约热内卢不论在人口规模上，还是在经济发达程度上，均居各城市之首。在后来的发展中，即1920—1938 年间圣保罗先后在人口和经济实力方面超过了里约热内卢。[①] 圣保罗和里约热内卢之间的城市带，是由两大城市在地域方面相向扩展而形成的，其间密布着巴西目前极为重要的许多工业城市。其中有圣保罗州的巴西航天工业中心圣若泽杜斯坎普斯；里约热内卢州的巴西全国钢铁公司所在地沃尔塔雷东达；里约热内卢州新兴的汽车工业城雷森达。这一城市带具有良好的投资环境，特别由于受到南方共同市场发展前景的吸引，国内外资金仍在不断投向这里。

　　城市化的经验表明，城市的发展与经济发展是密不可分的。圣保罗城发展的特点在于，它的发展呈现出巴西经济发展的周期性特点。它的发展也在相当程度上是由移民进入推动的。在工业化过程中，农村人口进入城市，是城市化的重要促进因素，而外国移民大量迁入，则使城市面貌发生巨大变化。在这方面，圣保罗城更具典型意义。

　　六、自 70 年代后半期起，巴西生产力布局呈现出分散化趋势，政府的政策目标在于扭转地区间发展的严重不平衡。结果，1970—1985 年，巴西北部参与全国国内生产总值的比重增长 1倍，东北部所占比重由 11.7% 提高到 13.6%，南部地区由16.7% 增至 17.1%，中西部由 3.9% 增至 6%；而经济发达的东南部则由 65.5% 降至 59%。地区间经济发展动力的变化以及 80年代发生的债务危机，对全国的城市化产生了深刻的影响。城市

---

　　① 保罗·辛格尔：《经济发展与城市演变》，圣保罗大学出版社 1968 年版，第47、49 页。

化在相对落后的地区进展尤为迅速。它表现在以下几个方面。其一,在全国 9 大都市地区,排名居后的 7 座城市的人口增长率远远高于圣保罗和里约热内卢的人口增长率。这表明工业布局分散化趋势使相对落后的城市形成人口快速增长的态势。其二,在内地和边远新开发区一些小城镇的出现及其繁荣,不完全是工、矿业开发的结果,在很多情况下,它们是农业,特别是由于某种热带水果发展的结果。近年来,在东北部弗朗西斯科河谷地带有不少这样的例子。其三,发达地区一些大城市基础设施逐渐恶化,对其改造也比较困难;那里的工会势力比较强大,带来投资环境恶化,致使"巴西成本"提升。一些老企业因此纷纷迁出大城市到不发达地区城镇落户,或是在这些城镇建立新厂。这都促进了落后地区的城市化进程。这种情况再加上受到落后地区政府的鼓励形成的良好发展势头,必将对巴西的工业生产布局和城市化产生长久而深刻的影响。

七、城市化水平区域差异明显,是巴西城市化进程中一个明显的现象。尽管近几年内地城市有了较快的发展,但短期内不会根本改变长期以来形成的差异。

首先,以"城市首位度"指标来考察这种差异的存在。城市首位度以一国(地区)首位城市的人口数除以该国(地区)的第二大城市的人口数得出。一般而言,一个国家的城市体系内有一个大城市。这个城市集中的人口不仅超过本国的一般城市,而且也与本国的第二位大城市拉开了距离。用城市首位度指数可以衡量在城市化过程中城市规模方面存在的差异程度。从巴西第一和第二两座城市所计算出的首位度指数看,1970 年为 1.22。以这一指数与同期其他 15 个国家的城市首位度指数相比较,巴西的城市规模差异程度居中。城市首位度最大者为阿根廷,指数为 10.31，最低的是加拿大，为 1.05。[1] 但是，巴西的城市首位度指数在扩大，目前为 1.79[2]。以城市首位度指数衡量各州的城市化状况表明，巴西城市化水平的差异在州内也表现明显。从巴西前三位大城市所在州的城市首位度指数来看，圣保罗城所在的圣保罗州的第二位城市是坎皮纳斯城，人口为 906593 人，该州的城市首位度指数是 11；里约热内卢城所在的里约热内卢州的第二位城市是圣贡萨洛，人口为 832849 人，该州的城市首位度指数是 6.7；巴西全国第三大城市贝洛奥里藏特所在的米纳斯吉拉斯州的第二位城市孔塔任，人口为 504098 人，该州的城市首位度指数 5.1。三个经济最发达的州的城市首位度均高于全国的城市首位度。这表明，在经济发达的州，城市人口分布与工业生产力布局不平衡的程度远远高于全国一般水平。

其次，巴西城市化区域差别还表现在全国主要城市的地理分布上。在全国 9 大都市中，除贝洛奥里藏特市距离海岸较远外，其余均距大西洋较近，其中 5 个城市本身就是海港城市。主要城市如此集中在沿海一线，除前述的历史原因外，是与长时间受南北走向山脉的阻隔，殖民初期的人口及其生产活动只能囿于沿海一带有关。这样也有利于将其掠夺的成果运回欧洲宗主国。另外，巴西经济发展周期的主要活动地域基本上也在沿海一带。采伐巴西木、糖业周期、矿业周期、咖啡周期等，均以沿海地区和距大西洋不远的内地为活动舞台，因而促进了这些地区城市的兴起和发展。长期发展的结果，不仅使这些城市拥有相对完善的基础设施，而且还具有经济发展所需的资金、劳动力、技术和市场条件。这样，在工业化时期，它们又成为资金投向和工业发展的

---

① 于洪俊、宁越敏：《城市地理概论》，安徽科技出版社 1983 年版，第 107 页。
② 笔者据巴西《四月年鉴》1997 年统计计算得出。

重要场所。结果，"替代进口工业化引起迅速的城市化"，[①] 使这些城市取得进一步发展。目前，巴西城市化在内地虽有较快的发展，但要以此达到城市化地域平衡的目标是不可能的，从理论上说也不应该有这样的追求。

八、起始于 30 年代的进口替代工业化导致异常迅速的城市化。1940 年巴西城市人口所占比重为 31%，1950 年 36%，1965 年 50%。1970 年普查结果表明，城市人口所占比重第一次超过农村，为 54%，1975 年，城市人口比重达到 60%，1980 年为 64%，目前为 80%。全国近 42% 的人口居住在 10 万人口以上的城市里。城市人口迅速增长适应了工业化的需要，为国家工业化提供了劳动力和市场条件。但是，城市化的急剧发展并未伴之以城市建设，特别是住房和交通条件改善。因此，城市化带来的问题便接踵而至，贫民窟现象日趋严重。

贫民窟在巴西称为法维拉（Favela）。依据巴西权威词典的解释，法维拉是临时搭建的、简陋住房的集中地。这样的居住集中地一般多见于大城市郊区。目前这种现象已发展到中等城市。据说，法维拉最早出现于里约热内卢，是在 20 世纪初市政建设时，政府将原居住在市内陋房的贫民驱逐至郊区而形成的。60 年代以后，农村资本主义生产关系的发展，使一些原来依附于庄园主的分成农等变成了短工，脱离庄园迁居城市郊区以打工谋生，致使贫民窟中的居民迅速增加。此外，经常发生的东北部旱灾，迫使贫苦灾民背井离乡流往城市，形成不断的国内移民潮，导致贫民窟的数目和居住人数的扩大。据巴西地理统计局资料，1987 年，巴西全国约有 2500 万人居住在贫民窟。新近的统计数字表明，里约热内卢的贫民窟人口约占全市人口的 20%；若以

---

① 沃纳·贝尔：《巴西经济》，巴西诺贝尔出版社 1996 年版，第 333 页。

里约热内卢人口 630 万计，就有 126 万人居住在贫民窟里。

　　贫民窟所带来的社会问题是多方面的。首先，贫民窟居民享受不到作为一国公民所应享有的国家经济、社会发展成果。他们的居住、卫生、出行、教育条件极差，不仅影响当代人，而且也影响下代人的发展；国民生活水平之间的巨大差异造成国民间感情隔阂，因而也影响国家与民族的凝聚力。当前，贫民窟已成为城市犯罪的窝点；毒品贩子往往把它作为"根据地"。国际毒品贩子以小恩小惠收买当地居民，为其贩毒活动"站岗放哨"。因此，政府虽然经常派军警去贫民窟扫毒，但都不能取得理想的战果。其次，贫民窟所占土地是公地或是私人财产。他们这种强占定居是法律所禁止的。但巴西政府却无力禁止这种普遍存在、但又在不断发生的现象。巴西地方政府基本上采取以下方法处理贫民窟问题。一是政府出资和利用国际组织赠款为贫民窟居民建简易房。这种房子虽整齐划一，但极其简陋，类似蜂窝。二是在贫民窟内建设生活设施，并为其街道命名，将贫民窟纳入整个城市规划中。这种做法等于政府实际上承认贫民窟的合法存在。

（原载《拉丁美洲研究》1999 年第 2 期）

试论巴西现代化进程中的社会变化

1930 年以来，以工业化为标志的现代化进程不仅改变了巴西的工业结构和增大了国民经济总量，而且也深刻地影响了社会、政治以及文化等诸方面，使其发生了不同程度的变化。但是，工业化对社会的影响程度，表现在时间顺序上并不均衡。换言之，在加速实施工业化或国家对发展战略作重大调整时，社会所受到的影响是巨大的，社会发生的变化尤为明显。这正是 70 年代以后巴西社会发生明显变化的重要原因。现就巴西社会变化的主要方面略作评述。

一　社会流动性加快

社会流动性加快的一个重要表现是社会阶级结构的变化。在巴西出版的著作中，对本国阶级的划分并未统一。有的将巴西社会划分为 A、B、C、D、E 5 个等级，有的将其归类为精英、上中产阶级、中中产阶级、下中产阶级、穷人和很穷的人 6 类。①

---

① 巴西《请看》1994 年 10 月 5 日和 1999 年 6 月 16 日。

当然，还有其他划分方法。不过上述两类划分大致亦可对应起来。我们将依此分析 20 多年来巴西社会阶级结构的变化。

1. 各阶级社会状况

在第一类划分中，5 个等级的社会状况大致可作如下归纳。A 级：其月收入在 3000 雷亚尔以上①。他们均受过教育，其中 36% 的人具有高等学历。他们拥有很好的居住条件，其中 93% 的人有自己的住房，40% 的人在海边有别墅。他们全部拥有汽车，而其中 53% 的人拥有 3 辆以上汽车。他们每年都要出国旅游。B 级：月收入在 2000—3000 雷亚尔之间。他们中的大多数人上过大学，但只有 17% 的人完成学业。他们之中拥有汽车的人占 82%，有自己的住房的人占 77%，但在海边拥有别墅的人只占 12%。属于这一等级的家庭均有电冰箱。拥有录像机的家庭占 94%，拥有吸尘器的家庭占 77%。但每年出国旅游的人所占的比重仅为 10%。在国内乘飞机旅游的人为 14%。C 级：他们的月收入在 1000—2000 雷亚尔之间。其中大多数人受过不完整的初等教育。68% 的人有自己的住房。几乎每户家庭都有彩色电视机和电冰箱，但只有 32% 的家庭拥有录像机，40% 的家庭有自己的汽车。这一等级的 95% 的人在银行有存款。D 级：月收入在 500—1000 雷亚尔之间。他们受教育的程度很低，其中 24% 的人是文盲。他们中的 60% 的人自己有住房，而拥有汽车的人的比重只占 2%。E 级：他们的平均月收入在 500 雷亚尔以下。54% 的人为文盲。51% 的家庭有自己的住房。他们所拥有的家用电器主要是收音机和黑白电视机，拥有电冰箱的家庭比重为 48%。他们的收入几乎全部用于基本生活消费，不可能旅游，也

---

① 1994 年的情况，以户主的月收入计算。

无积蓄。①

　　5 个等级的粗略划分法，未能反映出巴西社会的阶级状况：显然，A 级中没有包括非常富有的人，而 E 级中也未将赤贫的人列入。但它毕竟反映了巴西当今社会和社会各主要阶级的社会状况，给人以具体的概念。将以上两类划分相互比较，大致可知，A 级相当于第二类划分的"精英"，B 级是上中产阶级和中中产阶级，C 级是下中产阶级，D 级是穷人，E 级是很穷的人。由此我们便可以了解第二类划分中的每个阶级的经济地位。"精英"：拥有大学文凭的自由职业者、企业家和高级行政人员等。上中产阶级：小业主、拥有特长的技术人员和大企业的管理人员等。中中产阶级：办公室辅助人员、小庄园主和拥有普通技术专长的自由职业者等。下中产阶级：机动车司机、石匠、技工、画匠等。穷人：看守人员、泥瓦匠学徒、流动商贩，以及其他未受过专门训练的劳动者。很穷的人：短工、农村劳动者、庄园的牧工，以及渔民等。

　　2. 社会流动

　　巴西地理统计局的调查材料表明，1973 年巴西社会上述 6 个等级的人数占全国人口的比重分别为："精英"占 3.5%，上中产阶级占 6.3%，中中产阶级占 18.4%，下中产阶级占 23.7%，穷人占 16.1%，很穷的人占 32%。23 年之后，即 1996 年，上述比重发生了明显变化。它们分别占 4.9%、7.4%、13.3%、26.9%、23.5% 和 24%。其中变化较大的是很穷的人所占的比重减少了 8 个百分点，而穷人和下中产阶级的比重则分别增加了 7.4 个和 3.2 个百分点。这说明巴西社会阶级结构正处在一个急剧变化的时期。在 1973—1996 年的"20 多年时间里，

　　① 巴西《请看》1994 年 10 月 5 日。

社会最下层人口减少了约 1/3。与此同时，下中产阶级则变成了
巴西社会人口最多的阶级"[1]。显然，这种社会阶级结构的变化
是社会流动的结果。社会流动系指对"一个人或一个群体而言，
从一种社会地位或社会阶级向另一种社会地位或社会阶级的变
化"[2]。而引起巴西社会如此变化的原因是，社会流动中的垂直
向上的流动大于垂直向下的流动。从上述 6 个等级的变化情况
看，大致是 4 升 1 降。随着现代化的推进，巴西社会趋向更加开
放。开放社会的特点是依赖自致性身份地位的程度大大超过封闭
社会，而封闭社会更依赖于先赋性身份地位。[3] 这就是说，现代
化创造了一定的条件，使人们可以以自身的努力改变从前辈继承
下来的相对低下的社会地位。1973 年，巴西人与其父辈相比，
社会地位上升者占 47.2%，同期下降者所占的比重为 11.3%。
同一指标在 1996 年分别为 49.6% 和 13.6%。1996 年的情况不
仅是社会地位上升的比重有所提高，而且下降的比重也提高了。
这说明巴西社会的竞争性和流动性进一步增强。

　　上述指标所表现的是巴西社会近年来代际流动的情况。所谓
社会代际流动，系指下代人的社会地位与上代人的社会地位相比
较所发生的变化。如果下代人的社会地位有所提高，那就是代际
流动中的上向流动，反之就是下向流动。巴西地理统计局近年所
作的调查显示，社会顶层集团中仅有 1/5 的人其父辈属于这一社
会集团，而另外 4/5 的人是从其他社会阶层中晋升上来的。对就
读社会科学的学生所作的调查表明，他们当中 30% 的人是未经
过任何职业培训的劳动者的子女。现有法官的约 1/3 是从事简单

---

① 巴西《请看》1999 年 6 月 16 日。
② 戴维·波普诺：《社会学》，中国人民大学出版社 1999 年版，第 252 页。
③ 同上书，第 253 页。

体力劳动者的子女。[①] 近年来这种代际上向流动在巴西社会是较为普遍的现象。据社会学家若泽·帕斯托尔在其著作《巴西的社会流动与差别》中所作的揭示，从 20 世纪初至 1973 年，约一半的巴西人的社会地位得到提高。目前在领导和管理国家的上层人物中，仅 1/3 的官员是所谓"强人"的后代，而其余 2/3 的官员是出身于中产阶级和贫穷家庭的人。这种社会流动既表现在数量上，也表现在不同的社会领域和阶层。在巴西军界，其高级军官在历史上一直由出身上层社会的人士所垄断。在帝国时期，60% 的将军其父辈是将军；在旧共和国时期，30% 的高级军官是高级军官的后代；在瓦加斯时期，20% 的高级军官出身于高级军官家庭；在 1964—1985 年的军人统治时期，35% 的将军其父辈为军人；而目前，大部分将军出身于低级军官家庭。从民族成分的角度分析巴西国民的社会地位，结论是黑人的社会地位虽有所变化，但他们目前仍处于社会底层，受到不公正的待遇。例如，黑人所得到的平均工资相当于白人所得到的平均工资的 50%，黑人在劳动市场中所占有的具有战略性的位置只占 1%，等等。但上向流动的趋势也同样发生在黑人中。调查表明，约 83% 的黑人其社会地位有所提高。在 80 年代末，黑人企业主只占巴西企业主总数的 10%，目前达到 22%。在截至 1999 年的 7 年中，黑人中产阶级的人数增长了 10%，目前已占全国中产阶级总人数的 30%。

以上考察基本上表现为代际流动。另外还有一种被社会学家称为代内流动的社会垂直流动。代内流动即"一个个体在他自己成年期内的流动"。虽然这种向上或向下的社会垂直流动是所

---

① 巴西《请看》1999 年 6 月 16 日。

有社会的特征，但这一社会现象"在现代工业社会要比早期为多"①。这一结论也为巴西的社会发展所证实，特别是其中的上向流动。这是因为现代社会的发展创造出更多的高层次的就业岗位，激烈的社会竞争加速了人们社会地位的变动。1999 年 6 月 16 日出版的一期《请看》杂志发表的一份社会调查，揭示出当前巴西社会代内流动的大致情况：由上中产阶级、中中产阶级、下中产阶级、穷人和很穷的人向上流动至"精英"阶级的比重，分别占 15%、10%、5%、6% 和 1.8%；由下中产阶级、穷人和很穷的人向上流动至上中产阶级的比重，分别占 9%、10% 和 4%；由下中产阶级、穷人和很穷的人向上流动至中中产阶级的比重，分别占 16%、19% 和 8%。当然，在发生上向流动的同时，亦发生下向流动。比如，由社会的顶层（"精英"）向下流动至中中产阶级的比重约占 21%。②

不论是代际上向流动，还是代内上向流动，其发生的原因除偶然因素外，主要受制于教育因素。这是现代社会与以往社会的重要不同之处。巴西地理统计局的调查表明，教育在上向流动中所起的作用占 75%；其次是父辈的遗产，占 20%；所处的地域，即工作地点所起的作用占 5%。显然，处在经济快速发展的时期和经济快速发展的地方，人们上向流动的机会会增加。近年来，由于生产布局内地化已形成趋势，以及南马托格罗索州和托坎廷斯州的先后建立，内地为巴西人提供了更多的上向流动机会。

---

① 《简明不列颠百科全书》，第 7 卷，中国大百科全书出版社 1986 年版，第 120 页。

② 巴西《请看》1999 年 6 月 16 日。

二　人口增长模式与人口迁徙

1. 人口增长模式

在现代化过程中，巴西形成的人口增长模式基本符合"人口变迁"理论①。即出现由传统的高出生率和高死亡率并存转变为现代化初期的死亡率下降，致使人口的自然增长率上升；随着工业化进程走向成熟，出现出生率下降、人口自然增长率回落的趋势。

20 世纪 40 年代是巴西现代化进程的初期。从那时开始，巴西人口死亡率呈明显下降趋势：1941—1950 年为 19.7‰，1951—1960 年为 15‰，1961—1970 年为 9.4‰，1971—1980 年为 8‰，1985—1990 年降至 7.87‰。这一指标已接近发达国家的水平。死亡率的下降并未改变巴西人口的高增长率的状况。如 1950—1960 年间平均为 31.7‰，1960—1970 年间为 27.6‰。当时的出生率依然处于高水平上。1951—1960 年出生率平均为 44‰，1961—1970 年为 37.7‰。在 40 年代巴西妇女平均生育 6.3 个子女，随后虽然有所下降，但在 60 年代仍然达到 5.8 个子女。这说明，当时现代化进程尚未普遍改变巴西人的生育观，政府尚不能为节育提供必要的物质基础。尽管如此，死亡率的下降标志着在现代化进程中巴西人口发展的第一次重大转折。

第二次转折应视为出生率的下降。这一现象的出现，在巴西始于 20 世纪 70 年代。出生率在 1971—1980 年间平均为 34‰，1985—1990 年间降至 28.58‰。这一现象的发生，与育龄妇女平均生育子女数量的减少直接有关。表 1 揭示巴西育龄妇女生育率

---

① 戴维·波普诺：《社会学》，中国人民大学出版社 1999 年版，第 550 页。

即实际所生子女数量变化的情况。

表 1　　　　　　　　　妇女平均生育子女数

年份 地区	1960	1970	1980	1991
北部	8.56	8.25	6.45	4.15
东北部	7.39	7.53	6.13	3.70
东南部	6.34	4.56	3.45	2.35
南部	5.89	5.42	3.63	2.52
中西部	6.74	6 42	4.51	2.66
巴西	6.8	5.76	4.35	2.85

资料来源：巴西地理统计局，转引自巴西 2000 年《四月年鉴》，第 73 页。

　　自 70 年代起妇女平均生育子女数下降经历了一个变化过程。这一现象首先发生在城市中的上层与中层家庭，收入较高家庭的妇女开始使用现代的避孕方法。80 年代以后，避孕方法在城市中的低收入家庭和农村中的高收入家庭得到普及。与此同时，绝育的方法被低收入家庭的妇女广泛采用。据巴西地理统计局 1996 年调查，当年在 30—39 岁年龄段的育龄妇女中，约 36.6% 的妇女做了绝育手术。这种形势的出现是由于夫妻拥有共同愿望；同时，也是妇女希望参加社会工作和加强对子女教育的一种体现。它根源于工业化和城市化过程中所发生的技术、劳动力市场以及价值观的变化。虽然存在死亡率下降的趋势，但出生率的降低致使人口增长率呈现出明显的减缓势头。下面提供的数据证明了这一论点。1950—1960 年，人口平均增长率为 31.7‰，1960—1970 年为 27.6‰，1970—1980 年为 24.8‰，1980—1991 年为 18.9‰，1991—1996 年为 13.8‰。巴西人口增长率已低于发展中国家的平均水平（24‰），但仍高于发达国家的水平

（10‰以下）。

死亡率的下降和人均寿命的延长（巴西自第二次世界大战后50年来，人均寿命由41.5岁增至67.7岁），以及生育率的降低，致使老年人口所占比重提高，与此同时17岁以下的青少年所占比重下降。1940年这部分人口所占比重为55.42%，而今占35%左右。据巴西地理统计局预测，以这一趋势发展，到2020年，巴西17岁以下人口所占比重将降至25%。表2是不同年龄组人口比重分布，说明巴西人口已于90年代末进入老龄化。

人口增长类型的转换是巴西现代化发展进程的必然结果，同时也必将对未来的社会和经济发展产生重大影响。这种影响尤为明显地表现在社会保障、劳动力市场和教育发展诸方面。

表2 年龄组人口比重（1998）

年龄组	人口数	占总数的比重（%）
0—9 岁	30499525	19.3
10—17 岁	27510951	17.3
18—39 岁	55975375	35.3
40—59 岁	30319304	19.1
60 岁及以上	13914371	8.8

资料来源：同表1。

2. 国内人口流动

人口的国内迁居或迁徙，即人口的地域流动，是任何国家或社会都存在的普遍现象。不过它因地因时而有所不同。国内人口迁徙的数量、迁徙者的成分构成及迁徙方向的改变，在一定程度上反映着国家的经济与社会的变化。

巴西的历史就是一部国外移民和国内迁徙的历史。巴西作为新大陆国家，其开发始于沿海地带。随着历史的发展，人口必然会自发地和有引导地向其他地区迁徙。我们可以将第二次世界大战前的巴西人口迁徙史划分为 5 个阶段。第一阶段的具有历史意义的迁徙发生在 16 世纪。当时，东北部沿海一带的畜牧业主向腹地迁徙。腹地是指东北部沿海地区与亚马逊地区之间的过渡地带。第二阶段人口大量迁徙是在 17—18 世纪，圣保罗和东北部的人口迁往米纳斯吉拉斯和戈亚斯，以及马托格罗索等贵金属矿区。第三阶段的人口迁徙是在 19 世纪随着黄金生产的衰落进行的。以采矿谋生的人纷纷迁至圣保罗和里约热内卢新兴的咖啡种植园。第四阶段发生在 19 世纪与 20 世纪之交，亚马逊地区橡胶业的兴起，使东北部人、特别是塞阿拉州人涌向该地区。第五阶段是在 20 世纪上半叶，圣保罗高原棉花和咖啡种植业的发展吸引了大量的东北部人。从积极意义上讲，巴西历史上的国内人口迁徙对于地区开发起了重要的促进作用。人口迁徙还有利于国家领土的实际占领。

　　第二次世界大战后，由于现代化进程对国内迁居的影响，巴西的人口国内迁徙呈现新的特征。这种现象对现代化进程既起到促进作用，也起到抑制作用。第一个特征是，农村人口、特别是东北部生活条件和生产条件很差的农村人口向城市流动。其中圣保罗、里约热内卢等大城市是他们的首选目的地。这是国家在东南部地区积极推进工业化的结果。工业化在城市创造了较多的工作机会，城市生活对农民产生了强大的吸引力。第二个特征是，60 年代初新首都巴西利亚建成后，它作为中西部发展的一个"极"强烈地吸引着国内移民，促进了国家实施"向西部进军"① 战略。第三个特征是，70 年代，由于南部地区农业现代

---

① "Marcha para Oeste"，参见托马什·斯慕雷卡萨恩尼等《现代巴西经济史》，HUCITEL 出版社 1997 年版，第 254 页。

化，那里的农村剩余劳动力流向中西部和北部农村，将国家的"农业边疆"又向前推进。第四个特征是，90年代以后，国家的生产布局强劲的内地化趋势，拉动了人口的内迁。

巴西国内人口的上述迁徙，是所谓的"轴心迁徙"，即在一定的历史时期内，人口的大规模迁居是围绕着大的"移民轴心"而进行的。这样的移民轴心主要有以下几个。东北部—亚马逊地区是其中之一。19世纪末至20世纪初，亚马逊地区橡胶业的繁荣，以及在20世纪70年代军政府实施的全国一体化发展计划，包括修建跨亚马逊公路，使亚马逊地区成为东北部贫困人口迁出的重要目的地。东北部—中南部是另一个移民轴心。东北部人（主要是农村人口）通过圣弗朗西斯科河和里约热内卢—巴伊亚公路向中南部发达地区迁居，有时年均达到20万人。南里奥格朗德—南马托格罗索是第三个重要的移民轴心。由于上面提到的原因，南里奥格朗德州的剩余劳动力以年均1万个家庭的规模向北迁移至圣卡塔琳娜州西部、巴拉那州西部和南马托格罗索州。近些年来，更远的朗多尼亚州也成了他们的重要定居地。除"轴心迁徙"外，还有另外一种被巴西学者称为"毛细管迁徙"①。这是相对于轴心迁徙而言的规模不大、经常发生的多方向的人口流动。

90年代以来，巴西人口已形成反向流动趋势，即国内移民不再选择沿海地区的大城市，而是选择具有发展活力的内地。阿马帕州、托坎廷斯州、朗多尼亚州以及联邦区等已成为新的移民目的地。移民方向的改变，使大城市的人口压力减缓。里约热内卢和圣保罗的人口先后自80年代和90年代开始停止增长，从而有利于大城市的管理和建设。人口流动趋向内地，从劳动力和市

---

① 巴西《拉胡斯文化词典》，第525页。

场方面为内地的进一步开发创造了条件。同时，由于经济的开发，广阔的内地和边疆得以实际占领。因此，巴西国内移民的反方向流动不仅具有经济意义，而且具有重要的国防意义。国内移民流动方向的变化，从长远来看，必将改变巴西的政治地图，内地和边远地区的政治参与将增强。上述地区选民的增加就是一个重要标志。近年来，巴西选民人数增加最快的地区，基本上都是北部地区和中西部地区的州。1996—1998 年间，阿马帕州的选民人数增加了 22.66%。随后，依次为罗赖马州，增加 21.43%，联邦区增加 17.65%，亚马逊州增加 11.13%，阿克里州增加 10.83%，朗多尼亚州增加 7.89%。与此同时，有些州的选民人数只有微弱增长。如东北部地区的帕拉伊巴州仅增加 0.27%，另几个州是负增长。[①] 北部地区和中西部地区选民人数的快速增加，显示出该地区在国家政治生活中的地位呈增强趋势。

三　就业结构变化

就业结构的变化之一是，经济自立人口在工业部门中的就业所占的比重，经过一段时期的上升之后呈下降趋势。这是工业化进程导致劳动力人口在国民经济部门之间再分配的结果。表 3 是 1980 年之前经济自立人口在三次产业中所占比重的变化情况。

分析表 3 可以看出，在这段时期内，经济自立人口在第二产业中的就业一直呈增长的趋势，第三产业中也同样如此。与此同时，就业率在第一产业中呈明显下降的趋势。这符合经济发展的规律。二次大战后至 70 年代末，巴西工业化经历两次高速发展时期。工业的发展促使劳动力在第二产业中就业的增加。但自

---

① 巴西地理统计局：《数字巴西》，1999 年，第 154 页。

80年代末起这种形势发生了逆转。1989—1996年，巴西的工业部门裁员100万人，这一时期工业就业岗位减少了约30%。1989年工业部门的就业率为22%，1996年进一步降至18.2%。① 这种情况的发生在一定程度上应归因于工业结构的调整和技术设备的更新，1991—1997年在大量裁员的同时，工业生产率增长了49.7%。此外，90年代以来国家实行对外经济开放政策，工业部门中的某些行业（如服装、纺织、制鞋、玩具等）受到国际同行业的强烈竞争，企业纷纷裁员甚至破产，这也是其中的重要原因。这是经济全球化对巴西发展所产生负面影响的表现。

表3　　　　　　　　　经济自立人口的部门变化（%）

三次产业	1940年			1960年			1980年		
	I	II	III	I	II	III	I	II	III
东北	75.60	7.04	17.00	69.51	7.82	22.67	48.40	15.61	35.99
北部	70.65	6.48	22.87	65.93	6.12	27.95	42.73	17.70	39.57
东南	57.15	13.32	29.53	38.56	18.34	43.10	15.52	32.25	52.23
南部	66.98	9.52	23.50	61.30	9.54	29.16	33.73	23.74	42.53
中西	71.98	10.68	17.34	64.85	11.00	24.15	34.90	16.51	48.59
巴西	65.88	10.40	23.72	54.01	12.90	33.09	29.28	24.92	45.80

资料来源：巴西地理统计局：1990年《统计年鉴》。

就业结构的变化之二表现在就业的地理结构方面。工业化进程所造就的东南部、南部等沿海经济发达地区一向是巴西国民就

---

① 巴西《环球报》1997年10月8日。

业最集中的区域。但是，近 10 多年来，随着生产分布内地化趋势的发展，原来的经济发达地区不再被视为国家唯一具有巨大经济发展潜力的地方。内地许多相继兴起的经济增长点不断创造出新的就业机会，从而引起巴西国民就业的地理结构发生重要变化。巴西学者认为，巴西目前正在发生的"就业地图"的急剧变化的形势，"在其他国家是找不到相同的例子的"①。具体而言，巴西目前就业地理结构的改变是由两种因素促成的。一是相对落后的一些地区创造出比经济发达地区更多的就业机会。如 1990 年以来的 6 年间，巴西共创造 870 万个新的就业机会，但半数以上分布在东北部区、中西部区和米纳斯吉拉斯州一些地方。1989—1995 年，圣保罗共创造 78.2 万个就业岗位，同期巴伊亚州创造的就业岗位达 120 万个。而在 40—70 年代，巴西 1/4 的工作岗位是由圣保罗创造的。落后地区的迅速开发是改变这种状况的因素之一。第二个因素是经济发达州的内地与同一州传统工业区相比，创造了更多的就业机会。如 1993—1995 年间米纳斯三角地区创造了 7000 个需要专门技能的工作岗位，比州府贝洛奥里藏特工业区呈现更强发展活力；圣保罗州内地城市坎皮纳斯及以它为中心的 11 个市，已形成新的工业带。该地区的国内生产总值（GDP）在 500 亿美元以上，与智利的 GDP 相当。近年来，圣保罗州 70% 的投资分配在州府以外的地区。这表明，巴西工作岗位的提供者已远离传统工业区。圣保罗州政府经济发展秘书埃默·松卡帕斯指出："圣保罗州的 A、B、C 地区很难回复到原来那样工业发展的强势地位。"② 从某种意义上说，这是就业地理结构变化的结果。

---

① 巴西《请看》1997 年 2 月 19 日。
② 同上。

就业结构的变化之三是，妇女参加社会工作的比重显著增加。这种变化主要是在最近 30 年发生的。20 世纪 30 年代，妇女劳动力占全国劳动力总数的 10.2%，60 年代为 18%，80 年代达到 35%，90 年代大约为 40%。妇女劳动力总数达到 2930 多万。① 当前，巴西妇女劳动力的比重在拉美国家中是比较高的。90 年代，妇女在劳动力总数中所占的比重，智利为 25.2%，阿根廷为 33%，均低于巴西 40% 的水平。

巴西妇女参与的社会工作主要分布在适于女性工作的传统领域，目前她们在男子传统工作领域也占据一定比重。在建筑行业，妇女劳动力所占的比重，1979 年为 1.9%，1999 年达到 2.5%。在采矿业，妇女劳动力所占的比重 1979 年为 14%，1996 年达到 23.3%。在妇女劳动力进军男子传统工作领域的同时，男子则填补妇女劳动力所留下的空缺，家庭服务行业就是一例。1979 年男劳动力在这一行业仅占 3.1%，1996 年达到 5.6%。表 4 是男女劳动力就业的部门分配变化情况。

表 4 情况显示，在商业和服务业领域，妇女劳动力比重呈明显增加趋势，在工业和家庭服务业中呈下降趋势。在工业部门男女劳动力的比重下降主要是因为整个工业部门的劳动力减员所致。在家庭服务业中，女劳动力比重下降是由于随着女劳动力本身素质的提高，她们更多地选择具有社会性工作的结果。所剩空缺则由本身素质相对较低的男劳动力补充。巴西妇女对社会工作的积极参与不仅表现在经济领域，而且也表现在国家上层建筑领域。当前妇女在各级司法部门工作的人员中占有较高的比重。例如，在圣保罗州，近年来新参加工作的法官中，63% 是女性。

---

① 巴西《环球报》1996 年 9 月 15 日；巴西《经济趋势》1999 年 6 月。

表4　　　　　　　　就业部门分配（％）

	性别	工业	商业	服务业	家庭服务
1979年	男子	24.0	14.1	25.2	0.3
	女子	14.8	12.1	42.9	21.2
	总计	21.0	13.4	13.1	7.3
1995年	男子	18.2	16.3	30.0	0.8
	女子	10.0	15.9	43.9	19.7
	总计	14.9	16.2	35.6	8.4

资料来源：拉美经委会1997年，转引自巴西《经济趋势》杂志1999年6月。

　　就业性别结构的变化是在国家现代化进程中伴随着妇女受教育程度的提高而发生的。1981年在巴西女性中有9.5％的人受过完整的中学教育，同期在男子中这一比重为9.3％。90年代中期，上述比重分别为16.4％和14.4％。在拉美国家中男女受教育的差异并不仅限于巴西。拉美经委会的一项调查表明，1994年前后，58％的拉美妇女曾在学校受过教育，而男子仅占48％。这一指标在农村，女性为36％，男性为24％。妇女受教育程度的提高不仅得到知识和专门的技能训练，而且也改变了生育观，降低了生育率。这就为妇女参加社会工作提供了必要条件。虽然妇女的就业比重提高了，但她们仍处于受歧视的地位，同工而不同酬。

　　就业结构的变化之四是，经济自立人口在非正规经济部门就业的比重和自主经营者（automo）在整个就业的经济自立人口中所占的比重增加。在非正规经济中劳动的主要有摊贩、小企业雇用的未在政府有关部门登记的员工。显然他们不拥有相关证书，因此不享受社会保障权利。

巴西工会联合经济与社会研究所①与其他有关机构于 1985 年开始跟踪研究巴西劳动市场的变化，结果发现，在截至 1997 年的 13 年间，非正规经济员工增加了 97%，自主经营者增加了 84%，而正规部门的员工仅增加了 6%。② 1997 年巴西经济自立人口中的 1/4 即 1290 万人在非正规经济部门工作。与此相应，巴西的非正规经济同正规经济相比，呈现出更加活跃的状态。1990—1997 年间，前者年均增长率为 5.2%，而后者的年均增长率为负 0.4%。③ 正规经济的萎靡不振正是非正规经济活跃的主要原因。据巴西官方称，CDP 年增长率只有达到 6%，才能满足国民就业的需要。80 年代以来，巴西 GDP 的年均增长率远未到达 6%，因此劳动力转向非正规经济，导致就业结构发生明显变化。同时，非正规经济部门就业比重的增加也与工业化过程中进行产业结构的调整密切相关。企业裁减下来的无专业技能的简单劳动力只能流向非正规经济部门。巴西的非正规经济主要集中在服务业和商业。这就充分说明了这一点。分析巴西非正规经济的地理分布可知，工业最发达的东南部地区，也是非正规经济最集中的地方。在全国非正规经济中，该区所占比重达到 45.7%。这显然与该地区大批老企业因进行结构改革而大量裁员有关。

四　思想与生活习俗的变化

1. 合法结婚者减少，非法同居者增多

巴西地理统计局的资料显示，1970 年仅有 12% 的青年采取

---

① Dieese – Departamento Intersidical de Estatistila Estudos Sooio – Economicos. 中文译名用巴西华文报纸译法。

② 巴西《美洲华报》1997 年 6 月 27 日。

③ 巴西《四月年鉴》2000 年，第 136 页。

同居方式生活，到 1995 年这一比重上升至 63％。同期，进行民事登记和按宗教仪式举行婚礼的青年从原来的占 45％ 降至 17％。[①] 这种现象被巴西社会学家视为"传统婚姻在巴西社会中的没落、消失"。与这一社会现象同时发生的是巴西人离婚率的上升。"结婚的人在增加，但是像从前那样白头偕老者少。"[②] 据巴西地理统计局调查，1985 年巴西的离婚率为 11％，10 年后的 1995 年上升至 25％。

同居式婚姻的增加和离婚率的上升是现代社会一个较普遍的现象。社会的深刻变化必然给家庭关系带来深刻的影响。其中之一是妇女的社会角色发生了重要的转变。在巴西，目前 18％ 的家庭是由女性的收入支撑的。即使在以男人的收入为主的家庭，妇女收入列入家庭预算的比重也在增加。显然，妇女独立性的增强是导致家庭关系发生重大变化的因素之一。当前，巴西人特别是年青人对婚姻已有更广泛的理解，他们觉得双方在同居的状况下生活，不会像传统家庭那样对双方、特别是对女方产生那么大的约束。巴西利亚大学的社会学家所作的调查表明，在家庭中的男女关系方面，目前巴西大多数的男子仍坚持传统价值观，80％ 的男子限制妇女新角色的发挥，[③] 因而常常引起家庭纠纷，致使传统婚姻方式式微和离婚率上升。在此情势下，巴西议会于 1997 年通过法案，使离婚行为合法化。

2. 天主教信徒逐渐流失

巴西是一个天主教国家，73％ 的人信奉天主教。但是，近年来天主教教义受到质疑，年青人和赤贫者很少上教堂。《圣保罗

---

① 巴西《美洲华报》1997 年 10 月 9 日。

② 巴西《请看》1999 年 8 月 11 日。

③ 同上。

之页》(*Folha de Sao Paulo*) 所作的调查表明，在圣保罗和里约热内卢地区，定期参加弥撒的天主教徒中，45% 的人年龄超过40 岁，他们的学历和收入均高于全国平均水平。巴西年青人的主张与天主教教义大相径庭。如在年青信徒中，35% 的人接受同性恋行为，20% 的人主张吸大麻合法化，46% 的人认为女人不应以处女之身结婚，56% 的人认为男子结婚时不应是处男。针对天主教反对堕胎的立场，他们主张使用避孕工具以防艾滋病传染。①

3. 中产阶级生活方式发生变化

现代化进程不仅使中产阶级人数增加，而且也使他们的生活方式发生明显变化。这种变化是多方面的，其中最为明显的是他们的生活更加开放和社会化。10 年前，巴西的中产阶级基本上不具备广泛参加社会活动的充足条件，在工作之余，他们一般只能去父母家吃顿饭，偶尔去看一场电影或参加婚礼等。而现在，他们已有条件参观艺术展览、参加音乐会或外出旅游，等等。有关统计表明，1995 年著名的圣保罗现代艺术博物馆接待 9000 名参观者，1998 年达到 14 万。1995 年在里约热内卢和圣保罗参观罗丹雕刻作品展的人数不过 3.6 万，1997 年莫奈画展在两地先后举行时，共接待参观者 82.4 万。参加音乐会人数的增加也是中产阶级频繁参与社会活动的反映。1996 年，圣保罗州交响乐团举行双周免费古典音乐会，每次听众从未超过 200 人。而现在，该乐团每周举行一次售票音乐会，入场券往往告罄。近年来中产阶级出国旅游的人数猛增。1980 年出国旅游人数达 43 万，而且 90% 的人是去美国。到 1998 年，出国旅游人数增至 450 万人次，而且去美国以外的旅游者人数与去美国旅游的人数持平。

---

① 巴西《美洲华报》1997 年 10 月 8 日。

4. 男人比以前更多地承担家务

这是巴西人特别是中产阶级巴西人生活方式发生变化的突出表现。近年来，去超市的男顾客普遍增多。1993 年男性顾客所占比重仅为 28％，1997 年上半年则达到 45％。同年，SE 超市所作的统计表明，在该超市 21.9 万 "忠实顾客卡" 持有者中，48％ 为男性。这说明，在现代化进程中，随着妇女参加社会工作程度的加大，在家庭中男女关系以及各自的角色正在发生变化。

5. 生活节奏明显加快，快餐食品迅速发展

当代欧美著名快餐（如麦当劳、必胜客、肯德基等）均落户巴西。其中麦当劳在巴西市场的扩展尤为迅速。1979 年第一家麦当劳连锁店在里约热内卢科帕卡巴纳的一条街上开张营业。90 年代以后，其业务迅速扩展，平均每 4 天就在巴西开张一家新店。1999 年麦当劳的销售店已达到 470 个，每年向巴西人提供 5 亿份快餐食品。促成麦当劳迅速发展的因素之一是市场的扩大。它说明人们生活节奏加快后对快餐食品需求的急剧增加。

巴西国民生活方式变化的根源在于巴西经济发生的变化。一方面，国民经济总量的扩大，从总体上说，提高了国民的收入水平。另一方面，经济结构的改变促使人们生活方式发生变化。20 年前，工业是巴西国民经济增长最快的部门，而今发展最快的部门是服务业。服务业的快速发展不仅改变了国民就业的部门结构，而且相继出现新的服务方式。如在购物方面，不仅有购物中心和超市，而且有电话购物和电子商务。

（原载《拉丁美洲研究》2002 年第 3 期）

巴西现代化的起始与社会转型

一 现代化的起始

现代化是传统社会向现代社会的转变过程。它是人类社会在一定历史时期存在的现象。因此，对于一个国家或地区而言，它的现代化应当有一个相对明确的年代以示其过程的开始。日本学者十时严周说："当我们把现代化作为社会变迁的问题加以研究时，必须把它看作起始于某一特定时期的变迁过程。"[①]

1. 现代化始点判断标准存在差异

学者们对同一国家或地区现代化进程始点的界定往往存在很大差异，这是判断标准不同所致。

以拉美国家现代化始点的认定为例，中国社会科学院拉美所学者多采用19世纪后半叶说。例如，他们认为："墨西哥现代化开始于19世纪后半叶"；1862年阿根廷民族统一国家得以建立，"现代化开始蹒跚起步"；"到19世纪中叶，智利有明显迹

---

① 十时严周：《社会变迁与现代化》，转引自罗荣渠主编《现代化理论与历史经验的再探讨》，上海译文出版社1993年版，第390页。

象表明工场手工业向机械生产过渡"，等等。但也有的学者采纳
30 年代说。例如，有的学者指出："1930 年新兴资产阶级代表
热图利奥·瓦加斯的上台则标志巴西工业化进程的正式开始"，
"巴拿马的现代化进程始于 1936 年"，等等。另外，有的学者认
为，拉美国家的现代化进程起始于 20 世纪下半叶，认为委内瑞
拉的现代化根本没有赶上"第一次大浪潮"和"第二次大浪
潮"，它的"真正现代化进程是在第三次大浪潮中"开始的。所
谓的第三次大浪潮，是发生在 20 世纪下半叶。① 这就是说，委
内瑞拉的现代化起始于 20 世纪下半叶。关于拉美国家现代化进
程起始于 20 世纪下半叶的说法亦非少见。在张琢主编的《国外
发展理论研究》一书中，拉美国家被归类于所谓"第四次现代
化浪潮"中，而这次浪潮发生在第二次世界大战结束以后。② 对
于一个国家或地区现代化起始点的界定呈现出如此之不同的看
法，笔者以为主要与论者对史实认识存在差别和采取的判断标准
不尽一致有关。

2. 巴西现代化始于 30 年代说

关于巴西现代化始于何时，国际学术界（包括巴西本国在
内）存在两种较为普遍的说法。一种说法是，19 世纪末 20 世纪
初，巴西工业化开始，亦即现代化开始实行。如里约热内卢联邦
大学名誉教授、巴西著名近代与现代史专家马丽亚·耶达·利尼
亚雷斯所主编的《巴西通史》一书即采用此说："19 世纪与 20
世纪之交，是国家工业化进程的开始。"③ 采用此说还有其他一

---

① 以上引述见曾昭耀主编《现代化战略选择与国际关系》，社会科学文献出版
社 2000 年版。

② 张琢主编：《国外发展理论研究》，人民出版社 1992 年版，第 182 页。

③ 马丽亚·耶达·利尼亚雷斯主编：《巴西通史》，坎普斯出版社 1996 年版，
第 188 页。

些著名学者，如著名依附论学者特奥托尼奥·多斯桑托斯等。另一种说法主张巴西现代化始于 20 世纪 30 年代。巴西当代著名经济学家、巴西联邦政府前任部长路易斯·佩雷拉在其《巴西的发展与危机》一书中写道："由于以下两个因素的共同作用，致使巴西的工业革命于 30 年代开始。这两个因素一个是由经济大萧条所产生的投资于工业的经济机遇，另一个是 1930 年革命。"[1] 赞同这一观点的还有美国学者、著名巴西问题专家沃纳·贝尔。他在《巴西经济》一书中指出工业增长与工业化之间的区别，认为所谓巴西"起始于 1890 年的工业化"的说法是不准确的。[2]

拙著《巴西现代化研究》采用 30 年代说。其理由如下。

首先，1930 年革命致使巴西工业资产阶级走上政治舞台，从而为现代化的推进创造了政治前提条件。而"政治上的前提条件在诸多前提条件中占有一个突出的地位"[3]。依照现代化研究者的划分，巴西被归类于后发外生型现代化国家（与其相对应的是早发内生型）。早发内生型现代化是一种自然演进，大体上是由民间力量推动的一个自下而上的过程。与此不同，后发外生型现代化是追赶已有的目标，因而它是一个由政府主导的有计划的自上而下的过程。日本、俄国以及土耳其的现代化，相应以明治维新、彼得大帝改革和凯末尔领导的改革为其前提条件的。1930 年瓦加斯取得政权后所采取的一系列诸如严格限制地方势力，设立主管全国经济与社会发展的机构等重大措施，虽然未被冠以"改革"的名称，但其实质具有制度层面上的改革意义。

---

① 路易斯·佩雷拉：《巴西的发展与危机》，巴西出版社 1972 年版，第 35 页。
② 沃纳·贝尔：《巴西经济》，诺贝尔出版社 1995 年版，第 55 页。
③ 转引自雷纳托·莫赛林《巴西人民史》，第 78 页。

这样，以他为首的中央政府便成功地克服了若干世纪以来巴西因循守旧的积习，把国家的政权机构从一个松散的联邦组合改造成为一个高度集中的联邦政府。这样的政府有能力制定和执行国家政策，因而它可以通过行政手段调动和配置全国的人力与物力资源以进行现代化建设。20 世纪 30 年代之前，在巴西基本不存在由政府主持制定的针对全国经济发展，特别是工业发展的全国性计划。1930 年之后巴西陆续开始了全国性经济发展问题的调查与研究。发表于 1931 年的《尼迈耶尔报告》（*Niemeyer Report*）指出，巴西经济的弱点在于严重依赖一二种农产品出口收入，建议实行经济结构多样化。尽管这个报告所发挥的作用不大，但它表明了政府为指导经济发展所做的努力。政府强而有力与立志于实行国家现代化的人因 1930 年革命掌握了国家领导权密切相关。瓦加斯掌权后，一再强调发展重工业和实行国家工业化的意义。他认为，巴西经济的最根本问题是钢的问题。工业化是国家发展强大的必由之路。他说："只有充分工业化了的国家，并且可以在本国内生产所需要的军工产品，才能在实际上可称之为军事强国。"①

其次，1930 年革命后，一股支持国家现代化的力量凸现出来。巴西的共产党前领导人卡洛斯·普列斯特斯认为，1930 年革命不只是一场资产阶级革命，它还是"一次人民运动。"② 这就是说，自 20 世纪 20 年代以来的尉官运动打破旧共和国时期国民的陈旧观念，使国民至少在观念上可以接受国家发展模式的改变。同时，作为推动巴西现代化进程的社会中坚力量已经

---

① 托马斯·E. 斯基德莫尔：《巴西：从热图利奥到卡斯特洛》，和平与土地出版社 1976 年版，第 69 页。

② 转自雷纳托·莫赛林《巴西人民史》，第 78 页。

形成。这股力量主要蕴藏在军界的中、下级军官中。中、下级军官比当时巴西的其他阶层更早更多地接受西方教育。他们被委派到欧洲或在本国接受法国和德国教官的训练与教育，因而具有更多的现代化思想，最终成为 20 世纪 20 年代以反对旧共和国为目的的尉官运动的组织者和参与者。这批年轻的军官认为："只有军人才有能力扭转国家的形势，因为军队是唯一一个有组织的集团。"① 他们行为的主导思想是民族主义。因为这些军人大都出身于中产阶级家庭，所以他们与中产阶级有紧密的联系，成为国家推行现代化的社会力量。瓦加斯取得政权后，向各州（米纳斯吉拉斯州例外）委派的干预者（interventor）大多出身于尉官运动的军人。与中、下层军官的作用不同，上层军官直接参与国家经济发展的组织与领导。在瓦加斯总统所致力建设的沃尔塔雷东达钢铁厂的筹建中，马塞多·苏亚雷斯将军作为领导者与组织者发挥了重要作用。他曾是 1931 年建立的全国钢铁委员会成员，并且在 1941 年国家钢铁公司建成后任技术总经理。其实不只是钢铁，在 20 世纪 30 年代之后的所有重要工业部门（如石油、电力等部门）的发展中，都得到军界的参与和支持。

再次，20 世纪 30 年代之后，巴西工业部门的地位发生了重要变化。我们应当区分一般的工业增长与工业化两种不同概念。显然不能认为工业一出现或它有某种程度的发展，就是工业化开始了。巴西在 20 世纪 20 年代末所出现的工业发展现象，只是一般工业增长。维克托·布尔默—托马斯教授指出，拉丁

---

① 若埃尔萨·埃斯特尔·多明戈斯等：《巴西历史焦点》，巴西 FTD 出版社 1996 年版，第 241 页。

美洲在 19 世纪末没有一个国家出现现代工厂，这是一个事实。[①] 当时的工业发展并未有改变其本身在国民经济发展中的地位与作用。当时的工业增长主要是依靠出口农业部门的带动而进行的。此外，某些工业部门虽有增长，但国民经济结构并未因此发生明显的变化。但在 1930 年之后，工业部门有了更快的增长，其速度不仅超过了农业，而且超过了整个国民经济。1920—1929 年间农业、工业、整个国民经济的年均增长率分别为 4.1%、2.8% 和 3.9%。1933—1939 年间的年均增长率则分别为 1.7%、11.3% 和 4.9%。由此可见，工业真正成为国民经济增长的带头部门。

判断巴西现代化始于 20 世纪 30 年代的这三因素在 19 世纪末 20 世纪初并未出现，至少并未全部存在。因此，19 世纪末 20 世纪初之说不具说服力。巴西著名学者塞尔吉奥·布瓦尔克·德奥兰达说："这项 1850 年就开始的工程（指废奴）直到 1888 年才真正完成……怎么能指望实行深刻的变革呢？"[②] 在 19 世纪末，奴隶社会一结束马上进入现代化建设，显然缺乏进行现代化应具备的社会条件。

二 传统社会的特征及转型

虽说从传统到现代是一个"连续体"，二者之间无楚河汉界之分，但是在传统与现代之间仍然存在着相对准确的标界的。20 世纪 30 年代之前的巴西社会基本上是一个传统社会，30 年代之

---

① 维克托·布尔默—托马斯：《独立以来拉丁美洲的经济发展》，中国经济出版社 2000 年版，第 156 页。

② 塞尔吉奥·布瓦尔克·德奥兰达：《巴西之根》，巴西驻中国使馆刊印，第 44 页。

后，由于工业化的推动，逐渐进入现代社会。这是一个被普遍接受的观点。巴西自 19 世纪中叶开始进入社会转型过程，即一步步走出传统社会而趋向一个以工业发展为导向的现代社会。我们可以将这一漫长的转型过程区分为两个阶段。第一阶段是自 19世纪中叶至 20 世纪 30 年代。这一阶段的转型形成巴西现代社会起始的基本条件。第二阶段的转型起始于 20 世纪 30 年代，这是一个尚在进行过程中的迈向现代化社会的转型时期。以下仅就巴西传统社会及第一阶段社会转型期的特征略作论述。

1. 传统社会的特征

巴西社会的形成始于葡萄牙殖民主义者以武力阻断印第安人社会的正常发展之时。巴西民族形成于印第安人、黑人及白人（葡萄牙人）3 个种族之间的相互碰撞。[①] 其共同的民族意识最初表现为他们共同的反对葡萄牙殖民主义统治、争取巴西政治独立觉悟的形成和所进行的实际斗争。在巴西民族的形成过程中，由于葡萄牙人处于统治者地位及其本身文化的先进性，致使葡萄牙文化在巴西民族的形成过程中一直处于主宰地位。塞尔吉奥·布瓦尔克·德奥兰达说："与印第安人及外来种族的接触和混合并未使我们与我们海外的祖宗如同有时我们喜欢的那么大的差别。……我们文化现在的形式来自那里。"[②] 结果，所形成的巴西文化虽属"混血文化"，但它在本质上属于西方文化，巴西成为欧洲生活方式的延伸地。因此，巴西容易接受西方的思想与文化便不难理解，在其现代化进程中不存在对抗"西化"的问题，但捍卫和发展民族文化却一直备受巴西人关注。

---

① www. pt. org. br.

② 塞尔吉奥·布瓦尔克·德奥兰达：《巴西之根》，巴西驻中国使馆刊印，第 44 页。

1930 年是巴西发展模式的分水岭。富尔塔多认为，以此为界，"外部刺激增长"转变为"内部刺激增长"。[①] 在巴西传统社会时期，外部因素对它的强大刺激形成的推进力，其例子比比皆是。甘蔗的种植于 1538 年传入巴西后，以它为原料的蔗糖生产于 1550—1700 年间成为巴西历史上第二个生产周期——蔗糖周期。糖业发展的起始资本来自荷兰的贷款；市场在欧洲，而劳动力是自非洲"引进"的奴隶。蔗糖业的衰败也是在很大程度上由于外部条件的丧失，即遭遇加勒比地区糖业竞争而失去销售市场所导致的。蔗糖周期造成了东北部沿海地区一度繁荣，成为巴西发展之根。不仅如此，由于东北部拥有适于甘蔗种植的自然条件，那里又成为一个新生产方式的试验场所。甘蔗种植区"在以后很长的时间里以清晰的线条勾画出了欧洲在热带地区殖民地颇具特点的农业组织类型"，葡萄牙人成为"率先使用后来成为其他人民仿效的庄园单一作物开发模式制度者"[②]。因糖业生产而出现的糖坊主，成为历史上长期左右巴西政治发展的强大势力。

咖啡业对巴西历史发展推动力之大，超过其他任何一项单一产品生产的作用。咖啡种植是由外部引进的（1727）。起先种植于北部，未产生重要影响。尔后在东南部地区遇到了良好的生长条件。大约于 19 世纪中叶至 20 世纪 30 年代成为巴西经济史上颇具影响的经济周期——咖啡周期。咖啡的发展不仅成为巴西近代工业的起源，而且致使一个新企业家群体的形成。他们在国家的发展中起着重要的作用。虽然咖啡的发展

① 莱斯利·贝瑟尔主编：《剑桥拉丁美洲史》（中文版）第五卷，社会科学文献出版社 1992 年版，第 736 页。

② 塞尔吉奥·布瓦尔克·德奥兰达：《巴西之根》，巴西驻中国使馆刊印，第 18 页。

"第一阶段在先存和未被完全使用的资源利用基础上而实现"，① 但国际市场需求对它的发展所形成的拉动作用尤为明显。咖啡发展的劳动力供应自奴隶制废除之后基本依靠外国移民的引入而解决。1929—1933 年世界经济危机对巴西经济发展的严重打击主要是透过损害咖啡出口而发生的。这恰好从另一方面说明，巴西咖啡发展严重依赖于国外刺激。以上是从经济方面说明巴西的外源式发展。有关外来政治事件的发生对巴西发展所形成的推动力，其例亦不少见。

1808 年葡萄牙王室迁都巴西，使里约热内卢升格为京城。因此，"巴西的历史发生了一个陡然的、甚至戏剧性的突破"②。葡萄牙宗主国对巴西贸易的垄断依法被废止。

巴西从此向一切友好国家开放通商口岸，经济由于外来刺激而得到发展。葡萄牙王室迁入里约热内卢，引起当地人口构成的重要变化。该城成为"国家消费的主要市场，其居民消费自王室到来之后就开始发生巨大变化"③，从而拉动了包括米纳斯吉拉斯在内的里约热内卢周围地区生产与贸易的发展。许多先前不允许殖民地生产的产品，那时可以生产了。在生产得到发展的同时，城市的基础设施建设亦开始进行。文化与教育事业的发展得到王室的重视。巴西现存的一些重要的教育、文化与金融机构多是那时建立或酝酿建立的。所以，"1808 年标志着巴西历史上的

---

① 塞尔索·富尔塔多：《巴西经济的形成》，社会科学文献出版社 2002 年版，第 90 页。

② 若奥·彭的亚·卡罗热拉斯：《巴西史》，转引自湖北大学《巴西史资料丛刊》。

③ 塞尔索·富尔塔多：《巴西经济的形成》，社会科学文献出版社 2002 年版，第 91 页。

一个关键性与决定性的转折点"①。而这个转折点的产生是来自外部力量推动的结果。巴拉圭战争（1864—1870）的后果亦对巴西的政治发展产生重大影响。一方面，战争锻炼了巴西军队，提升了军人在巴西政治发展中的地位，埋下了军人干政的种子。另一方面，战争推动了巴西废奴运动的进展，同时在军人中萌发出共和思想。这种思想的发展终于导致巴西帝国垮台和巴西联邦共和国的诞生。

2. 19 世纪中叶至 20 世纪 30 年代的社会转型

1850 年是巴西历史上的重要标志年。因为"在这一年采取了许多措施，从而改变着国家的面貌，使它踏上当时看来更加现代化的道路"，所以，"1850 年不但是 19 世纪一半的标志"，而且是巴西新时期开始的标志。② 1930 年，由于当年那场改变巴西发展方向革命的发生，同样成为巴西历史的标志年。富尔塔多认为，1930 年是巴西历史的分水岭，他将 1930 年之前的 80 年称为过渡阶段。③ 在这 80 年的时间里，巴西社会发生了诸多重要变化；概言之，这些重要变化就是物质财富急剧积累和新政治力量的形成。

关于物质财富的积累，不能不提及咖啡业所创造的财富以及咖啡业在推动社会发展方面的作用。19 世纪中叶之后，咖啡业的重要性终于显现出来。当时由于欧、美消费市场扩大的拉动、雇佣劳动力的逐渐使用，以及种植区域向自然条件更适宜其生长的圣保罗西部地区的扩展，极大地提高了咖啡的产量，同时出口

① 若奥·彭的亚·卡罗热拉斯：《巴西史》，转引自湖北大学《巴西史资料丛刊》。
② 博里斯·福克斯：《巴西史》，圣保罗大学出版社 1995 年版，第 197 页。
③ 莱斯利·贝瑟尔主编：《剑桥拉丁美洲史》（中文版）第五卷，社会科学文献出版社 1992 年版，第 736 页。

量亦随之猛增。1880—1890 年，咖啡出口收入达到占全国出口总额 2/3 的水平。咖啡业的巨大发展产生了明显的经济、社会与政治效应。首先，咖啡业的发展诱发了一批新城市的产生，同时加速了城市建设。19 世纪中叶之后，一些城市相继在圣保罗地区出现，其中著名的有坎皮纳斯、博图卡图、里贝朗普雷图等。圣保罗城的发展最具典型意义。它的成长同咖啡业的发展及外国移民的迁入密切相关。1890—1900 年间，该城人口由 64934 人增至 239820 人，年均增长 14%。到 20 世纪初，它已跃居第二，成为仅次于里约热内卢的巴西第二大城市。1920—1938 年间，圣保罗终于在经济规模方面超过里约热内卢，成为全国最大的工业中心。其次，咖啡业的发展促进了铁路建设。第一条铁路由毛阿子爵（Visconde Maua, Irineu Evangelista de Sousa, 1813—1889）主持建设，于 1854 年开通。铁路自里约热内卢湾直达彼得罗波利斯山脚，该地的咖啡因此得以迅速运出。此后，在1858—1867 年间，先后修建了佩德罗二世铁路和圣保罗铁路等著名干线。圣保罗铁路通过圣保罗城将容迪亚伊一带咖啡产地与出口港桑多斯连接起来，有力地促进西圣保罗地区咖啡业的发展。铁路建设对国内市场的形成起着积极的作用。再次，咖啡业的发展改变了生产分布，国家经济中心因此逐渐南移至东南部地区。19 世纪中叶之后，分别以里约热内卢和圣保罗为中心的经济区日趋形成。上述地区因其具备良好的投资环境，成为日后巴西工业化进程中的优先发展地区。最后，咖啡业的发展促使巴西近代工业的产生。它以出口的巨额创汇和因奴隶制废除而引进的外国移民，为工业发展在资金、劳动力与市场方面创造了必要的条件。历史统计显示，直至 19 世纪中叶之前，巴西尚不存在现代意义的工业发展。1920 年的工业调查表明，巴西当年有企业13336 家，其中仅 5 家创建于 1850 年之前，而"在 19 世纪后半

叶，创建工业的试图才变得令人注意"①。经过 19 世纪末与 20
世纪初的两次飞跃发展，到 20 世纪 20 年代，巴西工业不但有新
的企业不断产生，而且工业的门类已突破轻工业范围。那时食品
与纺织品工业合计虽然仍占全部工业部门构成的 60%，但冶金、
化学与制药工业部门也占有一定比重。这种工业发展状况是此后
进行工业化的基础。

　　从 19 世纪后半叶始，咖啡园主作为一种新兴的政治势力逐
渐登上国家政治舞台。咖啡园主势力的出现是咖啡业在国民经济
中地位提高的必然结果。同属农业寡头，咖啡园主与蔗糖业主之
间存在明显差别。在蔗糖业鼎盛时期，蔗糖贸易由葡萄牙垄断。
巴西本地的蔗糖业主被隔离在贸易活动之外，从而使他们不具备
条件成为从事风险投资的人。咖啡园主一般直接参与咖啡贸易，
他们了解咖啡行情和世界形势，具有世界意识。大咖啡园主定居
于首都和临近咖啡园的城市，而蔗糖业主一般定居于甘蔗种植园
内。这样，咖啡园主便更加了解国内政治；国家政策关系到他们
的利益，因而他们积极参与政治。咖啡主要产区圣保罗咖啡园主
同米纳斯吉拉斯的牧业主共同成为巴西社会转型时期的强大政治
势力，"咖啡与奶"轮流入主中央政府，成为巴西第一共和国时
期的一大政治特色。

　　19 世纪中叶之后，巴西的社会结构逐渐复杂起来。在农村，
除大庄园主阶级外，还有小地产主、佃农和垦殖农，以及尚不属
于雇佣劳动者的农村劳动者。这些劳动者没有货币工资收入，所
得到的是庄园主或作坊主所发放的账单或在他们的势力范围内所
流通的"货币"。城市中产阶级队伍的扩大及其表现出的政治活

---

　　①　沃纳·贝尔：《巴西的工业化与经济发展》，瓦加斯基金会出版社 1985 年
版，第 11 页。

力，是这一时期社会转型过程中的重要社会特征。中产阶级队伍的扩大及其社会地位上升的结果是"自19世纪最后25年起，他们即表现为一支不可忽视的社会力量"①。特别是在军队中、下级军官中所蕴藏的革命思想终于导致在20世纪20年代所发生的"尉官运动"。这一运动成为1930年革命的前期准备。

但是，在自19世纪中叶至20世纪30年代的社会转型期间，一些事关经济与社会发展的重大问题并未得到解决。

其一是土地问题。1850年9月18日巴西帝国政府虽然颁布了土地法，但此法的宗旨不在于改变历史上所形成的土地高度集中状况，实现耕者有其田，而是要达到终止土地无偿占有的形势。获得公共土地只能向政府购买取得。该法通过高地价的确定使农村劳动者难以购买土地，从而阻止农村劳动力减少和工资上涨。巴西土地高度集中的现象，在1889年推翻帝制建立共和国之后也未能改变，反而更加严重起来。其中一个重要原因是，依照1891年宪法的规定，原属于中央的未垦土地划给土地所在的州所有，因而更方便地方寡头占有土地。这样，土改问题在大多数国家在19世纪即已解决，而巴西拖到21世纪尚未解决，成为其经济与社会发展的严重障碍。

其二是解放后的奴隶问题。1888年废除奴隶制之后，对于前奴隶而言，他们最大的问题是"难以同巴西社会整合为一体"②。当初废奴主义者所宣传的进行土地改革和教育改革并未进行。这样，"解放"了的奴隶并未获得生存与发展的第一手段——土地。同时，由于他们及其子女得不到教育，结果因教育

---

① 奥托·阿尔西德斯·奥尔维斯：《巴西社会经济演变》，巴西阿雷格里落"切特"出版社，第101页。
② 巴西《四月年鉴》2003年，第161页。

缺乏而被排斥于社会之外，或只能在下层社会中残存。现在巴西
黑人的社会地位虽有所改善，但整体上说，仍处于"边缘化"
状况。奴隶解放时的社会地位是形成当前巴西黑人社会地位的历
史原因。

　　另外，在社会转型时期，巴西并未产生有影响的发展思想。
富尔塔多在比较巴西与美国早期发展差异形成原因时指出，在独
立时期巴西的统治阶级是农业奴隶主，而美国却是小农业主阶级
和一个大商人集团在统治的国家。巴西 1888 年奴隶制废除之后，
以及共和国建立直至 1930 年，其统治阶级仍为农业寡头。富尔
塔多在其名著《巴西经济形成》一书中，以美国的亚历山德，
汉米尔顿（Alexander Hamilton，1755—1804）同巴西的开鲁子爵
（Visconde Cairu，即 Jose da Silva Lisboa，1756—1835）相比较，
说明巴西并未出现有影响的思想家。开鲁子爵是巴西早期重要经
济学家。他著有《政治经济学原理》，以宣传和捍卫亚当·斯密
的《国富论》。另外，他的某些主张还被摄政王唐·若奥所采
纳。据说 1808 年巴西港口向友好国家开放的政策，就是唐·若
奥根据开鲁的意见所采取的。开鲁子爵与美国的亚历山德，汉米
尔顿同为亚当·斯密的弟子，他们同时在英国学习，但二者在发
展民族工业方面的态度完全不同。汉米尔顿以一篇响彻历史的篇
章《关于制造业的报告》，成为美国早期工业化理论的倡导者。
他主张国家以政策鼓励工业发展。而开鲁与此相反，他只相信斯
密"看不见的手"的理论，提出"让它进行，让它过去，让它
胜利"① 的口号，意为国家对工业发展无需干预，顺其自然即
可。如果说这两位历史人物所生活的时代尚处在巴西社会转型之

---

　　① 塞尔索·富尔塔多：《巴西经济的形成》，社会科学文献出版社 2002 年版，
第 80 页。

前，那么处于巴西社会转型期的毛阿子爵，尽管他被誉为巴西工业化的先驱，但他在经济发展思想方面也无建树。在毛阿时代巴西并未出现任何有影响的思想家，相反，在这一时期却从欧洲贩来了实证主义。实证主义的传播虽然在促进巴西教育改革、政教分离、提倡文化和宗教信仰自由，以及进行劳动立法方面发挥过积极作用，[①] 但它并未导致工业发展或为发展打下制度基础。

（原载《拉丁美洲研究》2003 年第 5 期）

[①] 若昂·里贝罗·茹尼奥：《什么是实证主义》，巴西出版社 1996 年版，第 67 页。

巴西经济发展与社会发展关系问题

一　对社会发展的理解

关于"经济发展"的概念，我们比较熟悉。人们往往以"经济增长"概念与其相区别。一位经济学家说，经济发展是"质的改善"，经济增长是"国民收入的增加"。然而，对这两个概念不加区别地使用，在学术界是常有的事。关于"社会发展"概念，其说法不一。日本著名社会学家富永健一在其所主编的《经济社会学》一书中指出，社会发展概念有四种不同说法。其中，他认为，"社会变动的各个侧面中具有进步指向的累积性变动看作社会发展"。1959年，联合国提出了"经济发展与社会发展均衡"的口号。联合国基本上确认经济发展应该优先，将经济发展视为解决后进国家面临的各种社会问题的手段，并把铲除阻碍经济发展的社会障碍称为社会发展。社会性障碍包括：人口方面的因素（人口增长率、人口密度、人口结构、人口规模等）；制度方面因素（社会阶级、家庭、土地所有、宗教问题等）；个人因素（能力与动机问题）等。[1] 由此可见，社会发展的内容相当广泛，分析经济发展与社会发展关系时我们不可能面面俱到。但是，我们可以把"社会成员生活水平的提高称作与经济发展相对应的社会发展"，这样我们便可以作一个简单比较。因为社会发展最终表现为人的物质生活与文化生活水平提高的速度与达到的程度，以及后续发展的能力。国内地区经济发展的差异也给国民带来明显的不平等，所以地区间发展差别的缩小，也将被视为社会发展的内容。此外，民族成分间社会地位差异的缩小也是社会发展的重要目标。

　　另一个需要说明的问题是，在特定时期，社会发展到何种程度才能称经济发展与社会发展是协调的？《北京日报》理论周刊2004 年 9 月 27 日发表一篇解读十六届四中全会精神的文章认为，"提高构建社会主义和谐社会的能力"是一个具有突破意义的新提法。但是作者并未提出和谐或协调的标准是什么。例如，关于"社会阶层之间的和谐"，他提出，各社会阶层都能从改革发展中普遍受益，收入差距控制在可以容忍的限度之内。关于"区域之间的和谐"，他认为把地区之间的发展差距控制在人们可接受的限度之内，是实现区域和谐的应有之义。不论是"可以容忍的限度之内"还是"可接受的限度之内"，都不是具体的判断标准。社会学家好像还没拿出一个判断标准。本文关于巴西经济发展与社会发展是否协调的判断是依据巴西同其他国家的国际比较，以及根据巴西的资源情况和经济发达程度，普通国民的生活应该达到什么水平。

---

[1]　富永健一主编：《经济社会学》，南开大学出版社 1984 年版，第 266—281 页。

二　经济发展与社会发展不协调

可能有人认为，巴西经济发展与社会发展是协调的。本文持相反的观点。自 20 世纪 30 年代以来，特别是第二次世界大战以来的经济发展表明，巴西不再是一个穷国。穷国的标准是什么？本人认为是以人均 GDP 1000 美元为线，此线之下为穷国。1974年，巴西人均 GDP 达到 1140 美元。这一年恰好是 1968 年开始的经济奇迹发展的结束年。换言之，经过为期 6 年的经济发展，巴西甩掉了穷国的帽子。当然，巴西不再是穷国的结论，还可以找出许多指标予以证明。巴西不再是穷国，但与其他富国不同，它是一个有很多穷人的国家。这是巴西学术界流行的一种观点。前总统卡多佐执政时不止一次在公开场合表示，巴西的问题不是贫穷。1999 年 10 月，他在答《调查》杂志记者问时说，巴西不是一个欠发达国家，而是一个非正义国家。现总统卢拉提出的"零饥饿计划"也是基于对巴西社会的上述判断，认为以巴西的经济实力应当可以解决部分人的饥饿问题。

巴西经济发展与社会发展不协调表现在诸多方面。

（一）穷人所占比重很高。目前巴西穷人总数为 4600 万人，其中首府城市约 1000 万人，普通城市 2400 万，农村 1200 万。穷人占全国人口总数约 37%。以巴西新闻媒体的界定，所谓穷人，即月生活费不足一个最低工资者（目前月最低工资约 80 美元）。在巴西穷人中还有一部分称为赤贫者，即月收入低于 76雷亚尔。这个数目是获得基本食品所必需的。目前，赤贫者约2200 万人。另外，有材料显示，巴西现有 1140 万个家庭人均月收入低于 100 雷亚尔。巴西的出版物有时还以贫困线为标准统计其贫困人口。1996 年，当时的贫困线为月收入 132 雷亚尔，以这项标准划分的穷人占全国总人口的 46%。国际比较发现，巴西穷人的相对数很高。在整个拉美地区，穷人所占比重约为 33%，但仍比巴西低大约 4—5 个百分点。东欧国家的人均收入水平与拉美相比无多大区别，但它的贫困人口只占 7%。

目前，在收入分配不公方面，巴西仍居世界首位。10% 最富的人的所得是 40% 最穷者收入的 28 倍。巴西《请看》杂志 2001 年 4 月发表文章，以 20% 最穷者需要工作多长时间可以达到 20% 最富者的月收入作为指标所进行的国际比较显示，包括发达国家和发展中国家在内共 16 个国家，其中波兰需要 3 个月，德国 6 个月，美国 8 个月，墨西哥 1 年 1 个月，危地马拉 2 年 6 个月，而巴西则需要 2 年 8 个月。巴西贫困人口之多，收入差别之大，说明国家的经济发展成果并未为社会所普遍享受。

（二）5 个地区之间和 26 个州（未计联邦区）之间发展程度差别巨大。巴西区域划分始于 1913 年，当时主要根据自然特征将全国划分为 5 个地区。1940 年，巴西地理统计局（IBGE）增加社会经济因素作为区域划分的标准。这样，虽然仍是 5 个区域，但区域的界线有了调整。直到 1990 年，区域划分又更改了 4 次。除 1945 年划分为 7 个地区外，其余均划分为 5 个地区，变化在于区域间的界线。目前，5 个地区的发展程度存在很大差别。里约热内卢天主教大学教授艾德马·巴夏（曾任 IBGE 主席），创造了一个葡萄牙语词——Belindia（比利时—印度），以此说明巴西的地区发展差别。这是两个巴西之说。还有一种说法叫"三个巴西"。本人认为后者更能说明巴西地区发展的差异性。巴西的发达地区是东南部和南部两个地区，尤其以圣保罗、里约热内卢和贝洛奥里藏特为中心的三角地区是国家经济发展的重心。在三角地区中，大圣保罗地区尤为发达。在大圣保罗地区中，A、B、C、D 地区是传统工业和新兴工业的集中地。其余 3

个地区，即北部、中西部和东北部地区是相对落后的地区。但
是，同为落后地区，情况也有所差别。北部和中西部属于尚待开
发的地区；而东北部地区，因砍伐巴西木、种植甘蔗、发展蔗糖
业、棉花种植业以及畜牧业活动曾使其成为巴西历史上的发达地
区，随后因经济周期转移以及当地自然条件较差，一直未找到后
续的经济增长点而衰败下来。

表1　　　　　　　　　　　5个地区的发展差别

	北部	中西部	东北部	东南部	南部
人均GDP（雷亚尔）	3907	6559	3014	8774	7692
人文指数	0.727	0.848	0.608	0.857	0.860
公共医院（家）	495	724	2191	1821	1112
文盲率（％）	15.6	9.7	24.6	7.5	7
汽车拥有量（辆）	971654	2555494	3967539	19400973	6811980
垃圾集中处理（％）	57.7	81.7	60.5	90.3	83.5

　　注：除人文指数是1996年的数字外，其余均为2000年的数字。

　　资料来源：*Almanaque*，Abril，2003。

　　各州之间的发展差距也相当大。最富的圣保罗州同最穷的皮
奥伊州相比可以说明这一问题。2000年，圣保罗州人均GDP为
9995雷亚尔，皮奥伊州为1872雷亚尔；圣保罗州月收入低于最
低工资者占总人口的比重为9.2％，皮奥伊州为29.5％（全国的
平均数为17％）。皮奥伊州穷人比重最高。圣保罗州人文发展指
数为0.868，皮奥伊州为0.534。正因为皮奥伊州很穷，它被选
为目前正在实行的"零饥饿计划"优先推行的地区。

　　（三）民族成分之间表现出社会地位的巨大差异。根据巴西
共产党的观点，巴西民族形成于18世纪末19世纪初。以葡萄牙

人为主的欧洲白人、黑人和印第安人是巴西民族的主要成分。他们是当今巴西1.7亿人口的基础。而今，在自称为白人的巴西人中，60%的人身上流淌着黑人或印第安人的血液。[①] 尽管如此，黑人仍然受到歧视（印第安人尚未完全融于巴西社会，其社会地位另当别论）。

巴西黑人占全国总人口的5.4%，如果加上黑白混血儿，其比重高达45.3%，人口约7300万。他们社会地位低下表现在诸多方面。他们难以进入国家政治领导层。卢拉执政后任命一位黑人为联邦最高法院法官，据说这是自1829年该机构成立以来，第一位黑人任法官。黑人比白人更难进入劳动力市场，黑人的失业率远远高于白人。以圣保罗为例，1988年，白人男子的失业率为13.8%，妇女为19.2%；黑人男子与妇女的失业率分别为20.9%和25%。白人家庭使用自来水和拥有排水系统的比重分别达到81%和73.6%，而黑人家庭的这一比重分别为64.7%和49.7%。这一切与黑人受教育程度低有关。黑人受教育的平均年限为4.2年，白人是6.2年。2003年12月一项调查显示，黑人受中等教育和高等教育的比重较低。在小学，黑人学生占51%，在中学和大学分别占40%和20%。

另一个社会现象是，目前巴西较广的地域中仍存在基隆博残余（Remanescentes de Quilombos）。这是巴西黑人在国家现代化进程中处于边缘化状态的明显特征。基隆博是17世纪逃亡奴隶的聚居地，那里采用非洲当时存在的社会组织形式。而今，它的某些特征虽然已不复存在，但它仍是一个游离于巴西社会的黑人社区。目前尚有724个这样的黑人社区。

---

① Veja, 20 de Dezembro, 2000.

三　影响经济与社会协调发展的因素

2003 年，巴西地理统计局发表的《20 世纪统计》揭示，自 1900 年以来的 100 年间，巴西人口增加了 10 倍，同期国家财富增长了 100 倍。直至 1973 年，巴西是世界上经济增长速度最快的国家。然而，如今以穷人之多、收入分配差别之大等指标所表现的社会发展同经济发展不协调的原因是什么？换言之，是哪些因素促使巴西的经济发展与社会发展的关系呈现出这样的结果？以下列举几项因素予以说明（80 年代以来经济低增长作为一种因素在此不作说明）。

（一）历史因素的作用。19 世纪末，巴西的奴隶制最终得以废除。获得"自由"的奴隶并未因巴西拥有广阔的土地而获得谋生手段。他们无土地、没工作、没有人权，流落到城市边缘，变成二等公民。他们的后代很难改变这样的社会地位。这就是当前在提及黑人与混血人种贫困状况时，为什么我们会时常听到"黑人穷，因为他生下来就穷"的解释。

（二）土地占有高度集中对经济发展与社会发展均产生重大影响。一般而言，传统土地所有制的改变应是工业化的前提条件之一，而巴西在其整个工业化进程中都未解决这一问题。这样，土地问题不仅对工业发展造成负面影响，同时也成为巴西严重社会问题的重要根源。目前，巴西约有 400 万户农民家庭无土地，即约 2000 万人被称为无地农民。他们因无生活手段而组织起来要求政府分配土地。1984 年建立的"无地农民运动"（MST）是巴西目前最有影响的农民组织。有 8 万个无地农民家庭参加该组织发起的占地运动，范围扩展到全国 26 个州中的 23 个。据说，他们以土地改革为策略，要达到社会主义革命的目的。在巴西，类似这样的组织还有"无土地解放运动""为土地斗争运动"
"无土地农业生产者运动"等。巴西一直存在着要求进行土改的
社会力量。1930 年革命虽然未触及农村生产关系，但自此之后，
土地问题便成为巴西政治中的主要话题。虽然政府制定的土地法
以及国家宪法均规定进行土改，甚至历届政府都有安置无地农民
数量的目标，政府也为此投入巨大财力，但时至今日，因土地问
题而引起的其他社会问题仍是政府面临的难题。目前，为土改政
府面临三个困难：大庄园主集团强烈反对，政府用于购买闲置土
地安置农民的资金有限，以及从农业生产效率而言将大面积土地
分成小块是否有利。有的学者认为，20 世纪的土改模式不适宜
现时情况。

　　（三）国民教育相对落后以及教育模式不利于国民收入的合
理分配。相当长时期以来，巴西学术界时有文章讨论巴西与东亚
国家（地区）的发展问题。一致认为，在五六十年代，巴西远
比它们先进，而今巴西落后的一个重要原因是不重视国民教育。
国家确立的教育模式也不利于国民的收入合理分配。1993 年世
界银行发展报告指出，国民收入不合理和教育水平差别所起的作
用占 1/4。1953 年，韩国只有 13% 的人识字，当时巴西的这一
比重为 50%。而今，巴西人均受教育程度为 4.88 年，而韩国是
10.84 年。缺乏教育不仅成为经济发展的瓶颈，而且从社会发展
的角度讲，低素质的劳动力除了工资收入较低外，往往是企业裁
员的对象。此外，在相当长的一段时期里，巴西侧重发展高等教
育。以教育投资的比重来看，在巴西《经济趋势》杂志（1998
年 2 月）所选择的 6 个国家中，巴西高等教育在三级教育中所占
比重最高，达 75%，墨西哥为 51%，委内瑞拉为 45%，智利为
30%，泰国为 12%，韩国为 10%。巴西确立以高等教育为主的
教育模式，与它战后以来所实施的经济发展模式有关。这一模式

的弊端在于未能使普通劳动力的素质得到普遍提高，并直接影响他们的收入状况。

（四）国民经济运行中曾长期存在的恶性通货膨胀致使普通国民收入受损。巴西的发展主义学派（Escola Desenvolvimentista）曾认为，以通货膨胀的办法使国民的积累流入国库是合法的，因为它使公共投资成为可能，因此有"生产性通货膨胀理论"一说。但理论研究表明，通货膨胀主要使穷人受损。巴西的历史实践验证了这一结论的正确性。萨尔内政府于 1986 年所实行的反通货膨胀计划虽然中途夭折，但在短期内它还是降低了穷人数量。1984 年巴西有穷人 6500 万，1986 年降至 4150 万。该计划失败后，穷人数量又回到了 80 年代初的状况。瓦加斯基金会一项调查显示，雷亚尔计划的实施结束了通货膨胀，使穷人的购买力提高了 5%。[1] 上述例子从另一面说明了通货膨胀对穷人的危害。巴西的工业化史就是一部通货膨胀和反通货膨胀史。计划部前部长、已故经济学家马里奥·西蒙森说，通货膨胀是巴西人生活的一部分。通货膨胀伴同的工业化进程，不能使国民、特别是穷人的生活水平有相应提高，由此不难理解。

（五）社会领域投资不合理。巴西社会发展中存在的主要问题不是投资少，而是投资不合理，这是巴西国内相当一部分人的共识。前总统卡多佐也持这种观点。《经济趋势》杂志根据拉美经委会和联合国的材料整理出的一份资料（1994—1996 年平均数）表明，在所选的 10 个拉美国家中，按人均社会投资计算，巴西最高，达到 741 美元，其中对教育的人均投入为 218 美元，卫生为 177 美元。居第二位的智利上述三个指标分别为 651 美元、139 美元和 114 美元。而 10 国的平均数分别为 255 美元、

---

[1] Veja, 8 de Outubro, 2003.

88 美元和 67 美元。近年来，尽管巴西的经济状况不好，但对社会领域的投资呈增加趋势。在卡多佐政府 8 年执政期间，用于社会救济计划的支出由 1994 年之前年均 150 亿雷亚尔增加到 2002 年的 300 亿雷亚尔。目前，巴西的社会支出（公共支出）约占GDP 的 20%。这一比重不算小，但其支出基本上有利于中产阶级以上的富人。就教育开支而言，政府对小学教育的支出有利于穷人，因为穷人的孩子集中在公立学校，而富人的孩子主要就读于教学质量较高的私立学校。中等教育的支出偏向哪些阶层不明显。但政府高等教育支出的 90% 用于占人口总数 40% 的富人子弟。政府失业保险受益者的 50% 以上是 40% 的富人，穷人所得保险约占 3%。这种情况反映出，政府以税收的形式从富人那里所得到的，最终又以各种形式大部分返还给富人。一篇关于国际比较研究的文章显示，在英国，政府以税收的形式从富人那里征收 100 美元，但以社会支出的形式只返还给他们 5 美元，另 95 美元为其他阶层所得。而在巴西，在 100 美元中，60 美元返还给富人，40 美元归其他阶层。由此可见，社会发展不只依赖于国家社会支出的总额，在很大程度上还取决于支出的分配状况。

四　社会领域的显著变化

就一个时点来看，巴西的经济发展与社会发展是不协调的，但它的社会发展还是很明显的。社会发展伴随着经济发展，而且社会领域的重大变化往往发生在重要的经济增长时期。一些历史学家认为，以重大事件发生为标志，人类 20 世纪的历史始于 1914 年第一次世界大战爆发，结束于 1991 年苏联解体，或 2001年 "9·11" 事件。从这一史学观点出发，巴西一些学者认为，巴西 20 世纪的历史始于 1930 年瓦加斯发动政变并上台执政。瓦加斯第一次执政时打下了巴西城市工业社会的基础。而这个世纪结束于 2003 年 1 月，即卢拉总统开始执政。在这为期 73 年的一个"世纪"里，巴西变成了一个现代国家。

瓦加斯第一次执政时期，巴西开始了进口替代工业化进程。在经济发展的同时，社会领域也发生了重大变化。建立最低工资制和实行劳动立法使劳动关系现代化，在一定程度上维护了劳动者的利益。所谓的基本生活费制（Cesta Basiea）也于 1939 年确定。在库比契克执政的 50 年代后半期，以"5 年等于 50 年"为口号，经济进入快速发展时期。在这一时期，除基础工业、基础设施进一步得到加强和发展外，耐用消费品（如电冰箱、国产汽车、电视机和小半导体收音机等）工业部门建立和发展起来。这种发展对于提高国民生活水平和改变他们的习俗具有重要作用。里约热内卢联邦大学教授弗朗西斯科·卡洛斯·特谢拉就此评论道："国家财富第一次进入巴西人家中。"① 正是在库比契克总统执政时期，产生了现代意义的巴西中产阶级，他们在国家的政治和经济舞台上取得了主角地位。1964 年上台执政的军政府开始了巴西的第二次工业革命（第一次在 30 年代）。军政府在继续完善基础设施——公路、能源和通信的同时，发展信息、石化和航空航天工业。经济的迅速发展使巴西成为世界第 8 经济大国。彩色电视开始普及以及电视节目卫星传送，推进了巴西国家一体化进程。那时，电视剧传播时尚，人们的生活习惯发生变化。正是在 20 世纪 70 年代，巴西的城市人口首次超过农村人口，由此开始了世界上少有的急速的城市化进程。

此外，巴西社会发展情况还可用以下例证予以补充。

——社会流动加快，致使社会阶级结构发生变化。1973—

---

① Veja, 8 de Outubro, 2003.

1996 年的 "23 年间，社会最下层人口减少了 1/3。与此同时，下中产阶级则变成了巴西社会人口最多的阶级"。现代化使更多的人有条件以自身的努力改变从前辈继承的低下的社会地位。在军界中，自帝国时代以来，高级军官的职位一直由社会上层家庭出身的人所垄断，而现在大部分将军出身一般家庭。目前，黑人的社会地位虽然依旧很低，但也有所改善。在截至 1999 年的 7 年里，黑人中产阶级人数增加了 10%，目前已占全国中产阶级总人数的 30%。

——人口增长模式发生变化。在 30 年代以来的现代化进程中，巴西形成了不同于传统社会的人口增长模式。在传统社会中，高出生率和高死亡率并存；在现代化进程初期，死亡率下降，致使人口自然增长率上升；尔后，随着工业化进程的发展，出生率下降，人口自然增长率下降。人口自然增长率的变化与妇女平均生育子女数量下降有直接关系。妇女生育子女数量的下降与妇女因经济发展改变价值观念以及国家能提供相应的物质保障有关。

——就业结构发生变化。这一变化除反映在经济活动人口部门间的分布外，还明显地表现在就业的地理分布方面。近 10 多年来，巴西的生产分布呈内地化趋势。内地兴起新的经济增长点，不断创造新的就业机会。新的 "就业地图" 有利于改变内地的落后面貌。

——妇女参加社会工作的比重增加。这种情况是在最近 30 年发生的。60 年代，妇女劳动力占全国劳动力总数的 18%，90 年代达到 40%。这种现象是伴随着妇女受教育程度提高而发生的。1981 年，9.5% 的女性受过完整的中学教育，90 年代中期这一比重上升至 16.4%。1992 年，妇女的平均收入是男子的61.6%；2002 年这一比重上升至 70.2%。

——国民教育发生了重大变化。1900 年文盲率为 65%，2000 年降至 13.6%。1933 年，在基础教育中，在校生为 210 万，1998 年达到 3580 万。1994 年，7—14 岁儿童就学率为 87%，2002 年为 97%。1933 年，高等教育中的在校生为 2.3 万人，1998 年达到 190 万人。

——医疗卫生状况得到改善。1908 年全国仅有 296 所医院，1999 年增加到 4.88 万所。另外，人的预期寿命显著增加，1900 年为 33.6 岁，2000 年为 68.6 岁。1930 年，婴儿死亡率为 162.4‰，2000 年降至 29.6‰。

巴西社会发展成果如同它的收入分配差别之大一样，同样受到国际社会的关注。2002 年，前总统卡多佐因对巴西社会发展作出贡献而获得联合国人类发展马赫布卜·哈克奖。在国际社会中，卡多佐是第一位得此殊荣的总统。

五　政府致力于社会发展

根据经济发展是社会发展之前提的观点，经济发展与社会发展不应是同步的，至少在国家经济实力积累到一定程度之前是这样。早在 1943 年，瓦加斯政府即提出"向西挺进"的口号。向西挺进主要的意义是促进社会发展，开发落后地区，加强巴西地域一体化。这一口号并未得到落实，主要原因是当时国家不具备相应的经济实力。巴西真正意义的地区开发始于军人统治的 20 世纪 70 年代，开发亚马逊地区和中西部地区的计划相继出台，内容包括移民垦殖，修建公路，建立农牧业企业和矿业企业，发展当地教育。80 年代末 90 年代初，巴西呈现出生产分布内地化趋势，至今势头不减。内地的经济发展带动了社会发展，并出现落后地区基础教育发展快于发达地区的势头。

　　政府以立法形式规定国家在社会发展方面的义务（如巴西现行宪法第 7 章中关于土地问题以及城市政策，第 8 章中关于教育、卫生事业发展的条款）。此外，巴西还有许多专门法律（如教育法、土地法等）以及以国家计划的形式制定社会发展目标。30 年代，瓦加斯开始执政时即开始制定国民经济部门发展计划，但全国性的发展计划是第二次世界大战之后才开始制定的。萨尔特计划（Plano Salte，1950—1951）最主要的一项内容就是关于卫生事业的发展。自萨尔特计划至今，巴西共制定了 17 项全国发展计划。前不久，现政府提出全巴西人计划（Plano Brasil de Todos，2004— 2007）。这些全国性的经济发展计划都或多或少地涉及社会发展问题。此外，巴西还制定专门领域的社会发展计划。第二次世界大战以来，政府颁布的成人扫盲计划就有 8 个：成人和少年教育运动（1947—1958）、全国扫盲运动（1958—1960）、全国扫盲计划（1964）、巴西扫盲运动（1967—1985）、青年与成年人全国基金（1985—1990）、国家公民权利与扫盲计划（1990—1992）、团结一致扫盲运动（1997—2002）和根除巴西文盲运动（2003）。应当指出，因种种原因，巴西历届政府的社会发展目标往往不能圆满实现，"纸上谈兵"的情况也不是没有。政府一般成立专门组织，采取特别措施，解决积累下来的严重社会问题。如卢拉总统针对穷人之多的社会状况，在政府内阁中成立了一个社会发展与减轻饥饿部（Min. of Social Development & Hunger Alleviation），亲自主持国家社会发展工作，执行"零饥饿计划"。这项计划的提出旨在实现总统竞选时向选民做出的解决贫困问题的承诺。他当选后向国民再次表示，在其任期结束时，要让所有巴西人每日有三餐可用。为达到此目的，卢拉本人十分努力，他不仅争取国内企业出资，也到国际上争取援助。在 2004 年 5 月上海召开的反贫国际大会上，他慷慨陈词，要求发达国家出资建立世界反贫基金。在东北部最穷的皮奥伊州等地，"零饥饿计划"已开始实施，但在全国推广，真正达到政府所预期的目标，尚需克服许多困难。其实，反贫困措施的提出并不始于卢拉政府时期。卡多佐政府针对国民贫困问题而提出的措施就有四五项之多（如家庭资助、学校奖学金、营养计划，以及团结契约等）。这些措施的实施虽有一定成效，但问题的严重性依然存在。反贫困化是世界性难题，需要长期持之以恒的努力。

参考文献

1. 富永健一主编：《经济社会学》，南开大学出版社 1984 年版。

2. 安德鲁·韦伯斯特：《发展社会学》，华夏出版社 1987 年版。

3. Bermardo Sorj, *A Mava Sociedade Brazileira*, Jorge Zahar Editor, 2000.

4. *Veja.*

5. *Exame.*

（原载《拉丁美洲研究》2005 年第 1 期）

中国文化传入巴西及遗存述略

　　中学西渐，说的是中国文化传至欧洲并对其产生重要影响。这一历史现象已为中国人所熟知。然而，中国人中知道中华文化如何传到巴西且至今仍有遗存可寻者，为数甚少。提出中国文化对巴西产生影响这一论点的不是中国学者，而是巴西学者。巴西当代伟大思想家、社会学家、东方学家吉尔贝托·弗莱雷（Gilberto Freyre，1900—1987）远在 1936 年即指出，阿拉伯文化、伊斯兰文化、印度文化和中国文化对巴西文化的形成产生重要影响。他甚至提出，"巴西是美洲的中国"这样一个命题。[①] 这一论点已得到巴西中国学家的认同[②]。巴西现任文化部长吉尔托·吉尔 2004 年 10 月 11 日在北京大学巴西文化中心的一次演讲中说，中国上乘而精致的物件，诸如丝绸、刺绣、瓷器和香扇等尚存于巴西，成为当今两国拥有共同点的深厚基础。

　　近年来，由于中巴关系迅速发展，中国文化传入巴西及对巴

---

　　①　*Jornal da Tarde*，30/7/1994.

　　②　塞韦里诺·卡布拉尔：《认识今天的中国：中国现象的巴西观点》，雅尼丝、伊利克主编《巴西与中国——世界秩序变动中的双边关系》，世界知识出版社 2001 年版，第 169 页。

西的影响已成为巴西学者研究的课题。相比之下，中国学者在这方面尚未有重要建树。研究中国文化对包括巴西在内的拉丁美洲的传播及在那里产生的影响，应是中国学者提到日程上的任务。本文仅就中国文化传入巴西及当今可寻的遗存、澳门在中国文化传入巴西过程所起的桥梁作用、中国文化缘何未对巴西主流文化的形成产生重要作用作简要论述。

一　中国文化传入及遗存列举

物的交流与人的迁徙是文化传递的重要载体。美国著名汉学家费正清说过："炮艇和纺织机器是常常带着他们的哲学一起进来的。"[①] 在早期，中国文化向巴西传递主要是通过物的交流而实现的。

（一）农作物的移植

巴西从中国移植的农作物种类虽然不多，但却是非常重要的品种。茶为其中之一。1812—1819 年间，一批中国内地茶农被葡萄牙殖民者招募经澳门遣往巴西里约热内卢。此前，里约热内卢植物园（建于 1811 年）已于 1812 年获得了由澳门寄去的茶种。在当时出版的《巴西游记》一书对中国人在里约热内卢种茶作了肯定性的描述。该书作者于 1817 年写道，在里约热内卢植物园中有 600 株中国茶树。来到巴西的中国茶农"不是那些因生活贫困而背井离乡流落到爪哇及邻近岛屿像西班牙和葡萄牙的加利西亚人那样找工作的沿海居民，而是来自中国内地种茶经

[①]　费正清：《美国与中国》，世界知识出版社 1999 年版，第 182 页。

验丰富"的人。^① 文献记载，1808—1812 年间任巴西外交大臣的 D. 罗德里格·德索萨·科蒂尼奥·利尼亚雷斯伯爵，是他制定了将熟知种茶的中国垦殖农引进巴西的方案。上述情况为巴西森林协会于 1994 年在该国国家图书馆、国家档案馆查阅大量文献资料后予以证实。至今矗立在里约热内卢巴西蒂茹卡国家森林公园的著名的中国亭，是 19 世纪初中国侨民先驱者在巴西生活和劳动的象征。中国人在巴西种茶获得一定成效，但巴西终未成为一个主要产茶国。其中原因虽然很多，但一个重要原因是英国极力反对巴西种茶。英国人不允许在其茶叶国际贸易垄断中出现竞争对手。英国人认为，同先前巴西发展蔗糖生产并成功将其销往领地以外一样，巴西如果发展茶叶生产，有可能使上述情况重演。因此，英国王室极力进行扼制。^② 巴西引进华人种茶的意图虽然没有完全实现，然而中国文化却因中国茶农的进入，以及种茶技术和饮茶方式的展示而传入巴西。放弃种茶营生、定居在巴西的中国人，多数以商贩为生。中国人从事职业范围的扩大，扩大了他们在巴西的活动范围，因而也扩大了中国文化在巴西的传播和影响。

在传到巴西的作物中，我们还应该提到大豆。具有权威性的巴西《拉胡斯文化辞典》认定，大豆原产于中国。^③ 虽然大豆是如何传入巴西的至今尚未有定论，但是巴西学术权威对大豆原产地的认定，表明巴西的大豆不是直接就是间接由中国引进的。1882 年，巴西在巴伊亚地区开始种植大豆。通过澳门而形成的中巴货物贸易网络，从理论上说应该是中国大豆传入巴西的渠

---

① 转引自澳门文化司《文化杂志》（中文版）1995 年春季号，第 34 页。

② 同上书，第 8 页。

③ *Larousse Cultural*, Editora Univevrsa, 1988, p. 779.

道。在已形成的东西方贸易网络中，"巴西、葡萄牙和欧洲的产品贩运至印度和中国；印度的产品被贩卖至中国；中国的产品被贩至巴西和欧洲"①。巴伊亚在历史上是东西方船只在巴西的停泊地和东西方货物的集散地。看来，巴西的大豆种植首先始于巴伊亚地区，这绝非偶然。可以推测，中国大豆种子很可能是通过巴伊亚（萨尔瓦多）而进入巴西的。

巴西的巴伊亚地区属热带气候，该地不适宜大豆种植。在相当长的时期里，巴西的大豆种植并未形成规模，与此不无关系。20世纪70年代之后，巴西的大豆种植得以振兴。种植地域由南方逐渐向中西部地区扩展，现在亚马逊地区也成为大豆的重要产区。目前，巴西已是世界上仅次于美国的第二大大豆生产国。大豆种植和出口改变了巴西农业的种植结构和出口产品结构，也使人口的地理分布发生了变化。然而，以豆腐和豆浆为代表的中国大豆饮食文化时至目前在巴西却未形成。在巴西人的日常饮食中未有豆腐，因而也未有一个专有的名词可以准确地表达豆腐的概念。这可能与巴西民族以肉食为主的习惯密切相关。

（二）器物的传递

已有充分的资料显示，"在18世纪和19世纪初，巴西就已有超乎寻常估计的中国产品，包括各种质地的布品（普通丝绸、南京丝、手帕、被服、衣褂、缎质床单、南京棉布等）、纸画和绢画、扇、女士饰物、漆盒、普通陶器、陶罐、瓷器、傢俬（家具）、艺术品、烟花等"②。19世纪末，赴北京谈判的巴西代表

---

① *Angela Guimaraes，Uma Relacao Especial：Macau e as Relasoes Luso - Chinesas，1780/1844，*p. 198.

② 转引自澳门文化司《文化杂志》（中文版）1995年春季号，第29页。

团成员中的一位曾说，广州的家具与他里约热内卢家中的家具几乎没什么两样。他认为，他家的家具具有"殖民地"特征，是"我们的祖辈从澳门带来的"①。以下列举由中国传至巴西的几种物品。

1. 水磨，中国人很早就发明了水磨。16 世纪初葡萄牙人将其带到欧洲。在巴西殖民时代初期，葡萄牙殖民者布拉斯·库巴斯（Bras Cubas，? —1592 或 1597）将它带到巴西。布拉斯曾在亚洲生活过。他于 16 世纪 30 年代参加了由马丁·阿丰索·德索萨所率领的葡萄牙向巴西殖民的远征队。在桑托斯建城之前，布拉斯于该地建了一个庄园。根据当时的条件，布拉斯有可能在其庄园中首先使用中国磨。巴西历史学家弗朗西斯科·阿道夫·德瓦尔雅热甚至认为，葡语 manjolo （水磨）一词源于汉语"磨"②。引进中国器物，在巴西殖民地时期已成为时兴。

2. 瓷器，阿拉伯航海家于公元 9 世纪将中国瓷器引进近东。1502 年葡萄牙人带回欧洲第一批瓷器花瓶③。瓷器不仅是传入巴西最早的中国产品，而且也是进入巴西最多的中国产品。据专家考证，大约在 16 世纪末，中国瓷器就进入了巴西。④ 当时在巴伊亚、伯南布哥和圣保罗等地都出现了中国瓷器。1827 年 11 月 10 日《商业日报》曾发布一则广告，说中国南京和广东的蓝色碗已到巴西⑤。那时在殖民地社会上层圈子里，使用中国产品已

---

① 官龙耀：《在全球旋风中的澳门与拉丁美洲》，载张宝宇主编《澳门桥通向拉丁美洲》，澳门亚太拉美关系促进会，2006 年，第 23 页。

② Jose Roberto Teixeira Leite, *A China no Brasil*, *Editora da Unicamp*, 1999, p. 91.

③ 雅克·布罗斯：《发现中国》，山东画报出版社 2002 年版，第 44 页。

④ Jose Roberto Teixeira Leite, *A China no Brasil*, *Editora da Unicamp*, 1999, p. 211.

⑤ Gilberto Freyre, *China Tiopical*, Editora Unb, 2003, p. 87.

成为一种时尚，"中国瓷器对于显示巴西贵族餐桌上的豪华是不可或缺的"①。到 18 世纪末，由于受到精美绝伦的中国瓷器的刺激，有人开始在里约热内卢生产粗瓷和模仿生产中国漆。

3. 纺织品、服饰，美国历史学家 L. S. 斯塔夫里诺斯在论述西属殖民地西班牙化进程时指出，服装式样也体现文化的内涵。他指出，"许多服装也是西班牙的，其中包括男人用的宽檐帽、妇女用的棉布遮头物——薄头纱、头巾或装饰用的毛巾等"②。服饰可以改变和表现出文化特征。到 19 世纪末，中国的纺织物和服装至少在巴西某些地方已相当流行，"印有黄色和红色龙图案的典型男童内衣或印花布和服，为孩子们通常所穿用"③。当时在巴西，一般上层人士所穿的如果不是从东方进口的衣服，就是用从东方进口的衣料在当地制作的衣服。法官穿的黑袍附有中国式样的刺绣。弗莱雷认为，为法官进口大袍这种做法，说明两个不同的社会与文化制度之间，即巴西与东方之间具有深厚的亲和力。东方主要由中国和印度所代表④。1830 年，在里约热内卢海关街的商店里，人们可以买到中国的丝质大披肩、刺绣头巾，以及印度的餐巾等装饰、床上和餐厅用品。这些商品成箱或散装地从中国运来。在 15 和 16 世纪的欧洲海外扩张中，葡萄牙居于领先地位。由于葡萄牙人将东方产品带回欧洲，则使葡属巴西的贵族便较早得以见识。伯南布哥沿海和巴伊亚万圣湾地区的巴西贵族得以立刻享用在欧洲只有皇室在 16 世纪才认识的东方产品，

---

① 官龙耀：《在全球旋风中的澳门与拉丁美洲》，载张宝宇主编《澳门桥通向拉丁美洲》，澳门亚太拉美关系促进会，2006 年，第 24 页。

② ［美］斯塔夫里阿诺斯：《全球通史》，北京大学出版社 2004 年版，第 642 页。

③ 官龙耀：《在全球旋风中的澳门与拉丁美洲》，载张宝宇主编《澳门桥通向拉丁美洲》，澳门亚太拉美关系促进会，2006 年，第 27 页。

④ Gilberto Freyre, *China Tiopical*. Editora Unb, 2003, p. 60.

诸如来自中国和印度的扇子、用作餐具的瓷器、床单、茶具和太阳帽等。

（三）艺术品的传入

瓷器进入巴西不但是作为一种器物，而且因为其蕴藏着东方文化的内涵而作为一种艺术品。1722 年 6 月"天使皇后"号在驶往欧洲途中欲停靠里约热内卢港因起火而沉没于瓜纳巴拉湾。船上载有康熙皇帝赠送给格肋孟十一世和葡萄牙国王唐·若昂五世的礼品，其中包括数百箱康熙朝时期瓷器。巴西海军文化与历史遗产研究所现已勘察并确定出沉船的位置——距桑多斯·杜蒙特机场和费斯卡尔岛不远的海域，该单位拟组织打捞这艘沉船。① 中国瓷器进入巴西之后，不论是作为器物还是艺术品，均得到较快推广。在一些贵族家庭的财物清单中，人们至今可以找到有关中国瓷器的记录。在当时的巴西市场上，中国瓷盘价格约是欧洲瓷盘的 4—12 倍。② 到 20 世纪的时候，巴西的普通居民使用中国瓷器并不罕见。在 20 世纪 20 年代，"在萨尔瓦多，如果你路过一个工地，中午的时候，你可以看到石匠和其他工人正在用中国盘子吃午饭"③。

在巴西学术界一个流行的看法认为，从巴西殖民地时期至 19 世纪初，随着中国商品进入巴西，毫无疑问，中国绘画也传入了巴西。一个当时的旅行者在其记载中说，18 世纪初，在伯南布哥的土宦家中，他亲眼见过中国绘画。不仅如此，中国艺术家可能到过巴西并在那里作画。里约热内卢一位收藏家所收藏的

---

① 黄庆华：《中葡关系史（1513—1999）》，黄山书社 2006 年版，第 400 页。

② Jose Roberto Teixeira Leite, *A China no Brasil*, Editora da Unicamp, 1999, p. 212.

③ 同上。

《瓜纳巴拉湾风光》这幅描写里约热内卢景致的作品，即出自中国画家之手。这位画家叫宋呱（Sun Qua），广东人，1830—1870年间先后在广州从事专业绘画。根据他所作的巴西风景画，"有些巴西作者甚至认为他在19世纪最初几十年可能在巴西待过[①]。然而，具有中国风格的绘画在巴西传播并产生广泛影响的是具有宗教色彩的绘画。因此，有人认为，中国艺术家在18世纪有可能在那里亲自作画。这些具有东方中国影响的绘画，正如其名称所表示的，毫无疑问，是由来自于印度和中国的葡萄牙殖民地商站的艺术家和工匠所为。在这一时期的许多教堂和纪念性建筑物中，人们能够在绘画中看到一些人物及其着装具有印度或中国特征"[②]。巴西学者弗朗西斯科·维德拉·佩雷斯教授1982年12月6日在《澳门日报》发表文章，介绍了中国艺术在巴西的遗存。"分散在巴西各地的著名'历史城市'中，保存着一些具有中国特点的艺术品。"这些艺术品究竟是如何产生的，是中国艺术家来到这里亲自创作的吗？巴西专家更偏向如下说法，即这些艺术品是在澳门定做的，或者就在巴西由本地艺术家根据澳门的图片制作的。笔者认为这种说法比较可靠。

说到中国绘画艺术对巴西的影响，不能不提到中国近代著名国画大师张大千。张大千在其84岁的生命长河中，其中有17年（1954—1970）生活在巴西，其侨居地是圣保罗州的莫日—达斯克鲁济斯。在那里他与家人为伴，虽然深居简出，但他的画作曾在圣保罗多次展出。1972年美国旧金山亚洲艺术与文化中心曾举办张大千画展，共展出画家在1928—1970年间所作的54幅作

---

① 转引自澳门文化司《文化杂志》（中文版）1995年春季号，第55页。

② Jose Roberto Teixeira Leite, *A China no Brasil*, Editora da Unicamp, 1999, p. 179.

品，其中有 19 幅作于莫日—达斯克鲁济斯。至今在莫日—达斯克鲁济斯和圣保罗仍有张大千的后人在那里居住。与此同时，他的许多大作在巴西被收藏。

（四）建筑风格的影响

前文提到的中国亭，是中国式的工程作品。有人以此推断，中国式的其他工程作品也可能存在于巴西。时至今日，巴西某些建筑物采用尖屋顶，屋檐由翅托支撑，屋顶的瓦涂油彩并以龙或其他虚构动物形状进行装饰，这是中国古代建筑风格对巴西建筑影响的表现。特谢拉教授在其专著《中国在巴西——中国在巴西社会和艺术中的影响、标记、反响和遗存》中，有力地说明了中国建筑风格对巴西的影响。一个例子是位于 Sâo Roque 的一所大房子，它建在石头垒成的平台上，这是中国自远古以来就采用的技术。另一例子是位于圣保罗州的伊纳西奥神甫庄园的一所大房子，其屋檐以狗形象的椽子作支撑，形成类似中国的大屋顶建筑。不仅建筑的外观、建筑物的地基处理均存在某些中国影响，而且在建筑物，特别是教堂的内部装饰方面存在"建筑式样类似于中国的风格"。

（五）习俗与生活方式的传入

随着以器物为载体的中国文化传入巴西，中国的习惯和风俗以及健身方法和处世哲学也进入了巴西，在这方面，"中国对巴西产生了重要影响力"[1]。我们尚不知中国武术何时传入巴西，但它在巴西已相当普及。据一位在巴西传授中国武术的华人陈国

---

　① Camara Brasil – China de Desenvolvimento Economico, *Parceira Brasil – China*, Edicao Especial, 2004, p. 26.

伟先生估计，他在巴西生活的 42 年中，已向 6 万多巴西人传授
了武术这门中国功夫。他认为若把他的弟子的学徒计算在内，那
么目前巴西有近 50 万人会中国功夫。此外，估计巴西以中国太
极拳健身的人数超过练中国功夫的人数，因为这项体育健身活动
会得到更广泛年龄层人的欢迎。中国文化的经典著作，诸如
《论语》《易经》《孙子兵法》等，以及"风水"之说在巴西已
得到广泛传播。在知识分子中，以"易经"之道和根据"风水"
行事者为数不少。特别是一些年轻人，他们更热衷于研究"风
水"。在香港出版的这类英文著作在巴西很流行。

　　在 19 世纪 40 年代之前的巴西公众社会中，一些类似于中国
人的习俗较为时兴。这是巴西人对中国文化欣赏的一种情感反
映。法国 19 世纪重要画家马奈 17 岁时曾到巴西作过一次旅行。
在他发自里约热内卢的一封家信中有这样的描述：巴西妇女一般
而言都很美丽，她们的发式是中国式的，在街上行走不戴帽子。
她们的服装很轻薄，其习惯与我国（法国）不同。[1] 特谢拉教授
认为，马奈的信因为提及了 19 世纪中叶里约热内卢所保持的来
自亚洲的习惯而非常有价值。当时巴西人的具有东方特征的习
俗，女人比男人更具明显特点，乡下比城里更突出。从 19 世纪
中叶开始，巴西社会呈明显西化趋势。男人的东方习俗首先受到
限制。当巴西男人以雪茄烟取代牙签，以雨伞取代太阳帽，以骡
马拉着的公共马车取代由黑奴抬着的轿子的时候，巴西妇女仍以
穿着、梳妆打扮东方化、早婚多子、深居简出为时兴，好像时光
在停滞。弗莱雷认为，轿子的使用是东方文化在巴西存在的一种
表述。这种贵族的交通工具在殖民地时代是相当普及的。此外，

---

[1] 　Jose Roberto Teixeira Leite, *A China no Brasil*, Editora da Unicamp, 1999, p. 27.

我们还可以列举诸多例子，表明中国人的习俗在巴西的存在并对其产生的影响。斗鸡、放风筝，普遍使用烟花；使用以中国主题装饰的红色枝形大烛台；奴隶为糖业主、甘蔗园主和烟草庄园主撑着太阳伞；双亲或施主对奴隶、女人和子女拥有生杀大权；礼节规则中突出礼仪程序；药典中的多种药品和药物处方；对小脚女人不可抗拒的迷恋；玩仿制中国人的纸牌，等等。这说明，"中国对巴西的影响确实存在"，"在西方世界巴西可能是特有的个例"①。这是《中国在巴西》一书的作者特谢拉·莱特教授经过研究得出的结论。

二 澳门的中介作用

葡萄牙学者、澳门国际研究所理事会秘书长官龙耀（Luis SáCunha）先生认为，"中国是通过澳门到达巴西的"②。官先生这一观点是成立的，至少在 19 世纪 80 年代之前是这样。1881年中国清政府与巴西帝国在天津签订了《中国巴西和好通商航海条约》，两国正式建立了外交关系。1883 年巴西在上海设立领事馆；"清政府指派驻法国使臣兼管巴西使事"。从此开始了两国的官方接触。然而，两国的民间交往，特别是中国文化通过器物载体传入巴西却先于官方接触很早就发生了。在 19 世纪头 20年，中国茶农到里约热内卢种茶。而中国的丝绸、瓷器等，应在巴西的殖民地时期即被引入使用和欣赏，其途径也是经过澳门传入。

①官龙耀：《在全球旋风中的澳门与拉丁美洲》，载张宝宇主编《澳门桥通向拉丁美洲》，澳门亚太拉美关系促进会，2006年，第26页。
②张宝宇主编：《澳门桥通向拉丁美洲》，澳门亚太拉美关系促进会，2006年，第23页。

　　澳门在历史上之所以能发挥如此重要的中介作用，是由一系列的历史条件所促成的。15世纪，葡萄牙开始向东方进行贸易扩张，16世纪它控制了海上通道。在1553年，它以晾晒水浸货物为名，获当地中国官员允许在澳门暂住，但由此却开始了葡萄牙占领中国领土长达400余年的历史。

　　在此之前葡萄牙于1500年"发现"了巴西。占领了中国的澳门后，于16世纪中叶在那里建立了贸易货栈。随后葡萄牙商人先后开辟并形成了以澳门港为基地的三大航线。其中澳门—果阿—里斯本航线使中国得以与巴西沟通。葡萄牙当局虽然不允许澳门与巴西之间进行直接贸易，但由东方开往葡萄牙的船只在巴西的萨尔瓦多港和里约热内卢港为补给而停靠的事不时发生，由此开始了澳门与巴西之间的联系，亦是中国通过澳门与巴西交往的开始。特别是1690年在巴西米纳斯吉拉斯发现金矿之后，这种停留就更加频繁。以东方产品换取黄金和烟草的走私活动日趋严重。葡萄牙占领下的澳门，主要以航运和贸易而生存。长崎、果阿和马六甲是澳门对外贸易的主要港口，随后其交往逐渐扩大，澳门的触角伸进亚洲各主要地区：马尼拉、爪哇、帝汶、暹罗、孟买等，当然也间接达到巴西。澳门人向外提供中国产品，诸如丝绸、工艺品、茶叶、瓷器等，作为中国文化载体的各种产品就这样传到包括巴西在内的世界其他地区。1810年，澳门当局被葡萄牙王室允许与巴西直接进行贸易，因此中国商品比先前更多地进入巴西。1822年巴西独立后，巴西在寻求与中国的交流过程中仍然以澳门为其主要贸易伙伴。中国文化以物为载体通过澳门传入巴西，这是第一个也是最重要的途径。

　　第二个途径是通过中国移民传播。"不同类型的移民是带着不同文化'货物'到达目的地的，移民们仿照自己家乡的模式来改造移民区。"[1] 最新的说法表明，目前巴西的华人（华裔巴西人和华侨）约有 20 万[2]。中国向巴西移民的先驱是 19 世纪初被迁去的数量有限的茶农。他们分别在里约热内卢和圣保罗种茶，以及在里约热内卢参加修筑铁路的劳动。19 世纪中叶之后，随着巴西劳动力短缺形势的出现和加剧，"澳门葡萄牙人曾经把为数不多的华人带往巴西"。1923 年出版的一份材料表明，当时在巴西境内共有 2 万中国人[3]。现在在巴西的华人绝大部分是在 20 世纪 50 年代和 70 年代之后移居巴西的。他们主要来自广东、浙江和台湾，生活在圣保罗和里约热内卢地区。他们以自身的职业向巴西社会传播了中华饮食、医药（特别是针灸）文化和以武术、太极拳为代表的健身方法。近年来，由于中巴关系的密切发展，许多华侨投身于汉语教学和直接传播中华文化的活动之中。

第三个途径通过土生葡人传递。澳门的土生葡人主要是中葡混血人，也有葡萄牙人与印度人、东南亚人、意大利人等的混血儿。这是 400 余年来，中西文化融合的表现和产物。土生葡人在葡本土已无近亲，而将澳门看作是他们祖先的发祥地和永久归宿地。他们的家庭生活虽然表现为西方情调，信奉天主教，但他们都能操一口流利的广东话，并且因为大多数具有中国血统而受到中国文化的熏陶。一般而言，在土生葡人的家里都雇佣华人保姆。她们除以中国人的习俗和方式完成家务工作外，还以中国语言（广东话）、故事和歌曲影响土生葡人的子女。澳门的土生葡

---

① ［英］迈克·克朗：《文化地理学》，杨淑华、宋慧敏译，南京大学出版社 2003 年版，第 30 页。

② *Parceria Brasil – China*，Edicão Especial，2004，p. 46.

③ 陈翰笙主编：《华工出国史料汇编》第 6 辑，中华书局 1984 年版，第 282—285 页。

人现已分散到世界各地，但在巴西定居的较多。他们在里约热内卢和圣保罗分别成立"澳门之家"。中国文化不仅可以借助普通的土生葡人通过日常生活而传播，更主要的是土生葡人作家在这方面起了重要作用。"从 19 世纪起就出现了几位澳门作家，他们以文学、历史学或人种学、社会学和政治学的形式向我们展示了本澳和中国各方面的情况。"① 这些著作有的已被巴西国家图书馆所收藏。在澳门现代的土生葡人作家中，我们应提到女作家阿尔达·安热罗。她被誉为"沟通澳门（中国）与巴西的作家"。她所选编的《中国短篇小说奇观》在巴西圣保罗以葡文出版，向巴西读者展现了约 14 个世纪的中国文学创作和社会发展、演变情况。她的另一部在巴西出版的著作——《东方杂记：短篇小说、游记、烹调》，向巴西读者介绍了中国的节日活动和民俗、中国烹调以及烟熏疗法和相术等。此外，澳门与巴西在历史上官员与传教士的交流，无意中也会起到文化交流的作用。有两个巴西人曾先后任职澳门总督，一度曾有众多的传教士从澳门逃亡巴西和耶稣会士在巴西被驱逐的事件。

三　中国文化传入巴西的特征

巴西著名考古学家、博物馆国际委员会考古和历史博物馆国际组织主席费尔南德·德卡马尔戈—莫罗认为，"中国和巴西之间的联系交往在 16 世纪后半叶通过作为葡中两国关系及作为对日贸易基地的澳门提供的开放机会而得以开始。后来，这种联系又通过该交往带来的或澳门直接或通里斯本间接输入的'物与人'而更加密切。于是澳门渐渐地和巴伊亚及里约热内卢建立

---

① 澳门文化司：《文化杂志》（中文版）1995 年春季号，第 78、5 页。

了对话，这种对话发展到多种形式，并且逐渐扩展到内陆地区"①。由此可见，中国与巴西之间的联系开始较早。其起始时间基本上与欧洲所出现的"东方热"和"中国热"相仿。"瓷器、漆器、丝绸等这类当时被称为'中国货'的贸易在 17 和 18 世纪时（在欧洲）非常繁荣兴旺。"② 当时，中国文化向巴西传播也是以这类"中国货"为载体的。那么中国文化向巴西传播过程中呈现出什么特点呢？

首先，中国文化传入巴西以有形文化为主。可以将文化分为有形文化和无形文化两种。有形文化即体现于物质的文化各类商品，民居、庙宇和教堂等都是文化的一种载体，茶、瓷器、漆器以及丝绸等是最能表达中国文化的商品。无形文化一般是由民间传说、传统的观念和著作与画作来表现的。如今，在巴西的书店中，我们不难发现中国思想与文化的经典著作以及古代和现代的中国文学作品。但中国文化传入巴西的，特别是 19 世纪中叶之前主要是以商品为载体的有形文化。换言之，中国文化传入巴西以有形文化为主，无形文化次之。二者在传入时间上也并非齐头并进，是有形文化在先，无形文化随后。这一特征与中学西渐，中华文化传入欧洲时明显不同。欧洲人认识中国文化首先不是从器物开始的，而是 13 世纪末出版的《马可·波罗游记》以文字形式将中国文化传入欧洲。而中国的器物，诸如前文提到的"中国货"传入欧洲是在 16 世纪末和 17 世纪初。与此同时，当16 世纪耶稣会传教士进入中国后，他们便开始翻译和诠释儒家经典，将其介绍到欧洲。金尼阁（Nicolas Trigault，1577—1628）

---

① 澳门文化司：《文化杂志》（中文版）1995 年春季号，第 78、5 页。

② 安田朴：《中国文化西传欧洲史》，耿昇译，商务印书馆 2000 年版，第 525 页。

将《五经》翻译为拉丁文，并于 1624 年出版。显然，中国文化传入欧洲与传入巴西其过程是不同的。当时巴西社会文化水平低是造成上述情况出现的重要原因之一。

其次，中国文化为什么能传入巴西并在相当长的时期对巴西社会产生重要影响？关于这一问题，除了澳门在双方沟通方面能起着桥梁作用外，我们分析一下当时的巴西与中国的情况及世界形势即可得到答案。

葡萄牙于 1500 年"发现"巴西后，它在前 30 年的努力是保证对新土地的占领，而后才在巴西开始殖民活动。国家和天主教会是它使巴西殖民化的两个基础组织。在经济方面实行建立在黑人奴隶劳动基础上的大种植园制，同时引进宗主国的政治制度进行统治。除此之外，形成一种文化认同是殖民地社会存在和发展所必需的。巴西的文化不能建立在印第安人文化的基础上，因为在殖民地的巴西，实际上"不存在一个真正的印第安民族，而仅仅是一些零散的、许多情况下是互相敌对的族群"①。黑人文化，由于黑人的奴隶地位，显然也不能成为巴西文化的主流。作为巴西殖民地社会的主流文化只能是作为宗主国的葡萄牙的文化。当时作为欧洲的一个小国、穷国和只有短暂历史的葡萄牙，其文化容量狭小，底蕴浅薄，难以使巴西社会普遍认同，它必须吸收印第安人文化、黑人文化和其他文化而形成一种新的文化。按道理讲，巴西的葡萄牙当局应当吸收更多的欧洲天主教国家的文化以丰富巴西文化，但是这种前景被葡萄牙的政策所限制。在殖民地时期，巴西虽然不断受到荷兰和法国等殖民主义者的侵入，并且荷兰曾一度占领巴西东北部长达 24 年之久，但"在 16

---

① 博勒斯·福斯托《巴西简明史》，刘焕卿译，社会科学文献出版社 2006 年版，第 8 页。

和 17 世纪的 200 年里，西班牙与葡萄牙成功地控制它们的海外殖民地，不让其他欧洲国家染指"①。因此，吸收其他地区，特别是东方的先进文化，虽然不是其主动的行为，但因贸易的发生而成为历史上的现实。

在 15 世纪之前，中华文明遥遥领先于西方文明。从汉朝到明朝初期，中国的科技在世界上一直领先长达 14 个世纪以上。先进国家的文化总是对落后地区发生强烈的影响。特别是在 16 世纪欧洲开辟东方航路之后，中学西渐风行数百年。到 18 世纪前半叶，随着中国商品输入的增加，出现欧洲模仿中国风尚的形势。美国中国史专家史景迁说："在 18 世纪中叶这一短暂的时期中，中国热席卷欧洲，法语通常用'chinoiserie'（意为中国的艺术风格）这个词来描述这股热潮。"② 中国物品和文化大量传入欧洲的时期，正是巴西风行输入中国商品和引进中国文化的时期，与法语 chinoisefie 相对应，在巴西的葡语词汇中也出现了一个新词：chihesice。葡语权威词典对此所作的解释是"按中国人的方式或方法行事"。可见，19 世纪中叶之前，巴西对中国文化的接受是在世界的大背景下发生的，它绝非一个与世界发展毫无联系的历史进程。

再次，中国文化最终未对巴西文化始终如一地产生重大影响，为什么？吉尔贝托·弗莱雷认为，直到唐·佩德罗二世执政初期，东方文化仍在巴西有着强烈的影响。这种影响在 1840 年之前仍比较明显。"自此而后，西方（文化）渗入到巴西的贸易、经济以及仍是家长式的但已具有资产阶级（内涵）的道德

---

　　① ［荷兰］彼得·李伯庚：《欧洲文化史》，赵复三译，上海社会科学出版社 2004 年版，第 489 页。

　　② ［美］史景迁：《追寻现代中国：1600—1912 年的中国历史》，黄纯艳译，上海远东出版社 2005 年版，第 152 页。

文化中，而东方的影响则表现为苟延残喘。"① 这是由诸多历史因素造成的。

19 世纪中叶的巴西社会已经发生了重要变化，由于英国工业革命成果的传递，巴西开始建设工厂、修建铁路。英国的资本与技术在巴西被推广与运用，西欧文化与生活方式已被巴西人热烈地接受。吉尔贝托·弗莱雷曾经为他的国家在当时"不加选择地从欧洲接受的一切事物开列了一张单子。这张单子中包括汉堡的黑啤酒、英式村舍、蒸汽机（1819 年汽船就在圣萨尔多湾上定期航行了）、白亚麻布夏装、义齿、煤气灯以及（先于上述一切的）秘密会社"②。巴西在欧洲化（西化）。此外，巴西的西化在当时还因为另外一个因素，即大批欧洲移民的进入而得到加强。引进欧洲移民不但解决了劳动力问题，而且使"巴西尽快地欧洲化"。当时巴西上层社会盛行白人至上论和社会达尔文主义，所以在是否引进中国"苦力"问题上，曾发生过激烈的争论。巴西引进欧洲移民始于 19 世纪中叶，在 1870— 1880 年间形成了一个高潮，间断性地持续到 20 世纪中叶，共计约 400 万移民进入巴西。③ 欧洲移民带来移出国的风俗习惯和文化，使巴西更加西化。另一方面，中国自 1840 年之后已成为半封建半殖民地社会，它已失去了历史上曾享有的国际地位。当时的中国不可能有时兴的工业产品向巴西出口。英美以商品为载体的文化输出以及思想与生活方式的传播，自然使巴西社会淡化了对中国古老文化的认同。中国文化未对巴西产生持久的重要影响，这是情理之中的事。

---

① Cilberto Freyre, *China Tropical*. Editom Unb, 2003. p. 89.

② ［法］费尔南·布罗代尔：《文明史纲》，肖昶等译，广西师范大学出版社 2003 年版，第 33 页。

③ *Almanbuue Abril*, Brasil 2005, p. 190.

参考文献

1. Jose Roberto Teixeira Leite, *A China no Brasil*, *Editora da Unicamp*, 1999.

2. *Cilberto Freyre*, *China Ttropical*, Editora Unb, 2003.

3. 澳门文化司:《文化杂志》（中文版）1995 年春季号。

4. 黄庆华:《中葡关系史（1513—1999）》，黄山书社 2006 年版。

5. ［荷兰］彼得·李伯庚:《欧洲文化史》，赵复三译，上海社会科学出版社 2004 年版。

6. ［法］费尔南·布罗代尔:《文明史纲》，肖昶等译，广西师范大学出版社 2003 年版。

7. 张宝宇主编:《澳门桥通向拉丁美洲》，澳门亚太拉美交流促进会，2006 年。

（原载《拉丁美洲研究》2006 年第 5 期）

巴西悖论：有利于穷人经济状况的改善而中产阶级未受益

　　2006 年年中，瓦加斯基金会社会政策中心与联合国驻巴西利亚贫困国际中心的专家们联合研究提出一份报告。认为，近年来的巴西的社会发展状况在挑战传统的经济理论：1995—2004年间，巴西的人均收入基本呈下降趋势，但贫困和社会不平等程度也在下降。报告将此现象称为"巴西悖论"（Paradoxo Brasileiro）。这一现象的本质在于，近年来巴西的增长虽然缓慢，但增长的结果却有利于穷人。有利于穷人是社会发展的正面现象，这是对穷人生存与发展权的维护，同时也有利于社会的稳定。但这只是问题的一方面。而另一方面，与穷人经济地位改善的同时，巴西中产阶级的经济地位却未得到明显改善，甚至下滑。这种情况显然不利于社会的稳定和发展。巴西目前所存在的这一社会现象，即穷人经济地位在改善，而中产阶级经济地位在下滑，从理论上说不应存在互为因果关系，二者亦不是一种互为伴生现象。它的出现是政府政策缺位所致。这是我们建设和谐社会应当汲取的教训而应予以避免。

一　穷人经济状况在改善

巴西前总统卡多佐认为，巴西不是一个穷国，但它是一个有很多穷人的国家。全球 78% 的人生活在比巴西更穷的国家里。有一种说法认为，巴西的贫困主要由不平等所致。巴西某些反贫政策的出台与实施同这种理论的影响不无关系。巴西官方文件界定，在巴西所谓穷人（Pobre）是家庭人均收入少于半个最低工资的人（目前为 190 雷亚尔，自 2007 年 4 月 1 日起最低工资由 350 雷亚尔提至 380 雷亚尔）。而赤贫者（indigente）为家庭人均收入在 1/4 个最低工资以下的人。巴西政府（当然不只是卢拉政府）反贫工作成绩显著。其表现是：首先，穷人人均收入增加。1995—2004 年间，巴西国民的平均收入下降了 0.63%，但同期穷人的人均收入增加了 0.73%，其中在 2001—2004 年间穷人人均收入增加的幅度更大。这说明在卡多佐政府的后期，特别是卢拉总统自 2003 年执政以来加大了扶贫的力度。2004 年巴西人均收入增长 3.7%，是近年来增长较高的一年，当年穷人人均收入增长更高，达到 14.1%。这种现象被舆论称为"有利于穷人的增长"。其结果缩小了贫富差距。10% 最富有的人由 2002 年占国民收入 49.47% 降至 2006 年末的 46.31%。而巴西全国经济社会发展银行（BNDES）所提出的资料则从另一个角度说明了上述结论的准确性。2002 年巴西 50% 最穷的人所占国内生产总值的比例为 13.2%，而到 2006 年，上述指标升至为 15.1%。目前巴西的社会差别程度是 1960 年以来最低的。其次，穷人数量大幅下降。2001 年巴西有穷人 6090 万人，2005 年降至 5390 万人。同期赤贫人口由 2750 万降至 2030 万人。再次，穷人经济状况得到改善。他们参与国内市场的份额扩大。最近 20 年，有更多的巴西穷人购置家具、家用电器，甚至汽车和住房。"50%最穷的人参与购置住房的比例增加了一倍。"自 2002 年以来，穷人集中的东北部地区，居民消费增加了 143.5%。

　　减贫是当前世界各国政府所追求的目标。因为它不仅关系穷人的生存和发展，而且与全社会的和谐发展密切相关。巴西的反贫工作走在世界前列。它的零饥饿计划为世人所称道。巴西的社会舆论为其减贫工作创造了条件。巴西米纳斯吉拉斯州州长阿埃西佑·内维斯在回答《请看》杂志（Veja）记者问时说："巴西现在需要第二次大转变。第一次转变发生在 20 年前，由军事专制到民主化。现在（社会的关注）要从富人转向穷人。现在是社会包含时期（inclusao social）。"[①] 所谓社会包含，其含义是不使任何社会阶层被边缘化。近年来巴西穷人经济地位的改善和提高是政府多项扶贫政策实施的结果。但其中各种所谓的"社会恩惠计划所发挥的作用是根本性的"[②]。这类政策是通过一系列计划，诸如家庭资助计划（Programa Bolsa Familia），人人照明计划（Programa Luz para Todos），巴西厨房计划（Programa Cozinha Brasil），巴西百姓药房计划（Programa Farmacia Popular do Brasil）等实施的。比如家庭资助计划，到 2006 年它已惠及 1120 万户穷人家庭（人均收入低于 120 雷亚尔）。巴西厨房计划更是巴西的一个创举。依该计划所建的社区饭店仅在巴西利亚郊区就有 8 家。穷人在这里用餐一次仅需 1 雷亚尔。这些计划的实施使穷人的实际收入得以提高。在 1995—2004 年间，穷人取之于劳动的收入年均减少 1.49%，而同期得自于社会恩惠计划的收入却在增长。如社会保险的收入

---

① 　Veja, 11 de outubro de 2006.

② 　http：//www. pnud. org. br/pobreza.

年均提高 3.25%，其他类型的社会恩惠计划的年收入平均增长 5.77%，其中 2001—2004 年间年平均达到 13.26%。因此，巴西经济学家进一步强调，1955—2004 年间，巴西的人均收入尽管下降了，但这一时期不能称之为"贫穷的危机"。当劳动市场萎缩的时候，穷人来自于社会保险和政府转移资金的收入，在总体上，使他们的生活水平未有下降，反而有所提高。巴西全国经济社会开发银行行长德秘岸·菲奥卡认为，就改善穷人经济状况的作用而言，资金直接转移计划是第三条腿。另外两条腿分别是发展穷人的教育和卫生事业[1]。但是，以资金的直接转移实行恩惠计划进行扶贫如果不是建立在经济发展的基础上，而是依靠国民收入的再分配，必然对其他阶层产生程度不同的不利影响。

二　中产阶级经济地位在下降

巴西社会学家以 5 个等级，即 A、B、C、D、E 对本国作社会分层划分，它们所指分别为精英、上中产阶级、中中产阶级、下中产阶级和穷人（包括穷人和赤贫者）。以货币收入而论，将其月收入 3000— 15000 雷亚尔之间的家庭定为中产阶级家庭[2]。其人口总数约占全国人口总数 21%，即 3700 万人左右。近年来，巴西中产阶级的经济地位明显下降。这与穷人经济地位呈改善的趋势形成鲜明对照。这种社会现象在世界主要发展中国家中为巴西所独有，已引起巴西国内外舆论关注。首先，巴西中产阶级队伍未得到明显扩大。这是穷人经济地位虽然有所改善，但其

---

[1]　http://www.radiobras.gov.br/material.

[2]　Veja, 20 de dezembro de 2006.

程度尚不足以使他们的多数进入上一个社会阶层,以及部分中产阶级经济地位有所下滑的结果。在1996—2006年间,巴西中产阶级在全国人口中所占比例仅增一个百分点,即由20%增至21%。而同期在其他主要发展中国家里,这一指标却有明显的增长。比如墨西哥由19%增至43%,印度由4%增至13%,俄罗斯的这两个相应指标分别为9%和34%。仅仅在一个10年里,墨西哥和俄罗斯的中产阶级就上升为其社会的主体阶级,而巴西中产阶级在社会中的地位与影响仍然有限。其次,中产阶级的购买力严重萎缩。在最近20年中,他们参与国内市场的消费份额不仅未有增加,其比例反而由68%降至64%。其中在不动产市场中所占份额尤为明显萎缩,即由29%降至18%。在巴西东北部53%的中产阶级家庭支付水、电、煤气费只能在领取工资后才能进行。在20世纪70年代,中产阶级收入的15%可用于投资,而今平均不足5%。他们现在"不能储蓄,只能应付日常开销"。

中产阶级目前这种状况成为他们在政治上不满政府的原因。"中产阶级是卢拉时代的牺牲品"这句话,已成为巴西舆论的一种说法。中产阶级的政治态度明显表现在2006年总统大选的结果上。卢拉虽然取得了连任总统的胜利,但他所得的选票主要集中在穷人占较大比例的东北部和北部。而在中产阶级集中的东南部和南部,他得到的选票少于其对手。中产阶级的状况和态度关系到国家的稳定和发展。这一问题在10月大选之后成为巴西媒体关注的焦点之一。中产阶级因受到良好的教育,它是现代社会发展和创新的中坚力量。不仅如此,中产阶级还是社会的稳定器。缺少中产阶级和存在严重的两极分化是社会紧张加剧的重要原因。这正是现代国家力求建设一个以中产阶级为主体的所谓"橄榄形社会"的原因所在。美国社会被誉为是典型中产阶级社会。在那里中产阶级所占的比例大致为 55% 至 60%①。俄罗斯目前也正在积极建设中产阶级社会，并争取将其比例提至 60%。专家认为，只有这样，中产阶级对社会才能起到稳定器的作用。巴西中产阶级的成长环境显然不利于巴西在短期内建成以中产阶级为主体的稳定型社会。巴西中产阶级成长环境的形成是多种原因所致。其经验与教训我们可以汲取作为建设和谐社会的借鉴。

三　巴西经验的启示

从目前巴西穷人与中产阶级的现状对比中，我们可以得出一个简单的结论。巴西从总体上说虽然是一个向上流动的社会，但这一流动不够强劲有力。这说明巴西经济缺乏活力。穷人虽然向上流动了，但难以进入中产阶级范围；与此同时，中产阶级队伍发展处于停滞状态，经济实力未有壮大，反而呈现出下滑趋势。这是由多种因素促成的。

首先，巴西国民经济发展缓慢。自 1994 年实行雷亚尔计划以来，巴西政府所追求的基本上是以宏观经济稳定为前提的经济发展战略。出于对通货膨胀的担心而阻止了经济增长。国民经济增长长期以来处于低迷状态。1996—2005 年，巴西年均经济增长率仅为 2.2%，而同期主要发展中国家平均为 5.1%。其中中国为 9.1%，印度为 6.4%，墨西哥为 3.7%。巴西的经济增长速度不但落后于主要发展中国家，而且也落后于主要发达国家（2.7%）。历史经验表明，中产阶级的产生和力量的增强是发生在国家经济快速发展时期。就现代意义上的巴西中产阶级而言，它产生于 20 世纪 30 年代国家工业化、城市化进行的社会快速发

---

① 戴维·波普诺：《社会学》，中国人民大学出版社 1999 年版，第 267 页。

展和转型时期。此后在 50 年代中后期和 60 年代末 70 年代初的两个经济增长飞跃时期,巴西的中产阶级最终得以形成,实力有所壮大。当前,一些发展中国家的经验也说明了国家经济发展与中产阶级成长之间的关系。以 1996—2006 年为例,我们考察二者之间的关系。在这一期间,墨西哥的国内生产总值增长了50%,中产阶级队伍增长了126%(其占全国人口的比例由 19% 升至43%,下同)。印度,俄罗斯和中国的上述指标分别是:100%,225%(由 4% 升至 13%);55%,278%(由 9% 升至34%);160%,1100%(由 1% 升至 12%)。而巴西的情况与此形成明显对照。在这一时期,它的国内生产总值仅增 30%,中产阶级队伍只增长了 5%(由占全国人口的 20% 升至 21%)。是经济发展迟缓造成了巴西中产阶级目前这种状况。但是巴西中产阶级这种成长环境目前还难以改变,因为诸多的因素的存在使巴西经济尚不能快速发展。为反通货膨胀而实行的高利率政策至今未有改变。资料显示,巴西的实际利率为 14%,而同为发展中国家的土耳其、墨西哥和智利,它们分别是 6%、6% 和 1%。巴西是世界上少有几个实行高利率国家之一。"钱贵限制了企业家投资",基础设施状况恶化。近年来,巴西用于基础设施方面的投资严重下滑。1988 年用于基础设施方面的公共投资额占国内生产总值 2.4%,2004 年这一比例下降至 0.6%。结果导致基础结构状况越来越不适应经济发展的需要。比如,目前巴西75%的公路路况极差,而火车的平均速度每小时只有 25 公里。在巴西办事行政手续非常烦琐。据世界银行研究,巴西是世界上官僚主义最严重的国家之一。行政手续之烦琐增加了企业成本。在巴西,企业家为付税每年需耽搁 2600 个小时,而在挪威只需 87 个小时。在巴西港口装船需要 39 天,同样的情况在丹麦只需 5 天。以上例子说明,巴西经济快速发展条件的形成尚需时日,因而在一定时期内对中产阶级发展造成影响。

其次，税赋繁重。在世界主要国家中，巴西的税赋是较高的。以 2006 年为例，在所谓的"金砖四国"中，巴西的税赋最高，达到 38%。而俄罗斯、印度和中国分别为 31%、17% 和 16%。巴西的税赋不仅重，而且呈现出一种增加的势头。其特征自 1985 年军人还政以来表现非常明显。这说明巴西私有化的进行并未改变国家规模扩大的趋势。我们仅以联邦级公务员数量之增加说明之。佛朗哥总统任期（1992—1994），巴西联邦政府有公务员 34000 人。卡多佐总统执政末期达到 15.4 万人。卢拉总统第一任期结束时增加至 18.2 万人。巴西学者认为，自 1988 年宪法颁布以来，公共开支在增加，因而阻止了经济增长，"在巴西所增长的是国家"①。应当指出的是，在巴西如此严重的税赋主要是由中产阶级来负担的。中产阶级 43% 的收入被国家的税收吞掉。巴西联邦政府 81% 的税收来自南部和东南部 7 个州。这 7 个州是巴西经济发达的地区，也是中产阶级较为集中的地区。这从另外一个侧面反映出中产阶级的税收负担之沉重。据巴西税收计划研究所（Institnto Brasieiro de Planejamento Tributário）的统计，巴西的财产税，诸如 IPVA（州税）和 IPTU（市税）的 70% 是由中产阶级缴纳的。此外，中产阶级还缴纳了个人所得税的 60%。巴西中产阶级所缴纳的税赋不仅支持着国家的发展，而且国家用于扶贫的资金也大部分取自于中产阶级所缴纳的税金。中产阶级抱怨说：什么是家庭资助计划（Bolsa Família）？家庭资助计划就是一部分巴西人工作，向政府交税。政府以此向另外 4400 万巴西人分配钱的计划。此语道破了他们的不满情绪。

---

① Veja, 7 de marco de 2007.

再次，与其发展模式相关。巴西实用经济调查研究所（Ipea）经济学家法比奥·詹宾吉在其新近出版的一部专著《巴西：落后之根源》中，对当前巴西的经济模式作了如下的描述："巴西经济模式非常关注分配而胜过关注财富创造。"① 他进而指出，今日过得好的人是那些依赖国家生活的人，而不是那些进行革新、创造，向国家缴税的人和企业。目前，存在两个巴西。一个巴西支撑国家，另一个巴西由国家来养活。

在 20 世纪军政府统治巴西时期，巴西经济奇迹之父德尔芬·内托所提出的"馅饼理论"，大家至今记忆犹新。那是强调生产在先的理论。而今，依照法比奥的说法，巴西的发展模式已发生了 180 度的大转变，强调分配在先。他的这种关于巴西发展模式的说法未必得到普遍的认同，但他的提法却说出一个事实，那就是巴西的国家规模自 20 世纪 90 年代国有企业私有化以来，未有明显缩小，反而近年又有所膨胀，从而导致行政开支巨增。在这种情况下国家税赋的增加便不足为怪。但是赋税的增加并未导致生产性开支明显扩大。以公共工程建设而言，卢拉总统是自库比契克总统以来的 13 位总统中，任内年均修建公路最少的总统之一，仅修 136 千米。梅迪西总统任内年均修 3572 千米，卡多佐总统任内年均修 700 千米。目前巴西经济的快速增长得不到基本条件予以支撑。

总之，经济的快速增长应当是扶贫工作的前提。为扶贫而采取的社会政策对阶级（阶层）之间利益关系的调整应限制在适当的范围之内。政策的实施不能损伤社会中坚力量，给他们的负担以不影响他们的发展为限。扶贫的力度应与国家的实力相适应，而且在方法上不应以实行恩惠计划为主。"授之以鱼，不如

① Veja, 7 de marco de 2007.

授之以渔。"国家单项目标政策需其他政策配套实施，以求得社
会全面和谐发展。

（原载《江汉大学学报》2007 年第 3 期）

巴西咖啡种植业的发展和作用

一

在巴西历史上，经济的发展依照某种单一作物的种植或矿物的开采划分成若干个发展周期。从 16 世纪起，先后出现采伐巴西木、甘蔗种植、开采黄金和咖啡种植四个发展周期。其中咖啡周期，无论从持续时间上，还是从它对社会的影响上来看，均为前三个周期无法比拟。咖啡的原产地是东非埃塞俄比亚的咖法地区。从公元 8 世纪当地人发现咖啡之后，在长达 8 个世纪的时间里，它一直未被人们所重视。17 世纪后，咖啡的种植经过阿拉伯半岛、欧洲，逐渐传播到世界其他地区。1727 年，巴西从法属圭亚那引进咖啡，首先种植在巴西北部的巴拉和马拉尼昂一带，形成了巴西的第一个咖啡种植区。但当时咖啡在巴西经济中并未产生举足轻重的影响。

18 世纪中叶后，巴西的咖啡种植中心逐渐向里约热内卢地区转移。起初，主要在沿海低地一带种植，而后逐渐扩展到巴拉伊巴河谷地区。巴拉伊巴河谷是巴拉伊巴河穿越马尔山与曼提盖拉山之间形成的一片谷地。这条河发源于圣保罗城东北的博凯纳高原，由西南流向东北，穿过里约热内卢州，经圣埃斯皮里托州注入大西洋，全长 1068 公里。咖啡种植首先是在河谷中段，随后扩展到上段。到 19 世纪中期以前，这一地区一直是咖啡种植业的中心，它的繁荣有多种原因。

以自然条件而论，咖啡对气温和土壤条件的要求很严格。它最适于在摄氏 5 度至 33 度的气温下生长，要求雨量适中，分配均匀，土壤肥沃，土质疏松。里约热内卢地区位于大西洋沿岸，在南纬 20 度至南回归线之间，气温（在 20 度至 25 度之间）、雨量、光照等自然条件都对咖啡生长十分有利，特别是巴拉伊巴河谷一带，那里有马尔山形成的天然屏障，阻挡海风侵袭，给咖啡的生长提供了可靠的保障。

里约热内卢经济的发展也为咖啡的种植提供了有利的条件。这个地区是巴西经济开发较早的地区之一。从 16 世纪起，先后经过采伐巴西木、甘蔗种植两个发展阶段，加上邻近的米纳斯吉拉斯省①矿业的开发，使里约热内卢成了重要港口。繁荣的市场，方便的交通为咖啡的贮存、运输和销售提供了方便。1776 年里约热内卢成为巴西首都，随着消费市场和商业活动的扩大，金融业也发展起来，出现了一种具有类似银行作用的委托商行，向咖啡种植园主提供生产资金。

18 世纪末，矿业开采日趋衰落，巴西进入农业复兴时期，在这一时期北部马腊尼昂至巴伊亚沿海一带的甘蔗和棉花等传统农作物的生产由于受到甜菜制糖和美国棉花的竞争，不得不改种其他作物。咖啡种植就在这种情况下迅速发展起来。

国际市场上对咖啡的需求也促成了巴西咖啡种植业的发展。18 世纪，咖啡在欧洲和北美已成为一种奢侈的饮料，在国际市

---

① 在巴西帝国时期中央下属的行政单位为省，1889 年共和国成立之后改称州。

场上占重要地位。1730—1735 年 5 年间，世界咖啡消费量增加了两倍。1821—1844 年，美国对巴西咖啡的人均消费量由 28.35 克上升到 2.27 公斤。国际市场咖啡需求的增加，刺激了巴西咖啡种植业的发展。19 世纪中期，远洋运输工具——轮船在大西洋航运中的使用，便利了巴西与美国的贸易。1808 年巴西港口的对外开放，1822 年的政治独立及其殖民条例的废除，使巴西可以自由进行对外贸易。外贸的发展促进了咖啡种植业的扩大。

里约热内卢地区咖啡种植业所使用的劳动力，是前几个经济周期结束后留下的黑奴。与里约热内卢省邻近的米纳斯吉拉斯省在几乎整个 18 世纪都是矿业周期的中心。那里集中了大量的劳动力。矿业周期结束后，闲置的劳动力就成为里约热内卢咖啡种植业崛起的重要条件。此外，从 16 世纪到 18 世纪巴西东北部蔗糖种植业所集中的大量劳动力，也是咖啡种植业劳动力的重要来源。

但是，由于生活条件恶劣和劳动的艰苦，国内原有的黑人奴隶人数不断减少。这就使咖啡种植难以维持原有的生产规模。因此，必须不断地从非洲贩来新的奴隶以满足生产发展的需要。据估计，在 19 世纪上半叶进入巴西的黑奴大约在 75 万至 100 万之间。

以奴隶为劳动力的咖啡种植园是 19 世纪中叶以前巴西咖啡种植业的主要生产形式。从 16 世纪起，种植园就已成为巴西东北部地区甘蔗种植的基本生产形式。在咖啡种植园中，中、小种植园由于资金缺乏，很难存在和发展。因此，一般咖啡种植园都很大，一个典型的种植园往往拥有 15 平方公里左右的土地；一些大的种植园甚至拥有数百万株咖啡树。

种植咖啡是一项细致、繁重的劳动，一年四季都很忙碌。1月至 5 月进行除草、杀虫等田间管理；6、7、8 月是收获季节，需要进行洗晒咖啡豆，装袋、外运和储存等。19 世纪中叶前，上述劳动基本都是由黑奴进行的。收获季节种植园里的劳动尤为辛苦，黑奴早晨 4 点就得下地干活，一直劳动到晚上 7 点才收工。一天三顿饭都是在地里吃，没有任何工间休息。

对于咖啡种植园主，奴隶不仅是种植园的劳动力，而且还是他取得贷款的抵押品。因此，奴隶是种植园主最宝贵的财产，它比土地还重要得多。因为土地可以以合法或非法的手段取得；而没有奴隶，既无劳动力，也失去了获得借贷资金用于开辟新种植园的可能。因此，可以说，"一个咖啡种植园除了奴隶积累的劳动成果外，别无他有"①。

以巴拉伊巴河谷为中心的里约热内卢地区咖啡种植业，在19 世纪中叶进入鼎盛时期。巴拉伊巴河谷成为巴西当时种植园和人口集中的地方。咖啡种植园沿巴拉伊巴河谷连片分布着，一直向内地延伸到圣保罗省东部广阔地区。河谷中的小镇因商业活动和社会生活的活跃而繁荣起来。1821—1830 年，巴西年平均产咖啡 30 万袋，同期咖啡出口占巴西出口总值的 18.4%，仅次于蔗糖（占 30.1%）。1831—1840 年的 10 年间，平均年产咖啡100 万袋，其出口占出口总额的 43.8%，超过蔗糖（占总额的24%）。1841—1850 年，平均年产上升为 150 万袋。1851—1860年，平均年产又增加到 260 万袋。

里约热内卢地区咖啡种植业的繁荣持续了半个多世纪，到19 世纪 70 年代后，进入衰落阶段。这种情况的产生首先是由于对土地的掠夺性开垦的结果。种植园无一不是由砍伐森林而形成。森林的砍伐使大面积地表失去植被的保护，在长期亚热带雨水冲刷下，土地被严重侵蚀，形成千沟万壑。加上忽视地力的恢

---

①　若泽·德索萨·马丁斯：《大地的俘虏》，圣保罗 1979 年版，第 25 页。

复和提高，一批批老咖啡园迅速减产。咖啡园主为增加生产扩大出口，继续大量砍伐森林，建立新的种植园。这样，到 19 世纪后期，里约热内卢地区几无新的土地可供开垦。其次是由于缺乏劳动力。19 世纪 50 年代以后，奴隶贸易受到限制，咖啡种植园的劳动力日趋紧张。60 年代铁路的修筑，扩大了农业边疆，更增加了对农业劳动力的需求。奴隶的减少必然危及里约热内卢地区的咖啡生产，使它无力同以使用雇佣劳动为主的圣保罗地区新开垦的咖啡种植园竞争。

二

19 世纪初，咖啡种植由巴拉伊巴河上游的雷森德地区向西扩展，随后传入坎皮纳斯、戎迪艾、皮拉西卡巴和伊图地区。坎皮纳斯首先成为圣保罗高原最大的咖啡种植中心，1852 年那里已有咖啡种植园 100 余个，到 1872 年发展到 200 多个。随后，咖啡种植继续向西、向北扩展，继坎皮纳斯之后，里贝朗普雷托成为圣保罗高原第二个最大的咖啡中心。

圣保罗高原咖啡种植业的发展是由当地的自然条件和当时的社会因素造成的。圣保罗高原的红土，土质肥沃，透水性强，是咖啡生长的理想土壤。年平均降雨量约为 1500 毫米，一年之中大部分时间气候潮湿，6、7、8 月是旱季，相对干燥，有利于咖啡的收获和晾晒。

圣保罗高原地区咖啡种植业的发展始于 19 世纪中叶之后。1851 年巴西议会通过了《欧泽比奥·德克罗斯法》，禁止奴隶买卖。从非洲运进的黑奴减少。例如，1840—1851 年，从非洲贩进黑奴达 371625 名，平均每年大约 31000 名；而到 1852—1859 年，平均每年仅贩进 3430 名黑奴。当时，在巴西国内找不到其他劳动力来补充，因为巴西内地的农牧业生产采取了一种与沿海地区种植园制不同的大庄园制。农民在庄园主划定的土地上耕种和放牧，换取一定份额的收成或一定比例的牲畜。劳动者被紧紧地束缚在土地上。因此，内地大庄园制下的农民也不可能成为咖啡种植业的劳动力来源。

在这种情况下，寻求外国移民便成了解决劳动力来源的唯一可行办法。19 世纪 50 年代，首先吸收了欧洲移民，其办法是：咖啡种植园主从国家取得资助，以支付移民的旅费和安置费，移民同种植园主订立契约，以劳动作为偿还手段。劳动者获取一部分收获作为报酬，这种实物的报酬再由种植园主买下。移民劳动者可以被买卖，他们的地位类似奴隶。这种政策难以调动移民的积极性，阻碍了移民的大批进入。因此，到 19 世纪 60 年代，改为与移民劳动者签订工资合同的办法，从而加速了外国移民的到来。在 19 世纪最后 10 年，大批意大利移民拥入巴西，占整个移民的 65％。1880 年，巴西奴隶制正式废除后，移民便大批到来，1887—1897 年间，有 130 万移民进入巴西，其中大部分在圣保罗省定居，为咖啡种植和工业发展提供了充足的劳动力。

圣保罗高原咖啡种植业的发展还得到了充裕的资金。其资金一方面来自咖啡种植业本身长期的积累；另一方面来自外国（主要是英国）大批贷款，这些贷款一部分用作资助外国移民，其余用于修建铁路、建设公共服务设施以及电力、煤气和港口设施等。

铁路的建设方便了劳动力和物资向咖啡种植区的转移，促进了咖啡种植业在圣保罗高原一带以及邻近地区的扩大。同时，由于铁路运费一般比骡子驮运低五倍，增加了咖啡种植者的利润，刺激了咖啡种植业的发展。

以圣保罗为中心的种植区主要建立在以下两种制度的基础

上：一种称为"移民垦殖制"（Regime de Colonato）。这种制度主要是流行在圣保罗地区。外国移民作为垦殖农，一般都与种植园主签订为期一年的合同，合同规定垦殖农应获得的基本工资报酬。此外，他们还从种植园主那里得到一小块土地，种植玉米、木薯、黑豆等用作劳动者及其家庭的消费，然而，在丰收年景也将其剩余产品参与市场交易。另一种制度称为"分成制"（Regime de Parceria）。根据契约规定，分成农承担咖啡园里的全部农活，向种植园主缴纳一定比例的干咖啡。上述两种制度有很大的差别。在移民垦殖制下，种植园主承担风险，垦殖农依据契约规定领取固定工资；在分成制下，种植园主成为土地的出租人，其收入随着收成的好坏而增减。这两种制度比 19 世纪中叶之前盛行的奴隶制，能更大地调动劳动者的积极性。这是促进咖啡种植业发展的重要因素。

　　因此，从 19 世纪中叶开始，巴西的咖啡生产发展迅速，年平均产量接近三百万袋。1880 年以后，平均年产量超过五百万袋。从这时起，圣保罗省的咖啡生产超过了里约热内卢省，圣保罗高原取代了巴拉伊巴河谷，成为巴西最大的咖啡种植中心。以 1877—1878 年为基期，1907—1908 年全巴西咖啡生产指数为 530，里约热内卢为 166，圣保罗为 1544。实际上，自 19 世纪初开始，咖啡种植业的扩展远不限于圣保罗高原，米纳斯吉拉斯省的马塔地区、该省南部、巴拉那省北部、戈亚斯省南部和马托格罗索省也逐渐成为咖啡种植区，特别是马塔地区，是仅次于圣保罗高原的极为重要的咖啡产区。

三

　　咖啡种植业的发展促进了巴西工业的产生和发展。首先，促进了资本市场的初步形成，为工业的产生和发展创造了资金条件。咖啡业的发展需要大批的资金，因而也促进了银行业的发展。银行业的建立，起初旨在适应咖啡种植业发展的需要。种植园主为开辟新的种植园，可以直接向银行或通过中间人借贷。这样，在咖啡产区的中心城市，就形成了一个资本市场。圣保罗城是19世纪末以来巴西银行集中的地方。在1889年，该城已有5家银行，还有2家英国分行。

其次，因咖啡种植业的发展而吸收的大批移民，也成为初期工业发展的劳动力。这些移民不仅在数量上满足了咖啡种植的需要，而且多数拥有较高技术和知识，有的甚至是具有某种专长的工匠。相当一部分移民一开始就在城市定居。如1883年1月至10月到达巴西的3955名移民中，有1322名在圣保罗城定居。圣保罗城成为当时著名的劳动力市场。"圣保罗作为一个劳动力市场比作为一个农产品与工业品市场更为明显，在那里劳动者被雇用到数百公里之外的种植园。"①

再次，促进了国内消费市场的形成。19世纪中期以来，由于咖啡种植业逐渐转向以使用移民雇佣劳动为主，在许多地区出现了有报酬的劳动，形成了最初的国内市场。此外，随着咖啡种植业的发展及咖啡出口的增加，为数众多的种植园主及家属陆续到圣保罗等城市定居，因而增加了城市的人口和消费。种植园主到城市定居可以就近掌握咖啡出口行情，招募劳动力（外国移民）。

最后，因咖啡种植业发展而建立起来的基础设施，是工业的产生和发展的重要条件。19世纪60年代至80年代，巴西掀起了修建铁路的高潮，结果形成了以圣保罗城为中心的、沟通里约

---

① 保罗·辛格尔：《经济发展与城市的进步》，圣保罗1968年版，第37页。

热内卢城、桑多斯港和坎皮纳斯等重要港口和咖啡产区的铁路网。到 1899 年，巴西拥有铁路 13980 余公里，其中咖啡产区（主要是圣埃斯、皮里托州、里约热内卢州、米纳斯吉拉斯州和圣保罗州）拥有 8700 余公里。

1900 年巴西建立了第一个火电厂，其电力主要用作电车的动力。1901 年建成第一座水电站——帕尔纳伊巴水电站，装机容量为 2000 千瓦。到 1912 年，巴西拥有的电站总装机容量为 16000 千瓦。但当时巴西的工业所使用电力仍微乎其微，例如，1907 年工业用电只占全部动力消费的 5%。

城市公用事业的发展为工业投资建厂创造了条件。以圣保罗城为例，作为省会，该城的公用事业建设主要由本省的财政收入负担。随着咖啡种植业的发展和咖啡出口的扩大，省财政收入不断增加。1836—1851 年的 15 年间，圣保罗省的财政收入增加了 68%，1871—1886 年咖啡种植业大发展的 15 年间，省财政收入增加了 300%。财政收入的增加大大加快了圣保罗城的市政建设。1872 年开始使用瓦斯照明，1884 年开始使用电话。1877 年圣保罗城开始了供水、排水工程建设，同时市内街道也逐步得到改善。

由于上述原因，1880—1890 年间出现经济史学家称之为巴西工业的第一个飞跃时期①。1885 年圣保罗省有纺织厂 13 家，工人 1670 名；制帽厂 3 家，工人 315 名；冶炼厂 7 家，工人 500 名。到 1889 年，巴西已拥有 636 家工厂，54000 名工人。1901 年，在圣保罗最重要的 91 家工业企业中，雇用 10 至 49 名工人的有 33 家；雇用 50 至 199 名工人的有 33 家；雇用 200 至 499

---

①　参见塞尔吉奥·席尔瓦《咖啡业的发展与巴西工业的起源》，圣保罗 1978 年版，第 77 页。

名工人的有 22 家；雇用 600 名工人的有 2 家；另外，有一家雇用大约 800 名工人。

巴西工业的诞生和发展是同咖啡业的发展密切相关的，这不仅表现在咖啡业的发展为工业的出现和发展创造了前提条件（当然工业发展之后又刺激了咖啡业的发展），而且表现在巴西工业的布局至今仍存在着咖啡种植业的影响。众所周知，巴西东南部以里约热内卢、圣保罗和贝洛奥里藏特为支点的三角区，是巴西工业心脏。它的形成和发展，就其社会历史条件来说，是 19 世纪初以来该地区咖啡种植业不断发展的结果。由于咖啡业的影响，巴西工业一出现，就集中在咖啡产区。据 1907 年调查，联邦区（里约热内卢及其周围地区）和圣保罗州的工业产值占全国工业总产值的 49%，1920 年提高到 52%。这种工业布局的高度集中造成全国地区发展的不平衡，至今仍是巴西经济发展的弊端。此外，由于长期保持咖啡业的单一发展，大量的人力和财力被长期投放到咖啡生产上，也严重影响了工业的继续发展。因此，直到 1930 年以前，巴西的工业发展速度缓慢，只是到了 30 年代以后，巴西才真正开始了工业化的进程。

（原载《拉丁美洲丛刊》1984 年第 1 期）

16 世纪中叶至 17 世纪末
巴西蔗糖周期的历史地位

　　一些学者认为，巴西的经济史是一部以一连串的惊人的波动为特征的、具有一系列巨大成就的历史，事实上，它是一个国家赖以生存的整个经济制度时现时隐、时兴时衰的历史。它的主要特征是产品性质的经常性变化，对于这种产品，我们称之为"王牌"产品。[①] 王牌产品的出现与失势的交替构成巴西经济史的周期特征。周期的概念在经济学中具有不同的含义。这里所说的周期是指一种产品因某种动力的作用，其产量上升到顶点后在国家出口产品中的比重开始下降，优势地位逐渐被另一种产品所取代的过程。王牌产品在出口份额中的比重下降并不意味着这种产品的突然消失。相反，它仍可能在相当长的时期里保持相对突出的地位。巴西蔗糖周期的蔗糖出口始于 1530 年，1646—1654 年间达到顶峰，随后开始下降，但是它在巴西出口产品中的优势地位一直保持到 19 世纪才被咖啡取代。经济发展史中这种周期

---

　　① 斯·罗博克：《巴西经济发展研究》，上海译文出版社 1980 年版，第 26 页。

性进程，被认为是建立在出口农业基础上的殖民地经济典型特征
之一①。从 16 世纪起，巴西的经济发展先后出现巴西木周期
（1500—1550）、蔗糖周期（1550—1700）、黄金周期（1700—
1775）和咖啡周期（1830—1930）。在上述 4 个生产周期中，无
论从持续的时间上看，还是从对欧洲特别是对巴西的社会经济发
展所产生的影响上看，蔗糖周期都占据重要的历史地位。

一

甘蔗原产于印度。它经地中海、大西洋逐渐传播到世界各
地②。15 世纪，即在巴西被"发现"之前，葡萄牙是世界最大
的蔗糖生产国。巴西的首批甘蔗芽是 1502 年从葡属马德拉群岛
引进的。然而，甘蔗种植与制糖业在巴西取得巨大发展却是在
16 世纪 30 年代之后。这是包括经济因素在内的多种因素作用的
结果。首先，由于在欧洲"食糖除继续作为药材出现外，逐渐
进入厨房和端上餐桌"③，消费的扩大刺激了生产的发展。其次，
粗糖的提炼，向那些食品不能自给的种植园供应了廉价的食品，
与欧洲的海上联系，以及欧洲的仓库和转售系统的齐备，为扩大
蔗糖生产和向欧洲出口创造了条件。可以说，正是欧洲的发展使
巴西扩大蔗糖的生产成为可能。再次，对葡萄牙来说也是非常重
要的一点是：在 1500 年卡布拉尔发现巴西的头 30 年，由于在巴
西广袤的土地上未找到贵金属和其他贵重产品，葡萄牙对海外的

---

① 米尔顿·富尔塔多：《简明巴西经济》，里约热内卢科技出版社 1984 年版，
第 19 页。
② 布罗代尔：《15 至 18 世纪的物质文明、经济和资本主义》第 2 卷，生活·
读书·新知三联书店 1993 年版，第 189 页。
③ 同上。

注意力仍停留在利润丰厚的印度香料贸易上。而在巴西，殖民者除在沿海地带砍伐巴西木并进行国家垄断贸易外，可以说未进行严格意义上的殖民活动。葡王室既没有对巴西绵亘无际的沿海地带殖民，也没有对它实行管理。正因如此，法国与荷兰殖民者对巴西海岸频繁骚扰。为防止巴西落入他人之手，葡萄牙不得不采取切实措施对巴西实施有效占领。一些重大战略步骤包括：葡王若奥三世于 1530 年派遣大贵族马丁·德索萨率领 5 艘舰船进军巴西，随行 400 余名移民，并载去牲畜、甘蔗和黑奴等。德索萨在驱逐了法国人的同时，于 1532 年在巴西南部沿海地区建立了第 1个永久性殖民点圣维森特（今桑多斯城）；1532 年，葡王室将巴西沿海岸划分为 15 段，即 15 个管区①，管区的南北距离在 180—600 公里之间，各管区向内地横向延伸，直至《托尔德西利亚斯条约》所规定的葡萄牙与西班牙属地之间的分界线。管区被分别授予王室的大贵族管辖。葡王室此举目的在于占据巴西海岸，不使其受法、荷海盗的侵袭。同时也是将巴西交给有资金有兴趣的私人开发。然而，如果没有相应的经济活动作为坚实可靠的基础，上述做法是不可能奏效的。为此，必须引进一种作物进行种植和开发。这种作物应当是能适应巴西的生态环境、为当时欧洲市场所接受和有广泛市场前景的作物。另外，葡萄牙人还要有生产和销售这种产品的经验，具备诸如资全、劳力、技术以及运输等方面的起码条件。甘蔗是葡萄牙殖民者当时最理想的选择。

二

巴西首先在南部沿海地区的圣维森特大面积种植甘蔗，圣维

---

① 又译都督府。

森特是上述 15 个管区之一，其主人就是马丁·德索萨。他将所属的沿海肥沃土地划分为许多巨大的甘蔗种植园，并于 1533 年在其管区建立了巴西第 1 家最大的糖坊。由于甘蔗的种植和制糖业的发展，圣维森特成为 16 世纪巴西最繁荣的地区之一。1548 年后，甘蔗种植向北推进。伯南布哥州，巴伊亚州一带，即现今仍称为马塔的地区，最终成为巴西蔗糖文明的中心。这个自具特点的自然地理区域，从北里奥格朗德州一直伸展到巴伊亚州，东西在大西洋与东北部干旱地区之间。这里气候炎热，雨水充沛，土地肥沃，其土壤称为 Massape，据说它更适宜甘蔗的生长。另外，这一地区河流纵横交错，为制糖业提供了方便的运输条件。这里生长的茂密的树木可作为糖坊的燃料。

　　到 1550 年，在伯南布哥管区建有 50 家糖坊，每年生产的糖可装 40—50 艘船运往欧洲。另据一份材料说，1584 年巴西有 66 个种植园，每年产糖 2265 吨，用于运输的船只多达 40 艘。尽管如此，作坊的加工能力还是满足不了甘蔗供给量的需要，船只也满足不了蔗糖贸易的需要①。

　　在蔗糖周期里，土地不断被开发，树木被砍伐，新开辟的土地用于甘蔗种植，同时新的糖坊相继建立起来。到 17 世纪中叶，巴西已是世界最大的蔗糖生产国。从 16 世纪后半叶至 17 世纪，巴西统治着世界的蔗糖贸易。

三

　　甘蔗种植和蔗糖生产的单位是法森达（fazenda），即大庄园，大种植园。典型的甘蔗种植园都建有糖坊。甘蔗易于腐烂，

---

　　① 埃里克·威廉斯：《加勒比地区史》，辽宁人民出版社 1976 年版，第 33 页。

必须在收割后立即压榨并制成糖，因此，甘蔗种植园与糖坊往往是建在一起的。"糖坊的概念后来就由工厂延伸至包括土地与作物在内的整个地产：糖坊与甘蔗种植园是同义词"①。可以说，蔗糖是巴西第 1 种工业品。大种植园是一个农工生产体，它包括：大面积甘蔗田、制糖所必需的机器和设备、黑奴、奴隶住的小屋和种植园主住的大房子。关于制糖作坊，法国著名的年鉴派史学家布罗代尔有以下生动的描述："洼地里一洼积水，船只在沿海河道繁忙运输，土路上的木轮车吱吱咯咯地响，另外，还可见到'五合一'：主人住的大屋，奴隶住的木棚，甘蔗榨房。种植园主骑马出门，耀武扬威；至于在家里——由于他的行为佻㒓，不因女奴肤色而却步，家庭大得出奇——，他称王称霸，言出法随，简直像在拉塞达埃蒙或在塔奎尼乌斯时代的罗马"②。糖坊一般都建在海岸边和河边，这样运输方便，同时也有利于防止异教徒的袭击。

大种植园建立在黑奴劳动的基础上，强迫黑奴为欧洲市场进行单一作物的生产。"凡在被征服的地方，征服者成为领主阶级，同时又有进行集约耕种的可能性，都会出现种植园经济，这尤其是殖民地的特征"③。种植园存在的一个前提条件是随时能从市场上获得奴隶。当时风靡一时的奴隶贸易为巴西甘蔗种植园提供了廉价劳动力。制糖时还产生一种副产品——烧酒。这种酒向安哥拉出口以换取奴隶。在甘蔗产区巴伊亚设有奴隶贩卖市场。由非洲贩运来的奴隶在此被拍卖，并被发配到更远的甘蔗产区。巴西甘蔗种植园使用的奴隶一般在 80— 100 人之间，多者

---

① 小普拉多：《巴西经济史》，巴西出版社 1986 年第 24 版，第 37 页。

② 布罗代尔：《15 至 18 世纪的物质文明、经济和资本主义》第 2 卷，生活·读书·新知三联书店 1993 年版，第 283 页。

③ 马克斯·维贝尔：《世界经济通史》，上海译文出版社 1981 年版，第 68 页。

可达千名以上。

　　作为殖民地，当时巴西的一切经济活动都受制于殖民契约。所谓殖民契约，就是使殖民地隶属于宗主国的经济与政治关系的总和。就经济方面而言，它表明殖民地对宗主国所承担的买与卖的义务。巴西蔗糖贸易由葡王室控制，经荷兰将巴西蔗糖销售到欧洲各地。这样，巴西很早就以单一产品的经济模式同国际贸易拴在一起了。由此可见，甘蔗种植园具有企业性质。马克思的下述论断可以认为是对巴西种植园性质的说明。种植园"一开始就是为了做买卖，为了世界市场而生产，这里存在着资本主义生产，虽然这只是形式上的，因为黑人奴隶制排除了自由雇佣劳动，即排除了资本主义生产的基础本身。但是在这里我们看到的是把自己的经济建立在黑人奴隶劳动上的资本家"①。

四

　　巴西的蔗糖生产与荷兰有着密切的关系。蔗糖生产需要大量投资以进口机器设备和购买黑奴劳动力。在种植园的固定资本投资中，劳动力投资约占20%。葡萄牙殖民者不得不依靠荷兰资本。当时的荷兰人为垄断欧洲食糖消费市场也愿意资助巴西的蔗糖生产。这样，荷兰人便参与了巴西蔗糖的产销活动；荷兰人提供贷款用于巴西蔗糖的生产；葡萄牙人将巴西生产的粗糖运到欧洲，由荷兰人收购、加工后，运销欧洲各地市场。17世纪初，荷兰人控制着欧洲的海上贸易，没有他们的合作，把食糖运到欧洲销售是困难的。荷兰与西班牙之间的战争，导致荷兰在17世

---

　　①　《马克思恩格斯全集》第26卷第2册，人民出版社1973年版，第339—340页。

纪上半叶对巴西东北部甘蔗产区 30 年的占领，它因此掌握了蔗糖的生产技术，为其以后在加勒比地区进行蔗糖生产奠定了一定基础。

到 17 世纪下半叶，由于加勒比地区蔗糖的竞争，国际市场上食糖的价格急剧下跌。巴西的制糖业受到了沉重打击。这种困难的形势又因奴隶价格的上涨和采金业的兴起而导致蔗糖产地劳动力的转移。米纳斯吉拉斯地区采金热的兴起，造成劳动力需求量增加，从而提高了奴隶的价格。蔗糖企业的利润因此大幅度减少，巴西的蔗糖生产进入危机状态，持续一个半世纪的蔗糖周期渐渐结束。

五

由于种植甘蔗和发展制糖业，葡萄牙宗主国至少在沿海一带实现了对巴西领土的实际占领。其逻辑是，"蔗糖业越发展，土地越牢牢地被占领"①。作为甘蔗种植园劳动力的黑奴，在蔗糖周期被从非洲大批贩运到美洲。16—18 世纪有 300 万以上黑奴来到巴西。这一数目比 19 世纪的葡萄牙人口还要多。不仅如此，随着蔗糖业的发展，一批又一批葡萄牙人迁到巴西。于是一个独具特色的殖民地社会在巴西出现了。在这个社会里，最高统治者是种植园主或糖业作坊主。他们不仅仅在种植园，而且在村镇乃至全社会行使权力。在其之下是由传教士、葡王室的中小官吏以及中小土地所有者等组成的中间层。最下层当然是人数众多的奴隶。三个层次，由下而上形成一个金字塔。巴西的奴隶社会是一个封闭社会，下层社会的人要打破界限进入上一层社会是相当困

① 克洛维斯·多托利：《巴西》，圣保罗国家出版公司，第33页。

难的。

　　从经济角度讲，糖业的发展不仅带来了直接的积极结果，如社会财富的积累，道路的修筑，城市的出现和港口的建设等，而且间接地带动了相关经济部门的发展。如畜牧业就是直接受其影响产生和发展的。随着甘蔗种植面积的扩大，糖坊越来越远离港口。为了解决产品的运输问题，牲畜被引进巴西。此外，压榨甘蔗需要牲畜，它又是人们肉食品的来源，畜牧业因而得到了发展。由于沿海谷地的牧场不断被开辟成甘蔗种植园，畜牧业不得不向内地发展。于是，在蔗糖周期里便形成了甘蔗种植业占据沿海地带，畜牧业开发内地的局面。第 1 批畜牧庄园在 16 世纪初出现于巴伊亚和伯南布哥地区，随后沿圣弗朗西斯科河谷逆向而上，最后于 18 世纪扩展到米纳斯吉拉斯地区。在那里，采金业的兴起也带动了畜牧业的进一步发展。畜牧业向内地发展，有助于对广阔地域的占领。畜牧业的发展，也带动了一些城镇的兴起。诸如现在北里奥格朗德州的新畜栏城、马拉尼昂州的优良牧场城、南里奥格朗德州的牛舍城、皮奥伊州的大田野城，以及巴拉那州的小畜栏城等，见其名就知其与畜牧业有关。

　　可以认为，黑人奴隶大批贩进巴西是与蔗糖业的大发展同步进行的。因此，从巴西文化的形成角度而言，蔗糖周期也具有重要的历史地位。在种植园里，众多黑奴在生产和生活方面与白人发生密切的关系。白人种植园主以指令制约黑人的行动，黑人从白人那里学习语言、技术及生活习俗。不仅如此，由于黑人劳动不限于田间、作坊，还包揽了白人的一切家务劳动。黑人妇女是种植园主家庭的厨娘和奶娘。这样，黑人从非洲不同地区带来的习俗、宗教、服饰、烹调、音乐、舞蹈、语言以及生产技术等，都对巴西社会产生积极影响。黑人奶娘以乳汁哺育了白人婴儿，特别是由于人种混杂而产生出黑白混血儿及黑人与印第安人混血儿，直接促使巴西多元文化的形成。黑人对今日巴西社会的影响极其深远，特别是在历史上黑人生活集中的东北部巴伊亚地区，在那里处处可见非洲风情。因此，"黑人不仅以人口充实巴西，通过劳动使巴西经济得到繁荣，而且同样给巴西文化带来根本性的气质"①，这绝对没有夸张。

　　蔗糖周期的经济活动只限于沿海地区的一些谷地，并未形成连片发展的形势，而形似"经济岛屿"，成为当今巴西经济发展不平衡的历史基础。这是它的局限性之一。另外，由于生产要素过分集中于一个产业部门，国际市场价格波动所造成的影响就不仅仅波及某一个部门，而是全社会的经济。一个部门的突出发展并未带动其他部门广泛的发展。这一现象在巴西以后的经济发展中仍然存在，由此造成的后果对其经济发展而言至今还是一个严重的后遗症。

（原载《拉丁美洲研究》1993 年第 6 期）

---

① 克罗维斯·莫拉：《巴西黑人史》，圣保罗雅典出版社 1989 年版，第 33 页。

巴西 500 年历史嬗变

　　500 年前的 4 月 22 日，以航海家佩德罗·阿尔瓦雷斯·卡布拉尔（1467—1520）为首的葡萄牙船队，意外地抵达巴西东北部巴伊亚海岸的塞古罗港。这一历史事件被欧洲中心论者认为是"发现巴西"。然而，1994 年巴西出版的中学历史教科书就此提出质疑，认为葡萄牙人不是"发现巴西"，而是"征服巴西"。[1] 因为在葡萄牙人到来之前，在巴西这块土地上已生活着 100 万至 500 万印第安人。[2]

　　葡萄牙占领巴西，改变了业已存在的印第安人社会形态，使社会容量增加，发展速度加快，导致一个与印第安人社会迥异的巴西社会的形成。笔者从这一视角出发阐述巴西的历史演变，并就几个问题提出个人见解。

---

　　[1]　吉尔贝托·科特林：《历史与世界意识》，巴西 Saraiva 出版社 1994 年版，第 198 页。

　　[2]　参见巴西《四月年鉴》1999 年，第 166 页。

巴西社会的形成与发展

（一）　新旧大陆 3 种文化的融合

葡萄牙人占领巴西前，巴西的印第安人文明发达程度虽远不及阿兹特克文明和印卡文明，但是亦如同"整个西半球印第安人的许多社会……全部都有一个总的模型，部落公社制的模型"①。面对其社会形态先进的葡萄牙人的挑战，印第安人社会的命运只能是被征服。印第安人被征服，其社会发展秩序被打断，是巴西社会形成的前提条件。

葡萄牙殖民者对印第安人社会的破坏是以两种方式进行的。首先，以战争、奴役以及因来自欧洲的疾病传染造成印第安人人口锐减。其次，通过耶稣会教徒向印第安人传教，使其皈依西方文明。部分印第安传统文化被融入以葡萄牙文化为主流的巴西社会。这正是巴西现有的许多印第安人失去其"生物学的、社会的与文化的传统"的重要原因之一②。殖民者虽于 1595 年颁布法令禁止监禁印第安人，但对印第安人的迫害活动并未停止。17 世纪至 18 世纪又发生了旨在猎获逃亡印第安人的"班德拉斯运动"。

诚然，殖民者在破坏印第安人文化，使他们充当劳动力的同时，也认可了他们的生活习惯，吸纳他们的部分语汇。更为重要的是白人与印第安人的混血儿，成为人口的重要成分，从而逐渐体现出土著印第安人在巴西人口构成中的价值。这正是

---

① 福斯特：《美洲政治史纲》，人民出版社 1956 年版，第 21 页。
② 若埃尔萨·埃斯特尔·多明戈斯等：《巴西历史焦点》，圣保罗 FTD 出版社 1996 年版，第 52 页。

19 世纪后半叶，土著主义在巴西得以流行并被政府部分地实践的历史原因。巴西 1988 年宪法规定，国家承认印第安人的社会组织，它的语言、信仰和传统，并保证他们拥有生存和发展所需的土地的权利。这表明印第安人作为巴西民族组成因素而被认同。

1530 年葡萄牙国王唐·若奥三世命马丁·阿丰索·德索萨（1500—1564）率船队远征巴西。这被史学家认为是葡萄牙向巴西正式移民的开始[①]。其重要标志是于 1532 年建立了圣维森特和皮拉堤尼加两个居民点以及巴西历史上第一家制糖作坊。王室为移民巴西而采取的重要手段是实行分封制。在 1534 年至 1536 年间。葡王室将葡属美洲划分为 12 个管区，[②] 分封给王室成员、显贵、富商和其他权势人物。圣维森特管区就分封给了阿丰索·德索萨。管区享受高度的自主权，其中包括分配土地权，从而产生了巴西历史上所谓的份地制（sesmarias）。份地制虽于 1822 年被废止，但它却成为迄今仍对巴西发展产生重大影响的大庄园制存在的历史根源。

当时，葡萄牙向巴西的移民极为有限，这不仅是由于葡萄牙的人口少，而且更重要的是它还不具备向外移民的社会历史条件。与当时英国向北美殖民地殖民、实行原始积累过程完全不同，英国的原始积累使千千万万失掉土地的农民，在极苛刻的条件下，卖身为奴若干年，以支付渡洋旅费，前往美洲去寻找土地。[③] 这一差别深远地影响着二者后来的社会与经济发展。也就

---

①　若埃尔萨·埃斯特尔·多明戈斯等：《巴西历史焦点》，圣保罗 FTD 出版社 1996 年版，第 37 页。

②　关于管区的数目说法不一。本文采用小普拉多的观点。见其《巴西经济史》，巴西出版社 1980 年版，第 32 页。

③　叶菲莫夫：《美国史纲》，生活·读书·新知三联书店 1962 年版，第 42 页。

是说，前往巴西的移民其主要目的不是要以自己的劳动发家致
富。另外，由于移民数量极为有限，巴西殖民地经济从一开始便
不得不建立在黑人奴隶劳动的基础上。

　　"引进"黑人，对巴西社会的形成与发展产生巨大历史作
用。第一批黑人奴隶贩运至巴西大约是在 1530 年至 1540 年间。
1550—1855 年间约有 400 万黑奴被运进巴西港口，其中绝大部
分是男性。当时巴西正处在蔗糖周期和矿业周期，需要大量劳
动力，因此甘蔗甚至被称为"奴隶作物"。① 萨尔瓦多和里约热
内卢是当时巴西两大奴隶集散地。时至今日那里仍是巴西黑人
和混血种人较为集中的地区，特别是萨尔瓦多具有强烈的非洲
黑人文化色彩。黑奴取代了印第安人，成为巴西社会的主要劳
动力。"在他们筋肌壮健的背上负荷着 18 世纪（美洲）葡萄牙
帝国的全部重担。②"黑人把自己的饮食习惯、宗教信仰、音乐
与舞蹈，以及农作物种植和矿物开采技术带到巴西，极大地增
加了巴西社会的容量和经济的发展。而黑人妇女承担白人家庭
的家务和扮演奶娘的角色，则更直接地促成了文化的交流和融
合。

　　这样，新旧大陆 3 种文化在同一地域相遇，通过生产活动和
其他社会活动，在冲突中相互融合而形成一种新的生活方式和审
美观念——巴西文化。但从政治体制、国民价值取向、宗教信仰
等方面看，巴西文化的主要内涵仍是西方文化。巴西学者安东尼
奥·卡洛斯·马泽奥指出："葡萄牙第一批殖民者带来了欧洲文
化框架。从某种意义上说，巴西生活方式是欧洲生活方式的延

---

① 威廉·福斯特：《美国历史中的黑人》，生活·读书·新知三联书店 1961 年
版，第 27 页。
② 转引自艾·巴·托马斯《拉丁美洲史》第 2 册，商务印书馆 1973 年版，第
419 页。

伸。尽管在热带阳光下增添了印第安人文化和黑人文化的某些色彩，但从根本上说，它并未改变巴西文化的欧洲特征。"① 巴西文化的形成可以视为巴西社会形成的一种表象。因为"广义的文化与广义的社会的含义是相同的"②。

（二）经济周期与巴西社会的形成

巴西社会的发展是随着生产的发展而发展的。第一个具有重大社会意义的生产活动是甘蔗种植、蔗糖生产及向欧洲市场销售。蔗糖生产周期是从 1550—1700 年，约持续一个半世纪。1502 年第一批甘蔗芽从葡属马德拉群岛引进巴西。先在南部的圣维森特管区种植。16 世纪中叶，甘蔗种植在伯南布哥、巴伊亚一带地区找到了最适宜的条件。典型的甘蔗种植园都建有糖坊。因此，"糖坊的概念后来就由工厂延伸至包括土地与作物在内的整个地产"。

蔗糖周期对巴西社会的形成与发展所起的作用是多方面的。第一，因甘蔗种植，沿海一带领土得以"实际占领"。第二，由于糖业的发展出现了城镇，道路和港口得到建设，同时，它还带动了相关经济部门的发展。第三，作为蔗糖生产主要劳动力的黑奴被大量贩运至巴西，同时也吸引了一批批葡萄牙人。其结果是"对广大地域的定居和占领致使殖民地社会产生"。③这个社会的统治阶级是为数不多的糖业主，社会底层是广大黑奴，中间为小地产所有者，葡王室官员，以及教会人士等。由此而形成的殖民地社会是一个封闭的社会。社会的运作受制于

① 安东尼奥·卡洛斯·马泽奥：《巴西资产阶级与资本主义》，圣保罗阿兹卡出版社 1988 年版，第 12 页。
② 富永健一：《社会学原理》，社会科学文献出版社 1992 年版，第 19 页。
③ 克洛维斯·多托利：《巴西》，圣保罗国家出版公司，第 36 页。

殖民契约。所谓殖民契约，就是殖民地隶属于宗主国的经济与政治关系总和。

　　继糖业周期之后是矿业周期（1700—1775）和咖啡周期（1830—1930）。生产活动的进一步扩大，丰富了业已形成的巴西社会的内容。矿业周期历时虽不足一个世纪，但它对巴西社会发展所起的作用是突出的。第一，黄金和钻石的发现导致巴西人口从沿海地区流向内地米纳斯吉拉斯一带，同时也使欧洲人大批涌入。巴西人口迅速增加，内地一些"空白"地区被占领。第二，随着矿业经济的发展，巴西的经济、政治中心向东南转移至米纳斯吉拉斯和里约热内卢一带。作为黄金输出港和奴隶输入港的里约热内卢于 1763 年取代东北部的萨尔瓦多成为殖民地巴西的首府。第三，黄金产区的物资需求拉动了多种经济活动的兴起与发展。矿区对肉食品和役畜需求使畜牧业从沿海逐步向内地扩展。第四，矿业生产的发展刺激了城镇的产生。新城镇分布于矿区至里约热内卢港之间道路沿线。城镇人口增加，形成了新的社会阶层。随着生产的发展，艺术活动也繁荣起来。此外，在黄金等贵金属源源不断输往宗主国的同时，来自欧洲的日用消费品也不断增加，巴西社会与外界联系更加紧密。

　　咖啡经济对巴西社会、经济和政治的影响之大，持续时间之久，是任何经济周期所不能比拟的。自 1727 年咖啡种植从法属圭亚那传至巴西北部后，经历了漫长的发展道路。1760 年咖啡种植传到里约热内卢，当地的甘蔗种植因而被取代。自 1831 年起，咖啡出口超过蔗糖出口，跃居巴西出口产品的首位。尽管如此，在 19 世纪前半叶，咖啡业的发展仍被经济史学家称为"准备期"；其发展高潮是在 1850 年之后。当时，咖啡种植已从巴拉伊巴河谷延伸到圣保罗的西部高原并向米纳斯吉拉斯的马塔地区扩展。当时咖啡业的大发展是与国际市场、特别是美国市场需求的不断增长有关。社会财富因咖啡业发展而增加，同时因咖啡业发展的需要，市政和铁路等基础设施建设取得突破性发展，国家的一体化得到加强，最终导致国家经济中心转移至东南部地区。被称为"咖啡男爵"的圣保罗咖啡园主与米纳斯吉拉斯的大农牧业主逐步走上了联合统治巴西的舞台。

　　1888 年巴西最终废除了奴隶制后，劳动力不足成为咖啡业发展的突出问题，外国移民高潮的到来正是在这一历史背景下出现的。巴西历史学家以 1808 年划界，在此后到达巴西的外国人（包括葡萄牙人）均被视为外国移民。① 1918 年，1682 名瑞士移民来到巴西，定居在现今里约热内卢州的新弗里堡。1824 年首批德国移民到巴西。1875 年意大利移民到巴西南部定居。1908 年第一批日本移民从桑多斯港登岸。大批外国移民进入巴西发生在 19 世纪末 20 世纪初。1887—1900 年间，仅圣保罗州就接受了约 100 万外国移民。外国移民在巴西大致有 3 种职业选择。其一，去咖啡种植园，作为雇佣劳动者取代以往的奴隶。其二，去南方农村，成为小地产主（小农），随后形成农村的中产阶级。其三，留居城市从事工商业活动。外国移民对巴西社会发展贡献之大表现在经济、政治、思想和文化诸多方面。移民的进入使巴西社会更加开放，与外界的联系更加广泛，人员往来与思想交流更加频繁。

　　巴西社会的进一步发展与繁荣是在 30 年代后伴随着工业化与城市化的进程而发生的。工业的发展将全国各地的"孤岛"连成一个整体。国内市场的统一和劳动力的流动，特别是农村人口流入城市，使巴西社会更加开放和充满活力。

---

　　① 《巴西百科全书》，圣保罗世界出版社 1988 年版，第 397 页。

独立国家的诞生与政治发展

（一）巴西疆域定型

1750 年马德里条约的签订，表明西班牙承认在其统治葡萄牙期间（1580—1640）巴西人越过托尔德西利亚斯条约规定界线占据的"西班牙美洲领土"，巴西疆域在当时已初具雏形。巴西对领土实际占领是因生产周期的更替致使生产地域改变而实现的。然而这主要局限在东北部及沿海一带。因此，"正是在沿海一带埋下了民族特性之根"①。而向西部内地的延伸则受到地理条件的局限。两条与海岸平行走向的山脉成为葡萄牙殖民者深入内地的屏障。一条是马尔山脉，另一条是曼蒂盖拉山脉。对内地的占领在一定程度上应归功于 1650—1750 年间兴起的武装远征队"班德拉斯"的参加者。他们是在巴西出生的白人，以圣保罗为基地深入内地，掳掠印第安人和寻找贵金属。一个世纪来，他们的足迹越过米纳斯吉拉斯、马托格罗索、戈亚斯，到达亚马逊河的中下游地区。在同一时期，葡萄牙殖民者从亚马逊河口的贝伦溯流而上，沿河建立了许多据点，以防该河流域落入他人之手。这一行为在历史上被称为"恩德拉达斯"（Entradas）。它与"班德拉斯"的区别在于，它更具官方性质，其宗旨是占领土地。

但是，在南方，葡萄牙殖民者的领土扩展只遇到了西班牙人的顽强抵制。南里奥格朗德省是纳入巴西版图较晚的地区。它位于上述条约规定的界线以西。葡萄牙在巴西的殖民者利用葡萄牙被西班牙占领的机会，积极向南方扩张。进入南里奥格朗德的是

---

① 巴西《请看》2000 年 1 月 5 日。

东北部的"腹地人"、牧民、圣保罗的远征队员以及从亚速尔群岛引进的移民。在 17 世纪和 18 世纪，葡西殖民者为争夺南里奥格朗德的斗争一直持续不断。直至 1801 年，该地区才最终归入巴西版图。

为争夺拉普拉塔流域的控制权和确保南里奥格朗德的领土安全，巴西曾参与巴拉圭战争（1864—1870）和军事入侵乌拉圭，并与阿根廷对峙。但从 19 世纪末起，巴西人对领土的保卫和扩展，"不再求助于武力解决它在南美洲的领土争议。这个任务转由巴西外交来承担"①。巴西所遵循的是国际法中的所谓"占领地保有"原则。巴西以外交手段先后同乌拉圭、巴拉圭、阿根廷、玻利维亚、秘鲁、委内瑞拉、哥伦比亚以及法属圭亚那解决了边界问题。亚马逊河与拉普拉塔河的航行问题也以同样的方法得到解决。

（二）国家意识的产生与独立国家的建立

随着巴西社会的形成与发展，巴西人的国家意识也在增强，最终导致巴西的政治独立。其初始表现为印第安人和黑人对葡萄牙统治者的反抗。他们或逃往内地，或进行斗争。1560—1563年间在里约热内卢成立的塔莫约斯联邦，就是巴西历史上著名的印第安人武装反抗殖民者的斗争事例。此外，还有卡里里斯战争（1683—1713）和瓜拉尼堤卡战争（1754—1756）等。与印第安人相比，黑人奴隶的反抗则更为激烈。在巴西历史上奴隶贸易非常活跃时期，遍布许多地区的"基隆博斯"就是黑奴反对葡萄牙奴隶制度的典型事例。"基隆博斯"是"筑有防御工事的黑奴

---

① 特雷济亚·德卡斯特罗：《巴西文明史》，里约热内卢 CAPEMI 出版社 1982年版，第 160 页。

居民点"。① 它们远离城镇，与世隔绝。其中名为帕尔马雷斯的
"基隆博斯"，因它所占地域广阔和武装抵抗之持久而彪炳千古。

　　此外，殖民地时期的巴西还多次发生土生白人起义。这些起
义具有"反葡萄牙性质"。1641—1720 年间发生的这类起义行动
多达 10 起，其地域分布较为广阔。这表明在巴西大地已普遍出
现巴西人意识。被史学家认定最具反抗宗主国统治性质的起义是
1684 年发生在马拉尼昂的贝克曼起义，其矛头直指宗主国在当
地开设的马拉尼昂公司。巴西人意识的增强植根于巴西殖民地经
济实力的壮大。随着巴西殖民地经济实力的增长，以及美国独立
和法国革命思想影响的增强，巴西人独立建国的意识也越来越
强。自 18 世纪末起，一个要求从葡萄牙分离出来的解放运动在
巴西逐渐形成声势。这种巴西人意识不仅表现在知识分子和富有
阶层中，比如"米纳斯密谋"，也表现在普通大众中，如"巴伊
亚阴谋"。1808 年葡萄牙王室迁驻巴西后的 13 年中，葡萄牙统
治者迫于形势而解除了殖民契约，实行了在客观上有利于巴西发
展的政策，使巴西与葡萄牙关系发生了实质性的变化，史称
"巴西转向"。"在许多方面，巴西已不再是葡萄牙殖民地"，相
反"葡萄牙成为巴西的殖民地"。② 在经济相对发达的圣保罗、
米纳斯吉拉斯和里约热内卢轴心地区，一些宣传解放与独立的报
刊在 1821—1822 年间相继出现。其中著名的有：《巴西唤醒者》
《尖辣椒》和《里约热内卢邮报》等。这种形势的存在与发展，
使人不难理解巴西为什么会在 1822 年如此迅速地取得了政治
独立。

---

① 《巴西百科全书》，圣保罗世界出版社 1988 年版，第 676 页。
② 若埃尔萨·埃斯特尔·多明戈斯等：《巴西历史焦点》，巴西 FTD 出版社
1996 年版，第 85—86 页。

　　1822 年 9 月 7 日巴西帝国建立以后，巴西仍保持着原葡属殖民地时期的疆域。这同西属美洲独立后的形势形成明显差别。笔者以为，其中一个重要原因是殖民地时期西属美洲与葡属美洲存在社会经济结构上的差别。西属殖民地地域广阔，由 4 个总督区分别治理。各地之间联系松散。北部地区以矿业经济为主，与宗主国发生直接联系，但并未形成统一的社会；而南部的阿根廷地区，其经济活动以农牧业为主，但并未与北部矿区形成紧密的市场关系。葡属美洲的情况与此不同。殖民地时期巴西经济发展的特征是单一产品周期性更替。不同产品的相继发展，致使经济中心地域转移，亦带动了人口流动。因此，葡属美洲各地之间的联系强于西属美洲。这一点尤为明显地表现在巴西沿海各地区之间的联系上。这是巴西经过独立斗争之后而未四分五裂的重要原因之一。

（三）政治发展

　　巴西独立后实行帝制。1824 年宪法实际上赋予国王至高无上的权力，广大民众被排除在选举之外。巴西政治仍由与前宗主国有联系的人决定。正是在这个意义上，史学家认为，"我们的独立不具有革命内容"。[①] 巴西帝制一直延续至 1889 年 11 月 15 日成立巴西合众国。从 1889—1930 年期间，被称为第一共和国。它既有别于帝国，也与其后的共和国存在许多重大差别。

　　由帝国转变为共和国，是巴西国内一系列重大事件发展的结果。巴拉圭战争是促使巴西政治演变的重大事件。作为战争一方三国联盟成员国的巴西虽然取得了胜利，但战争使巴西财政加深

---

　　① 若埃尔萨·埃斯特尔·多明戈斯等：《巴西历史焦点》，巴西 FTD 出版社 1996 年版，第 99 页。

了对外国特别是对英国的依附。更重要的是战争对巴西国内政治所产生的影响。在战争中，巴西黑人组成的57个营参战，从而提高了其社会地位。通过战争，巴西军队发展成为一个有纪律的、现代的社会组织，排除了文人领导军队的体制。在军队内部形成了一个主张废除奴隶制、建立共和国的派别。军队社会地位的提高也播下了军人干政的种子。

直至巴拉圭战争结束时，巴西是西方国家中唯一存在奴隶制的国家。与它同属新大陆的美国早于1862年正式废除了奴隶制，而前西属美洲国家在19世纪初独立斗争中，奴隶已获解放。巴西奴隶制之所以延续如此长久，主要与国家政权掌握在大庄园主阶级手中有关。巴西废奴的历程，自1850年颁布欧塞比奥·德凯罗斯法禁止贩卖非洲奴隶算起，至1888年议会通过"黄金法"无条件废除奴隶制止，历时近40年。奴隶制的废除是促使巴西政治演变的另一起重大事件。因奴隶制的废除而采用雇佣劳动制，在一定范围内提高了社会生产力，促进了资本主义生产关系的发展，但对黑人来讲，"奴隶制的废除并不表明对他们剥削的中断"[1]。因为解放了的奴隶并未获得基本的生活手段，他们中不少人流入城市成为"盲流"，其子女得不到基本的教育。这样的结果延续至今，使黑人（混血种人）处于社会的最底层。

从1930年革命至1937年，被称为第二共和国时期。而后是新国家时期（1937—1945）、民众主义共和国时期（1945—1964）、军事制度时期（1964—1985）和新共和国时期（1985年至今）。在1930年之后的长达70年的时间里，巴西的政治发展体现出由专制向民主发展的趋势，社会各种势力日渐活跃，国民参政的程度逐步提高。但是逆潮流而动的情况也时有发生。最典

---

[1]　《巴西百科全书》，圣保罗世界出版社1988年版，第3页。

型的例子是在 30 年代瓦加斯政府所实行的"集权的联邦主义"政治体制，各州的自治权几乎完全被终止。从形式上看这是民主的倒退，但它对克服传统州长的政治影响、消除"诸侯"状态，对统一市场的建立具有进步意义。此外，对于 1964—1985 年的军人统治也应作全面评价。这一时期国家政权掌握在军人手里，但经济政策的制定与实施则"比以往时期更完全地委托给专家"。"实际上巴西政府成了在军方监护下的专家政府。"① 它在创造经济"奇迹"的同时，以"威胁国家安全"为由，对政府的反对派实施坚决打击。1985 年军人还政后，新共和国颁布的 1988 年宪法扩大了地方权力。这对调动地方的积极性具有进步作用。然而，近年来的实践表明，地方对抗中央的势头在增强。这说明，时至目前，巴西联邦共和国中央与地方的关系并未理顺。

现代化进程

巴西现代化②进程起于何时，在学术上是一个有争议的问题。一说主张工业化始于 19 世纪末 20 世纪初，另一说认为 30 年代是巴西国家工业化的开始。笔者倾向后一说。就国内条件而言，现代化的起始要同时具备两个因素：一定的工业发展积累和工业资产阶级走上政治舞台。在 20 世纪 30 年代，巴西同时具备上述两个因素。1920 年的调查显示，巴西已有工业企业 1.3 万家，工人达 27.5 万多人，而且工业分布有一定程度的集中，

---

① 斯·罗博克：《巴西经济发展研究》，上海译文出版社 1980 年版，第 228 页。
② 本文将现代化的实质理解为工业化，且因篇幅所限不论及工业化以外的其他问题。

31%的纺织厂在圣保罗。自1854年建成第一条铁路以来，到1929年已拥有铁路3.2万千米，全国第一条硬面公路建于1925年。1928年连接里约热内卢和圣保罗的公路开始使用。欧、亚移民相继迁入巴西，为工业化提供了劳力和技术，也扩大了工业品消费市场。

在20世纪20年代，巴西传统社会已发生明显变化。工业无产阶级开始形成，巴西共产党于1922年成立。新兴的中产阶级由于被大庄园主阶级排除在国家政权之外，连续掀起针对政府的政治、军事运动。当时兴起的"旨在以创造新的真正的巴西艺术的表现方式，试图使民族生活和民族思想面向现代"[①]的现代主义美学运动，实际上超出了美学的界限，可视为巴西社会进入新阶段的前兆。而这一新阶段的开始，最终应归功于瓦加斯领导的革命。它是一场"反对咖啡寡头政治统治的运动，标志着工业主义对农业统治地位的胜利"[②]。因而为"巴西工业革命创造了必要的政治条件"。[③]

此外，当时世界经济危机的国际形势客观上促使巴西进行工业化。经济危机有力地证明了建立在单一产品咖啡出口基础上的经济是极为脆弱的。这种形势"使拉美各国开阔了工业化的视野"。巴西在大萧条的冲击下表现出对工业化的兴趣。

巴西的工业化表现为一个长期的进程。在这一漫长的工业化过程中，巴西经济发展呈现出如下特征。

一般而言，经济增长速度较快。据统计，1900—1990年间，

[①]　《简明不列颠百科全书》第1卷，第486页。

[②]　伊拉里奥·托尔洛尼：《巴西问题研究》，圣保罗拓荒者书店1983年版，第125页。

[③]　路易斯·卡洛斯·佩雷拉：《巴西的发展和危机》，转引自《巴西史料丛刊》第15期，第61页。

巴西的国民生产总值年均增长速度为 5.1%，同期阿根廷为 2.5%，美国为 3.1%。正因为如此，巴西的经济规模很快超过了阿根廷等一些国家，缩小了与先进国家的差距。这得益于在工业化进程中的几次"冲刺"，巴西学者称之为"猛烈的现代化时期"。其中第一次发生在库比契克总统执政时期（1956—1961）。他以发展主义思想为指导，制定了包括 5 个部门 30 个项目在内的发展纲要，以"5 年等于 50 年"为工作口号。计划项目主要部分最终得以完成。第二次冲刺发生在 1968—1974 年间，国内生产总值以年均 11% 的速度增长，主要工农业产品的产量大幅增加，经济结构明显优化。新建了核能、电子、石油化工、飞机制造以及军工生产等部门。巴西总体经济实力上升至西方世界的第 8 位。

　　巴西战后经济增长的过程是不断与通货膨胀斗争的过程。但有一段时间，通货膨胀有利于资源的重新配置的说法，在巴西有一定的"市场"。在 50 年代，库比契克及其顾问们认为，"通货膨胀是经济发展的必然伙伴"。1987 年联邦政府财政部长路易斯·佩雷拉说："对于巴西这样一个发展中国家来说，要迅速实现工业化，通胀式的发展实际上成了唯一的选择。要么是这种类型的发展，要么是不景气。"① 事实上，至少在一段时间里，巴西政府是有意无意地利用了通货膨胀，即把通货膨胀作为一种集资手段——通货膨胀税。显然，通货膨胀税的"征收"是建立在通货膨胀不断攀升的基础上，最终导致恶性通货膨胀而不利于生产和社会发展。这正是 80 年代以后，巴西政府 7 次实施反通货膨胀计划的原因所在。

---

　　① 路易斯·卡洛斯·佩雷拉：《巴西的发展和危机》，转引自《巴西史料丛刊》第 15 期，第 24 页。

　　工业化国家的经验表明，工业的发展是以农业发展为基础的。"在资本主义工业化的同时，就开始了农业的资本主义化。[①]"而在巴西的工业化进程中，农业生产关系基本上未发生骤变。1930 年的资产阶级革命并没有改变历史上存在的土地结构。这就使巴西的工业化缺乏农业的有力支持。巴西的工业化基本上是建立在出口农业的基础上的，内需农业相对萎缩，农村工业也未有适当发展，致使大量农村人口外流，形成严重的社会问题。这种工业化模式没有取得迅速缩小城乡差别的结果。

　　巴西工业化进程体现出生产力布局由集中到分散的过程。工业化之始，巴西即选择东南部地区为建设的重点。形成了以圣保罗、里约热内卢和贝洛奥里藏特为支点的经济最发达的三角区。工业化开始以来的相当长时期，发达地区和落后地区"两个巴西"的发展差距呈扩大趋势。在地区发展严重失衡的情况下，巴西政府开始关注落后地区发展问题。为实现国家一体化，制定了一系列开发落后地区的政策，诸如设置专门的落后地区开发机构，实行税收优惠政策；利用"发展极"理论，建立马瑙斯自由贸易区和确立其他有关"发展极"；加强公路建设，使落后地区与国家政治、经济中心沟通；以及进行沿江河流域的开发等。巴西工业布局因此逐渐呈分散化趋势。特别自 90 年代以来，企业为提高国际竞争力，将工厂迁至条件相对较好的落后地区，或在那里建立新企业。地方政府为了加快本地发展，亦纷纷出台优惠政策，吸引包括外资企业在内的企业去内地投资。目前，巴西生产力布局的内地化强劲之势有利于缩小地区发展的差距。

　　工业化使巴西国民经济结构发生着重要变化。到 50 年代中

　　[①]　苏星：《社会主义再生产的理论与实践》，上海人民出版社 1987 年版，第 49 页。

期，工业产值首次超过农业产值。到 80 年代，巴西本国工业生产可提供其所需资本货的 2/3。在生产力发展的同时，自 50 年代开始，资本主义生产关系在全国特别是在经济发达的东南部地区广泛推广。中国国家统计局《国际经济信息》提供的数字表明，巴西的国内生产总值为 7864.66 亿美元（1997 年，下同），在有统计的 133 个国家和地区中居第 8 位。人均国民生产总值 4720 美元，居第 34 位。巴西人的预期寿命平均为 66.6 岁（1995 年，下同），成人识字率 83.3%，三级教育综合入学率 72%，人文发展指数 0.809，在有统计的 174 个国家和地区中居第 62 位。由此可见，巴西的经济指标优于社会指标。这正是巴西目前问题之所在，亦是今后尚需努力解决的问题，以求经济增长的同时社会亦有所发展。

（原载《拉丁美洲研究》2000 年第 3 期）

巴西共产党目前的政治地位

巴西共产党自 1979 年因政府实行大赦而取得半合法地位、1985 年取得合法地位以来，其国内政治地位明显提高，政治影响力不断扩大。在卢拉政府中，巴西共产党作为参政党在一定程度上参与国家政治事务的决策。目前约有 6 万名共产党员在 3 级政府中任职，巴西共产党在国家立法机构中也有一定地位。巴西共产党对不同社会运动发挥着程度不同的影响力。就其国内政治地位而言，目前该党处于自 1922 年建党以来最好的时期。

一 进入联邦政府决策层

2004 年年初，卢拉政府进行内阁改组的主要意图是将最具影响力的巴西民主运动党拉进内阁。此外，卢拉政府改组了民政办公室，将其职能一分为二，从而使超级部长若泽·迪尔塞乌"权重倾国"的现象得到改变。从民政办公室分化出的职能，由新组建的政治协调与体制问题秘书处（简称协调部）负责，部长由阿尔多·雷贝洛担任。此前雷贝洛任众议院领袖，曾为在议会中形成支持政府的多数派发挥过重要作用。雷贝洛现为巴西共产党 4 位副主席之一，亦是该党中央政治委员会成员，在党内具有重要地位和影响力。对于雷贝洛担任此职，巴西共产党主席雷纳托·拉贝洛给予很高评价，认为共产党进入了卢拉政府的决策核心。这是共产党员在联邦政府中首次担当如此重要职务。

目前，在联邦政府中任部长职务的共产党员还有阿格内洛·克罗斯。他曾是首都联邦区共产党籍联邦众议员，2003 年卢拉总统组阁时被任命为体育部长。巴西共产党中央就克罗斯任体育部长一事曾专门组织题为"卢拉政府的体育部"的座谈会，认为体育与广大群众和媒体的联系最广泛，体育部的任务不限于体育本身，应利用体育部与社会的广泛接触而实行"人文发展"教育。克罗斯本人认为，体育是卢拉政府为消除贫困和暴力并将青年纳入社会计划的重要工具。此外，巴西共产党另一位副主席阿罗尔多·利马于 2003 年年末被卢拉总统任命为国家石油管理局主席。国家石油管理局虽然与联邦矿业与能源部存在隶属关系，但它具有相对独立性，其主要职责是规范与监督石油供给。该机构是在国家结束对石油的垄断后于 1997 年设立的，目的是防止私人部门为片面追求利润而造成国家能源供给失控。类似的机构还有电力管理局、通信管理局等。巴西共产党有 6 位党员任众议员，至今未有参议员，但有 3 位候补参议员，其中 1 位是第 1 位候补者。

巴西共产党虽然是卢拉政府的参政者并支持政府的政策，但并未因此失去其政治独立性，它对涉及国家发展的重大问题，诸如社会保障体制改革、最低工资、全球化以及美洲自由贸易区问题等，均不失时机地提出意见或议案。

二　地方政权中力量微弱

东北部伯南布哥州奥林达市现任市长是共产党员卢西亚娜·桑多斯。她是巴西历史上第一位出任市长的共产党员（1946年共产党员阿曼多·马佐虽当选为圣保罗州圣安德烈市市长，但并未就任）。奥林达市虽属中小城市，但它是建于1535年的一座历史名城，是巴西殖民地时期重要的中心城市之一，自然风光旖旎，人文遗产丰厚，是巴西重要的旅游城市。1982年被联合国教科文组织授予人类文化遗产名称而倍加保护。由于城市的高知名度，提高了共产党员市长的政治地位。然而，时至目前，巴西5561个市中由共产党员担任市长的只有6个市，6个市长只占全国市长总数的0.1%。巴西共产党尚未有党员担任州长，只有一位副州长（皮奥伊州，该州州长是劳工党人），有州议员18人，就数量而言其力量相对微弱。尽管如此，巴西共产党自1985年取得合法地位至2003年，仅18年的时间即取得参政党的地位，其成就引人注目，表明共产主义运动在巴西处于积极活跃状态。

三　对群众运动具有影响力

巴西共产党现有党员16万人。该党的组织系统由上而下依次为：中央委员会、州委员会、市与县（distrito）委员会和基层组织。"基层组织是政治活动、群众活动和选举活动的关键条件。"据称，所有党员均属某基层组织。目前巴西共产党已在1703个市（即全国1/3的市）中有其基层组织活动。巴西共产党注意在基层中特别是在劳动者中间发展党员，在印第安人中间也积极发展党员。阿克里州90%的印第安人领袖是共产党员。

在 2004 年 3 月召开的党的第一次全国会议上，巴西共产党提出党是一个"群众的共产党"的概念。这一提法与党章规定的"巴西共产党是工人阶级政党"比较，显然是一种修正，其目的是为了"建设一个群众的共产党以适应今日巴西的条件"。对共产党员不作更高的要求有利于吸收党员，扩大社会基础，以适应选举政治的需要。

巴西共产党对国内主要社会运动均有较强的政治影响力。在中央所设的秘书处中，其中 3 个秘书处（工会秘书处、群众与社会秘书处和青年秘书处）专门负责这方面的工作。巴西目前最具影响力的工会组织——劳动者统一中心的副主席华格纳·戈麦斯是巴西共产党中央委员及劳动者统一中心的全国委员会成员。劳动者统一中心建于 1981 年，现有会员 2100 余万人。劳动者统一中心会员的 15% 是巴西共产党员，他们在工会内组成一个阶级工会派（Corrente Sindical Classista）。巴西共产党中央委员会工会秘书处的任务是规范和指导党员在工会中的政治行为。社会主义青年联盟、全国学生联盟以及巴西中学生联盟都深受巴西共产党的影响。3 个联盟的现任主席都是巴西共产党员。全国学联自 1937 年建立起就深受巴西共产党的影响，1991—2003年，有 8 位共产党人出任该组织副主席。此外，巴西共产党在妇女组织和黑人组织中也存在一定影响力，而与无地农民运动的关系是"友好的"，一般持支持态度。

四　实践活动以马列主义为指导

巴西共产党章程第一条规定，该党的行动是以马克思和恩格斯创立的、由列宁和其他无产阶级革命家所发展了的科学理论为指导。结合巴西本国实际，该党在其所制定的社会主义纲领中指出："在巴西，由资本主义向社会主义过渡是一个历史时期。这一历史时期划分为3个基本阶段，即由资本主义向社会主义预备性过渡；完全社会主义化；社会主义全面建设和逐步向共产主义过渡。"（巴西共产党社会主义纲领第32条）巴西共产党认为，国家的命运目前由大土地所有者、资产阶级大垄断集团、银行家和金融投机者以及那些掌握大众传媒的人所掌握。在这种形势下，巴西共产党显然不能立即完成向社会主义过渡的任务，现在处于向社会主义过渡的预备性阶段。在这种情况下，选择一个具有影响力的左派政党，与其结成联盟，通过联盟竞选总统，以实现自己的近期目标。这就是自1989年以来，巴西共产党与劳工党联盟，连续支持该党总统候选人的原因。在2002年总统大选中，卢拉以"改变"（mudanca）为竞选口号，适应了选民的求变心理。巴西共产党制定相应的方针、策略支持卢拉竞选，最终取得了胜利。"改变"也因此成为现时期巴西共产党为之奋斗的目标。

　　然而，要实现"改变"的目的并非易事。所谓改变，简言之，就是要改变自1990年科洛尔政府开始的、在卡多佐两届政府形成的新自由主义发展模式，创立一个新的可持续发展模式，增加就业，解决贫困问题等。这项艰巨的任务不仅是对卢拉政府的挑战，也是对巴西共产党的挑战。挑战既来自强大利益集团的反对，也来自左派内部和群众运动的压力。这种形势是对作为参政党巴西共产党的一种严峻考验。

（原载《拉丁美洲研究》2004年第5期）

巴西大选与卢拉政府的政策走向

　　2006 年 10 月 29 日，在巴西举行的第二轮总统大选中，现任总统卢拉以 60.83% 的得票率击败巴西社会民主党总统候选人阿尔克明，获得连任。自 2007 年 1 月 1 日起，劳工党执政进入第二任期。在总统竞选过程中，巴西各主要政党的主张得以全面展示。选举结果说明，选民对巴西的发展状况有一定程度的认同，同时也表明了他们对国家未来发展的某种期盼。借巴西大选之机，我们可以梳理一下巴西目前的形势并预测其未来政策走向。

一　社会差别浮现于政治层面

　　卢拉在以往参加过的 4 次总统大选（未计 2006 年大选）中，他从穷人和中产阶级那里得到的选票虽然大致相当，但从后者所获得的选票比从前者所获得的选票还多，并且其差距呈现拉大趋势。然而，专业机构对 2006 年大选所作的民意调查显示，卢拉只获得了中产阶级选民 36% 的选票，但得到穷人选票的52%。巴西舆论认为，在巴西自 1985 年恢复民主后的历届大选中，从未像这次大选这样，中产阶级与穷人选民的意向之间出现如此大的鸿沟。这是目前巴西社会出现的一个新现象，这一现象已为本次大选的最终结果所证实。

巴西中产阶级被定义为家庭月收入在 1750—3500 雷亚尔之间，家庭月收入在 1750 雷亚尔之下为穷人家庭。目前，巴西中产家庭约 1500 万户，集中分布在已经完成工业化、经济较为发达的州。卢拉自 2003 年就任总统以来加大了社会发展的投入，政府通过扩大联邦财政支出和创造就业机会的办法使穷人显著受益，从而得到穷人的拥护。中产阶级因收入下降（最近 4 年，中产阶级收入下降 12%[①]），对卢拉政府的不满情绪上升。因此，大选结果呈现出"两个巴西"南北对峙的情景便不足为怪：北部几个贫困的州倾向于支持卢拉，南部富裕的州有更多的人拥护阿尔克明。在东北部州长选举中，具有农村寡头势力背景的州长（州长候选人）也纷纷落马，劳工党与巴西社会主义党等左派党在那里取得了政权。不仅如此，这种对峙还表现在中等城市（拥有 5 万—50 万选民）和小城市（选民数在 5 万以下）之间。小城市因穷人选民所占比重较大，卢拉在那里获得了更多选票。卢拉虽不承认"两个巴西"的存在，但"两个巴西"是植根于经济发展严重失衡进而反映在政治层面上的一个必然现象，是"巴西增长很少，但增长有利于穷人"的一种后果。

二　各政党主张趋同，劳工党左派性质并不凸显

这是当前巴西政局的一大特征。卢拉在其 32 页的竞选纲要中称他的第二任执政目标为"发展"，这有别于第一任期目标

[①]　Veja, 6 de Setembro, 2006.

"改变"。卢拉在取得连任后的首次公开演讲中，正式将其下届政府命名为"发展"，并且具体说明这是兼顾分配和注重提高教育质量的发展。同时强调反对社会排斥（exclusão social）、反贫困和反不平等，主张扩大民主和确保公共安全，表示巴西要无可阻挡地加入世界。阿尔克明的竞选纲要则长达 216 页，其中有关经济方面的内容涉及 32 个领域，包括交通运输、旅游以及开发北部与东北部地区的计划等。阿尔克明特别强调，"最大的挑战是增长"，要以增长来结束贫困与不平等。他同时表示，要在卫生、教育和公共安全等部门加大投资力度。卢拉与阿尔克明分别隶属于劳工党和巴西社会民主党，两个政党的性质分别属于左与中右。然而卢拉与阿尔克明所提出有关经济发展的主张却不存在明显差异。BBC Brasil 在一则新闻报道中指出，"多位总统候选人的政府纲领在许多领域是相似的"[①]。巴西《请看》杂志的一篇报道也指出，巴西"大党的纲领无特点"，"两个党的经济纲领是相似的"，"二者都力图保持现有经济政策，改善收入分配"。[②]

　　巴西政党主张的趋同性，为一系列的调查结果所证实。《请看》在 2006 年年中曾就 9 个重要的经济与社会问题向 4 个主要政党（劳工党、自由阵线党、巴西民主运动党和巴西社会民主党）的高层作过调查。这 9 个问题是：社会保障体制，取消连选连任实行总统任期 5 年制，中央银行独立问题，控制汇率以避免损害农业，关于通货膨胀目标控制，政治改革，财政初级盈余目标，种族配额制以及关于家庭资助等。调查结果表明，他们对这些问题的表态或提出解决问题的办法是相似的，只在少数问题上存在部分差异。关于种族配额问题，4 个政党至今无一公开表明

---

①　*Folha Online*, 28 de Setembro, 2006.

②　*Veja*, 19 de Julho, 2006.

立场。这种现象的出现，说明巴西目前存在的那些严重影响国家发展的问题，已为社会所公认。由于受到社会条件的约束，无一政党可能提出与众截然不同的方案。另外，政党主张趋同现象的出现，也反映出巴西政党成立的目的只是通过选举而取得政权。因此，各党所提出的主张力争符合更多阶层的利益，从而出现各政党纲领无鲜明特点的现象。这也说明，作为左派的劳工党，在其第二任期内不可能实行激进的左派政策。卢拉在接受《这就是》杂志（JSTOÉ）"2006 年度巴西人"奖时说，"年龄的成熟将使人远离左倾"。卢拉的话可以理解为是他对未来政府政策走向的限定。

三　议会及地方政权中的右翼势力呈强势

卢拉总统在本次大选中最终获得连任，属于左派性质的劳工党继续当政。但右翼在议会与地方政权中实力增强。这是一个令人关注的现象。巴西本次大选共有 1.26 亿选民参加选举，选举总统的同时还选举州长、联邦参议员和众议员。在联邦参议院 81 名参议员中，本次大选改选了其中的 1/3，计 27 名。改选后 4 个主要政党重新分配了在参议院的席位：自由阵线党占 18 个席位，巴西民主运动党 15 席，巴西社会民主党 15 席，劳工党 11 席。自由阵线党是右派政党，它在参议院中占有最多的席位，是政府的最大反对党。该党在参议院的领袖若泽·阿格里皮诺说，现在我们的政策将更加有力。巴西社会民主党属中右性质，它在许多问题上与劳工党政府的观点相对立。这种情形在某种程度上可被视为巴西社会民主党对劳工党掣肘卡多佐政府的报复行为。巴西民主运动党虽属中间性质，但全党并非一致支持卢拉政府。该党分裂为两派，一派称为"反对派"，另一派称为"政府派"。在许多重大问题上，支持和反对政府的意见均存在。

在这次众议院改选中，劳工党所得席位仅次于巴西民主运动党，占83席，但比2002年改选时少了8席。不仅如此，这次选举结果可能对政府政策发生重要影响的是自由职业者和企业家出身的众议员数量明显增加，他们共有386名①。同样出身的议员在上届（2002年）只有约200名。相对而言，在众议员中劳动者出身的人数的减少和自由职业者与企业家出身的人数的增加，将为"以新自由主义为基础的议案的提出打开一个新空间"②。另一个值得注意的现象是众议员中的百万富翁数目增加。《圣保罗页报》的调查显示，在本届众议员中，约1/3的议员申报其财产时声明超过100万雷亚尔，这类议员有165人。百万富翁众议员比上届增加了49位。此外，在本届议会选举中，一些右派人物又重新登上政坛。前总统科洛尔是其中的一位，他曾于1992年因在竞选总统过程中受贿而被议会弹劾剥夺其政治权利8年。他在本次参议员选举中得票50万张，占有效票数的45%，被阿拉戈斯州推选为联邦参议员。而另一个重要人物马鲁夫虽因洗钱和受贿曾在2005年被捕，但他在这次众议院改选中却以739827张选票高票当选。科洛尔和马鲁夫不仅在巴西政界有重大影响力，而且均为卢拉的政敌。

这次州长选举结果是反对党州长的经济实力得到增强。在2002年的大选中，巴西社会民主党获得了9个州长的职位，这9个州的GDP占全国的49%，选民数占全国选民的47%。在2006年大选中，巴西社会民主党得到5个州长的职位，这5个州的GDP和选民数量分别占全国的52.9%和46.2%。而劳工党再次

---

① http：//tools. folha. com. br.

② http：//tools. folha. com. br.

失去在南里奥格朗德州的传统势力，劳工党获得了 5 个州长职位，但这 5 个州的影响力有限。执政党与反对党在地方上的实力对比强弱明显，从而形成一种地方对中央政策的牵制力量。这是卢拉政府将面临的难题。

四 经济快速增长难以实现

巴西舆论指出，不论是卢拉连任总统还是阿尔克明当选总统，2007 年对当选者而言，将是一个政治不稳定和争斗的一年。现在卢拉连任，作为政府反对派的巴西社会民主党在总统竞选中失败，因而两党在竞选过程中所表现出的严重对立情绪必然延续下来。卢拉总统连任成功后所面临的一个严重问题是，他可能因第一任政府期间"卢拉的人"的一连串受贿案件而遭到反对派提出弹劾议案。其实，早在 2005 年 8 月，5 个反对党（自由阵线党、巴西社会民主党、社会主义人民党、民主工党和绿党）就组织成立了评价国家政治危机的常设论坛。当时舆论调查显示，近30%的巴西人认为有理由弹劾卢拉。这一问题对卢拉而言固然尖锐，但他面临的最大问题是经济发展的挑战。

巴西国内外舆论对卢拉执政 4 年来的经济发展策略和成果褒贬不一。自巴西于 2005 年提前偿付 IMF 的 155 亿美元债务之后，该组织在年度报告中肯定了巴西经济发展的策略与成绩，特别是对巴西在有效控制通货膨胀、增加就业、改善收入分配、减少公共债务以及增加外汇储备方面所取得的成就给予了充分的肯定。该组织认为，为使国民经济持续发展，巴西已创造了一定的条件。国内消费水平的提高是其中一个重要因素，预计 2006 年巴西家庭收入增加 4%，这是工资总量增加 4.9%和对个人小额贷款增加的结果。国内市场的扩大减少了巴西经济增长对出口市场

的依赖。这是经济得以持续、稳定发展的重要因素。据巴西官方
预计，2006 年巴西的 GDP 可能增长 3.5%（实为 2.86%）。尽
管卢拉政府的工作为巴西经济以后的发展打下了一定基础，但是
长期以来因多种因素致使经济增长缓慢的状况短期内难以扭转。
卢拉曾指出，1980—2000 年期间巴西经济处于停滞状态。另有
统计显示，1991—2004 年巴西经济的年均增长率为 2.5%，低于
同期拉美平均增长率（2.8%）。2003—2006 年，巴西 GDP 的增
长速度将比世界平均增速低 1.4 个百分点。与世界平均增速相比
较，这一时期是巴西自 1995 年以来经济增长低迷的第 3 个低潮
期。巴西历史上其他 2 个低潮期是古拉特政府时期和科洛尔政府
时期。通过考察巴西自 1995 年实行雷亚尔计划以来的历年 GDP
增长率，可以看出巴西经济增长长期处于低迷状态。

巴西 GDP 增长率（%）

1995 年	4. 2
1996 年	2. 7
1997 年	3. 3
1998 年	0. 1
1999 年	0. 8
2000 年	4. 3
2001 年	1. 3
2002 年	1. 9
2003 年	0. 5
2004 年	4. 9
2005 年	2. 3
2006 年	2. 86

资料来源：根据 Conjuntura Eeonomica 和 Almanaque Abril 等资料整理。

对于巴西经济增长低迷的状况，卢拉总统表示他有信心予以扭转。他在 2006 年 10 月 8 日举行的总统候选人电视辩论会上公开表示，巴西已具备经济快速发展的条件。为此而无须新的改革，无须压缩政府开支，也不用通过私有化来终止国家规模的扩大。他预言，在未来的几年，巴西要进入一个经济年增长率至少达到 5% 的经济周期。[①] 巴西经济年增 5% 是一个最低目标。只有在这种情况下，巴西才能在产品与劳务增加的同时增加就业和完成减贫的任务。但是，对巴西经济在未来几年年增长率达到 5% 的指标，多数专家持怀疑态度。

首先，经济的持续高速增长是需要高投资率作支撑的。资本主义发展史表明，要实现经济持续高速增长，其投资率不可能低于 25%。自 1997 年以来，巴西的投资率为 19.9%，与那些经济持续高速增长的发展中国家高达 40% 左右的投资率相比较，存在相当的差距。巴西在短期内难以达到这种水平。鉴于这种情况，巴西国内外专家们提出了诸多解决方案。其中，降低利率是重要的一条。自实行"雷亚尔计划"以来，巴西一直以维持高利率政策作为反通货膨胀的工具，从而形成利率长期居高不下的局面。降低利率可以降低生产成本，刺激企业进行投资；降低利率还可以减少政府公共债务利息的支付，以更多的资金用于基础设施方面的投资和卫生与教育事业的发展，达到刺激经济发展的目的。但降低利率与巴西政府的通货膨胀目标控制政策是相悖的。在这种情况下，有人提出仿效阿根廷和委内瑞拉的做法，即采取适度的通货膨胀以达到经济增长的目的。坎皮纳斯大学教授马科斯·安东民奥·辛特拉举例说，阿根廷 2005 年 GDP 增长 9%，而通货膨胀率为 9.6%；委内瑞拉的相应指标为 9% 和

---

① *Veja*, 16 de Agosto, 2006.

16%。他建议巴西采用"阿根廷和委内瑞拉的处方"。但是，卢拉政府在第二任期内不会轻易改变控制通货膨胀目标的做法。近年来，反通货膨胀的政策取得了明显成绩，所取得的宏观经济稳定成果得到相关国际组织的赞誉。在条件不具备的条件下，卢拉政府不会进行激进的经济改革。因此，下调利率只能在有限的范围内进行，达不到较大程度地刺激私人投资的目的。此外，有人提出进一步实行国有企业私有化来解决公共部门投资资金的缺乏。卡多佐政府时期任巴西中央银行行长的古斯塔沃·佛朗哥就是这一主张的代表人物。我们暂且不论巴西的私有化在经济方面的效益究竟如何，仅就政治方面讲，私有化是一个非常敏感的问题，作为一个左派政府，卢拉在这方面的作为将是非常有限的。

其次，巴西经济增长不完全受投资率低的限制，还有其他多种原因。2006 年 8 月，7 位诺贝尔经济奖得主列举了制约巴西经济快速增长的 7 项因素：劳动力质量低；官僚作风严重和章程繁琐；利益集团掣肘；大多数农民贫困；国内市场狭小，巴西至今尚是一个封闭性较强的国家（在所调查的 157 个国家和地区中，其经济自由度位居第 81 位）；缺乏一个可以信赖的国民储蓄机制；政治上民众主义主张的负面影响等。上述问题从不同方面影响了巴西的经济发展。可见，卢拉理想中的经济快速发展目标难以在短期内实现。

五　对外政策不会发生重大改变

（一）对外关系的总方针

在 2006 年总统大选中，卢拉已明确了他第二任期的对外政策。其总的原则是继续加强同发展中国家的关系，即实行所谓的南南外交，同时将力主联合国改革，争取巴西成为安理会常任理事国。可以说，卢拉总统第二任期的对外政策是沿着其第一任期所确立的方向运作的，不会发生方向性变化。这与巴西社会民主党总统候选人阿尔克明在总统竞选期间所提出的外交主张形成明显对照。阿尔克明曾提出，如果他当选，他的政府要强化同发达经济体的关系。他认为，同 8 国集团发展密切关系比执意要求安理会改革并成为其常任理事国更重要。

根据卢拉总统的有关讲话和其他相关资料，卢拉第二任期的外交政策可大致归纳如下。

巴西作为一个主权国家要积极参与国际事务。在国际舞台上要继续为国际多边主义、联合国及安理会的改革而斗争；继续为建立更加合理的经济、金融和贸易秩序而努力，以有利于穷国和发展中国家，同时保持为缩小世界的不对称性而工作的积极性；继续致力于反贫和争取和平的斗争；捍卫建立在国家主权独立、互不侵略、互不干涉内政基础上的国家关系；将南美洲地区一体化作为对外工作的优先目标，同时加强发展同非洲大陆国家的关系，扩大参与北美、欧洲和亚洲的大市场。[①]

在对外领域，卢拉政府力图改变世界权力分配格局和重组巴西的国际贸易地理。从政治方面说，卢拉要使巴西"站在世界上一个显著的地方，成为第三世界的首席国家，而不当第一世界的最后一个"。这与当年科洛尔总统所提出的"宁作牛尾而不当鸡头"的口号正好相反。卢拉这一政策实际上是在实践军政府时期所提出的"大国"（potencia）思想。我们可以把卢拉政府的许多外交行为与这一目的联系起来。巴西积极争当联合国安理会常任理事国。卢拉政府试图把巴西的"零饥饿计划"这一国内政策推向世界，积极参加世界反贫大会，向富国和国际组织筹

----

① http：//www.agenciabrasil.gov.br.

措资金用于减少贫困，使卢拉以世界反贫领袖的姿态而出现在世界上。卢拉频繁出访非洲大陆（已访问了 17 个非洲国家，在非洲新开 12 个巴西大使馆）和阿拉伯世界，在达到经济目的同时，试图在政治方面得到这些国家的有力支持。巴西现有 7600 万非洲裔人口，是世界上仅次于尼日利亚的第二大黑人国家。卢拉就任总统以来，出台了不少有利于黑人和混血人的政策。例如，拟在高校实行黑人学生配额制；在 2003 年 3 月 21 日的国际反种族歧视日当天，卢拉宣布巴西成立促进种族平等特别秘书处（部级），并任命黑人妇女为部长；同年，卢拉还指定若阿金·巴尔博扎为巴西联邦最高法院历史上第一位黑人部长。巴西政府与非洲驻巴西使馆合作，在巴西举办文化、经济与贸易合作论坛等。上述做法不仅受到巴西国内黑人与混血人的拥护，而且以此加强了巴西同非洲国家的亲和力。2005 年 3 月 31 日，卢拉参加了在圣保罗举行的黎巴嫩向巴西移民 125 周年活动，以显示巴西对阿拉伯世界的亲善。巴西现有黎巴嫩人后裔 600 余万人，是世界上最大的黎巴嫩人社团。巴西与印度和南非组成三国集团，以这两个国家在不同地区的影响力凸显巴西的国际地位。巴西在美洲自由贸易区谈判中担纲南共市国家的领袖角色，以及在南美洲国家争执中充当调解者和积极推动该地区一体化的形成与发展，以此树立巴西的地区大国和世界穷国代言人的形象。卢拉总统雄心勃勃，他公开说，19 世纪是欧洲的，20 世纪是美国的，21 世纪为什么不可以是我们的？

　　改变巴西的国际贸易地理，是卢拉政府对外政策的另一个重要战略目标。卢拉说："改变我们对世界贸易地理的偏向。"① 巴西改变它的国际贸易地理，其意是在保留并扩大原有欧、美等传

---

① *Veja*, 10 de Dezembro 2003.

统出口市场的前提下，向发展中国家（特别是发展中大国），包括非洲大陆和阿拉伯世界开拓新的市场。美国和欧盟是巴西产品的传统出口市场。巴西对欧、美的出口额分别占巴西出口总额的25%左右。所以，巴西改变其国际贸易地理可以降低巴西在发达国家的市场风险，同时也可以增加国际市场对巴西更多产品的需要。由于经济发展水平、国民生活水平和习俗与发达国家有差异，非洲国家和阿拉伯世界市场需求的增加可以提高巴西相应产品的生产和出口。巴西有出口企业17267家，出口企业数相对较少（墨西哥有3.5万家）。[①] 巴西出口总额的约55%是由百余家企业完成的，中小企业在这方面未能充分发挥作用。扩大发展中国家的市场，可以更好地发挥中小企业的作用（生产和出口）。另外，改变国际贸易地理，密切同发展中国家的经贸关系，也会在政治方面取得积极成果。

（二）中巴关系发展前景广阔

巴西对外关系的走势从总体上决定了中国与巴西双边关系发展前景更为广阔，然而更深刻的原因还在于两国的对外关系原则是相近的。巴西现行宪法把主权独立、维护人权、人民自决、不干涉他国内政和各国地位平等作为政府对外关系的原则[②]。它致力于维护世界和平，以和平方式解决纷争，反对恐怖主义行为，反对种族歧视，加强各国人民之间的合作，共同促进人类发展。中国政府认同上述主张与做法。巴西外长阿莫林认为，巴中两国都具有多边主义世界观，寻求在中期内建立世界新秩序。这是两国关系发展的重要政治基础。

---

①　*Exame*, 1 de Dezembro, 1999.

②　Saraiva（ed.），*Constituicao da Repcibtica Federativa do Brasil*，1997，p. 3.

对巴西而言，中国首先是一个巨大的市场。这一市场对包括巴西在内的所有国家和地区都是开放的。中国市场之巨大不只因为中国幅员广阔、人口众多，而且中产阶级（目前约有 7000 万人）正在成长和壮大，主要还在于中国的市场随着国民经济的持续增长而不断扩大。中国需要不断增加对工业原材料和工业制成品的进口，同时也需要增加农产品供应。中国为巴西创造了市场和发展机遇。据德意志银行的一份研究报告称，在未来 15 年内，中国从巴西进口的原材料将以每年 10%—20% 的速度增长。近年来，两国贸易额增长迅速。2005 年，双边贸易额达到 121.1 亿美元，同比增长 33.19%。其中巴西向中国出口 68.33 亿美元，同比增长 25.63%；巴西从中国进口 53.53 亿美元，同比增长 44.28%；巴西顺差 14.8 亿美元。2006 年两国贸易额已达 160 亿美元。巴西企业界看好中国市场，2006 年参加广交会的人数同比增长 30%。

鼓励中国企业"走出去"是中国政府发展经济的重要指导思想。巴西可以利用中国资金发展它所需要重点投资的项目。除了中国宝钢与巴西淡水河谷公司早已进行的合作外，2006 年两国又签订了许多合作项目。例如，中国出资在巴西南里奥格朗德州的坎迪奥塔建设火电厂，巴西 CSN 水泥公司与沈阳重型机械集团和成都设计院在巴西 Arcos 建厂。这是中国企业首次进入巴西水泥市场。中巴两国政府已签订基础设施建设合同，中国企业将广泛参与巴西的水电和天然气管道建设。

对巴西而言，中国不只是一个普通的市场，巴西的发展在某种程度上需要中国发展的拉动。2005 年巴西出口 2000 万吨大豆，其中 35% 出口到中国，2006 年这一比重可能达到 40%。目前，中国每年约从巴西进口 700 万吨粮食。

为促进巴西粮食向中国出口，中国已着手在巴西的产粮区马托格罗索州建设公路、铁路和粮库。巴西淡水河谷公司铁矿砂产量的 25% 左右向中国出口。巴西铁矿砂产量目标的确定主要依赖于中国建筑业的发展规模。

对中国而言，巴西也具有重要战略地位。首先，巴西是一个幅员辽阔、人口众多的国家。在保罗·肯尼迪（《大国的兴衰》一书的作者）看来，以上两个因素是成为世界大国的重要条件。2004 年 11 月，阿根廷著名作家托马斯·埃洛伊·马丁内斯在接受《请看》杂志记者采访时，形象而准确地描述了巴西的现在与未来。他说，巴西是一个紧跟其后的巨人，有朝一日这个巨人会跑到你的前面。它太大了，以至于你那时将不知道如何同它相处。在截至 2005 年 6 月 30 日为止的 1 年中，巴西的 GDP 为 7944 亿美元，墨西哥同期为 7657 亿美元，巴西重新夺回了由墨西哥占据数年的拉美第一把交椅。巴西是现实的南美地区大国，在该地区拥有一定的影响力。在对待重大国际问题上，它与中国有相同或相似的立场。在国际政治领域，中国可以与它进行广泛的合作。其次，巴西是世界上少有的资源大国。经济外交已是中国外交的重要内容，因此中国加强同巴西的关系是合乎逻辑的选择。巴西的矿产资源在一定程度上与中国拥有的矿产资源有较强的互补性。巴西的土地资源尤为丰富，其领土面积的 30% 已被用作农业与牧业生产，但至今仍有 1.06 亿公顷可耕地尚未开发利用。不仅如此，巴西的农业技术也相当发达，巴西对中西部的稀疏草原土壤进行改良，把温带作物大豆的种植区扩大到热带，就是充足的证明。10 年之内巴西将超过美国成为世界大豆第一生产国。预计到 2017 年巴西大豆产量将占世界产量 34%，其产量的 46.5% 将用于出口。此外，巴西还是世界第 6 大棉花出口国。再次，巴西已建成了完整的工业体系，它的某些工业产品的产量和质量在世界上居领先地位。巴西的某些技术，诸如深海探油、酒精生产、水坝建设、支线飞机制造以及生物柴油生产等技术均居世界前列。中巴合作可以达到互利共赢的目的。

参考文献

1. 吉利斯等著：《发展经济学》，中国人民大学出版社 1998 年版。

2. *Almanaque Abril*, Editora Abril, Brasil, 2005, 2006.

3. http：//www. agenciabrasil. gov. br.

（原载《拉丁美洲研究》2007 年第 1 期）

著述目录

中国文化传入巴西及遗存述略

巴西悖论：有利于穷人经济状况的改善而中产阶级未受益

在巴西的日本移民

巴西外交政策的历史演变及发展趋向

太平洋地区拉美国家经济特征
　　——兼论太平洋经济区域概念

拉丁美洲国家的太平洋意识
　　——兼论拉美地区一体化进程为何步履艰难

体现美国新价值观的"开创美洲事业倡议"

阿、巴关系与南方共同市场

拉美国家改革开放政策的国际比较

浅谈中拉关系在各自对外关系中的地位

中巴关系及澳门在其中的作用

巴西：离大国的目标有多远

巴西咖啡种植业的发展和作用

16 世纪中叶至 17 世纪末巴西蔗糖周期的历史地位

现代巴西的发展

巴西 500 年历史嬗变

巴西共产党目前的政治地位

巴西大选与卢拉政府的政策走向

Relações entre a China e Brasil e o Papel de Macau nessas relações

译　著

市场营销入门（葡译中，二人译，第一译者）

巴西与中国——世界秩序变动中的双边关系（葡译中，三人译第一译者）

世界经济新趋势与拉丁美洲经济一体化（葡译中，全书校）

日本向巴西移民 70 周年（文章，葡译中）

作者年表

张宝宇，男，1938年1月生于辽宁省丹东市。

1958年丹东市第一高中毕业后考取长春吉林大学经济系政治经济学专业。

1963年吉林大学毕业后进入中国科学院哲学社会科学学部拉丁美洲研究所工作。

1964年至1967年在澳门学习葡萄牙语。

1967年至1972年在京参加"文化大革命"，下放至黑龙江、河南干校劳动。

1972年至1976年在中共中央对外联络部拉美组（拉美局）工作。

1976年至1995年在中国社会科学院拉美所工作。

1995年至1997年在中国驻巴西里约热内卢总领馆工作。

1998年在拉美所退休。退休后返聘工作至2005年。

在拉美所工作期间先后任经济研究室副主任、国别研究室主任、所学术委员会主任。现为北京大学巴西文化中心特邀研究员、澳门亚太拉美交流促进会北京代表、巴西里约热内卢中国—亚太研究所特邀研究员。